A SOURCEBO

ANCIENT GREEK

Grammar, Poetry, and Prose

John Tomarchio

THE CATHOLIC EDUCATION PRESS
WASHINGTON, DC

The Catholic Education Press,
of The Catholic University of America Press

Library of Congress Cataloging-in-Publication Data
ISBN 978-1-9498-2220-5 (paperback)   978-1-9498-2221-2 (ebook)

Shall we begin with the acknowledgement that
education is first given through Apollo and the Muses?

Plato, *Laws*

SOURCEBOOKS
FOR LIBERAL ARTS AND SCIENCES

AUTHORS

ARCHAIC GREEK

HOMER
Epic Poet, 8th/7th Century BC

SAPPHO
Lyric Poet, c.630–c.570 BC

CLASSICAL ATTIC GREEK

PINDAR
Lyric Poet, c.522–c.443 BC

SOPHOCLES
Tragic Poet, c.496–c.406 BC

THUCYDIDES
Historian, c.460–c.400 BC

GORGIAS
Rhetorician, c.485–c.380 BC

PLATO
Philosopher, c.428–348 BC

ARISTOTLE
Philosopher & Polymath, c.384–322 BC

ALEXANDRIAN KOINE GREEK

SEPTUAGINT
Old Testament in Greek Translation, 3rd-2nd Century BC

NEW TESTAMENT,
1st Century AD
LUKE, *Evangelist and Missionary*
JOHN, *Apostle and Evangelist*
PAUL, *Apostle and Missionary*

PLUTARCH
Historian, c.46–c.120 AD

PTOLEMY
Astronomer, 100–160 AD

TABLES OF CONTENTS

SYNOPSES OF GREEK GRAMMAR

INTRODUCTION

This book was designed by a lifelong student of Greek for new students who are transitioning from the study of Greek grammar to translation of texts. It was developed in classroom use for classroom use, in the context of an integrated program in liberal arts and sciences based on study of seminal sources—the historic Great Books program at St. John's College in Annapolis, Maryland. Accordingly, it is meant for students not only of Classics, but more, for students of Philosophy, Theology, History, Letters, and Sciences who are interested in direct engagement of primary sources. Each Greek text offered here for translation was chosen for its theoretical interest as well as the interest of its Greek. All the better, then, if the student knows the text well in translation already, as the Greek text was selected for its illuminatingly untranslatable differences.

The book series *Sourcebooks in Liberal Arts and Sciences* is inspired by classical liberal education. The traditional liberal arts and sciences took a conventional sevenfold form in the medieval university as a means of organizing the mastery of theoretical arts preparatory to the study of theoretical sciences. They were called *arts* on an analogy with crafts insofar as they taught methods of composition: grammar to compose good prose, logic to compose good arguments, rhetoric to compose good speeches; geometry and arithmetic, proofs; astronomy, models; music, melodies. They were called *liberal* arts because they were the arts of persons free to pursue these arts for their own sake, rather than a productive end. The first three language arts were grouped together as a *trivium,* and the final four mathematical arts a *quadrivium*. Training in these arts of reasoning was regarded as the necessary preparation for theoretical inquiry in the mathematical, physical, and theological sciences that seek to demonstrate necessary truths.

I called the three arts of the traditional trivium *language arts* after their common subject matter. However, I think a far more important commonality is that these three arts aim at self-knowledge. In these arts, human reason reasons not about something else, but about itself. The aim is to give the student command over their own powers of thinking and speaking, both for the sake of expressing their own and engaging that of others.

Language arises naturally in the act of it; grammar comes much later with reflection. Grammar arises at first among the learned, in reflections on already existing poetry, oratory, letters— reflections that uncover an astonishing regularity of linguistic forms, which can be systematically explicated in a morphology and syntax of the language. Likewise astonishing is that learners who naturally speak the language quite well can yet have difficulty understanding these analytic representations of the very elements and principles they are deploying without difficulty. How so? How is it that native speakers of a language do not immediately recognize the grammatical forms and rules of their own speaking? Indeed, if the forms of their speaking express the forms of their thinking, and their thinking themselves, then how in effect do they not recognize themselves in their grammar?

Now, the school grammar that new learners face first is typically not speculative grammar, but rather a practical and canonical grammar that turns forms of speech judged to be most effective and elegant into canons of correctness and good style. Such prescriptive grammar purposes to teach young learners good speaking and writing, and is also efficient for teaching foreigners the language through its systematic enumeration of morphological inflections and rules of syntax. The legendary bane of schoolboys, such school grammar has given grammar a bad name, I fear, including that more speculative grammar which is the first liberal art and gateway to the rest. As a result, there is often scant knowledge of grammar today among not only learners but even the learned. Many are content to learn good usage by imitation, without the guidelines of a prescriptive grammar, let alone the reflection of

a speculative one. They are content with a relation to the finest specimens of their language that is more intuitive than reflective, more affective than artful, more appreciative than insightful.

In looking to grammar for principles of interpretation rather than for canons of correctness, I do not take it to be descriptive rather than prescriptive. I think rather that being hermeneutical, grammar is evaluative as well as analytic. The specimens of excellence that it identifies naturally become paradigms for imitation—imitation, however, not of the products but rather of the principles of producing them. By explicating the inflectional forms, syntactic logic, and rhetorical tropes of admirable exemplars, grammar teaches the student the *art* itself of producing them, an *ability* the learner can acquire for themselves by practicing it.

I came to grammar quite late in my education. My progressive education in New York City public schools eschewed the rigidity of traditional grammar. Nevertheless, through imitation and practice I became quite a good writer and speaker, even with scant knowledge of English grammar. I also managed to learn Italian and French with scant knowledge of grammatical categories and concepts. It was only when I needed to learn Latin, a much more highly inflected language than English, for a PhD in Philosophy, that I first encountered grammar full-fledged, and I was stunned. I had had no notion before that my own speaking and writing allowed of such a complete and systematic explanation. Latin gave me a command over my own English I did not have before, and I am grateful to this day.

Moreover, as learning English grammar from Latin grammar entailed disanalogy as well as analogy, it helped me see grammatical forms more universally, in terms of common linguistic functions. Not only did my own speaking, writing, and even thinking become more effective by thus becoming more reflective, so did my understanding and enjoyment of the speaking, writing, and thinking of others. It is just such an awakening of one's own human powers, such enacting and enabling, such self-possession,

that the liberal arts aim at. Such human arts are desirable for their own sake because they make human life more desirable for its own sake. That is why grammar is a humane art, an art for enjoying human life more freely in greater self-possession.

This first Greek volume of my *Sourcebooks for Liberal Arts and Sciences* aims to do for the student of Greek what Latin did for me. The yet more foreign character of ancient Greek may well offer the English student even better differences from English to serve as spurs and foils for a more thoughtful reflection on universal forms and tropes of human language. Seeing what is so effectively expressible in ancient Greek but not readily translatable into modern English—as well as *vice versa*—offers insight into the expressive power of human speech more universally. Approached in this way, the liberal art of grammar is ancillary not only to the arts of logic and rhetoric, but to the search for theoretical knowledge in the sciences.

Accordingly, the grammatical synopses of this volume are not appended as reference tables but are placed front and center as objects of study in their own right. Naturally, Greek grammar is taught to the newcomer analytically and sequentially, but the continuing student needs to synthesize these distended enumerations of elements and principles to grasp the form of the whole. The grammar tables offered here offer synoptic views of integral parts of Greek grammar to show the form and logic of the whole part of speech or part of a sentence. Each synopsis places in parallel regular inflection, standard variations, and exceptional deviations, to enable the student to survey unity in difference and theme in variation. Some tables place English analogues in parallel with Greek paradigms for the same effect across the two languages.

For one example, the synopsis of the Greek noun begins with a highly condensed table of case endings that highlights three basic declensional patterns and presents others in parallel columns as variations on these. These inflectional endings are then displayed in an array of paradigms, selected from famous Greek texts ranging

from Homer to John, on the premise that students are most likely to remember case inflections associated with words of theoretical interest to them. The words chosen are of special interest for that book as well as apt examples of Greek morphology. My aim was to make these morphological paradigms interesting to peruse by making morphology pertinent theoretically.

For another example, the table of Greek case syntax offers, instead of Greek examples, functionally analogous prepositional phrases in English. The idea is to identify the syntactical function carried out by the Greek case inflection with prepositional use familiar to the English learner, giving the English speaker occasion to consider how distinguishable syntactical functions are carried out in English by the same or by different prepositions with different nouns and verbs. In sum, the synopsis aims to abet self-reflection in English as well as reflection upon Greek.

The tables of verb conjugation give the student an overview of the prolifically inflective Greek verb. Highly condensed tables place tense and voice inflections in parallel, with color coding to highlight sameness of stem. As this byzantine verb system is not easy to master, I think the traditional exercise of doing verb synopses is a must for the continuing student, so I supply both a sample verb synopsis and a blank synopsis form for photocopying. In a verb synopsis, the student gives every possible tense and voice inflection in a selected person and number for a given verb. This requires knowing the six principal parts of the given verb, which is not easily gleaned from a lexicon, and so I supply a select list of verbs with all their principal parts as well. Here again, verbs were selected as much for the interest of their usage in Greek writings as for their pedagogical usefulness for verb synopses.

In a word, the grammatical synopses offered here aim to be interesting. However, introducing each table and its rationale one by one in this introduction would not be. I will therefore trust the reader's use of each synopsis to reveal its interest in due time, exploring as interest prompts or need requires.

At the head of the tables of syntax I lay out a method of "mapping" the syntax of sentences that reflects my understanding of the art of grammar. My mapping procedure attempts to rescue the schoolboy exercise of diagramming sentences from its fragmentation of a sentence. The traditional exercise of giving a complete graphic account of each word of the sentence makes grammatical analysis an end in itself rather than a means to interpreting intention. When grammar thus loses sight of the end-goal of understanding, it loses itself in introversion. Traditional diagramming does advance the schoolboy from concern with mere canonical correctness to interest in logical analysis, and this is a step in the right direction. My alternative mapping procedure, however, thinks less is more. It looks to the parts of a sentence rather than the parts of speech, to syntactical units rather than to morphological elements. Phrases and clauses are the units of meaning, and not individual words in abstraction from their syntax. The aim of my method is to display the syntactic interrelations of functional parts that reveals the logical and rhetorical framing of the sentence—the form of the whole.

I apply this mapping technique to the prologue and first two episodes of Sophocles' *Antigone*. The excerpts include all of Antigone's dialogue in the play, as well as much of Creon's. Sophocles' Greek is as formidable as beautiful. It is meat too hefty for many a neophyte to chew. So, I've cut up the Greek text for easier consumption, mapping the syntax as well as supplying grammatical glosses for the first two dialogues. My hope is that with these aids an otherwise overmatched student might pluck courage to brave redoubtable beauty. For the rest, however, I crown and miter the students over themselves, leaving them for staff and scepter their lexicons and laptops to scale the Parnassian heights of Sophocles' bare text—albeit with English translation at hand.

The selection of Greek literature offered in this Sourcebook is wide-ranging. The indisputable standard of excellence for classicists is of course the Attic dialect of Athens in its 5th century glory. However, this Greek Sourcebook is meant for students of

liberal arts and sciences whose interests range far more widely. Thus, it does not hesitate to extend not only backward to the archaic Greek of Homer, but also forward to the koine Greek of the Alexandrian and Roman empires. For example, although the Greek of St. Paul is famously bad, his discussion of law in his Letter to the Romans is famously important, so its Greek proves very interesting to Theology. The Greek of the Letter to the Hebrews is quite good, and its theology quite as important as Paul's, yet not nearly as well-known, and so it is included for opposite reasons. Meanwhile, the well-known history and little-known astronomy of Plutarch and Ptolemy are written in the same koine Greek as the New Testament and in the same empire. Yet selections from them were made, rather, with the same rationale as selections from Aristotle in quite another epoch—namely, with a view to the interests of history and science then and since.

In sum, the Greek works chosen were chosen for being seminal to Western thinking today. It is not my principal intention here to introduce newcomers to exemplars of Greek writing, but rather to give students of Western arts and sciences introductions to its Greek sources. Assuming that the continuing student of Greek is already generally familiar with these Greek works in translation, I give the barest biographical facts of era and avocation for each author in the list of authors. Similarly, in the Tables of Contents I substitute for the conventional scholarly blurb before each selection an abbreviated one-line description that offers for context an indication of the interest of the selection that was my reason for choosing it. Such brevity affords the reader a synoptic view in facing Tables of the literary contents of this Sourcebook, which aims throughout at synopsis as most conducive to learning. I do of course hope that the reader will also discover some unfamiliar gems and new friends among the selections (as I myself have in collating this Sourcebook) and that this Sourcebook itself proves personally seminal for the continuing student of Greek in that way.

As a continuing student of both Latin and Greek, I find my knowledge and understanding advanced in different ways by

different approaches to translation. Groping my way through the bare text with only my lexicon at hand teaches me in one way; making use of editorial glosses on idiom, idiolect, and subtext teaches me different things; working back from English translations to Greek originals teaches me still other things. The Greek selections in this Sourcebook are likewise presented in all three ways: some bare of notes, some with notes, and some with English translation. The decisions were as often practical ones based on availability as pedagogical ones, so I beg the reader not to wonder in vain about any given decision.

The layout is designed to make learning easy on the eye, and texts have been freely emended for the purpose, for example, paragraph divisions. I have also much enjoyed illuminating this Greek volume with an array of beautiful images from the World Wide Web, images seeded in the imagination of the Western mind and heart by Greek arts and sciences millennia ago, and still flowering electronically in our day. I hope that the reader will share my delight in the visual floribunda illuminating this literary florilegium.

I know one who surely does share my delight. I must first and foremost thank my lifelong mentor, Dr. Kevin White, of the School of Philosophy at the Catholic University of America, for remaining the constant friend of all my thinking and enterprises. I owe him at once the infinite debt of filial gratitude and the affectionate gratitude of a friend. I also thank Robin Dunn, recently retired manager of the St. John's College bookstore in Annapolis, for having encouraged my publishing my Sourcebooks both within and beyond the precincts of the College. I thank my friend Alexis Alevras, a professor of mathematics at the U.S. Naval Academy, but more importantly a native of Greece, for his proud-eyed sightings of peccadilloes and howlers, as well as for his Greek digitization of Ptolemy's *Proeemium*. Last but not least, I must also thank my Language students at St. John's College, Annapolis, who with forgiving appreciation proofed and edited in use evolving forms of this Ancient Greek Sourcebook.

My final thanks must perforce be impersonal, as my greatest debt is to the many nameless architects and engineers of Web resources. I must in particular salute the commitment of the Perseus Digital Library at Tufts University (Perseus Hopper) for its commitment to nonprofit, open-source dissemination of these ancient Greek texts on the World Wide Web and in the Academy. If I may be called a teacher of liberal arts and sciences, I am but a student of Greek, and much of this Greek volume of the *Sourcebooks in Liberal Arts & Sciences* is a work of collation possible for the likes of me only by virtue of the open-source internet and its countless laborers.

John Tomarchio
St. John's College, Annapolis

WEB SOURCES OF TEXTS
In Order of Appearance

1. HOMER, *Iliad*, Book IX (259–431). *Homeri Opera*, Vol I-V (Oxford, Oxford University Press. 1920, with Notes by Allen Rogers Benner, 1903), courtesy of Perseus.Tufts.edu/Hopper:
perseus.tufts.edu/hopper/text?doc=Perseus%3Atext%3A1999.01.0133%3Abook%3D9%3Acard%3D244

2. HOMER, *Iliad*, Book XXIV (468–634). Ibidem.
perseus.tufts.edu/hopper/text?doc=Perseus%3Atext%3A1999.01.0133%3Abook%3D24%3Acard%3D468

3. HOMER, *Odyssey*, Book XXII.380–XXIII.259. Tr. A.T. Murray, 2 Vols. (Cambridge, MA., Harvard University Press; London, William Heinemann, Ltd. 1919), courtesy of Perseus.Tufts.edu/Hopper:
perseus.tufts.edu/hopper/text?doc=Perseus%3Atext%3A1999.01.0135%3Abook%3D22%3Acard%3D378

4. SAPPHO. Notes on Aeolian dialect courtesy of *https://digitalsappho.org/sapphos-dialect/* Greek texts: *https://digitalsappho.org/fragments/* For translations: *http://inamidst.com/stuff/sappho/*

5. PINDAR. *The Odes of Pindar*, To Heiron of Syracuse, Charioteer, Pithian II. Ed. Sir John Sandys (Cambridge, MA, Harvard University Press; London, William Heinemann Ltd. 1937), Tr. Diane Arnson Svarlien, 1990, courtesy of Perseus.Turfts.edu/Hopper:
perseus.tufts.edu/hopper/text?doc=Perseus%3Atext%3A1999.01.0161%3Abook%3DP.%3Apoem%3D2

6. SOPHOCLES, *Antigone*, selections. Ed. F. Storr, in Vol. 1, *Oedipus the king, Oedipus at Colonus, Antigone*, The Loeb Classical Library Vol. 20 (The Macmillan Company, New York, 1912), with glosses of Choral Ode and English translation from *The Antigone of Sophocles*, Tr. R. Jebb (Cambridge University Press. 1891), courtesy of Perseus Hopper (Perseus.Tufts.edu):
http://www.perseus.tufts.edu/hopper/text?doc=Perseus%3atext%3a1999.01.0185

7. THUCYDIDES. *Historiae*, Chapter 41, Sections 1-3. Ed. H. Stuart Jones and J. E. Powell (Oxford, Oxford University Press. 1942), courtesy of Perseus.Tufts.edu/Hopper:
perseus.tufts.edu/hopper/text?doc=Perseus%3Atext%3A1999.01.0199%3Abook%3D1%3Achapter%3D40%3Asection%3D1 —and Chapter 63, Sections 1-2:
perseus.tufts.edu/hopper/text?doc=Perseus%3Atext%3A1999.01.0199%3Abook%3D2%3Achapter%

8. GORGIAS, *Encomium of Helen*. Επιμέλεια-Μετάφραση: Π. Καλλιγάς. Σχόλια: Ν. Μ. Σκουτερόπουλος. από το βιβλίο Η Αρχαία Σοφιστική, Ν.Μ. Σκουτερόπουλος, ΓΝΩΣΗ 1991, courtesy of *mikrosapoplous.gr/elenhs_egwmion.html*
Digitalization of the text for this volume courtesy of Alexis Alevras, Ph.D., U.S.N.A.

9. PLATO, *Symposium*, 201D – 212c (speech of Diotoma). *Platonis Opera*, ed. John Burnet. Oxford University Press. 1903, courtesy of Perseus.Tufts.edu:
perseus.tufts.edu/hopper/text?doc=Plat.+Sym.+206&fromdoc=Perseus%3Atext%3A1999.01.0173

10. ARISTOTLE, *Ars Poetica*, selections. Ed. R. Kassel, *Aristotle's Ars Poetica* (Oxford, Clarendon Press. 1966), courtesy of Perseus.Tufts.edu/Hopper.
perseus.tufts.edu/hopper/text?doc=Aristot.+Poet.+1449b&fromdoc=Perseus%3Atext%3A1999.01.0055

11. ARISTOTLE, *De anima*, Book II, Chapter 1. Greek text courtesy of Μετάφραση-Σχόλια: Παύλου Γρατσιάτου: *mikrosapoplous.gr/aristotle/psyxhs/2_01.html*

12. ARISTOTLE, *Physics*, Book II, Chapter 2 (193b20 ff.). Greek text courtesy of Remacle.org: *http://remacle.org/bloodwolf/philosophes/Aristote/phys22.htm.* English translation by R.P. Hardie and R.K. Gaye courtesy of Classics.MIT.edu: *classics.mit.edu/Aristotle/physics.2.ii.html*

13.   ARISTOTLE, *Metaphysics*, Book VI, Chapter 1 (1025b ff.). Greek text courtesy of Remacle.org: *remacle.org/bloodwolf/philosophes/Aristote/metaphysique6pierron.htm,* and translation by W.D. Ross courtesy of Classics.MIT.edu: *classics.mit.edu/Aristotle/metaphysics.6.vi.html*

14.   ARISTOTLE, *De Anima*, Book 1, Chapter 1 (403a25 ff.). Greek text courtesy of Remacle.org: *remacle.org/bloodwolf/philosophes/Aristote/ame1gr.htm* and translation by J.A. Smith courtesy of Classics.MIT.edu: *classics.mit.edu/Aristotle/soul.1.i.html*

15.   SEPTUAGINT, *Genesis*, Chapter 1-2. Greek text courtesy of the Greek Orthodox Archdiocese of America: *www.septuagint.bible/-/genesis-1*

16.   SEPTUAGINT, *Book of Wisdom*, Ch. 7, vv. 1-14. Greek text and translation both courtesy of Ellopos.net: *ellopos.net/elpenor/greek-texts/septuagint/chapter.asp?book=29&page=7*

17.   NEW TESTAMENT, The Gospel According to Luke, Ch. 1-2. Greek text as revised by Brooke Foss Westcott and Fenton John Anthony Hort (Harper & Brothers, 1885), courtesy of Perseus.Tufts.edu/Hopper: *perseus.tufts.edu/hopper/text?doc=Perseus:text:1999.01.0155:book=Luke.*

18.   NEW TESTAMENT, The Gospel According to John, Ch. 1 and 21. Ed. Brooke Foss Westcott and Fenton John Anthony Hort (Harper & Brothers, 1885), courtesy of Perseus.Tufts.edu/Hopper: *perseus.tufts.edu/hopper/text?doc=Perseus%3atext%3a1999.01.0155%3abook%3dJohn*

19.   NEW TESTAMENT, Letter to the Romans, Ch. 7-8. Ed. Brooke Foss Westcott and Fenton John Anthony Hort (Harper & Brothers, 1885), courtesy of Perseus.Tufts.edu/Hopper: *perseus.tufts.edu/hopper/text?doc=Romans+8&fromdoc=Perseus%3Atext%3A1999.01.0155*

20.   NEW TESTAMENT, Letter to the Hebrews, Selections. Ed. Brooke Foss Westcott and Fenton John Anthony Hort (Harper & Brothers, 1885), courtesy of Perseus.Tufts.edu/Hopper: *perseus.tufts.edu/hopper/text?doc=Perseus%3atext%3a1999.01.0155%3abook%3dHebrews*

21.   PLUTARCH, Life of Temoleon. From *Plutarch's Lives*, Tr. Bernadotte Perrin (London: William Heinemann Ltd., 1919), courtesy of Perseus.Tufts.edu/Hopper: *perseus.tufts.edu/hopper/text?doc=Perseus%3atext%3a2008.01.0128*

22.   PLUTARCH, Life of Alexander. From *Plutarch's Lives*, Tr. Bernadotte Perrin (London: William Heinemann Ltd., 1919), courtesy of Perseus.Tufts.edu/Hopper: *http://www.perseus.tufts.edu/hopper/text?doc=Perseus:text:2008.01.0129*

23.   PLUTARCH, *De Recta Audiendi Ratione*, Ed. Gregorius N. Bernardakis (Leipzig: Teubner, 1888), courtesy of Perseus.Tufts.edu/Hopper: *perseus.tufts.edu/hopper/text?doc=Perseus%3Atext%3A2008.01.0144%3Achapter%3D1%3Asection%3D18*

24.   PTOLEMY, *Almagest*, Proeumium. Greek text from *Claudii Ptolemaei Opera Quae Exstant Omnia, Syntaxis Mathematica*, Pars I, Ed. J.L. Heiberg (Lipsiae, In Aedibus B.G. Teubneri, MDCCCLXXXXVIII). Digitization by Alexis Alevras, U.S. Naval Academy; Tr. John Tomarchio.

25.   HESIOD, *Theogony (22–35)*. The excerpt is from Classical Mythology, 9th ed., Mark P.O. Morford and Robert J. Lenardon, Oxford University Press, courtesy of Global.OUP.com: *global.oup.com/us/companion.websites/9780195397703/student/archives/hesiod/*

WEB SOURCES OF ARTWORK
In Order of Appearance

1. BOOK COVER. Goddesses from east pediment of the Parthenon frieze, photo by Maria Giulia Tolotti, courtesy of: *commons.wikimedia.org/wiki/File:Figures_of_three_goddesses_Parthenon.jpg*

2. GRAMMAR Title Page: *Allegorical figure of Grammar*, from *The Seven Liberal Arts*, Hans Sebald Beham, courtesy of: *sites.google.com/site/tutormathphysicsnow*

3. HOMER, *Iliad*, Book IX (259–431). *Plaster, Achilles delivers Briseis to Agamemnon*, Antonio Canova (1787–90), Cariplo Foundation, Lombardy, Italy, courtesy of Artstack.com: *theartstack.com?artist?antonio-canova?achilles-delivers-brisei.*

— Book XXII (296–404). Roman sarcophagus relief of Achilles trampling Hector's body (180–200 A.D), Attica, Greece, in the Getty Villa, courtesy of Wordpress.com: *squinches.wordpress.com/tag/achilles/.*

— Book XXIV (468–634). Roman sarcophagus relief of Priam begging Achilles for Hector's body from Tyre, Lebanon (2nd c. AD), National Museum of Beirut, courtesy of Reuters.com: *blogs.reuters.com/great-debate/files/2014/06/priam-achilles.jpg.*

— Book XXIV (468–634). Detail of Roman sarcophagus relief of return of Hector's body (180–200 AD), Louvre Museum, Borghese collection, courtesy of Wikimedia.org: *upload.wikimedia.org/wikipedia/commons/a/a4/Hector_brought_back_to_Troy.jpg*

4. HOMER, *Odyssey*, Book XXII.380–500. Bust of Odysseus from *La Villa di Tiberio*, Sperlonga Museum, Italy, courtesy of ClassicalWisdom.com: *classicalwisdom.com/mythology/homer/appeal-odyssey/*

— Book XXII.380–500. Slaughter of the suitors by Odysseus and Telemachus, Campanian bell-krater, c. 330 BC, Louvre Museum, Paris, courtesy of Wikipedia.org: *en.wikipedia.org/wiki/Suitors_of_Penelope*

5. SAPPHO. Painting of *Venus, Cupid, Folly, & Time* by Angelo Bronzino (1540–55), in the National Gallery, London, courtesy of Wikimedia.org: *commons.wikimedia.org/wiki/File:Angelo_Bronzino_-_Venus,_Cupid,_Folly_and_Time__National_Gallery,_London.jpg*

6. ATTIC GREEK Title Page. Study of a Pediment from the Parthenon, Jacques Carrey (1674), The British Museum, courtesy of Baroque-In-Art.org: *baroque-in-art.org/Study-of-a-pediment-from-the-Parthenon.html#comm*

7. SOPHOCLES, *Antigone*. Bust of young Greek woman courtesy of Harvard Kosmos Society: *kosmossociety.chs.harvard.edu/?p=11334*

8. THUCYDIDES, *Histories*. Image of Greek Warriors courtesy of AncientFacts.net: *ancientfacts.net/quizzes/quiz-are-you-athenian-or-spartan/*

9. GORGIAS, *Encomium of Helen*. Rhetorica from The Seven Liberal Arts, printy by Giulio Bonasone (1544), attributed to Rafaello, Rijksmuseum, courtesy of *commons.m.wikimedia.org.*

10. PLATO, *Symposium*. *Dialectica inventor fuit Plato et Porphirius*, from The Seven Liberal Arts, by printmaker Giulio Bonasone (1544), attributed to Rafaello, Rijksmuseum, courtesy of: *commons.m.wikimedia.org/wiki/File:Dialectica_Dialetica_inventor_fuit_Plato_et_Porphirius_(titel_op_object)_De_zeven_vrije_kunsten_(serietitel),_RP-P-2005-105.jpg.*

— Image of Venus, Sandro Botticelli, Sabauda Gallery, Turin, Italy, courtesy of MFA.org: *wfae.org/post/lesser-known-venus-visits-us-new-botticelli-exhibit#stream/0.* Image of Eros from Lekythos, Attika 490 BC (Necropolis of Olbia).

— DaVinci as Plato from Rapahael's *The School of Athens* (1509), detail of fescoe in the Stanza della Segnatura, Apostolic Palace, Vatican City, courtesy of en.Wikipedia.org: https://en.wikipedia.org/wiki/The_School_of_Athens#/media/File:Sanzio_01_Plato_Aristotle.jpg

11. ARISTOTLE, *Poetics*. Image of Greek theater masks courtesy of: *brewminate.com/an-introduction-to-ancient-greek-tragedy.* Greek vase theatricals courtesy of *thinglink.com/scene/651385499482587138.*

—Oedipus and the Sphinx, Attic kylix, c. 470 BC; in the Gregorian Etruscan Museum, Vatican Museums, courtesy of Britannica.com: *britannica.com/topic/Oedipus-Greek-mythology*

12.   ARISTOTLE, On the Soul. *Allegorical Figures of the Sciences*, Stefano Della Bella, courtesy of Pintrest.com: *www.pinterest.com/pin/188236459399809511/*

13.   ARISTOTLE, On Theoria. *Allegorical Figures of Reason and Wisdom*, PietroTesta, courtesy of Wikimedia.org: *commons.wikimedia.org/wiki/File:Pietro_Testa*

14.   KOINE GREEK Title Page. *Alexander the Great at the Battle of Issus*, Mosaic from House of the Faun, Pompeii (2nd c. BC), Archaeological Museum of Pompei, courtesy of *http://www.greece-is.com/macedonia-alexander-the-great/*

15.   SEPTUAGINT, Genesis. Details of Michelangelo's Sistine Chapel frescoes, Apostolic Palace, Vatican, courtesy of Kwing.ChristianSonnet.org: *kwing.christiansonnet.org/courses/bible-gen/paintings*

16.   NEW TESTAMENT, Gospel According to Luke. Detail of Annunciation, Simone Martini, courtesy of: *http://historiartevzla.blogspot.com/2014/03/simone-martini_17.html*
—Mary greeting Elizabeth, Piero di Cosimo (1490), National Gallery of Art, Washington D.C., courtesy of SoulPainter.com: *soulpainter.com/2014/03/annunciation*
—The Prophets Anna & Simeone Recognize the Lord in Jesus, Rembrandt (1627), in the Kunsthalle, Hamburg, courtesy of Flickr.com: *flickr.com/photos/eoskins/15982787827/in/photostream/*

17.   NEW TESTAMENT, Gospel According to John. *Agnus Dei* by Francisco de Zurbarán (1635-40) in the Prado Museum, courtesy of Wikipedia.org: *en.wikipedia.org/wiki/Lamb_of_God*
—The Crucifixion of St. Peter (1546–50), by Michelangelo, in the Cappella Paolina of the Vatican Palace, courtesy of Wikimedia.org: *commons.wikimedia.org/w/index.php?curid=243950*

18.   NEW TESTAMENT, Paul, Letter to the Romans. *The Conversion of St. Paul on the Way to Damascus*, Caravaggio (1601), in the Cerasi Chapel of Santa Maria del Popolo, courtesy of Wikipedia.org: *en.wikipedia.org/wiki/Epistle_to_the_Romans*
—Paul Writing His Epistles (1620), Valentin de Boulogne, Museum of Fine Arts, Houston, courtesy of Commons.Wikimedia.org: *commons.wikimedia.org/wiki/File:Probably_Valentin_de_Boulogne_-_Saint_Paul_Writing_His_Epistles_-_Google_Art_Project.jpg*

19.   NEW TESTAMENT, Letter to the Hebrews. Mosaic of Christ in Judgement (circa 1300) from the Baptistery of St. John in Florence is courtesy of BuildingOnTheWord.org: *buildingontheword.org/bible-study/the-letter-to-the-hebrews/*.
—The Transfiguration (1497–1500), Pietro Perugino, fresco in the Collegio del Cambio, Umbria, courtesy of Commons.Wikimedia.org:
commons.wikimedia.org/wiki/File:Perugino,_trasfigurazione,_collegio_del_cambio.jpg

20.   PTOLEMY, *Almagest*. Image of replica of Roman Astrolabe is from the National Museum of Athens, courtesy of The-Romans.eu.

21.   PLUTARCH, Life of Timoleon. Title-page engraving (1656), *Plutarch's Lives of the Noble Grecians and Romans* (Cambridge, 1657), Francis Barlow, courtesy of PBSLearningMedia.org: *mpt.pbslearningmedia.org/resource/xjf124992eng/frontispiece-of-plutarchs-lives-by-plutarch-xjf124992-eng/*
—Aristotle teaching Alexander the Great (1866), Charles Laplante, in Figuier's *Vie des savants illustres* (Paris, 1866), courtesy of Commons.Wiimedia.org: *commons.wikimedia.org/wiki/File:Alexander_and_Aristotle.jpg*

22.   THE MUSES. The Nine Muses with Athena and Apollo is from a Roman sarcophagus (180–200 AD), Vienna Museum of Art History, courtesy of Ancient Rome.ru: *ancientrome.ru/art/artworken/img.htm?id=4565*
—Apollon Mousagetēs by Robert Sanderson (1848–1908), University of Edinburgh, courtesy of ArtUK.org: *artuk.org/discover/artworks/apollo-and-the-muses-94357/view_as/grid/search/keyword:robert-sanderson-apollon-sanderson--makers:robert-sanderson-18481908/page/1*

MORPHOLOGY

SYNTAX

GREEK GRAMMAR

Grammar from the Seven Liberal Arts, by Hans Sebald Beham

THE GREEK NOUN

DECLENSIONAL CASE ENDINGS (FOR NOUNS & ADJECTIVES)

1ˢᵀ DECL.		2ND DECL.		3RD DECLENSION								
F⁺		M/F	N	M/F	N	M/F Variants				N Variants		
−η	−ᾱ	−ος	ον	——	−	⁻ης	πόλις	βοῦς	ιππεύς	εἶδος	ἄχος	γέρας
−ης	−ᾱς	−ου		−ος		⁻ους	πόλεως	βοός	ιππέως	εἴδους	ἄχεος	γέρως
−η	−ᾳ	−ῳ		−ι		⁻ει	πόλει	βοί	ιππεῖ	εἴδει	ἄχει	γέραι
−ην	−ᾱν	−ον	ον	−ᾰ	−	⁻η	πόλιν	βοῦν	ιππέᾱ	εἶδος	ἄχος	γέρας
−αι		−οι	ᾰ	−ες	ᾰ	⁻εις	πόλεις	βόες	ιππῆς	εἴδη	ἄχεα	γέρα
−ῶν		−ων		−ων		⁻ων	πόλεων	βοῶν	ιππέων	εἰδῶν	αχέων	γερῶν
−αις		−οις		−σι(ν)*		⁻εσι	πόλεσι	βουσί	ιππεύσι	εἴδεσι	ἄξεσι	γέρασι
−ᾱς		−ους	ᾰ	−ᾱς	ᾰ	⁻εις	πόλεις	βοῦς	ιππέᾱς	εἴδη	ἄχεα	γέρα

+ There are some 1ˢᵗ Declension masculines with Nominatives in −ης or -ας and Genitive in −ου.

* There are consonant contractions with σ (ψιν–ξιν) or vowel variations (−ουσιν–οσιν–ᾱσιν–ισιν)

NOUN PARADIGMS OF INTEREST

ὀνόματα

ὁ Ὅμηρος	ὁ Νικίας	ὁ Εὐκλείδης	ὁ Πλάτων	ὁ Σωκράτης	ὁ Ὀδυσσεύς	ὁ Μωϋσῆς	ὁ Ἰησοῦς
Ὁμήρου	Νικίου	Εὐκλείδου	Πλάτωνος	Σωκράτους	Ὀδυσσέως	Μωϋσέως	Ἰησοῦ
Ὁμήρῳ	Νικίᾳ	Εὐκλείδῃ	Πλάτωονι	Σωκράτει	Ὀδυσσεῖ	Μωϋσεῖ	Ἰησοῖ/οῦ
Ὅμηρον	Νικίαν	Εὐκλείδην	Πλάτωονα	Σωκράτη	Ὀδυσσέᾱ	Μωϋσῆν	Ἰησοῦν
ὦ Ὅμηρε	ὦ Νικία	ὦ Εὐκλείδη	ὦ Πλάτων	ὦ Σώκρατες	ὦ Ὀδυσσεῦ	ὦ Μωϋσῆ	ὦ Ἰησοῦ

Εὐκλείδης: Στοικεῖα

τὸ στοιχεῖον	ὁ ὅρος	τὸ αἴτημα	ἡ ἔννοια	ἡ πρότασις	τὸ σχῆμα	ἡ ἀπόδειξις
στοιχείου	ὅρου	αἰτήματος	ἐννοίας	προτάσεως	σχήματος	ἀποδείξεως
στοιχείῳ	ὅρῳ	αἰτήματι	ἐννοίᾳ	προτάσει	σχήματι	ἀποδείξει
στοιχεῖον	ὅρον	αἴτημα	ἔννοιαν	πρότασιν	σχῆμα	ἀπόδειξιν
στοιχεῖα	ὅροι	αἰτήματα	ἔννοιαι	προτάσεις	σχήματα	ἀποδείξεις
στοιχείων	ὅρων	αἰτημάτων	ἐννοιῶν	προτάσεων	σχημάτων	ἀποδείξεων
στοιχείοις	ὅροις	αἰτήμασι(ν)	ἐννοίαις	προτάσεσι	σχήμασι	ἀποδείξεσι
στοιχεῖα	ὅρους	αἰτήματα	ἐννοίας	προτάσεις	σχήματα	ἀποδείξεις

Ὅμηρος: ἡ Ἰλιάς

τὸ γέρας	ἡ μῆνις	ὁ χόλος	ὁ θυμός	τὸ ἄχος	ἡ ποθή	ἡ κῆρ
γέρως	μήνιος	χόλου	θυμοῦ	ἄχεος	ποθῆς	κῆρος
γέραι	μήνι	χόλῳ	θυμῷ	ἄχει	ποθῇ	κῆρι
γέρας	μῆνιν	χόλον	θυμόν	ἄχος	ποθήν	κῆρα
γέρα	μήνιες	χόλοι	θυμοί	ἄχεα	ποθαί	κῆρες
γερῶν	μηνίων	χόλων	θυμῶν	αχέων	ποθῶν	κηρῶν
γέρασι	μήνισι	χόλοις	θυμοῖς	ἄξεσι	ποθαῖς	κηράσι
γέρα	μήνιας	χόλους	θυμούς	ἄχεα	ποθάς	κῆρας

Πλάτων: Μένων (ἤ Περί ἀρετῆς)					
τὸ τι ἔστι	τί ἐστι	τὸ ὄνομα	τὸ εἶδος	ἡ οὐσία	ἡ ἀνάμνεσις
τοῦ τι ἔστι	ὅτι ἐστι	ὀνόματος	εἴδους	οὐσίας	ἀναμνέσεως
τῷ τι ἔστι	δι'ὃ εἰσιν	ὀνόματι	εἴδει	οὐσίᾳ	ἀναμνέσει
τὸ τι ἔστι	εἰς ὃ εἰσι	ὄνομα	εἶδος	οὐσίαν	ἀνάμνεσιν
τὸ εἶναι	ταὐτόν	ὀνόματα	εἴδη	οὐσίαι	ἀναμνέσεις
τοῦ εἶναι	ταὐτοῦ	ὀνομάτων	εἰδῶν	οὐσιῶν	ἀναμνέσεων
τῷ εἶναι	ταὐτῷ	ὀνόμασι	εἴδεσι	οὐσίαις	ἀναμνέσεσι
τό εἶναι	ταὐτόν	ὀνόματα	εἴδη	οὐσίας	ἀναμνέσεις

Πλάτων: Πολιτεία (ἤ Περί δικαίου, πολιτικός)						
ὁ λόγος	ὁ θυμός	ἡ ἐπιθυμία	τὸ εἶδος	ἡ τελευτή	ἡ ἀρχή	ὁ νοῦς
λόγου	θυμοῦ	ἐπιθυμίας	εἴδεος	τελευτῆς	ἀρχῆς	νοῦ
λόγῳ	θυμῷ	ἐπιθυμίᾳ	εἴδει	τελευτῇ	ἀρχῇ	νῷ
λόγον	θυμόν	ἐπιθυμίαν	εἶδος	τελευτήν	ἀρχήν	νοῦν
λόγοι	θυμοί	ἐπιθυμίαι	εἴδεα	τελευταί	ἀρχαί	νοῖ
λόγων	θυμῶν	ἐπιθυμιῶν	εἰδέων	τελευτῶν	ἀρχῶν	νόων
λόγοις	θυμοῖς	ἐπιθυμίαις	εἴδεσι	τελευταῖς	ἀρχαῖς	νοῖς
λόγους	θυμούς	ἐπιθυμίας	εἴδεα	τελευτάς	ἀρχάς	νοῦς
τὸ ὁρατόν	τὸ νοητόν	τὸ πάθημα	ἡ εἰκασία	ἡ πίστις	ἡ διάνοια	ἡ νόησις
ὁρατοῦ	νοητοῦ	παθήματος	εἰκασίας	πίστεως	διανοίας	νοήσεως
ὁρατῷ	νοητῷ	παθήματι	εἰκασίᾳ	πίστει	διανοίᾳ	νοήσει
ὁρατόν	νοητόν	πάθημα	εἰκασίαν	πίστιν	διάνοιαν	νόησιν
τὰ ὁρατά	τὰ νοητά	τὰ παθήματα	ἁι εἰκασίαι	αἱ πίστεις	διάνοιαι	ἁι νοήσεις
ὁρατῶν	νοητῶν	παθημάτων	εἰκασῶν	πίστεων	διανοιῶν	νοήσεων
ὁρατοῖς	νοητοῖς	παθήμασι	εἰκασίαις	πίστεσι	διανοίαις	νοήσεσι
ὁρατά	νοητά	παθήματα	εἰκασίας	πίστεις	διανοίας	νοήσεις
τὸ δοξαστόν	τὸ γνωστόν	ἡ ἕξις	ἡ εικών	ἡ αἴσθησις	τὸ εικός	ἡ ἰδέα

Ἀριστοτέλης: Φυσικὴ ἀκρόασις						
ἡ κίνεσις	ἡ στάσις	ἡ μεταβολή	ἡ γένεσις	ἡ φορά	ἡ αὔξησις	ἡ ἀλλοίωσις
κινέσεως	στάσεως	μεταβολῆς	γενέσεως	φορᾶς	αὐξήσεως	ἀλλοιώσεως
κινέσει	στάσει	μεταβολῇ	γενέσει	φορᾷ	αὐξήσει	ἀλλοιώσει
κίνεσιν	στάσιν	μεταβολήν	γένεσιν	φοράν	αὔξησιιν	ἀλλοίωσιν
κινέσεις	στάσεις	μεταβολαί	γενέσεις	φοραί	αὐξήσεις	ἀλλοιώσεις
κινέσεων	κινέσεων	μεταβολῶν	γενέσεων	φορῶν	αὐξήσεων	ἀλλοιώσεων
κινέσεσι(ν)	στάσεσι(ν)	μεταβολαῖς	γενέσεσι(ν)	φοραῖς	αὐξήσεσι(ν)	ἀλλοιώσεσι
κινέσεις	στάσεις	μεταβολάς	γενέσεις	φοράς	αὐξήσεις	ἀλλοιώσεις
ἡ μορφή	ἡ ὕλη	ὁ ποιοῦν	τὸ τέλος	τὸ εἶδος	τὸ γένος	τὸ ὑποκείμενον
μορφῆς	ὕλης	ποιοῦντος	τέλους	εἴδους	γένους	ὑποκειμένου
μορφῇ	ὕλῃ	ποιοῦντι	τέλει	εἴδει	γένει	ὑποκειμένῳ
μορφήν	ὕλην	ποιοῦντα	τέλος	εἶδος	γένος	ὑποκείμενον
μορφαί	ὕλαι	ποιοῦντες	τέλη	τὰ εἴδη	γένη	ὑποκείμενα
μορφῶν	ὑλῶν	ποιοῦντων	τέλων	εἰδῶν	γενῶν	ὑποκειμένων
μορφαῖς	ὕλαις	ποιοῦσι	τέλεσι	εἴδεσι	γένεσι	ὑποκειμένοις
μορφάς	ὕλας	ποιοῦντας	τέλη	εἴδη	γένη	ὑποκειμένους
τὸ τόδε τι	τὸ ἐξ οὗ	τὸ ὅθεν	τὸ οὗ ἕνεκα	τό τι ἔστι	τὸ καθόλου	τὸ καθ'ἕκαστον

Ἀριστοτέλης: Τὰ μετὰ τὰ φυισκὰ					
τὸ τι ἦν εἶναι	τὸ ὄν ἧ ὄν	πρῶτα/δεύτερα	ἐντελής–ές	τὸ ἔργον	τά ἀντικείμενα
τό τι ἔστι	τό ὄν	ἡ οὐσία	ἡ ἐντελέχεια	ἡ ἐνέργεια	ἡ δύναμις
τοῦ τι ἔστι	τοῦ ὄντος	οὐσίας	ἐντελεχείας	ἐνεργείας	δυνάμεως
τῷ τι ἔστι	τῷ ὄντι	οὐσίᾳ	ἐντελεχείᾳ	ἐνεργείᾳ	δυνάμει
τό τι ἔστι	τό ὄν	οὐσίαν	ἐντελέχειαν	ἐνέργειαν	δύναμιν
τό εἶναι	τά ὄντα	οὐσίαι	ἐντελέχειαι	ἐνεργείαι	δυνάμεις
τοῦ εἶναι	τῶν ὄντων	οὐσιῶν	ἐντελεχειῶν	ἐνεργειῶν	δυνάμεων
τῷ εἶναι	τοῖσ οὔσοις	οὐσίαις	ἐντελεχείαις	ἐνεργείαις	δυνάμεσι(ν)
τό εἶναι	τά ὄντα	οὐσίας	ἐντελεχείας	ἐνεργείας	δυνάμεις
Ἀριστοτέλης: Περὶ ψυχῆς					
τὸ θρεπτικόν	τὸ ορεκτικόν	τὸ θυμικόν	τὸ ἐπιθυμητικόν	τὸ βουλευτικόν	τὸ διανοητικόν
τὸ αἰσθητικόν	τὸ αἰσθητόν	τὸ αἰσθητήριον	τὸ αἴσθημα	ἡ αἴσθησις	ἡ φαντασία
αἰσθητικοῦ	αἰσθητοῦ	αἰσθητηρίου	αἰσθήματος	αἰσθήσεως	φαντασίας
αἰσθητικῷ	αἰσθητῷ	αἰσθητηρίῳ	αἰσθήματι	αἰσθήσει	φαντασίᾳ
αἰσθητικόν	αἰσθητόν	αἰσθητήριον	αἴσθημα	αἴσθησιν	φαντασίαν
αἰσθητικά	αἰσθητά	αἰσθητήρια	αἰσθήματα	αἰσθήσεις	φαντασίαι
αἰσθητικῶν	αἰσθητῶν	αἰσθητηρίων	αἰσθήματ	αἰσθήσεων	φαντασιῶν
αἰσθητικοῖς	αἰσθητοῖς	αἰσθητηρίοις	αἰσθήμασι(ν)	αἰσθήσεσι(ν)	φαντασίαις
αἰσθητικά	αἰσθητά	αἰσθητήρια	αἰσθήματα	αἰσθήσεις	φαντασίας
ἡ δύναμις	τὸ ἀντικείμενον	τὸ ὄργανον	τὸ πάθημα	ἡ ἐντελέχεια	ἡ ἐπιθυμία
Ἀριστοτέλης: Ἠθικὰ Νικομάχεια					
ἡ ἀρετή	ἡ ἕξις	τὸ πάθος	ἡ πρᾶξις	ἡ μεσότης	ἡ ὄρεξις
ἀρετῆς	ἕξεως	πάθους	πράξεως	μεσότητος	ὀρέξεως
ἀρετῇ	ἕξει	πάθει	πράξει	μεσότητι	ὀρέξει
ἀρετήν	ἕξιν	πάθος	πρᾶξιν	μεσότητα	ὄρεξιν
ἀρεταί	ἕξεις	πάθη	πράξεις	μεσότητες	ὀρέξεις
ἀρετῶν	ἕξεων	παθῶν	πράξεων	μεσοτήτων	ὀρέξεων
ἀρεταῖς	ἕξεσι(ν)	πάθεσι(ν)	πράξεσι(ν)	μεσότησι(ν)	ὀρέξεσι(ν)
ἀρετάς	ἕξεις	πάθη	πράξεις	μεσότητας	ὀρέξεις
ὁ φρόνιμος	ὁ σπουδαῖος	ὁ εγκρατής	ὁ ἀκρατής	ὁ φαῦλος	ὁ μοχθηρός
ἡ ἐγκράτεια	ἡ ακρασία	ἡ κακία	ἡ προαίρεσις	ἡ βούλησις	ὁ λογισμός
ἐγκρατείας	ακρασίας	κακίας	προαιρέσεως	βουλήσεως	λογισμοῦ
ἐγκρατείᾳ	ακρασίᾳ	κακίᾳ	προαιρέσει	βουλήσει	λογισμῷ
ἐγκράτειαν	ακρασίαν	κακίαν	προαίρεσιν	βούλησιν	λογισμόν
ἐγκράτειαι	ακρασίαι	κακίαι	προαιρέσεις	βουλήσεις	λογισμοί
ἐγκρατειῶν	ακρασιῶν	κακιῶν	προαιρέσεων	βουλήσεων	λογισμῶν
ἐγκρατείαις	ακρασίαις	κακίαις	προαιρέσεσι	βουλήσεσι(ν)	λογισμοῖς
ἐγκρατείας	ακρασίας	κακίας	προαιρέσεις	βουλήσεις	λογισμούς
Ἀριστοτέλης: Περὶ ποιητικῆς					
ἡ τραγῳδία	ὁ σπουδαῖος	ἡ ἁμαρτία	ἡ κάθαρσις	ὁ φόβος	ὁ ἔλεος / τὸ ἔλεος
τραγῳδίας	σπουδαίου	ἁμαρτίας	καθάρσεως	φόβου	ἐλέου / ἐλέους
τραγῳδίᾳ	σπουδαίῳ	ἁμαρτίᾳ	καθάρσει	φόβῳ	ἐλέῳ / ἐλέει
τραγῳδίαν	σπουδαῖον	ἁμαρτίαν	κάθαρσιν	φόβον	ἔλεον / ἔλεος
τραγῳδίαι	σπουδαῖοι	ἁμαρτίαι	καθάρσεις	φόβοι	ἔλεοι / ἐλέη
τραγῳδιῶν	σπουδαίων	ἁμαρτιῶν	καθάρσεων	φόβων	ἐλέων / ἐλεῶν
τραγῳδίαις	σπουδαίοις	ἁμαρτίαις	καθάρσεσι(ν)	φόβοις	ἐλέοις / ἐλέεσι(ν)
τραγῳδίας	σπουδαίους	ἁμαρτίας	καθάρσεις	φόβους	ἐλέους / ἐλέη
ὁ μῦθος	τὸ ἦθος	ἡ διάνοια	ἡ λέξις	ἡ πρᾶξις	τὸ πάθος

Τό κατά Ἰωάννην ἅγιον εὐαγγέλιον

ὁ λόγος	ἡ ζωή	τὸ φῶς	ὁ μονογενής	ἡ σάρχ	ἡ χάρις	ἡ ἀλήθεια
λόγου	ζωῆς	φωτός	μονογενοῦσ	σαρκός	χάριτος	ἀληθείας
λόγῳ	ζωῇ	φωτί	μονογενεῖ	σαρκῖ	χάριτι	ἀληθείᾳ
λόγον	ζωήν	φῶσ	μονογενή	σάρκα	χάριτα	ἀλήθειαν
λόγοι	ζωαί	φῶτα	μονογεῖς	σάρκες	χάριτες	αλήθειαι
λόγων	ζωῶν	φώτων	μονογενῶν	σαρκῶν	χαρίτων	ἀληθειῶν
λόγοις	ζωαῖς	φωσίν	μονογενέσι	σαξῖν	χάρισι(ν)	ἀληθείαις
λόγους	ζωάς	φῶτα	μονογενεῖς	σάρκας	χάριτας	ἀληθείας

Τό κατά Λουκᾶν ἅγιον εὐαγγέλιον

ἡ παρθένος	ἡ κεχαριτωμένη	ὁ ἀσμασμός	ἡ γαστήρ	τὸ πνεῦμα	τὸ ῥῆμα
παρθένου	κεχαριτωμένης	ἀσμασμοῦ	γαστρός	πνεύματος	ῥήματος
παρθένῳ	κεχαριτωμένη	ἀσμασμῷ	γαστρῖ	πνεύματι	ῥήματι
παρθένον	κεχαριτωμένην	ἀσμασμόν	γαστέρα	πνεύμα	ῥῆμα
παρθένοι	κεχαριτώμεναι	ἀσμασμοί	γαστέρες	πνεύματα	ῥήματα
παρθένων	κεχαριτωμενῶν	ἀσμασμῶν	γαστέρων	πνευμάτων	ῥημάτων
παρθένοις	κεχαριτωμέναις	ἀσμασμοῖς	γαστρᾶσῖ	πνεύμασι	ῥήμασι
παρθένους	κεχαριτωμένας	ἀσμασμούς	γαστέρας	πνεύματα	ῥήματα

Παῦλος, Πρὸς Ῥωμαίους

ἡ ἐντολή	ὁ νόμος	τὸ φρόνημα	ὁ νοῦς	ἡ ἐπιθυμία	ἡ σάρξ	τὸ σῶμα
ἐντολῆς	νόμου	φρονήματος	νοός	ἐπιθυμίας	σαρκός	σωματος
ἐντολῇ	νόμῳ	φρονήματι	νοΐ	ἐπιθυμίᾳ	σαρκῖ	σωματι
ἐντολήν	νόμον	φρόνημα	νοῦν	ἐπιθυμίαν	σάρκα	σῶμα
ἐντολαί	νόμοι	φρονήματα	νοές	ἐπιθυμίαι	σάρκες	σώματα
ἐντολῶν	νόμων	φρονημάτων	νόων	ἐπιθυμιῶν	σαρκῶν	σωμάτων
ἐντολαῖς	νόμοισ	φρονήμασι	νοῖς	ἐπιθυμίαις	σαξῖν	σώμασι(ν)
ἐντολάς	νόμους	φρονήματα	νόας	ἐπιθυμίας	σάρκας	σώματα

Παῦλος, Πρὸς Κορινθίους α'

ἡ ἀγάπη	ἡ πίστις	ἡ ἐλπίς	ὁ Χριστός / τὸ Πνεῦμα	τὸ ἐνέργημα	τὸ πνευματικόν	τὸ χάρισμα
ἀγάπης	πίστεως	ἐλπίδος	Χριστοῦ	ἐνέργματος	πνευματικοῦ	χαρίσματος
ἀγάπῃ	πίστει	ἐλπίδι	Χριστῷ	ἐνέργματι	πνευματικῷ	χαρίσματι
ἀγάπην	πίστιν	ἐλπίδα	Χριστόν	ἐνέργημα	πνευματικόν	χάρισμα
ἀγάπαι	πίστεις	ἐλπίδες	τὸ Πνεῦμα	ἐνέργματα	πνευματικά	χαρίσματα
ἀγαπῶν	πίστεω	ἐλπίδων	Πνεύματος	ἐνεργμάτων	πνευματικῶν	χαρισμάτων
ἀγάπαις	πίστεσι	ἐλπίσι(ν)	Πνεύματι	ἐνέργμασι	πνευματικοῖς	χαρίσμασι
ἀγάπας	πίστεις	ἐλπίδα	Πνεῦμα	ἐνέργματα	πνευματικά	χαρίσματα

Πρὸς Ἑβραίους

ὁ πρωτότοκος	ὁ υἱός	ἡ δοξα	ὁ χαρακτήρ	ἡ ὑπόστασις	ὁ καθαρισμός	ἡ ἁμαρτία
πρωτοτόκου	υἱοῦ	δόξας	χαρακτῆρος	ὑποστάσεως	καθαρισμοῦ	ἁμαρτίας
πρωτοτόκῳ	υἱῷ	δόξᾳ	χαρακτῆρι	ὑποστάσει	καθαρισμῷ	ἁμαρτίᾳ
πρωτότοκον	υἱόν	δόξαν	χαρακτῆρα	ὑπόστασιν	καθαρισμόν	ἁμαρτίαν
πρωτότοκοι	υἱοί	αἱ δόξαι	χαρακτῆρες	ὑποστάσεις	καθαρισμοί	ἁμαρτίαι
πρωτοτόκων	υἱῶν	δοξῶν	χαρακτήρων	ὑποστάσεων	καθαρισμῶν	ἁμαρτιῶν
πρωτοτόκοις	υἱοῖς	δόξαις	χαρακτῆρσι	ὑποστάσι	καθαρισμοῖς	ἁμαρτίαις
πρωτοτόκους	υἱούς	δόξας	χαρακτῆρας	ὑποστάσεις	καθαρισμούς	ἁμαρτίας

Regular HOMERIC Noun Declension Endings

	1st Fem.	Masc.	2nd Masc.	Neu.	3rd M&F	Neu.
N	–η–α	–ης–ας–α	–ος–ως–ους	–ον	–ς	––
G	–ης–ας	–αο–εω–ω	–ου–οιο–ω–οο		–ος–ους–ως	
D	–η–α		–ῳ		–ι	
A	–ην–αν		–ον–ων	–ον	–α–ν–η–ω	––
N	–αι		–οι	–α	–ες–εις–ους	–α–η–ω
G	–ῶν–άων–έων		–ων		–ων	
D	–αις–ησι–ης		–οις–οισι(ν)		–σι(ν)–εσσι(ν)	
A	–ας		–ους–ως	–α	–ας–εις–ς	–α–η

Demonstrative/Relative Pronouns			HOMERIC Personal Pronouns		
	Masc	Neu	Fem	1st Person	2nd Person	3rd Person
N	ὁ	τό	ἡ	ἐγω	σύ, τύνη	—
G	τοῦ, τοῖο		τῆς	ἐμέο, ἐμεῖο, ἐμεῦ, μευ, ἐμέθεν	σέο, σεῖο σεῦ, σευ, σέθεν	εἷο, ἕο εὗ, ἕθεν
D	τῷ		τῇ	μοι	σοί, τοι	οἷ, ἑοῖ
A	τόν	τόν	τήν	μέ	σέ, σε	ἕ, μιν
N	οἵ, τοί	τά	αἵ, ταί	ἡμεις, ἄμμες	ὑμεῖς, ὔμμες	––
G	τῶν		τάων	ἡμέων/ἡμείων	ὑμέων/ὑμείων	σφέων/σφείων
D	τοῖς, τοῖσι		τῇσι, τῆς	ἡμῖν	ὑμῖν	σφίσι(ν), σφι(ν)
A	τούς	τά	τάς	ἡμέας, ἄμμε	ὑμέας, ὔμμε	σφέας/σφας/σφε

	Possessive Adjective		
Note: It is easy to confuse Nom. Pl. Demonstrative **οἱ** *with Dat. Sing. Personal* **οἱ**	ἐμος, ἐμη, ἐμον	σός, σή, σόν **τεός, τεή, τεόν**	ἑός, ἑή, ἑόν **ὅς, ἥ, ὅν**
	ἡμέτερος–η–ον **ἁμός, ἁμή, ἁμόν**	ὑμετρερος–η–ον ὑμός, ὑμή, ὑμόν	σφέτερος–η–ον σφός, σφή, σφόν

Verbs: The past-time augment is frequently omitted: βῆ (for ἔβη, *set out*); ἄγε (for ἦγε, *led*)
Infinitives: Also for *Present* are: -έμεν/-έμεναι: ἵμεν or ἵμεναι for ἰέναι; ἔμεν or ἔμμεναι for εἶναι.
Timesis: Verb prefixes are often cut off as adverbs: ἐκ δέ καὶ αὐτοὶ βῆμεν (for ἐξέβημεν)

Homeric variants of εἰμί [be] (Participle: ἐών, ἐοῦσα, ἐόν)				Homeric variants of εἶμι [go] (Participle: ἰών, ἰοῦσα, ἰόν)		
Pres	*Imperf*	*Sbjv*	*Optv*	*Pres*	*Imperfect*	*Sbjv*
εἰμί	ἔα, ἔον	ἔω	εἴην	εἶμι	ἤια, ἤιον	ἴω
ἐσσί	ἔησθα	ἔης	ἔοις	εἶς	ἤεις (θα)	ἴησθα
ἐστί	ἔην/ἦν ἦεν/ἤην	ἔη, ἔησι ἦσι	ἔοι	εἶσι	ἤει, ἤιε, ἦε, ἴε	ἴησι
εἰμέν	ἦμεν	ἔωμεν	εἶμεν	ἴμεν	ἤομεν	ἴωμεν
ἐστέ	ἦτε	ἔητε	εἶτε	ἴτε	ἦτε	ἴητε
ἔασι	ἔσαν	ἔωσι, ὦσι	εἶεν	ἴασι	ἤισαν ἤιον ἴσαν	ἴωσι

Dual Declensions

Dual endings for nouns, adjectives and participles do not distinguish gender.

Case	1st Decl.	2nd Decl.	3rd Decl.	Some paradigms, for example:		
	Consonant Stem Regular					
Nom.	−α	−ω	−ε	νεανίᾱ	ἀνθρώπω	χάριτε
Gen.	−αιν	−οιν	−οιν	νεανίαιν	ἀνθρώποιν	χαρίτοιν
Dat.	−αιν	−οιν	−οιν	νεανίαιν	ἀνθρώποιν	χαρίτοιν
Acc.	−α	−ω	−ε	νεανίᾱ	ἀνθρώπω	χάριτε
	3rd Declension Irregular					
Nom.	−α	−η	−ει	γέρᾱ	ἱππῆ	γένει
	−ων	−έοιν	−οιν	γερῶν	ἱππέοιν	γένοῖν
Dat.	−ων	−έοιν	−οιν	γερῶν	ἱππέοιν	γένοῖν
Acc.	−α	−η	−ει	γέρᾱ	ἱππῆ	γένει

Dual Demonstrative/Relative Pronouns

Case	Article	Relative	Indefinite
Nom.	τώ	ὥ	τινέ
Gen.	τοῖν	οἵν	τινοῖν
Dat.	τοῖν	οἵν	τινοῖν
Acc.	τώ	ὥ	τινέ
	Demonstrative		Interrogative
Nom.	τουτώ		τίνε
Gen.	τούτοιν		τίνοιν
Dat.	τούτοιν		τίνοιν
Acc.	τουτώ		τίνε

Dual Personal Pronouns

Case	1st Person	2nd Person
Nom.	νώ	σφώ
Gen.	νῶν	σφῶν
Dat.	νῶν	σφῶν
Acc.	νώ	σφώ

Dual does not distinguish gender, except for:
αὐτά, αὐταῖν
ἀλλήλα, ἀλλήλαιν

Dual Person Markers in Verb Inflections: *Attached to thematic vowel mood-formant.*

	Active Voice		Middle Voice		Passive Voice		Homeric Dual of εἰμί [be]			
	Primary Seqc	2ndary Seqc	Primary Seqc	2ndary Seqc	Primary Seqc	2ndary Seqc	Pres	Impf	Sbjv	Optv
2nd	−τον	−τον	−σθον	−σθον	−τον	−των	ἐστόν	ἤστον	ἦτον	εἴ(η)τον
3rd	−τον	−την	−σθον	−σθην	−σθον	−σθων	ἐστόν	ἤστην	ἦτον	εἴ(ή)την

	For example, in the 3rd Person Progressive:				Homeric Dual of εἰμι [go]			
Indv	λύετον		λύεσθον					
	ἐλυσάτην		ἐλυσάσθην	ἐλυθήτην		Pres	Impf	Sbjv
Sbjv	λύητον		λύησθον		2nd	ἴτον	ἤτον	ἴητον
	λύσητον		λύσησθον	λυθήτον	3rd	ἴτον	ἤτην	ἴητον
Optv	λυοίτην		λυοίσθην					
	λυσαίτην		λυσαίσθην	λυθείτην				

PERSONAL PRONOUNS		
I/me/mine We/us/ours	You/yours	He/him/his * She/her/hers * It/its They/them/theirs
ἐγώ ἐμοῦ / μου ἐμοί / μοι ἐμέ / με	σύ σοῦ / σου σοί / σοι σέ / σε	[αὐτός–αὐτή–αὐτό = *Intensive*] αὐτοῦ–αὐτῆς–αὐτοῦ αὐτῷ–αὐτῇ–αὐτῷ αὐτόν–αὐτήν–αὐτό
ἡμεῖς ἡμῶν ἡμῖν ἡμᾶς	ὑμεῖς ὑμῶν ὑμῖν ὑμᾶς	[αὐτοί–αὐταί–αὐτά = *Intensive*] αὐτῶν–αὐτῶν–αὐτῶν αὐτοῖς–αὐταῖς–αὐτοῖς αὐτούς–αὐτάς–αὐτά

REFLEXIVE PRONOUN (*Note aspirants in 3ʳᵈperson singular*)			
Myself /Ourselves	Yourself/Yourselves	Himself /herself /itself * Themselves	
———— ἐμαυτοῦ–ης ἐμαυτῷ–ῇ ἐμαυτόν–ήν	———— σ(ε)αυτοῦ–ῆς σ(ε)αυτῷ–ῇ σ(ε)αυτόν–ήν	———— ἑαυτοῦ–ῆς–οῦ ἑαυτῷ–ῇ–ῷ ἑαυτόν–ήν–ό	———— αὑτοῦ–ῆς–οῦ αὑτῷ–ῇ–ῷ αὑτόν–ήν–ό
———— ἡμῶν αὐτῶν–ῶν ἡμιν αὐτοῖς–αῖς ἡμας αὐτούς–άς	———— ὑμῶν αὐτῶν–ῶν ὑμιν αὐτοῖς–αῖς ὑμας αὐτούς–άς	———— ἑαυτῶν–ῶν–ῶν ἑαυτοῖς–αῖς–οῖς ἑατούς–άς–ά	———— αὑτων–ων–ων αὑτοῖς–αῖς–οῖς αὑτούς–άς–ά

RELATIVE PRONOUN: who/whom/whose, which/that			DEFINITE ARTICLE *In Contrast to Relative Pronoun*		
ὅς	ἥ	ὅ	ὁ	ἡ	τό
οὗ	ἧς	οὗ	τοῦ	τῆς	τοῦ
ᾧ	ᾗ	ᾧ	τῷ	τῇ	τῷ
ὅν	ἥν	ὅ	τόν	τήν	τό
οἵ	αἵ	ἅ	οἱ	αἱ	τά
ὧν	ὧν	ὧν	τῶν	τῶν	τῶν
οἷς	αἷς	οἷς	τοῖς	ταῖς	τοῖς
οὕς	ἅς	ἅ	τούς	τάς	τά
INDEFINITE RELATIVE PRONOUN: *whoever/whomever, whatever/whichever*					
ὅστις οὕτινος / ὅτου ᾧτινι /ὅτῳ ὅντινα		ἥτις ἧστινος ᾗτινι ἥντινα		ὅτι οὕτινος / ὅτου ᾧτινι/ ὅτῳ ὅτι	
οἵτινες ὧντινων / ὅτων οἷστισι(ν) / ὅτοις οὕστινας		αἵτινες ὧντινων αἷστισι(ν) ἅστινας		ἅτινα / ἅττα ὧντινων / ὅτων οἷστισι(ν) / ὅτοις ἅτινα / ἅττα	

INTERROGATIVE PRONOUNS	
Who/whom, whose?	**What, which?**
τίς; τίνος; / τοῦ; τίνι; / τῷ; τίνα;	τί; τίνος; / τοῦ; τίνι; / τῷ; τί;
τίνες; τίνων; τίσι(ν); τίνας;	τίνα; τίνων; τίσι(ν); τίνα;
INDEFINITE PRONOUNS: Some/anyone, Some/anything	
τις τινός / του τινί / τῳ τινά	τι τινός / του τινί / τῳ τι
τινές τινῶν τισί(ν) τινάς	τινά τινῶν τισί(ν) τινά

DEMONSTRATIVE PRONOUNS MORE VIVID			
This/these [here]			**That/those [there]**
ὅδε τοῦδε τῷδε τόνδε	ἥδε τῆσδε τῆδε τήνδε	τόδε τοῦδε τῷδε τόδε	ἐκεῖνος–η–ο ἐκείνου–ης–ου ἐκείνῳ–η–ῳ ἐκεῖνον–ην–ο
οἵδε τῶνδε τοῖσδε τούσδε	αἵδε τῶνδε ταῖσδε τάσδε	τάδε τῶνδε τοῖσδε τάδε	ἐκεῖνοι–αι–α ἐκείνων–ων–ων ἐκείνοις–αις–οις ἐκείνους–ας–α
DEMONSTRATIVE PRONOUNS LESS VIVID **This or that / These or those (Note ταῦτα vs. ταυτά = τὰ αὐτά)**			
οὗτος τούτου τούτῳ τοῦτον	αὕτη ταύτης ταύτῃ ταύτην	τοῦτο τούτου τούτῳ τοῦτο	
οὗτοι τούτων τούτοις τούτους	αὗται τούτων ταύταις ταύτας	ταῦτα τούτων τούτοις ταῦτα	

ROOT MEANING		*Genitive*	*Dative*	*Accusative*
ἀμφί	*on both sides*	about concerning	round about by reason of	around approximately
ἀνά	*upwards*			up to, through to
ἀντί	*opposite*	instead of in return for		
ἀπό	*away from*	from, by after		
διά	*throughout*	through by means of		over because of
εἰς	*to*			into, unto until
ἐκ/ἐξ	*out of*	out of, from		
ἐν	*in*	within among	in, at	
ἐπί	*on*	on, upon	on, over pertaining to	for, toward against
κατά	*down*	from toward, against		along, through according to for the purpose of
μετά	*among*	together with	in the middle of	into the middle of after, beyond
παρά	*near*	from the side of	by the side of at	to the side of beside, beyond
περί	*around*	about concerning	around, surrounding	beyond relating to
πρό	*before*	in front of ahead of		
πρός	*facing*	at the side of at the hands of in the name of	at, near in addition to	to, toward according to
σύν	*with*		together with with the help of	
ὑπέρ	*over*	above, on on behalf of		over beyond
ὑπό	*under*	from under by the agency of	rest under under the control of	going underneath at the edge of

	τίθημι, put, place	ἵστημι stand, set up	βάλλω throw	ἔχω have, be	εἰμί be, exist
ἀμφι–	ἀμφιτίθημι put away	ἀμφίστημι place around	ἀμφιβάλλω put on	ἀμφῐέχω enclose	
ἀνα–	ἀνατίθημι lay upon	ἀνίστημι raise up	ἀναβάλλω put off, defer	ἀνέχω bear with	
ἀντι–	ἀντιτίθημι oppose	ἀνθίστημι withstand	ἀντιβάλλω exchange	ἀντέχω withstand	
ἀπο–	ἀποτίθημι put away	ἀφίστημι lead/go away	ἀποβάλλω throw off, reject	ἀπέχω refrain from	ἄπειμι be away
δια–	διατίθημι arrange	διΐστημι set apart	διαβάλλω deceive	δῐέχω break through	
εἰς–	εἰστῐθημι attach		εἰσβάλλω invade	εἰσέχω extend to	
ἐκ/ἐξ–	ἐκτίθημι expound	ἐξίστημι displace	ἐκβάλλω produce	ἐξέχω stand out	ἔξειμι it is possible
ἐν–	ἐντίθημι insert	ἐνίστημι put in, at hand	ἐμβάλλω inject	ἐνέχω contain, retain	ἔνειμι be in, dwell
ἐπι–	ἐπῐτίθημι put on	ἐφίστημι set up, over, on	ἐπιβάλλω impose, inflict	ἐπέχω present; hold	ἔπειμι be remaining
κατα–	κατατίθημι lay down	καθίστημι set in order	καταβάλλω cast down	κᾰτέχω retain, occupy	καταπερίειμι be superior
μετα–	μετατίθημι change place	μεθίστημι change, pervert	μεταβάλλω change, alter	μετέχω share	μέτειμι be among
παρα–	παρατίθημι submit	παρίστημι put beside/before	παραβάλλω compare	πᾰρέχω offer, provide	πάρειμι be by, stand by
περι–	περιτίθημι place around	περιίστημι stand around	περιβάλλω encompass	περιέχω contain	περίειμι be around;
προ–	προτίθημι put forward	προΐστημι rule, preside	προβάλλω put forward	προέχω be before/ahead	πρόειμι be/tell before
προς–	προστίθημι add/proceed	προσίστημι set/come against		προσέχω hold/attend to	πρόσειμι be at, on, with
συν–	σῠντίθημι agree	συνίστημι establish	συμβάλλω discuss; ponder	σῠνέχω constrain	σύνειμι be with
ὑπερ–	ὑπερτίθημι raise	ὑπερίσταμαι stand over	ὑπερβάλλω surpass	ὑπερέχω surpass, excel	ὕπειμι be under; in
ὑπο	ὑποτίθημι suppose	ὑφίστημι endure	ὑποβάλλω suggest	ὑπέχω receive; undergo	

	ἀλλά *but* *yet* *otherwise*	καί *and* *also* *even*	οὖν *then* *so* *really*	τί? *how?* *why?* *for what?*	εἰ *if* *whether*	ἀλλά … οὖν *well then* εἰ καί *even though* καί εἰ *even if*
δέ	δέ … ἀλλά … *Now …* *however …*	δέ καί *furthermore*	δέ οὖν *but in* *any case* εἰ δέ οὖν *but if …*	τί δέ *but how?* *but what if?* *what else if* *not?*	εἰ … δέ *if…then* εἰ δὲ μή *but if not,* *or else*	δέ γε *To continue, …* δέ δή *really?*
δή	ἀλλά δή *well then*	καί δή *already* καί δή καί *moreover*	οὖν δή δή οὖν *and therefore*	τί δή (ποτε) *why ever?* τί δῆτα *how ever?*	εἰ δή *if ever*	δήπου δήπουθεν *presumably,* *I imagine*
ἤ	ἀλλ᾽ ἤ (?) *except, but* *(can it really* *be that …?)*	ἤ καί (?) *or again,* *also, even* *(did indeed?)*				ἤ γάρ *isn't this correct?* ἤτοι … ἤ *either … or*
γάρ	ἀλλά γάρ *but really, since;* *certainly,* *as a matter of* *fact*	καί γάρ *for also, further,* *in fact* καί γάρ οὖν *in any case*	γάρ οὖν *for in fact* *for indeed*	τί γάρ *why not?* *how else?* *no doubt*	εἰ γάρ *if only,* *oh that!*	γάρ δή (?/!) δή γάρ (?/!) *really? do but!* τοιγάρ *well then, and so*
γε	ἀλλά … γε *but at any rate*	καί … γε *(stresses* *addition)* *yes, and …*	γοῦν *at least* *then*		εἰ δὲ μήγε *otherwise*	γε δή *above all, the* *more* γε μέν δή *however*
μέν	ἀλλά μέντοι *yet, truly* *nevertheless* *but in fact, really* *well however*	καί μέν δή *(lively point)* *surely yes*	μέν οὖν *so then;* *yes rather,* *no rather*		εἰ μέν (δή) *when(ever)* *whether…*	μέν δή *so then, in sum* μέντοι *however, yet still;* *in fact, really*
μήν	ἀλλά μήν *then again* *but surely*	καί μήν (γε) *(yes) indeed; lo!* *and yet*	μῶν *surely not,* *is it really so*	τί μήν *yes certainly*	εἰ μήν *surely* *(in oaths)*	
οὔ	ἀλλ᾽ οὐδέ *not even* οὐ γάρ ἀλλά *nay, for indeed;* *of course.*		οὔκουν *surely then,* *very well,* *is it not then*	τί δ᾽ οὔ; *sure,* *why not?*		οὐ δή (που) *surely not* οὔτοι (πότε) *indeed not* *never indeed*
τοι	ἀλλά γέ τοι *yet at least,* *surely*	καίτοι *and further;* *and yet*				τοίνυν τοιγάρτοι *accordingly*

GENERAL RULES OF ACCENTUATION

Accents may not recede past the antepenult.
Accents on verbs are recessive, but on nouns and adjectives persistent.

A syllable is long if its vowel is long or its final consonant double; otherwise, short.
Only long syllables may take a circumflex; only final syllables may take a grave accent.

Antepenult	*Penult*	*Ultima*
Acute, only if *ultima* is short.	**Circumflex**, *if long &* ultima short— otherwise, *Acute*.	*If short,* **Acute** *before punctuation—* otherwise, **Grave.** *If long,* **Circumflex** *in* GEN & DAT.

Consequently, if ultima is short ...

Antepenult may take Acute.	*Long penult* will be Circumflex.	**Short ultima** takes Grave, except before punctuation.

If, however, ultima is long

Antepenult yields accent to **Penult**	*Long penult* changes from *Circumflex* to *Acute*.	**Long ultima** takes *Circumflex* in GENITIVE and DATIVE.

Some Exceptions

- Diphthongs *-αι* and *-οι*, when final, count as short, allowing recessive accents to recede to antepenult.
- Feminine nouns take a circumflex on their Genitive ultima, *-ῶν*, although not feminine adjectives.
- Long contracted syllables usually take a circumflex, although not antepenults, and ultima allowing.
- Words followed by unaccented enclitics take a 2nd accent to avoid 3 unaccented final syllables.

GREEK POLYTONIC KEYBOARD STROKES FOR DIACRITICALS
Hit Keys Simultaneously Before Hitting Vowel

ACCENTS	Single	& Iota-subscript	& Smooth	& Rough	Smooth & Iota	Rough & Iota
Iota-subscript	SHIFT [— α	RIGHT ALT		SHIFT	RIGHT ALT	SHIFT & RIGHT ALT
Acute	; * — ά	RIGHT ALT q — ᾴ	/ — ἄ	SHIFT / — ἅ	RIGHT ALT / — ᾄ	SHIFT & RIGHT ALT / — ᾅ
Circumflex	[— ᾶ	RIGHT ALT [— ᾷ	= — ἆ	SHIFT = — ᾇ	RIGHT ALT = — ᾆ	SHIFT & RIGHT ALT = — ᾇ
Grave	] — ὰ	RIGHT ALT] — ᾲ	\ — ἂ	SHIFT \ — ἃ	RIGHT ALT \ — ᾂ	SHIFT & RIGHT ALT \ — ᾃ
Smooth	' — ἀ	RIGHT ALT ' — ᾀ	*Note how above keystrokes resemble the accents:* Acute / Grave \ Circumflex =			
Rough	SHIFT ' — ἁ	RIGHT ALT & SHIFT ' — ᾁ	* *Besides semi-colon,* "q" *also gives a lone acute accent.*			

SYNOPSES OF
VERB MORPHOLOGY

THE 6 PRINCIPAL PARTS OF ALL VERBS						
INDICATIVE MOOD	*Progressive Active*	*Future Active*	*Aorist Active*	*Perfect Active*	*Perfect Passive*	*Aorist Passive*
	I	**II**	**III**	**IV**	**V**	**VI**
1ST SING STEMS	λύ/ω λυ–	λύσ/ω λυσ–	ἔ/λυσ/α λυσ–	λέλυκ/α λελυκ–	λέλυ/μαι λελυ–	ἐ/λύθ/ην λυθ–

THEMATIC ACTIVE FINITE ENDINGS						
	PRESENT	**FUT**	**IMPF**	**AORIST**	**PERFECT ***	**PLUPF**
	I	**II**	**I**	**III**	**IV**	**IV**
INDV	–ω –εις –ει –ομεν –ετε –ουσι	–ω –εις –ει –ομεν –ετε –ουσι	–ον –ες –ε(ν) –ομεν –ετε –ον	–α –ας –ε(ν) –αμεν –ατε –αν	–α –ας –ε(ν) –αμεν –ατε –ασιν	–η –ης –ει(ν) –εμεν –ετε –εσαν
SBJV	–ω –ῃς –ῃ –ωμεν –ητε –ωσι(ν)			–ω –ῃς –ῃ –ωμεν –ητε –ωσι(ν)	–ω –ῃς –ῃ –ωμεν –ητε –ωσι(ν)	
OPTV	–οιμι –οις –οι –οιμεν –οιτε –οιεν	–οιμι –οις –οι –οιμεν –οιτε –οιεν		–αιμι –αις/–ειας –αι/ειε(ν) –αιμεν –αιτε –αιεν/–ειαν	–οιμι –οις –οι –οιμεν –οιτε –οιεν	
IMPV! 2nd 3rd	 –ε /–ετε! -έτω /–όντων!			 –ον /–ατε! –άτω/–άντων!	Actv Ppl + ἴστι / ἔστε! ἔστω / ὄντων!	

* *Perfect Tense has alternative periphrastic forms that use Active Participle with auxiliaries from εἶναι.*

THEMATIC INFINITIVES				
	PRESENT	**FUTURE**	**AORIST**	**PERFECT**
ACT	–ειν	–ειν	–αι	–έναι
MID	–εσθαι	–εσθαι	–ασθαι	–σθαι
PASS	–εσθαι	–ήσεσθαι	–ῆναι	

THEMATIC PARTICIPLE NOMINATIVES				
ACT	–ων–ουσα–ον –οντες–ουσαι–οντα	–ων–ουσα–ον –οντες–ουσαι–οντα	–ας–ασα–αν –αντες–ασαι–αντα	–ώς–υῖα–ός –ότες–υῖαι–ότα
MID	–όμενος–η–ον –όμενοι–αι–α	–όμενος–η–ον –όμενοι–αι–α	–άμενος–η–ον –άμενοι–αι–α	–μένος–η–ον –μένοι–αι––α
PASS	–όμενος–η–ον –όμενοι–αι–α	–ησόμενος–η–ον –ησόμενοι–αι–α	–είς–εῖσα–έν –έντες–εῖσαι–εντα	

THEMATIC MIDDLE FINITE ENDINGS						
	I. Pres.	**II. Fut.**	**I. Impf.**	**III. Aorist**	**V. Perfect**	**V. Plupf**
Indv	−ομαι −ει/−η −εται −όμεθα −εσθε −ονται	−ομαι −ει/−η −εται −όμεθα −εσθε −ονται	−ομην −ου −ετο −ομεθα −εσθε −οντο	−άμην −ω −ατο −άμεθα −ασθε −αντο	−μαι −σαι −ται −μεθα −σθε −νται	−μην −σο −το ˘−μεθα −σθε −ντο
Sbjv	−ωμαι −η −ηται −ώμεθα −ησθε −ωνται			−ωμαι −η −ηται −ώμεθα −ησθε −ωνται	[Passv Ppl+ ὦ ᾖς ᾖ ὦμεν ἦτε ὦσι(ν)]	
Optv	−οίμην −οιο −οιτο −οίμεθα −οισθε −οιντο	−οίμην −οιο −οιτο −οίμεθα −οισθε −οιντο		−αίμην −αιο −αιτο −αίμεθα −αισθε −αιντο	[Passv Ppl+ εἴην εἴης εἴη εἴημεν/εἶμεν εἴητε/εἶτε εἴησαν/εἶεν	
Impv	−ου/−εσθε −έσθω/−έσθων			−αι/−ασθε −άσθω/−άσθων	−σο/−σθε −σθω/−σθων	

THEMATIC PASSIVE FINITE ENDINGS						
	I. Pres.	**II. Fut.**	**I. Impf.**	**III. Aorist**	**V. Perfect**	**V. Plupf**
Indv	−ομαι −ει/−η −εται −όμεθα −εσθε −ονται	−ήσομαι −ήσει/−η −ήσεται −ησόμεθα −ήσεσθε −ήσονται	−ομην −ου −ετο −ομεθα −εσθε −οντο	−ην −ης −η −ημεν −ητε −ησαν	−μαι −σαι −ται −μεθα −σθε −νται	−μην −σο −το −μεθα −σθε −ντο
Sbjv	−ωμαι −η −ηται −ώμεθα −ησθε −ωνται			−ῶ − ῇς − ῇ −ῶμεν −ῆτε −ῶσι(ν)	Passv Ppl+ ὦ ᾖς ᾖ ὦμεν ἦτε ὦσι(ν)	
Optv	−οιμην −οιο −οιτο −οιμεθα −οισθε −οιντο	− ησοιμην − ήσοιο − ήσοιτο − ησοίμεθα − ήσοισθε − ήσοιντο		−είην −είης −είη −είημεν/εῖμεν −είητε/εῖτε −είησαν/εῖεν	Passv Ppl+ εἴην εἴης εἴη εἴημεν/εἶμεν εἴητε/εῖτε εἴησαν/εἶεν	
Impv	−ου/−έσθε −έσθω/−εσθων			−ητι/−ητε! −ητω/−εντων!	−σο/−σθε! −σθω/−σθων!	

PRINCIPAL PARTS OF INTEREST

ἄγω, ἄξω, ἤγαγον / ἦχα, ἦγμαι, ἤχθην, lead

αἱρέω αἱρήσω, εἷλον, ἥρηκα, ἥρημαι, ᾑρέθην, take, (Mid.) choose

αἴρω, ἀρῶ, ἦρα / ἦρκα, ἦρμαι, ἤρθην, raise

αἰσθάνομαι, αἰσθήσομαι, ᾐσθόμην, ᾔσθημαι, ~, ~, perceive

ἀκούω, ἀκούσομαι, ἤκουσα, ἀκήκοα, ~, ἠκούσθην, hear

ἁμαρτάνω, ἁμαρτήσομαι, ἥμαρτον, ἡμάρτηκα, ἡμάρτημαι, ἡμαρτήθην, err

ἀποκρίνομαι, ἀποκρινοῦμαι, ἀπεκρινάμην, ~, ἀποκέκριμαι, ~, (Mid.) answer

ἄρχω, ἄρξω, ἦρξα, ἦρχα, ἦργμαι, ἤρχθην, begin, rule

βαίνω, -βήσομαι, -έβην, βέβηκα, -βέβαμαι, -εβάθην, go

βάλλω, βαλῶ, ἔβαλον, βέβληκα, βέβλημαι, ἐβλήθην, throw

βλάπτω, βλάψω, ἔβλαψα, βέβλαφα, βέβλαμμαι, ἐβλάφθην, hurt, injure

βούλομαι, βουλήσομαι, ~, βεβούλημαι, ~, ἐβουλήθην, will, wish

γίγνομαι, γενήσομαι, ἐγενόμην γέγονα, γεγένημαι, ἐγενήθην, become, be

γιγνώσκω, γνώσομαι, ἔγνων ἔγνωκα, ἔγνωσμαι, ἐγνώσθην, know

δείκνυμι, δείξω, ἔδειξα, δέδειχα, δέδειγμαι, ἐδείχθην, show

δέω, δεήσω, ἐδέησα, δεδέηκα, δεδέημαι, ἐδεήθην, need

δηλόω, δηλώσω, ἐδήλωσα,

δεδήλωκα, δεδήλωμαι, ἐδηλώθην reveal, explain

διδάσκω, διδάξω, ἐδίδαξα / δεδίδαχα, δεδίδαγμαι, ἐδιδάχθην teach; (Mid.) learn

δίδωμι, δώσω, ἔδωκα, δέδωκα, δέδομαι, ἐδόθην, give

δοκέω, δόξω, ἔδοξα, ~, δέδογμαι, ἐδοκήθην, seem, think

ἐάω, ἐάσω, εἴασα/ εἴακα, εἴαμαι, εἰάθην let

ἐθέλω, ἐθελήσω, ἠθέλησα / ἠθέληκα, wish

ἐθίζω,: ἐθιῶ, εἴθισα, εἴθικα, εἴθισμαι, εἰθίσθην, accustom

[εἴδω>] ἤδη, εἴσομαι, [εἶδον] / οἶδα, know

[εἴρω*], ἐρῶ, εἶπον /εἴρηκα, εἴρημαι, ἐρρήθην, say   [*Homeric—Attic, λέγω, φημί]

ἐπίσταμαι, ἐπιστήσομαι, ἠπιστήθην, ~~~ know

ἔρχομαι, ἐλεύσομαι, ἦλθον, ἐλήλυθα, go

εὑρ-ίσκω, εὑρήσω, ηὗρον, ηὕρηκα, ηὕρημαι, εὑρέθην, find

ἔχω, ἕξω/σχήσω, ἔσχον, ἔσχηκα, -ἔσχομαι, -ἐσχόμην, have, hold (cf. ὑπερέχω, μετέχω, προέχω, πᾰρέχω)

ἵημι, ἥσω, ἧκα/εἷτον / εἷκα, εἷμαι, εἵθην, send (cf. ἐξίημι, ἀφίημι, καθίημι, προΐημι)

ἵστημι, στήσω, ἔστησα/ἔστην, ἕστηκα, ἕσταμαι, ἐστάθην, set, place

κλέπτω, κλέψω, ἔκλεψα, κέκλοφα, κέκλεμμαι, ἐκλέφθην, steal

κλινω, -κλινῶ, ἔκλινα, κέκλικα, κέκλιμαι, ἐκλίθην, bend

κρίνω, κρινῶ, ἔκρινα, κέκρικα, κέκριμαι, ἐκρίθην, judge

κρύπτω, κρύψω, ἔκρυψα,
~ , κέκρυμμαι, ἐκρύφθην, hide

κτάομαι, κτήσομαι, ἐκτησάμην,
~ , κέκτημαι, ἐκτήθην, acquire

κτείνω, κτενῶ, ἔκτεινα/ον,
-έκτονα, ~ , ἐκτάμην, kill

λαλέω, λαλήσω, ἐλάλησᾰ, λελάληκᾰ,
λελάλημαι, ἐλαλήθην, talk, speak, prattle

λαμβάνω, λήψομαι, ἔλαβον,
εἴληφα, εἴλημμαι, ἐλήφθην, take

λανθάνω, λήσω, ἔλαθον,
λέληθα, λέλασμαι, ~ , escape notice, lie hid

λέγω, λέξω, ἔλεξα /~, λέλεμαι, ἐλέχθην say

μανθάνω, μαθήσομαι, ἔμαθον,
μεμάθηκα, ~, ~, learn

μαχομαι, μαχουμαι, εμαχεσαμην,
~, μεμαχημαι, ~, fight [+ Dative]

μέλω, μελήσω/μελήσομαι, ~ ,
μέμηλα, μεμέλημαι, ἐμελήθην, care for;

μένω, μενῶ, ἔμεινα / μεμένηκα, ~, ~,
remain (cf. ἐμμένω, περιμένω, ὑπομένω)

νοέω, -νοήσομαι, ἔνωσα,
νένωκα, νένωμαι, ~, think, perceive

νομίζω, νομιῶ, ἐνόμισα,
νενόμικα, νενόμισμαι, ἐνομίσθην, believe

ὁράω [ἑ/ώρων], ὄψομαι, εἶδον /
ἑόρακα [ἑ/ωρακη], ἑώραμαι/ὦμμαι,
ὤφθην, see

ὀρέγω, ὀρέξω, ὤρεξα, ὠρέχθην, reach; Mid.
desire

παύω, παύσω, ἔπαυσα / πέπαυκα,
πέπαυμαι, ἐπαύθην, stop, cease

πάσχω, πείσομαι, ἔπαθον / πέπονθα, ~ , ~ ,
suffer, be affected, undergo

πείθω πείσω, ἔπεισα / πέπαικα, πέπεισμαι,
ἐπείσθην, persuade; Mid. believe, obey

πέμπω, πέμψω, ἔμπεψα,
πέπομφα, πέπεμμαι, ἐπέμφθην, send

πλήττω, -πλήξω, -έπληξα,
πέπληγα, πέπληγμαι, ἐπλήγην, strike

ποιέω, ποιήσω, ἐποίησα,
πεποίηκα, πεποίημαι, εποιήθην, make

πραττω, πραξω, ἔπραξα,
πέπραχα, πέπραγμαι, ἐπραχθην, do

σκοπέω /σκέπτομαι, σκέψομαι,
ἐσκεψάμην, ~ , ἔσκεμμαι, ἐσκέφθην, view

τελέω, τελῶ, ἐτέλεσα,
τετέλεκα, τετέλεσμαι, ἐτελέσθην, finish

τεύχω, τεύξω, ἔτευξα,
τέτευχα, τέτυγμαι, ἐτύχθην, prepare, make

τίθημι, θήσω, ἔθηκα, τέθηκα, τέθειμαι,
ἐτέθην, place, put

τιμάω, τιμήσω, ἐτίμησα,
τετίμηκα, τετίμημαι, ἐτιμήθην, honor

τρέπω, τρέψω, ἔτρεψα / τέτροφα,
τέτραμμαι, ἐτρέφθην, turn, (Mid.) flee

τυγχάνω, τεύξομαι, ἔτυχον,
τετύχηκα/τέτευχα, τέτυγμαι, ἐτύχθην,
hit, happen, obtain

φαίνω, φανῶ, ἔφηνα,
πέφαγκα, πέφασμαι, ἐφάνθην, show

φέρω, οἴσω, ἤνεγκα/ἤνεγκον/ ἐνήνοχα,
ἐνήνεγμαι, ἠνέχθην, carry, bring, bear

φημί, φήσω, ἔφησα, ~,~,~, say

φιλέω, φιλήσω, ἐφίλησα
πεφίληκα, πεφίλημαι, ἐφιλήθην, love

φύω, φύσω, ἔφυσα/ἔφυν / πέφυκα, ~,
ἐφύην, beget/produce; be born, grow

Person & No.: *3ʳᵈ Singular*

Principal Parts Segmented: λύ/ω   λύσ/ω   ἔ/λυσ/α   λέλυκ/α   λέλυ/μαι   ἐ/λύθ/ην

MOOD	Active Voice	Middle Voice	Passive Voice
INDICATIVE			
Present	λύει	λύεται	===>
Future	λύσει	λύσεται	λυθήσεται
Imperfect	ἔλυεν	ἐλύετο	===>
Aorist	ἔλυσε(ν)	ἐλύσατο	ἐλύθη
Perfect	λέλυκε(ν)	λέλυται	===>
Pluperfect	ἐλελύκει(ν)	ἐλέλυτο	===>
IMPERATIVE			
Progressive!	λυέτω!	λυέσθω!	===>
Aorist!	λυσάτω!	λυσάσθω!	λυθήτω!
Perfect!	λελυκώς–υῖα–ός ἔστω!	λελύσθω!	===>
SUBJUNCTIVE			
Progressive	λύῃ	λύηται	===>
Aorist	λύσῃ	λύσηται	λυθῇ
Perfect	λυλύκῃ / λελυκώς–υῖα–ός ᾖ	λυλυμένος–η–ον ᾖ	===>
OPTATIVE			
Progressive	λύοι	λύοιτο	===>
Future	λύσοι	λύσοιτο	λυθήσοιντο
Aorist	λύσαι / λύσειε(ν)	λύσαιτο	λυθείη
Perfect	λελύκοι(η) / λελυκώς–υῖα–ός εἴη	λυλυμένος–η–ον εἴη	===>
INFINITIVE			
Progressive	λύειν	λύεσθαι	===>
Future	λύσειν	λύσεσθαι	λυθήσεσθαι
Aorist	λῦσαι	λύσασθαι	λυθῆναι
Perfect	λελυκέναι	λέλυσθαι	===>
PARTICIPLE			
Progressive	λύων–ουσα–ον	λυόμενος–η–ον	===>
Future	λύσων–ουσα–ον	λυσόμπενος–η–ον	λυθησόμενος–η–ον
Aorist	λύσας–ασα–αν	λυσάμενος–η–ον	λυθείς–εῖσα–έν
Perfect	λελυκώς–υῖα–ός	λυλυμένος–η–ον	===>

VERB SYNOPSIS: Person & No. _____

Principal Parts Segmented for Stems:

_____ _____ _____ _____ _____ _____

MOOD	Active Voice	Middle Voice	Passive Voice
INDICATIVE			
Present	_____	_____	_____
Future	_____	_____	_____
Imperfect	_____	_____	_____
Aorist	_____	_____	_____
Perfect	_____	_____	_____
Pluperfect	_____	_____	_____
IMPERATIVE!			
Progressive!	_____	_____	_____
Aorist!	_____	_____	_____
Perfect!	_____	_____	_____
SUBJUNCTIVE			
Progressive	_____	_____	_____
Aorist	_____	_____	_____
Perfect	_____	_____	_____
OPTATIVE			
Progressive	_____	_____	_____
Future	_____	_____	_____
Aorist	_____	_____	_____
Perfect	_____	_____	_____
INFINITIVE			
Progressive	_____	_____	_____
Future	_____	_____	_____
Aorist	_____	_____	_____
Perfect	_____	_____	_____
PARTICIPLE			
Nom.			
Progressive	_____	_____	_____
Future	_____	_____	_____
Aorist	_____	_____	_____
Perfect	_____	_____	_____

THEMATIC FINITE VERB ENDINGS			
TENSE	*Active Voice*	*Middle Voice*	*Passive Voice*
INDICATIVE MOOD			
Present Tense, I	$-\omega$ $-\varepsilon\iota\varsigma$ $-\varepsilon\iota$ $-o\mu\varepsilon\nu$ $-\varepsilon\tau\varepsilon$ $-ov\sigma\iota(\nu)$	$-o\mu\alpha\iota$ $-\varepsilon\iota/\eta$ $-\varepsilon\tau\alpha\iota$ $-o\mu\varepsilon\theta\alpha$ $-\varepsilon\sigma\theta\varepsilon$ $-ov\tau\alpha\iota$	
Future Tense, II & VI	$-\omega$ $-\varepsilon\iota\varsigma$ $-\varepsilon\iota$ $-o\mu\varepsilon\nu$ $-\varepsilon\tau\varepsilon$ $-ov\sigma\iota(\nu)$	$-o\mu\alpha\iota$ $-\varepsilon\iota/\eta$ $-\varepsilon\tau\alpha\iota$ $-\acute{o}\mu\varepsilon\theta\alpha$ $-\varepsilon\sigma\theta\varepsilon$ $-ov\tau\alpha\iota$	$-\acute{\eta}\sigma o\mu\alpha\iota$ $-\eta\sigma\varepsilon\iota/\eta\sigma\eta$ $-\acute{\eta}\sigma\varepsilon\tau\alpha\iota$ $-\eta\sigma\acute{o}\mu\varepsilon\theta\alpha$ $-\acute{\eta}\sigma\varepsilon\sigma\theta\varepsilon$ $-\acute{\eta}\sigma o\nu\tau\alpha\iota$
Imperfect Tense, I $\dot{\varepsilon}+ \varepsilon/\alpha = \eta$ $\dot{\varepsilon}+ \iota = \bar{\iota}/\varepsilon\iota$ $\dot{\varepsilon}+ o = \omega$ $\dot{\varepsilon}+ \upsilon = \bar{\upsilon}$	$-o\nu$ $-\varepsilon\varsigma$ $-\varepsilon(\nu)$ $-o\mu\varepsilon\nu$ $-\varepsilon\tau\varepsilon$ $-o\nu$	$-\acute{o}\mu\eta\nu$ $-ov$ $-\varepsilon\tau o$ $-\acute{o}\mu\varepsilon\theta\alpha$ $-\varepsilon\sigma\theta\varepsilon$ $-o\nu\tau o$	
Aorist, III & VI $\dot{\varepsilon}+ \varepsilon/\alpha = \eta$ $\dot{\varepsilon}+ \iota = \bar{\iota}/\varepsilon\iota$ $\dot{\varepsilon}+ o = \omega$ $\dot{\varepsilon}+ \upsilon = \bar{\upsilon}$	$-\alpha$ $-\alpha\varsigma$ $-\varepsilon(\nu)$ $-\alpha\mu\varepsilon\nu$ $-\alpha\tau\varepsilon$ $-\alpha\nu$	$-\acute{\alpha}\mu\eta\nu$ $-\omega$ $-\alpha\tau o$ $-\acute{\alpha}\mu\varepsilon\theta\alpha$ $-\alpha\sigma\theta\varepsilon$ $-\alpha\nu\tau o$	$-\eta\nu$ $-\eta\sigma$ $-\eta$ $-\eta\mu\varepsilon\nu$ $-\eta\tau\varepsilon$ $-\eta\sigma\alpha\nu$
Perfect Tense, IV & V	$-\alpha$ $-\alpha\varsigma$ $-\varepsilon(\nu)$ $-\alpha\mu\varepsilon\nu$ $-\alpha\tau\varepsilon$ $-\alpha\sigma\iota\nu$	$-\mu\alpha\iota$ $-\sigma\alpha\iota$ $-\tau\alpha\iota$ $-\mu\varepsilon\theta\alpha$ $-\sigma\theta\varepsilon$ $-\nu\tau\alpha\iota$	
Pluperfect Tense, IV & V $\dot{\varepsilon}+ \varepsilon/\alpha = \eta$ $\dot{\varepsilon}+ \iota = \bar{\iota}/\varepsilon\iota$ $\dot{\varepsilon}+ o = \omega$ $\dot{\varepsilon}+ \upsilon = \bar{\upsilon}$	$-\eta$ $-\eta\varsigma$ $-\varepsilon\iota(\nu)$ $-\varepsilon\mu\varepsilon\nu$ $-\varepsilon\tau\varepsilon$ $-\varepsilon\sigma\alpha\nu$	$-\mu\eta\nu$ $-\sigma o$ $-\tau o$ $-\mu\varepsilon\theta\alpha$ $-\sigma\theta\varepsilon$ $-\nu\tau o$	

IMPERATIVE MOOD!						
Progressive I		*Aorist III & VI*			*Perfect IV & V*	
$\sim$ $-\varepsilon!$ $-\acute{\varepsilon}\tau\omega!$	$\sim$ $-ov!$ $-\acute{\varepsilon}\sigma\theta\omega!$	$\sim$ $-ov!$ $-\acute{\alpha}\tau\omega!$	$\sim$ $-\alpha\iota!$ $-\acute{\alpha}\sigma\theta\omega!$	$\sim$ $-\eta\tau\iota!$ $-\acute{\eta}\tau\omega!$	Actv Ppl + $\check{\iota}\sigma\tau\iota!$ $\check{\varepsilon}\sigma\tau\omega!$	$\sim$ $-\sigma o!$ $-\sigma\theta\omega!$
$\sim$ $-\varepsilon\tau\varepsilon!$ $-\acute{o}\nu\tau\omega\nu!$	$\sim$ $-\varepsilon\sigma\theta\varepsilon!$ $-\acute{\varepsilon}\sigma\theta\omega\nu!$	$\sim$ $-\alpha\tau\varepsilon!$ $-\acute{\alpha}\nu\tau\omega\nu!$	$\sim$ $-\alpha\sigma\theta\varepsilon!$ $-\acute{\alpha}\sigma\theta\omega\nu!$	$\sim$ $-\eta\tau\varepsilon!$ $-\acute{\varepsilon}\nu\tau\omega\nu!$	$\sim$ $\check{\varepsilon}\sigma\tau\varepsilon!$ $\check{o}\nu\tau\omega\nu!$	$\sim$ $-\sigma\theta\varepsilon!$ $-\sigma\theta\omega\nu!$

TENSE	Active Voice		Middle Voice	Passive Voice
SUBJUNCTIVE MOOD				
Progressive Aspect, I	−ω −ης −ῃ −ωμεν −ητε −ωσι(ν)		−ωμαι −ῃ −ηται −ωμεθα −ησθε −ωνται	
Aorist Aspect, III & VI	−ω −ης −ῃ −ωμεν −ητε −ωσι(ν)		−ωμαι −ῃ −ηται −ωμεθα −ησθε −ωνται	−ῶ − ῇς − ῇ −ῶμεν −ῆτε −ῶσι(ν)
Perfect Aspect, IV	−ω −ης −ῃ −ωμεν −ητε −ωσι(ν)	*Perf.Act.Ppl.+* ὦ ᾖς ᾖ ὦμεν ἦτε ὦσι(ν)	*Perf.Pass.Ppl.+* ὦ ᾖς ᾖ ὦμεν ἦτε ὦσι(ν)	
OPTATIVE MOOD				
Progressive Aspect, I	−οιμι −οις −οι −οιμεν −οιτε −οιεν		−οίμην −οιο −οιτο −οίμεθα −οισθε −οιντο	
Future Aspect, I & VI	−οιμι −οις −οι −οιμεν −οιτε −οιεν		−οίμην −οιο −οιτο −οίμεθα −οισθε −οιντο	−ησοίμην −ήσοιο −ήσοιτο −ησοίμεθα −ήσοισθε −ήσοιντο
Aorist Aspect, III & VI	−αιμι −αις/−ειας −αι/ειε(ν) −αιμεν −αιτε −αιεν/−ειαν		−αιμην −αιο −αιτο −αιμεθα −αισθε −αιντο	−είην −είης −είη −είημεν/−εῖμεν −είητε/−εῖτε −είησαν/−εῖεν
Perfect Aspect, IV & V	−οιμι −οις −οι −οιμεν −οιτε −οιεν	*Perf.Actv.Ppl.+* εἴην εἴης εἴη εἴημεν /εῖμεν εἴητε /εῖτε εἴησαν /εῖεν	*Perf.Passv.Ppl.* + εἴην εἴης εἴη εἴημεν/εῖμεν εἴητε/εῖτε εἴησαν/εῖεν	

GREEK VOWEL-STEM VERB ENDINGS CONTRACTED: −έ+ / −ό+ / −ά+							
έω= ῶ	έοι= οῖ	έου= οῦ	έο= οῦ	έα= ᾶ	έη, έει = ῇ	έη= ῇ	έε= εῖ
όω= ῶ	όοι= οῖ	όου= οῦ	όο= οῦ	όα= ῶ	όη, όει = οῖ	όη= ῶ	όε=οῦ
άω= ῶ	άοι= ῷ	άου= ῶ	άο= ῶ	άα= ᾶ	άη, άει = ᾷ	άη=ᾶ	άε= ᾶ

TENSE	Active Voice			Middle Voice		Passive Voice
		INDICATIVE MOOD				
Present Tense, I	έω= ῶ	όω= ῶ	άω= ῶ	έο= οῦμαι	όο= οῦμαι	άο= ῶμαι
	−εῖς	−οῖς	−ᾷς	−ῇ/εῖ	−οῖ	−ᾷ
	−εῖ	−οῖ	−ᾷ	−εῖται	−οῦται	−ᾶται
	−οῦμεν	−οῦμεν	−ῶμεν	−ούμεθα	−ούμεθα	−ώμεθα
	−εῖτε	−οῦτε	−ᾶτε	−εῖσθε	−οῦσθε	−ᾶσθε
	−οῦσι(ν)	−οῦσι(ν)	−ῶσι(ν)	−οῦνται	−οῦνται	−ῶνται
Future Tense, II & VI	−ω			−ομαι		−ήσομαι
	−εις			−ει/η		−ησει/ ήση
	−ει			−εται		−ήσεται
	−ομεν			−όμεθα		−ησόμεθα
	−ετε			−εσθε		−ήσεσθε
	−ουσι(ν)			−ονται		−ήσονται
Imperfect Tense, I	έο= ουν	όο= ουν	άο= ων	έο= ούμην	όο= ούμην	άο= ώμην
ἐ+ ε/α = η	−εις	−ους	−ας	−οῦ	−οῦ	−ῶ
ἐ+ ι = ῑ / ει	−ει	−ου	−α	−οῦτο	−οῦτο	−ᾶτο
ἐ+ ο = ω	−οῦμεν	−οῦμεν	−ῶμεν	−ούμεθα	−ούμεθα	−ώμεθα
ἐ+ υ = ῡ	−εῖτε	−οῦτε	−ᾶτε	−οῦσθε	−οῦσθε	−ᾶσθε
	−ουν	−ουν	−ων	−οῦντο	−οῦντο	−ῶντο
Aorist, III & VI	−α			−άμην		−ην
ἐ+ ε/α = η	−ας			−ω		−ης
ἐ+ ι = ῑ / ει	−ε(ν)			−ατο		−η
ἐ+ ο = ω	−αμεν			−άμεθα		−ημεν
ἐ+ υ = ῡ	−ατε			−ασθε		−ητε
	−αν			−αντο		−ησαν
Perfect Tense, IV & V	−α			−μαι		
	−ας			−σαι		
	−ε(ν)			−ται		
	−αμεν			−μεθα		
	−ατε			−σθε		
	−ασιν			−νται		
Pluperfect, IV & V	−η			−μην		
	−ης			−σο		
ἐ+ ε/α = η	−ει(ν)			−το		
ἐ+ ι = ῑ / ει	−εμεν			−μεθα		
ἐ+ ο = ω	−ετε			−σθε		
ἐ+ υ = ῡ	−εσαν			−ντο		

PROGRESSIVE IMPERATIVES CONTRACTED (See Thematic Synopsis for Regular Endings)					
έω Active	όω Active	άω Active	έω Mid/Pass	όω Mid/Pass	άω Mid/Pass
~	~	~	~	~	~
−ει!	−ου	−α	−οῦ	−οῦ	−ῶ
−είτω!	−ούτω	−άτω	−είσθω!	−ούσθω!	−άσθω!
~	~	~	~	~	~
−εῖτε!	−οῦτε!	−ᾶτε!	−εῖσθε!	−οῦσθε!	−ᾶσθε!
−ούτων!	−ούντων!	−ῶντων!	−είσθων!	−ούσθων!	−άσθων!

TENSE	Active Voice			Middle Voice		Passive Voice
SUBJUNCTIVE MOOD						
Progv. I	έω= ῶ	όω= ῶ	άω= ῶ	έω= ῶμαι	όω= ῶμαι	άω= ῶμαι
	–ῇς	–οῖς	–ᾷς	–ῇ	–οῖ	–ᾷ
	–ῇ	–οῖ	–ᾷ	–ῆται	–ῶται	–ᾶται
	–ῶμεν	–ῶμεν	–ῶμεν	–ώμεθα	–ώμεθα	–ώμεθα
	–ῆτε	–ῶτε	–ᾶτε	–ῆσθε	–ῶσθε	–ᾶσθε
	–ῶσι(ν)	–ῶσι(ν)	–ῶσι(ν)	–ῶνται	–ῶνται	–ῶνται
Aorist, III & IV		–ω		–ωμαι	–ῶ	
		–ης		–η	– ῇς	
		–η		–ηται	– ῇ	
		–ωμεν		–ώμεθα	–ῶμεν	
		–ητε		–ησθε	–ῆτε	
		–ωσι(ν)		–ονται	–ῶσι(ν)	
Perfect, IV & V	–ω	*Perf.Actv.Ppl.+* ῶ		*Perf.Passv.Ppl.+* ῶ		
	–ης	ᾖς		ᾖς		
	–η	ᾖ		ᾖ		
	–ωμεν	ῶμεν		ῶμεν		
	–ητε	ἦτε		ἦτε		
	–ωσι(ν)	ῶσι(ν)		ῶσι(ν)		
OPTATIVE MOOD *						
Progrv. I	–οίην	–οίην	–ῴην	–οίμην	–οίμην	–ῴμην
	–οίης	–οίης	–ῴης	–οῖο	–οῖο	–ῷο
	–οίη	–οίη	–ῴη	–οῖτο	–οῖτο	–ῷτο
	–οίημεν	–οίημεν	–ῴημεν	–οίμεθα	–οίμεθα	–ῴμεθα
	–οίητε	–οίητε	–ῴητε	–οῖσθε	–οῖσθε	–ῷσθε
	–οίησαν	–οίησαν	–ῴησαν	–οῖντο	–οῖντο	–ῷντο
Future, II & VI		–οιμι		–οίμην		–ησοίμην
		–οις		–οιο		–ήσοιο
		–οι		–οιτο		–ήσοιτο
		–οιμεν		–οίμεθα		–ησοίμεθα
		–οιτε		–οισθε		–ήσοισθε
		–οιεν		–οιντο		–ήσοιντο
Aorist, III & VI		–αιμι		–αίμην		–είην
		–αις/–ειας		–αιο		–είης
		–αι/ειε(ν)		–αιτο		–είη
		–αιμεν		–αίμεθα		–είημεν/–εῖμεν
		–αιτε		–αισθε		–είητε/–εῖτε
		–αιεν/–ειαν		–αιντο		–είησαν/–εῖεν
Perfect, IV & V	–οιμι	*Perf Actv Ppl.+* εἴην		*Perf Passv Ppl +* εἴην		
	–οις	εἴης		εἴης		
	–οι	εἴη		εἴη		
	–οιμεν	εἴημεν/εῖμεν		εἴημεν/εῖμεν		
	–οιτε	εἴητε / εῖτε		εἴητε / εῖτε		
	–οιεν	εἴησαν/εῖεν		εἴησαν/εῖεν		

* There are alternatively contractions with the regular endings, e.g, –ῷμι , –ῷς, –ῷ, –ῷμεν, –ῷτε , ῷεν.

FINITE VERB ENDINGS OF *ATHEMATIC* –μι–VERBS					
τίθ/ημι: η–ε–ει			ἵστ/ημι*: η–α–αι		δίδ/ωμι: ω–ο/ου–οι
Active Voice			*Middle Voice*		*Passive*
INDICATIVE MOOD					
Pres τίθημι	ἵστημι	δίδωμι	τίθεμαι	ἵσταμαι	δίδομαι
τίθης	ἵστης	δίδως	τίθεσαι	ἵστασαι	δίδοσαι
τίθησι(ν)	ἵστησι(ν)	δίδωσι(ν)	τίθεται	ἵσταται	δίδοται
τίθεμεν	ἵσταμεν	δίδομεν	τιθέμεθα	ἱστάμεθα	διδόμεθα
τίθετε	ἵστατε	δίδοτε	τίθεσθε	ἵστασθε	δίδοσθε
τιθέασιν	ἱστᾶσι(ν)	διδόασι(ν)	τίθενται	ἵστανται	δίδονται
Fut	–ω		–ομαι		–ήσομαι
	–εις		–ει/η		–ησει/ηση
	–ει		–εται		–ήσεται
	–ομεν		–όμεθα		–ησόμεθα
	–ετε		–εσθε		–ήσεσθε
	–ουσι(ν)		–ονται		–ήσονται
Imperf ἐτίθην	ἵστην	ἐδίδουν	ἐτιθέμην	ἱστάμην	ἐδιδόμην
ε/α=η ἐτίθεις	ἵστης	ἐδίδους	ἐτίθεσο	ἵστασο	ἐδίδοσο
ι=ῑ/ει ἐτίθει	ἵστη	ἐδίδου	ἐτίθετο	ἵστατο	ἐδίδοτο
ο=ω ἐτίθεμεν	ἵσταμεν	ἐδίδομεν	ἐτιθέμεθα	ἱστάμεθα	ἐδιδόμεθα
υ =ῡ ἐτίθετε	ἵστατε	ἐδίδοτε	ἐτίθεσθε	ἵστασθε	ἐδίδοσθε
ἐτίθεσαν	ἵστασαν	ἐδίδοσαν	ἐτιθεντο	ἵσταντο	ἐδίδοντο
Aor ἔθηκα	ἔστησα*	ἔδωκα	ἐθέμην	ἐστησάμην	ἐδόμην	ἐστάθην
ε/α=η ἔθηκας	–ας	ἔδωκας	ἔθου	–ω	ἐδου	–ης
ι=ῑ/ει ἔθηκε(ν)	–ε(ν)	ἔδωκε(ν)	ἔθετο	–ατο	ἐδοτο	–η
ο=ω ἔθεμεν	–αμεν	ἔδομεν	ἐθέμεθα	–άμεθα	ἐδόμεθα	–ημεν
υ =ῡ ἔθετε	–ατε	ἔδοτε	ἔθεσθε	–ασθε	ἐδοσθε	–ητε
ἔθεσαν	–αν	ἔδοσαν	ἔθεντο	–αντο	ἐδοντο	–ησαν
Perf –α	ἔστηκα	–α		–μαι	
–ας	ἔστηκας	–ας		–σαι	
–ε(ν)	ἔστηκε(ν)	–ε(ν)		–ται	
–αμεν	ἔσταμεν	–αμεν		–μεθα	
–ατε	ἔστατε	–ατε		–σθε	
–ασιν	ἔστασι(ν)	–ασιν		–νται	
Plupf –η	εἱστήκη	–η		–μην	
ε/α= η –ης	εἱστήκης	–ης		–σο	
=ῑ/ει –ει(ν)	εἱστήκει/ν	–ει/ν		–το	
ο=ω –εμεν	ἔσταμεν	–εμεν		–μεθα	
υ=ῡ –ετε	ἔστατε	–ετε		–σθε	
–εσαν	ἔστασαν	–εσαν		–ντο	
IMPERATIVE MOOD! *(See Thematic Synopsis for Regular Endings)*					
PROG τίθει!	ἵστη!	δίδου!	τίθεσο!	ἵστασο!	δίδοσο!
Actv –έτω!	–άτω!	–ότω!	–έτω!	–άσθω!	–όσθω!
& –ετε!	–ατε!	–οτε!	–εσθε!	–ασθε!	–οσθε!
M/P –έντων!	–άντων!	–όντων!	–έντων!	–άσθων!	–όσθων!
AOR θές!	στῆσον!	δός!	θοῦ!	στῆσαι!	δοῦ!
Actv θέτω!	–άτω!	δότω!	θέσθω!	–άσθω!	δόσθω!
& θέτε!	–ατε!	δότε!	θέσθε!	–ασθε!	δόσθε!
Mid θέντων!	–άντων!	δόντων!	θέσθων!	–άσθων!	δόσθων!

* *N.B.* ἵστημι *also has a root aorist with the intransitive meaning of "stand." See Irregulars Notable.*

TENSE	Active Voice			Middle Voice			Passive Voice
	SUBJUNCTIVE MOOD						
Progv, I	τιθῶ	ἱστῶ	διδῶ	τιθῶμαι	ἱστῶμαι		διδῶμαι
	τιθῇς	ἱστῇς	διδῷς	τιθῇ	ἱστῇ		διδῷ
	τιθῇ	ἱστῇ	διδῷ	τιθῆται	ἱστῆται		διδῶται
	τιθῶμεν	ἱστῶμεν	διδῶμεν	τιθώμεθα	ἱστώμεθα		διδώμεθα
	τιθῆτε	ἱστῆτε	διδῶτε	τιθῆσθε	ἱστῆσθε		διδῶσθε
	τιθῶσι(ν)	ἱστῶσι(ν)	διδῶσι(ν)	τιθῶνται	ἱστῶνται		διδῶνται
Aorist	θῶ	στῶ	δῶ	θῶμαι	στῶμαι	δῶμαι	–ῶ
	θῇς	στῇς	δῷς	θῇ	στῇ	δῷ	–ῇς
	θῇ	στῇ	δῷ	θῆται	στῆται	δῶται	–ῇ
	θῶμεν	στῶμεν	δῶμεν	θώμεθα	στώμεθα	δώμεθα	–ῶμεν
	θῆτε	στῆτε	δῶτε	θῆσθε	στῆσθε	δῶσθε	–ῆτε
	θῶσι(ν)	στῶσι(ν)	δῶσι(ν)	θῶνται	στῶνται	δῶνται	–ῶσι(ν)
Perfect		*Perf Actv Ppl +*			*Perf Passv Ppl +*		
	–ω	ὦ			ὦ		
	–ῃς	ᾖς			ᾖς		
	–ῃ	ᾖ			ᾖ		
	–ωμεν	ὦμεν			ὦμεν		
	–ητε	ἦτε			ἦτε		
	–ωσι(ν)	ὦσι(ν)			ὦσι(ν)		
	OPTATIVE MOOD						
Progv	τιθείην	ἱσταίην	διδοίην	τιθείμην	ἱσταίμην		διδοίμην
	–είης	–αίης	–οίης	–εῖο	–αῖο		–οῖο
	–είη	–αίη	–οίη	–εῖτο/οῖτο	–αῖτο		–οῖτο
	–εί(η)μεν	–αί(η)μεν	–οί(η)μεν	–εῖμεθα/οίμεθα	–αίμεθα		–οίμεθα
	–εί(η)τε	–αί(η)τε	–οί(η)τε	–εῖσθε/οῖσθε	–αῖσθε		–οῖσθε
	–είησαν/	–αίησαν/	–οίησαν/	–εῖντο/οῖντο	–αῖντο		–οῖντο
	–εῖεν	–εῖεν	–οῖεν				
Future		–οιμι			–οίμην		–ησοίμην
		–οις			–οιο		–ήσοιο
		–οι			–οιτο		–ήσοιτο
		–οιμεν			–οίμεθα		–ησοίμεθα
		–οιτε			–οισθε		–ήσοισθε
		–οιεν			–οιντο		–ήσοιντο
Aorist	θείην	–αιμι	δοίην	θείμην	–αίμην	δοίμην	–είην
	–είης	–αις	–οίης	θεῖο	–αιο	δοῖο	–είης
	–είη	–αι	–οίη	θεῖτο/οῖτο	–αιτο	δοῖτο	–είη
	–εί(η)μεν	–αιμεν	–οί(η)μεν	θεῖμεθα/		δοίμεθα	–εί(η)μεν
	–εί(η)τε	–αιτε	–οί(η)τε	οίμεθα	–αίμεθα	δοῖσθε	–εί(η)τε
	–είησαν/	–αιεν	–οίησαν/	θεῖσθε/οῖσθε	–αισθε	δοῖντο	–ειησαν/
	–εῖεν		–οῖεν	θεῖντο/οῖντο	–αιντο		–εῖεν
Perfect		*Actv Ppl +*			*Perf Passv Ppl +*		
	–οιμι	εἴην			εἴην		
	–οις	εἴης			εἴης		
	–οι	εἴη			εἴη		
	–οιμεν	εἴημεν/εἶμεν			εἴημεν/εἶμεν		
	–οιτε	εἴητε/εἶτε			εἴητε/εἶτε		
	–οιεν	εἴησαν/εἶεν			εἴησαν/εἶεν		

THEMATIC & CONTRACTED INFINITIVES

	ACTIVE VOICE		MIDDLE		PASSIVE
PROGV	*Thematic*	–ειν	*Thematic*	–εσθαι	
	έειν=	–εῖν	έε=	–εῖσθαι	
	όειν=	–οῦν	όε=	–οῦσθαι	
	άειν=	–ᾶν	άε=	–ᾶσθαι	
FUT	–ειν		–εσθαι		–ήσεσθαι
AOR	–αι		–ασθαι		–ῆναι
PERF	–έναι		–σθαι		

THEMATIC & CONTRACTED PARTICIPLES, NOMINATIVE

	ACTIVE VOICE		MIDDLE		PASSIVE
PROGV	*Thematic*	–ων–ουσα–ον –οντες–ουσαι–οντα	*Thematic*	–όμενος–η–ον –όμενοι–αι–α	
	έω=	–ῶν–οῦσα–οῦν / –οῦντες–οῦσαι–οῦντα	έο=	–ούμενος–η–ον/ –ούμενοι–η–α	
	όω=	–ῶν–οῦσα–οῦν –οῦντες–οῦσαι–οῦντα	όο=	–ούμενος–η–ον –ούμενοι–αι–α	
	άω=	–ῶν–ῶσα– ῶν –ῶντες– ῶσαι–ῶντα	άω=	–ώμενος–η–ον –ώμενοι–αι–α	
FUT	–ων–ουσα–ον –οντες–ουσαι–οντα		–όμενος–η–ον –όμενοι–αι–α		–ησόμενος–η–ον –ησόμενοι–αι–α
AOR	–ας–ασα–αν –αντες–ασαι–αντα		–άμενος–η–ον –άμενοι–αι–α		–είς–εῖσα–έν –έντες–εῖσαι–έντα
PERF	–ώς–υῖα–ός –ότες–υῖαι–ότα		–μένος–η–ον –μένοι–αι–α		

IRREGULAR ATHEMATIC INFINITIVES

	ACTIVE VOICE			MIDDLE VOICE		
PROGV	τιθέναι	ἱστάναι	διδόναι	τίθεσθαι	ἵστασθαι	δίδοσθαι
FUT						
AOR	θεῖναι		δοῦναι	θέσθαι		δόσθαι
PERF						

IRREGULAR ATHEMATIC PARTICIPLES (NOM. Sing./Pl.)

	ACTIVE VOICE			MIDDLE VOICE		
PROGV	τιθείς/έντες τιθεῖσα/εῖσαι τιθέν/έντα	ἱστάς/άντες ἱστᾶσα/ᾶσαι ἱστάν/άντα	διδούς/όντες διδοῦσα/οῦσαι διδόν/όντα	τιθέμονος/οι τιθεμένη/αι τιθέμενον/α	ἱστάμενος/οι ἱσταμένη/αι ἱστάμενον/α	διδόμενος/οι διδομένη/αι διδόμενον/α
FUT						
AOR	θείς/έντες θεῖσα/εῖσαι θέν/έντα		δούς/όντες δοῦσα/οῦσαι δόν/όντα	θέμενος/οι θεμένη/αι θέμενον/α		δόμενος/οι δομένη/αι δόμενον/α
PERF						

	ROOT AORISTS			μι–PROGRESSIVES			IDIOMATIC
	γιγνώσκω, recognize	φύο, be born, be	ἵστημι, stand	εἰμί, be	εἶμι, go	ἵημι, send	οἶδα, know
A O R	ἔγνων ἔγνως ἔγνω ἔγνωμεν ἔγνωτε ἔγνωσαν	ἔφυν ἔφυς ἔφυ ἔφυμεν ἔφυτε ἔγυσαν	ἔστην ἔστης ἔστη ἔστημεν ἔστητε ἔστησαν	**PRESENT** εἰμί εἶ ἐστί(ν) ἐσμέν ἐστέ εἰσί(ν)	**PRESENT** εἶμι εἶ εἶσι(ν) ἴμεν ἴτε ἴασι	**PRESENT** ἵημι ἵης/ἱεῖς ἵησι ἵεμεν ἵετε ἵασι	**PERFECT PRESENT** οἶδα οἶσθα οἶδε ἴσμεν ἴστε ἴσασι
I M P F	ἐγίγνωσκον ἐγίγνωσκες ἐγίγνωσκε ἐγιγνώσκομεν ἐγιγνώσκετε ἐγίγνωσκον	ἔφυον ἔφυες ἔφυε ἐφύομεν ἐφύετε ἔφυον	ἵστην ἵστης ἵστη ἵστᾰμεν ἵστᾰτε ἵστᾰσᾰν	ἦ/ ἦν ἦσθα ἦν ἦμεν ἦτε ἦεσαν	ᾔειν/ ᾖα ᾔεις/ ᾔεισθα ᾔει ᾖμεν ᾖτε ᾖσαν/ᾔεσαν	ἵην ἵεις ἵει ἵεμεν ἵετε ἵεσαν	ᾔδειν / ᾔδη ᾔδεις / ᾔδησθα ᾔδει ᾔδεμεν / ᾖσμεν ᾔδετε / ᾖστε ᾔδεσαν / ᾖσαν
S B J V	γνῶ γνῷς γνῷ γνῶμεν γνῶτε γνῶσι	φύω φύῃς φύῃ φύωμεν φύητε φύωσι	στῶ στῇς στῇ στῶμεν στῆτε στῶσι	ὦ ᾖς ᾖ ὦμεν ἦτε ὦσι	ἴω ἴῃς ἴῃ ἴωμεν ἴητε ἴωσι	ἱῶ ἱῇς ἱῇ ἱῶμεν ἱῆτε ἱῶσι	εἰδῶ εἰδῇς εἰδῇ εἰδῶμεν εἰδῆτε εἰδῶσι
O P T V	γνοίην γνοίης γνοίη γνοί(η)μεν γνοί(η)τε γνοίησαν/ γνοῖεν	φυίη φυίης φυίη φυί(η)μεν φυί(η)τε φυίησαν/ φυῖεν	σταίην σταίης σταίη σταί(η)μεν σταί(η)τε σταίησαν/ σταῖεν	εἴην εἴης εἴη εἴημεν/ εἶμεν εἴητε/ εἶτε εἴησαν/ εἶεν	ἴοιμι/ ἰοίην ἴοις ἴοι ἴοιμεν ἴοιτε ἴοιεν	ἱείην ἱείης ἱείη ἱεῖμεν ἱεῖτε ἱεῖεν	εἰδείην εἰδείης εἰδείη εἰδείημεν/ εἰδεῖμεν εἰδείητε/ εἰδεῖτε εἰδείησαν/ ἐιδεῖεν
I M P !	γνῶθι! γνώτω! γνῶτε! γνόντων!	φῦθι! φύτω! φῦτε! φύτων!	στῆθι! στήτω! στῆτε! στάντων!	ἴσθι! ἔστω! ἔστε! ἔστων/ὄντων	ἴθι! ἴτω! ἴτε! ιοντων!	ἵει! ἱέτω! ἵετε! ἱέντων!	ἴσθι! ἴστω! ἴστε! ἴστων!
	γνῶναι	φῦναι	στῆναι	εἶναι	ἰέναι	ἱέναι	εἰδέναι
P P L	γνούς, γνόντες. γνοῦσα, γνοῦσαι. γνόν, γνόντα.	φύς, φύντες. φῦσα, φῦσαι. φύν, φύντα.	στάς, στάντες. στᾶσα, στᾶσαι. στάν, στάντα.	ὤν, ὄντες. οὖσα, οὖσαι. ὄν, ὄντα,	ἰών, ἰόντες. ἰοῦσα, ἰοῦσαι. ἰόν, ἰόντα.	ἱείς, ἱέντες. ἱεῖσα, ἱεῖσαι. ἱέν, ἱέντα.	εἰδώς, εἰδότες. εἰδυῖα, εἰδυῖαι. εἰδός, εἰδότα.

SYNOPSES OF
GREEK SYNTAX

A Way of Mapping
The Syntax of a Sentence

Independent Clause **[Subordinate Clause]** **\<Verbal Phrase>** **(Noun Phrase)**

Independent Clause
<u>Finite Verb</u> & <u>Subject</u>   <u>Object</u> or <u>Predicate</u>   (Noun Phrase)

[Dependent Clause]
[(<u>Subordinator</u>)   <u>Finite Verb</u> & <u>Subject</u>   <u>Object</u> or <u>Predicate</u>   (Noun Phrase)]

< Infinitive Phrase >
< <u>Infinitive</u> & <u>'Subject' Acc</u>   <u>Predicate Acc</u> or <u>Acc Object</u>   (Noun Phrase) >

< Participial Phrase >
< <u>Participle</u> & <u>'Subject'</u>   <u>Predicate</u> or <u>Object</u>   (Noun Phrase) >

A Way of Proceeding

1. If mapping to translate, try taking the Greek in its natural order, from left to right, grouping words as you go, to set off the limbs of the sentence. It is good at first to translate loosely from left to right in literal "Grenglish," and then retranslate into English that is clear, natural, perhaps even beautiful.

2. If mapping to analyze, then begin by mapping the verbal framework of the whole sentence:

    • First underline <u>Finite Verbs</u> and their <u>Nominative Subjects</u>. What conjunctions conjoin them?
    a) If the verbs are Independent, then circle Conjunctions that join their Independent Clauses.
    b) If a verb is Dependent, then circle Subordinating Conjunction, Pronoun, or Adverb, and square-bracket [Dependent Clause].

- Dash-underline <u>Infinitives</u> and their <u>Subject Accusatives,</u> and carrot-bracket the < Verbal Phrases > formed around them.
- Dash-underline <u>Participles</u> and the <u>Substantives they modify,</u> and carrot-bracket their < Verbal Phrases >.

3. Single-underline <u>Predicates</u>.
4. Double-underline <u>Object Complements</u>.
Round-bracket (Prepositional Phrases).
If helpful, round-bracket other noun phrases as well:
e.g., (Dative Indirect Objects), (Genitive Phrases),
(Adverbial Accusatives), (Appositives), (Vocatives), etc.

Opening of Plato's *Republic*

<u>κατέβην</u> χθὲς (<u>εἰς</u> Πειραῖα) (μετὰ Γλαύκωνος τοῦ

Ἀρίστωνος) < <u>προσευξόμενός</u> (τὲ) (τῇ θεῷ) >(καὶ) ἅμα

< <u>τὴν ἑορτὴν</u> βουλόμενος θεάσασθαι >

[(τίνα τρόπον) <u>ποιήσουσιν</u>] < (ἅτε) νῦν πρῶτον <u>ἄγοντες</u> >.

I <u>went down</u> (to the Pairaeus) (with Glaucon of Aristos)

< <u>intending</u> both <u>to pay honor</u> (to the goddess) >

(and) also < <u>wanting to see</u> [(how) they <u>were going to do</u> <u>the</u>

<u>festival</u>] > [(since) they <u>were doing</u> <u>it</u>

(for the very first time)].

GREEK CASE USES
English Analogues

NOMINATIVE	
Nominative Subject	*Cyrus* is King
Predicate Nominative	Cyrus is *King*
Nominative in Apposition	Cyrus *the King*
GENITIVE	
Possessive (*possessor of a possession*)	*Cyrus'* power
Subjective (*agent of an action*)	*Cyrus'* conquest
Objective (*object of agent's action*)	Cyrus' conquest *of Asia*
Of Agent (*with* ὑπό *& passive verb*)	Asia conquered *by Cyrus*
Of Characteristic	Cyrus' conquest *of terror*
Of Material	Cyrus' crown *of gold*
Of Value	Cyrus' weight *in gold.*
DATIVE	
Indirect Object (*of Transitive verb*)	Do honor *to Cyrus*
Object Complement (*of Intransitive verb*)	Listen *to Cyrus.*
Dative Of Agent (*w/ Perfect tenses only*)	done *by Cyrus*
With Adjective	friendly *to Greeks*
Of Advantage/Disadvantage	done *for Cyrus*
Of Purpose	done *for honor*
Of Manner	done *with honor*
Of Reference	a matter *of honor*
Of Respect	a failure *in honor*
Of Opinion	a thing honorable *to Greeks*

ACCUSATIVE	
Direct Object (*of Transitive Verb*)	ask a *question*
Double Accusative (*of Transitive Verb*)	ask *him* a *question*
Predicate Accusative (*of Causative Verb*)	make him *virtuous*
Subject Accusative of Infinitive	make *him* leave
Accusative of Respect	virtuous *in body and soul*
Adverbial Accusative (*of Adjectives in neuter*)	Go *quick*. Try *hard*.

CASES OF PLACE	
GENITIVE of Place *from which* (*with Verbs of Motion*)	*from Persia*
ACCUSATIVE of Place *to which* (*with Verbs of Motion*)	*to Persia*
DATIVE of Place *where*	*in Persia*
CASES OF TIME	
GENITIVE of Time *in which*	*in an hour*
DATIVE of Time *when*	*on the hour*
ACCUSATIVE of Time *for which*	*for an hour*

VERB SYNTAX

SUBORDINATE CLAUSES			
Primary Sequence: Present/Future/Perfect [= SUBJUNCTIVE] * *Secondary Sequence:* Past Tenses [= OPTATIVE]			
Subordinate Clause	*Subordinating Conjunction*	*Subordinate Verb Tense*	*English & Greek Analogues, For Example*
RELATIVE CLAUSES *(Adjectival)*	*Relative Pronoun:* ὅς / ἥ / ὅ οὗ / ἧς / οὗ ᾧ / ᾗ / ᾧ ὅν / ἥν / ὅ οἵ / αἵ / ἅ ὧν/ ὧν/ ὧν οἷς/ αἷς/ οἷς οὕς/ ἅς/ ἅ	*Factual:* INDCV	— Adjectival Clause *(explicit antecedent):* *The man [**who** is speaking] is Socrates:* ἀνὴρ [ὅς λέγει] Σοκράτης ἐστι . — Noun Clause *(antecedent implicit):* [**What** *he is saying] is wise:* [ὃ λεγει] σοφόν ἐστι .
		Purpose: SJBV/ OPTV	— Relative Clauses of Purpose: *God sends him < to say wise things>* *[= that he may say]:* ὁ θεὸς πέμπει αὐτὸν [ὃς σαφὴ λέγῃ]. *God sent him <to say wise things> [= that he might say]:* ὁ θεὸς ἔπεμψε αὐτὸν [ὃς σαφὴ λέγοι].
INDEFINITE RELATIVE CLAUSES *(Adjectival)*	*Indefinite Relative Pronoun:* ὅστις/ἥτις/ὅτι ὁποῖος–α–ον ὁπόσος–η–ον ὅσος–η–ον ὅπου/ ὅταν ὅποι/ὁπόθεν ὅπως	*Generalized Condition:* SJBV.+ἄν / OPTV	*[Whoever hears him,]...* [ὅστις ἄν αὐτὸν ἀκούῃ,] ... *[Whatever he says,]...* [ὁποῖα ἄν λέγῃ,] ... *[However large the market,],...* [ὁπόση ἄν ἡ ἄγορα,] ... *[However many the hearers,]...* [ὅσοι ἄν οἱ ἀκουσαντες,] *[Wherever Socrates is,]...* [ὅπου Σοκράτης ἄν ᾖ ,] ... *[Wherever he goes,]...* [ὅποι/ ὁπόθεν ἄν ἴῃ,]... *[Whenever he goes away,]...* [ὅταν ἄν ἀπίῃ,] ...

ADVERBIAL CLAUSES	*Adverb:* ἐπεί/ἐπειδή ὅτε ὅτι ἐι, πότερον, εἴτε καίπερ	*Factual:* INDV	Temporal: *[When Socrates goes,]:* [ὅτε Σοκράτης εἶσι,] … Causal: *[Because he goes,]:* [ὅτι Σοκράτης εἶσι,] … Conditional: *[If he goes,]:* [ἐι Σοκράτης εἶσι,] … Concessive: *[Though he go,]:* [καίπερ Σοκράτης εἶσι,] …
PURPOSE CLAUSES	*Conjunction:* ἵνα ὅπως ὡς	SJBV/ OPTV [+μή/οὐ]	*God sends him < to say wise things >* *[= that he may say wise things]:* ὁ θεὸς πέμπει αὐτὸν [ὡς σοφὰ λέγῃ]. *God sent him to <say wise things>* *[= that he might say wise things]:* ὁ θεὸς ἔπεμψε αὐτὸν [ὡς σοφὰ λέγοι].
	Relative Pronoun: ὅς / ἥ / ὅ οὗ / ἧς / οὗ ᾧ / ᾗ / ᾧ ὅν / ἥν / ὅ οἵ / αἵ / ἅ ὧν/ ὧν/ ὧν οἷσ/ αἷσ/ οἷσ οὕσ/ ἅσ/ ἅ	SJBV/ OPTV [+μή/οὐ] *in* *Relative Clauses*	*Socrates seeks Sophists to question* *[= whom he may question …]* ὁ Σοκράτης ζητᾷ σοφιστεῖς [οὕς ἀνερωτῇ] *He sought Sophists to question* *[= whom he might question …]* ἐκεῖνος ἐζήτα σοφιστεῖς [οὕς ἀνερωτῷ]. *He sent Socrates to question Sophists.* τὸν Σωκράτη πέμπει [ὅς σοφιστεῖς ἀνερωτῇ].
RESULT CLAUSES	*Conjunction:* ὥστε	*Factual Result:* INDV [+οὐ]	*God so loved him [that he sent him].* ὁ θεὸς οὕτως ἠγάπησεν τόνδε [ὥστε αὐτὸν ἔπεμψε]. *(N.B. For natural results, INFINITIVE [+μή]; see below.)*
FEAR CLAUSES	*Verb of Fearing* + μή μή … οὐ [cf. lest & lest not]	SJBV/ OPTV	*He fears that if he doesn't speak, God won't love him.* φοβεῖ [μή οὐ λέγῃ ἄν, ὁ θεὸς αὐτὸν οὐ φιλῇ.] *He feared that God would not love him.* ἐφόβει [μή ὁ θεὸς αὐτὸν οὐ φιλοῖ.]

CONDITIONAL SENTENCES
Conditional clause introduced by conjunctions
εἰ/ἐάν, ἄν/ἤν.

a) *Particular Conditional:*   [*If* INDCV ...,] *then* INDCV ....
b) *General Conditional:*   [*If* SBJV +ἄν / OPTV ...,] *then* INDCV. ...
c) *Hypothetical Conditional:* [*If* INDV/ OPTV ...,] *then* ἄν + INDCV/ OPTV ...

N.B.: In the protasis, ἄν generalizes* (≈ *if ever*...);
in the apodosis, ἄν conditionalizes (≈ *then would*...).

CONDITION	Past Time	Present Time	Future Time
Particular	[INDCV] ... INDCV εἰ ἐψευδόμην, καί σύ ἐψεύδου. If I was lying, so were you.	[INDCV] ... INDCV εἰ ψεύδομαι, καί σύ ψεῦδει. If I am lying, so are you.	[INDCV] ... INDCV εἰ ψεύσομαι, καί σύ ψεῦσει. If I do lie, so will you.
General (Note ἄν in protasis = *if ever, whenever*)	[OPTV] ... INDCV. εἰ ψευδοίμην, καί σύ ἐψεύδου. If I ever lied, so did you.	[SBJV. + ἄν] ... INDCV ἄν ψευδωμαι, καί σύ ψευδει. If I lie, so do you.	[SBJV. + ἄν] ... INDCV ἄν ψεύδωμαι, καί σύ ψεῦσει. If I ever do lie, so will you.
Hypothetical (Note ἄν in apodosis = *modal auxiliary "would"*)	*Past Contrafactual* [INDCV] ... INDCV. + ἄν εἰ ἐψευσάμην, καί σύ ἄν ἐψεύσω. If I had lied, you would have lied too.	*Present Contrafactual* [INDCV] ... INDCV + ἄν εἰ ἐψευδόμην, καί σύ ἄν ἐψεύδου. If I were lying, you would be lying too.	*Future Less Vivid* [OPTV] ... OPTV + ἄν εἰ ψευδοίμην, καί σύ ἄν ψεύδοιο. If I were to lie, you would lie too.

* As well as other subordinate clauses, e.g., ἐπειδάν, ὅταν, ἐπάν,

INDIRECT DISCOURSE *Introduced by "Verbs of the Head"* *(Speaking, thinking, perceiving, …)*		
Subordinate Clause ὅτι/ὡς + FINITE VERB	*With certain verbs, to report, describe, state, e.g.:* λέγω, γιγνώωσκω, ἀκούω, ὁράω [ὅτι/ὡς …]	There are those who know [that evils harm because they are evil] Εἰσὶ μὲν ὁι γιγνώσκοντες [ὅτι τὰ κακὰ βλάπτει ὅτι κακά ἐστιν].
Infinitive Phrase INFINITIVE + Subject Accusative	*With certain verbs, often to assert, posit, effect, e.g.:* λέεγω, φῆμι, νομίζω, ὄιομαι, ἡγέομαι ὑπολαμβάνω, δοκέω	Do those who suppose [that evils benefit] seem to you to know [that evils are evil]? δοκοῦσί σοι γιγνώσκειν [τὰ κακὰ ὅτι κακά ἐστιν] ὁι ἡγούμενοι <τὰ κακὰ ὠφελεῖν>.
Participial Phrase PARTICIPLE + Subject Accusative	*With certain verbs, often to come to know or recognize, e.g.:* οἶδα, ἀκούω, ἀγνοέω αἰσθάνομαι, καταλαμβάνω, μανθάνω, ἐπίσταμαι, τίθημι	I hear that the god teaches poets wisdom. ἀκούω <τὸν θεὸν τὰς ποιητὰς τὴν σοφίαν διδάξαντα>. I heard that Socrates was teaching you all. ἤκουσα <τὸν Σοκράτη ὑμᾶς διδάσκοντα>.
Indirect Question	*Introduced by Interrogative Pronouns, Adjectives, Adverbs, e.g.:* τίς/ὅστις, τί/ὅτι, πότερος–α–ον ποῖος–α–ον/ὁποῖος–α–ον, ποῦ/ὅπου, πῶς/ὅπως/τίνα τρόπον	Say what virtue is. φαθι <τί ἀρετὴν εἶναι>. State more clearly whom you mean. σαφέστερον εἰπέ <τίνα λέγεις>. State more clearly in what way you mean it. σαφέστερον εἰπέ <τίνα τρόπον λέγεις>.

N.B. Tenses of infinitives and participles are *relative* to main verb tense.

N.B. In subordinate clauses of indirect statements in past time (secondary sequence), OPTATIVES might replace primary sequence INDICATIVES or SUBJUNCTIVES + ἄν, with the independent clause becoming an infinitive phrase.

INFINITIVE SYNTAX			
PERFECT TENSE: *Time before (completed)*	**AORIST TENSE:** *Time before/ Same time*	**PRESENT TENSE:** *Same time/ Time after*	**FUTURE TENSE:** *Time after (intended)*
Articular Subject or Object of Finite Verb	To learn is good. Learning is good. I love to learn. Learn to learn!	καλὸν τὸ μάθειν. καλὸν τὸ μανθάνειν. φιλῶ το μάθειν. μάθον μανθάνειν!	
Supplementary w/ Incomplete Verbs	I want always to be learning. I am beginning to learn.	βούλομαι ἀεί μανθάνειν. ἄρχομαι μανθάνειν.	
Epexegetical w/ Adjectives	This is a thing good to learn.	τόδε καλὸν μανθάνειν.	
Of Purpose	He left me here to learn. I have come here intending to learn.	ἐνθάδε ἐμὲ ἔλιπεν μανθάνειν. ἔρχομαι ἐνθάδε μαθήσεσθαι.	
Infinitive Phrase INFV + Subject Accusative	It's good for us to learn good things. It is good for us to become learners.	καλὸν τὸ τὰ καλὰ ἡμᾶς μανθάνειν. καλὸν μάθοντες γίγνεσθαι ἡμᾶς.	

Indirect Discourse
 	
 INFV + Subject Accusative
	I think
	 that you are learning ...
	   that you learn ...
	   that you have learned...
	   that you will learn.
	 I thought
	 that you were learning ...
	   that you learned ...
	   that you had learned ...
	   that you would learn.
		οἴομαι
		 ὑμᾶς μανθάνειν ...
		   μάθειν ...
		   μεμαθηκέναι ...
		   μανθήσεσθαι
		
		 ᾠσάμην
		 ὑμᾶς μανθάνειν ...
		   μάθειν ...
		   μεμαθηκέναι ...
		   μανθήσεσθαι	

Infinitive of Natural Result	To learn is so good that you will always want to be learning.	οὕτως καλὸν μάθειν ὥστε ἀεὶ βούλεσθε μανθάνειν.	

PARTICIPLE SYNTAX			
PERFECT TENSE: Time before (completed)	*AORIST TENSE:* Time before/ Same time	*PRESENT TENSE:* Same time/ Time after	*FUTURE TENSE:* Time after (intended)
Attributive	*Bound by definite article to noun.* οἱ ἀγαθοὶ ἄνδρες, ἄνδρες οἱ ἀγαθοὶ, οἱ ἄνδρες οἱ ἀγαθοὶ: *men doing good, men who do good*	The men doing good deeds are becoming good [*= The men who are doing good...*] <οἱ ἄνδρες οἱ ἀγαθὰ πράγματα πράττοντες> ἀγαθοὶ γίγνονται.	
Substantive	*Made by definite article into noun, e.g.,* οἱ ἀγαθοὶ , τὸ ἀγαθὸν.	Those who do good become good. οἱ τὰ ἀγαθὰ πράξαντες ἀγαθοὶ γίγνονται.	
Circumstantial	*In the predicate position, participle and noun add adverbial circumstances: when, where, why, how, how much?*	Loving the good, they become good. <τὸ ἀγαθὸν φιλοῦντες> ἀγαθοὶ γίγνονται. [*By* loving the good, *if* loving the good, *when* loving, *because* they love the good ...]	
Genitive Absolute	*A circumstantial participle and noun in the Genitive Case that are syntactically independent of rest of sentence.*	God being the good, the good love God. <ὁ θεὸς ὢν τὸ ἀγαθὸν> οἱ ἀγαθοὶ τὸν θεὸν φιλοῦνται	
Supplementary	*Supplements meaning of incomplete verbs (e.g., to start, to stop, to enjoy, to happen to be ... doing something).*	Start doing good deeds! ἄρχεσθε τὰ πράγματα τὰ ἀγαθὰ πράττοντες!	
Indirect Discourse	*With certain verbs, e.g., of perceiving,* οἶδα, ἀκούω, αἰσθάνομαι.	I see that you are doing good. οἶδα <ὑμᾶς τὰ ἀγαθὰ πράττοντες>.	

GREEK TEXTS

ARCHAIC GREEK

CLASSICAL ATHENIAN ATTIC

EMPIRE KOINE

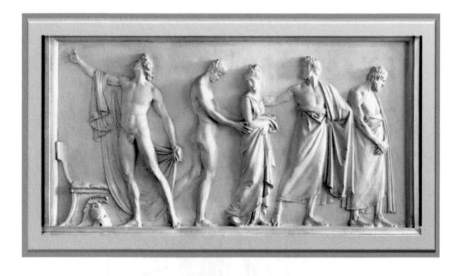

Achilles Delivers Briseis to Agamemnon, by Antonio Canova

μῆνιν ἄειδε θεὰ Πηληϊάδεω Ἀχιλῆος

οὐλομένην, ἣ μυρί᾽ Ἀχαιοῖς ἄλγε᾽ ἔθηκε,

πολλὰς δ᾽ ἰφθίμους ψυχὰς Ἄϊδι προΐαψεν

ἡρώων, αὐτοὺς δὲ ἑλώρια τεῦχε κύνεσσιν

οἰωνοῖσί τε πᾶσι, Διὸς δ᾽ ἐτελείετο βουλή,

ἐξ οὗ δὴ τὰ πρῶτα διαστήτην ἐρίσαντε

Ἀτρεΐδης τε ἄναξ ἀνδρῶν καὶ δῖος Ἀχιλλεύς.

Opening Invocation of the Muse

Ἡ Ἰλιάς
τοῦ Ὁμήρου[1]

Book IX (259–431)

Achilles, rebuffing Agamemnon's peace offerings,
justifies his anger to his comrades.

[*Odysseus to Achilles:*]

        ... ἀλλ᾽ ἔτι καὶ νῦν   [259]

παύε᾽, ἔα δὲ χόλον θυμαλγέα· σοὶ δ᾽ Ἀγαμέμνων

ἄξια δῶρα δίδωσι μεταλήξαντι χόλοιο.

εἰ δὲ σὺ μέν μευ ἄκουσον, ἐγὼ δέ κέ τοι καταλέξω

ὅσσά τοι ἐν κλισίῃσιν ὑπέσχετο δῶρ᾽ Ἀγαμέμνων·

[260] παύε (παύεο).
[261] δίδωσι: *offers.*
[262] εἰ δέ: interjectional, ἄγε δή.
καταλέξω, with κε, aorist
subjunctive.
[263] κλισίῃσιν: Agamemnon's
lodge contained more than one
room.

[*Description of peace offerings omitted (264–298)* ...]

ταῦτά κέ τοι τελέσειε μεταλήξαντι χόλοιο.   [299]

εἰ δέ τοι Ἀτρεΐδης μὲν ἀπήχθετο κηρόθι μᾶλλον

αὐτὸς καὶ τοῦ δῶρα, σὺ δ᾽ ἄλλους περ Παναχαιοὺς

τειρομένους ἐλέαιρε κατὰ στρατόν, οἵ σε θεὸν ὣς

τίσουσ᾽· ἦ γάρ κέ σφι μάλα μέγα κῦδος ἄροιο· [303]

νῦν γάρ χ᾽ Ἕκτορ᾽ ἕλοις, ἐπεὶ ἂν μάλα τοι σχεδὸν ἔλθοι

[305] λύσσαν ἔχων ὀλοήν, ἐπεὶ οὔ τινά φησιν ὁμοῖον

οἷ ἔμεναι Δαναῶν οὓς ἐνθάδε νῆες ἔνεικαν.

[300] *And if the son of Atreus has
become too hateful to you, in your
heart—himself and his gifts—yet do
you have pity for the rest of the
Achaeans, at least.*
μᾶλλον with ἀπήχθετο signifies
'too hateful' to you to forgive and
forget.
[301] δ᾽=δέ: considered a relic of
paratactic construction; probably
better regarded as a weakened δή.
Παναχαιούς, cf. "Pan-American."
[303] σφι=παρὰ (or ἐκ) πάντων:
in the esteem of all.

τὸν δ᾽ ἀπαμειβόμενος προσέφη πόδας ὠκὺς Ἀχιλλεύς·

'διογενὲς Λαερτιάδη πολυμήχαν᾽ Ὀδυσσεῦ

χρὴ μὲν δὴ τὸν μῦθον ἀπηλεγέως ἀποειπεῖν,

[309] *I must speak out my will
unreservedly.*

---

[1] From *Homeri Opera*, Vols. I-V (Oxford University Press, 1920); notes by Allen Rogers Benner, 1903.
Courtesy of Perseus.Tufts.edu.

ἥ περ δὴ φρονέω τε καὶ ὡς τετελεσμένον ἔσται,   [310]
ὡς μή μοι τρύζητε παρήμενοι ἄλλοθεν ἄλλος.
ἐχθρὸς γάρ μοι κεῖνος ὁμῶς Ἀΐδαο πύλῃσιν
ὅς χ᾽ ἕτερον μὲν κεύθῃ ἐνὶ φρεσίν, ἄλλο δὲ εἴπῃ.
αὐτὰρ ἐγὼν ἐρέω ὥς μοι δοκεῖ εἶναι ἄριστα:
οὔτ᾽ ἔμεγ᾽ Ἀτρεΐδην Ἀγαμέμνονα πεισέμεν οἴω   [315]
οὔτ᾽ ἄλλους Δαναούς, ἐπεὶ οὐκ ἄρα τις χάρις ἦεν
μάρνασθαι δηΐοισιν ἐπ᾽ ἀνδράσι νωλεμὲς αἰεί.
ἴση μοῖρα μένοντι καὶ εἰ μάλα τις πολεμίζοι:
ἐν δὲ ἰῇ τιμῇ ἠμὲν κακὸς ἠδὲ καὶ ἐσθλός:
κάτθαν᾽ ὁμῶς ὅ τ᾽ ἀεργὸς ἀνὴρ ὅ τε πολλὰ ἐοργώς.
οὐδέ τί μοι περίκειται, ἐπεὶ πάθον ἄλγεα θυμῷ   [321]
αἰεὶ ἐμὴν ψυχὴν παραβαλλόμενος πολεμίζειν.
ὡς δ᾽ ὄρνις ἀπτῆσι νεοσσοῖσι προφέρῃσι
μάστακ᾽ ἐπεί κε λάβῃσι, κακῶς δ᾽ ἄρα οἱ πέλει αὐτῇ,

ὣς καὶ ἐγὼ πολλὰς μὲν ἀΰπνους νύκτας ἴαυον,   [325]
ἤματα δ᾽ αἱματόεντα διέπρησσον πολεμίζων
ἀνδράσι μαρνάμενος ὀάρων ἕνεκα σφετεράων.
δώδεκα δὴ σὺν νηυσὶ πόλεις ἀλάπαξ᾽ ἀνθρώπων,
πεζὸς δ᾽ ἕνδεκά φημι κατὰ Τροίην ἐρίβωλον: [329]
τάων ἐκ πασέων κειμήλια πολλὰ καὶ ἐσθλὰ
ἐξελόμην, καὶ πάντα φέρων Ἀγαμέμνονι δόσκον

Ἀτρεΐδῃ: ὃ δ᾽ ὄπισθε μένων παρὰ νηυσὶ θοῇσι   [332]
δεξάμενος διὰ παῦρα δασάσκετο, πολλὰ δ᾽ ἔχεσκεν.
ἄλλα δ᾽ ἀριστήεσσι δίδου γέρα καὶ βασιλεῦσι:
τοῖσι μὲν ἔμπεδα κεῖται, ἐμεῦ δ᾽ ἀπὸ μούνου Ἀχαιῶν
εἵλετ᾽, ἔχει δ᾽ ἄλοχον θυμαρέα: τῇ παριαύων   [336]
τερπέσθω. τί δὲ δεῖ πολεμιζέμεναι Τρώεσσιν

---

[312] Hades was most hateful of all the gods to mortals, because through his gates the dead must pass.

[313] ... *who hides one thing* [i.e., the true feeling] ... *and says another.*

[316] ... *since, as now appears* [ἄρα], *there is no gratitude for fighting.*

[318–320] *An equal share* [of booty] *falls to him who stays behind and to him who may battle ever so hard, and in equal honor are held both the coward and the brave man too. The man of no deeds and the man of many deeds die alike.*

[321] οὐδέ τί μοι περίκειται: *nor is aught more* [περί] *gained for me,* i.e., it profits me nothing.

[322] πολεμίζειν: infinitive of purpose.

[324] μάστακ᾽, μάστακα: accusative singular, here *food*.
κακῶς δέ τέ οἱ πέλει αὐτῇ: *although it fares ill with her.*

[325] ἴαυον, *passed* sleepless nights.

[326] πολεμίζων ...: *warring against men that fought in defense of their wives.* The dative, ἀνδράσι, after verbs of fighting denotes the enemy. Homeric men who defended their cities against

[329] πεζός: *on land.*

[332] ὃ δ᾽ ὄπισθε μένων: an imputation of cowardice.

[333] διὰ ... δασάσκετο: tmesis.

[334] γέρα: neuter plural; short ultima.

[336] εἵλετ᾽ (ο): supply as object 'my prize,' i.e., Briseis.—*But he has*

Ἀργείους; τί δὲ λαὸν ἀνήγαγεν ἐνθάδ᾽ ἀγείρας

Ἀτρεΐδης; ἦ οὐχ Ἑλένης ἕνεκ᾽ ἠϋκόμοιο;

ἦ μοῦνοι φιλέουσ᾽ ἀλόχους μερόπων ἀνθρώπων   [340]

Ἀτρεΐδαι; ἐπεὶ ὅς τις ἀνὴρ ἀγαθὸς καὶ ἐχέφρων

τὴν αὐτοῦ φιλέει καὶ κήδεται, ὡς καὶ ἐγὼ τὴν

ἐκ θυμοῦ φίλεον δουρικτητήν περ ἐοῦσαν.

νῦν δ᾽ ἐπεὶ ἐκ χειρῶν γέρας εἵλετο καί μ᾽ ἀπάτησε

[345] μή μευ πειράτω εὖ εἰδότος· οὐδέ με πείσει.   [345]

ἀλλ᾽ Ὀδυσεῦ σὺν σοί τε καὶ ἄλλοισιν βασιλεῦσι

φραζέσθω νήεσσιν ἀλεξέμεναι δήϊον πῦρ.

ἦ μὲν δὴ μάλα πολλὰ πονήσατο νόσφιν ἐμεῖο,

καὶ δὴ τεῖχος ἔδειμε, καὶ ἤλασε τάφρον ἐπ᾽ αὐτῷ

εὐρεῖαν μεγάλην, ἐν δὲ σκόλοπας κατέπηξεν·   [350]

ἀλλ᾽ οὐδ᾽ ὣς δύναται σθένος Ἕκτορος ἀνδροφόνοιο

ἴσχειν· ὄφρα δ᾽ ἐγὼ μετ᾽ Ἀχαιοῖσιν πολέμιζον

οὐκ ἐθέλεσκε μάχην ἀπὸ τείχεος ὀρνύμεν Ἕκτωρ,

ἀλλ᾽ ὅσον ἐς Σκαιάς τε πύλας καὶ φηγὸν ἵκανεν·

ἔνθα ποτ᾽ οἶον ἔμιμνε, μόγις δέ μευ ἔκφυγεν ὁρμήν.

νῦν δ᾽ ἐπεὶ οὐκ ἐθέλω πολεμιζέμεν Ἕκτορι δίῳ   [356]

αὔριον ἱρὰ Διὶ ῥέξας καὶ πᾶσι θεοῖσι

νηήσας εὖ νῆας, ἐπὴν ἅλα δὲ προερύσσω,

ὄψεαι, αἴ κ᾽ ἐθέλησθα καὶ αἴ κέν τοι τὰ μεμήλῃ,

ἦρι μάλ᾽ Ἑλλήσποντον ἐπ᾽ ἰχθυόεντα πλεούσας   [360]

νῆας ἐμάς, ἐν δ᾽ ἄνδρας ἐρεσσέμεναι μεμαῶτας·

εἰ δέ κεν εὐπλοίην δώῃ κλυτὸς ἐννοσίγαιος

ἤματί κε τριτάτῳ Φθίην ἐρίβωλον ἱκοίμην.

ἔστι δέ μοι μάλα πολλά, τὰ κάλλιπον ἐνθάδε ἔρρων·

[365] ἄλλον δ᾽ ἐνθένδε χρυσὸν καὶ χαλκὸν ἐρυθρὸν

ἠδὲ γυναῖκας ἐϋζώνους πολιόν τε σίδηρον   [366]

a wife, already, i.e., Clytemnestra, whom Agamemnon left behind in Mycenae.

ἄλοχος appears always to be used by Homer of a wedded wife, so Clytemnestra.

[338] ἀνήγαγεν: *led up*, said of the journey from Greece 'up' to Troy. *Although waging this war on account of Helen, he himself has committed as great an offense as Paris. Or does he think Atreus' sons alone of mortal men hold their wives of value?*

[341] ὅς τις: supply ἐστί.

[342] τὴν αὐτοῦ: *his own wife.*

[347] φραζέσθω: *let him consider how*, with infinitive.

νήεσσι: dative of interest.

[349] ἤλασε τάφρον: *ran a ditch.*

[352] μετ᾽ Ἀχαιοῖσιν: Achilles was a 'great bulwark' amid them, as Nestor said, greater than their wall & moat proved.

[353] ἀπὸ τείχεος: *away from the city wall.*

[354] ὅσον: *only so far as.*

[355] As object of ἔμιμνε supply με, with which οἶον agrees.

[358] εὖ: *in plenty.*

[360] ἔπ᾽ (ι): *over the Hellespont.*

[363] ἤματι ... τριτάτῳ: cf. the *Cypria*, which gave the voyage from Sparta to Troy as three days long, in fair weather.

[364] ἐνθάδε ἔρρων: *on my sorry voyage hither.* The verb implies misfortune.

[365] ἄλλον: *besides.*

ἄξομαι, ἄσσ᾽ ἔλαχόν γε: γέρας δέ μοι, ὅς περ ἔδωκεν,

αὖτις ἐφυβρίζων ἕλετο κρείων Ἀγαμέμνων

Ἀτρεΐδης: τῷ πάντ᾽ ἀγορευέμεν ὡς ἐπιτέλλω

ἀμφαδόν, ὄφρα καὶ ἄλλοι ἐπισκύζωνται Ἀχαιοὶ   [370]

εἴ τινά που Δαναῶν ἔτι ἔλπεται ἐξαπατήσειν

αἰὲν ἀναιδείην ἐπιειμένος: οὐδ᾽ ἂν ἔμοιγε

τετλαίη κύνεός περ ἐὼν εἰς ὦπα ἰδέσθαι:

οὐδέ τί οἱ βουλὰς συμφράσσομαι, οὐδὲ μὲν ἔργον:

ἐκ γὰρ δή μ᾽ ἀπάτησε καὶ ἤλιτεν: οὐδ᾽ ἂν ἔτ᾽ αὖτις

ἐξαπάφοιτ᾽ ἐπέεσσιν: ἅλις δέ οἱ: ἀλλὰ ἕκηλος   [376]

ἐρρέτω: ἐκ γὰρ εὕ φρένας εἵλετο μητίετα Ζεύς.

ἐχθρὰ δέ μοι τοῦ δῶρα, τίω δέ μιν ἐν καρὸς αἴσῃ.

οὐδ᾽ εἴ μοι δεκάκις τε καὶ εἰκοσάκις τόσα δοίη

ὅσσά τέ οἱ νῦν ἔστι, καὶ εἴ ποθεν ἄλλα γένοιτο,   [380]

οὐδ᾽ ὅσ᾽ ἐς Ὀρχομενὸν ποτινίσεται, οὐδ᾽ ὅσα Θήβας

Αἰγυπτίας, ὅθι πλεῖστα δόμοις ἐν κτήματα κεῖται,

αἵ θ᾽ ἑκατόμπυλοί εἰσι, διηκόσιοι δ᾽ ἀν᾽ ἑκάστας

ἀνέρες ἐξοιχνεῦσι σὺν ἵπποισιν καὶ ὄχεσφιν:

οὐδ᾽ εἴ μοι τόσα δοίη ὅσα ψάμαθός τε κόνις τε,   [385]

οὐδέ κεν ὣς ἔτι θυμὸν ἐμὸν πείσει᾽ Ἀγαμέμνων

πρίν γ᾽ ἀπὸ πᾶσαν ἐμοὶ δόμεναι θυμαλγέα λώβην.

κούρην δ᾽ οὐ γαμέω Ἀγαμέμνονος Ἀτρεΐδαο,

οὐδ᾽ εἰ χρυσείῃ Ἀφροδίτῃ κάλλος ἐρίζοι,

ἔργα δ᾽ Ἀθηναίῃ γλαυκώπιδι ἰσοφαρίζοι: [390]

οὐδέ μιν ὣς γαμέω: ὃ δ᾽ Ἀχαιῶν ἄλλον ἑλέσθω,

[367–369] *But my prize even he who gave took from me again with insult — lord Agamemnon Atrides. To him tell all.*

[372] αἰὲν ἀναιδείην ἐπιειμένος, cf. I.149. — οὐ δ᾽ ἂν ἐμοί γε…: *but though he be ever so shameless, he would not dare to look me [emphatic γε] in the face.*

[375] ἐκ ('utterly') ... ἀπάτησε: tmesis [cutting phrase in two].
μ᾽ (ε) is to be taken with ἤλιτεν as well as with ἀπάτησε.
Agamemnon deceived Achilles by proving false in friendship.

[376] ἅλις δέ οἱ: supply ἐστί: *it is enough for him* [to have tricked me thus far].
ἕκηλος ἐρρέτω: *let him go to his ruin undisturbed.* Cf. l. 364.

[379] τε καί: *or even.*

[380] καὶ εἴ ποθεν ἄλλα γένοιτο: *and if from some source he should get wealth besides.*

[381] οὐδ᾽ ὅσα: *not even if he should offer me as much wealth as:* between οὐδ᾽ and ὅσα there must be understood εἰ τόσα δοίη from l. 379. The wealth is thought of as tribute from subject lands.

[383] ἑκατόμπυλοι: *rounded.*
ἑκάστας, with πύλας understood: a city gate is plural, consisting, as it did, of two folding leaves.

[387] πρίν γ᾽ ἀπὸ ... δόμεναι: *before he atones for* [not with gifts, but humiliation?].

[388] γαμέω: *future.*

ὅς τις οἷ τ᾽ ἐπέοικε καὶ ὃς βασιλεύτερός ἐστιν.

ἢν γὰρ δή με σαῶσι θεοὶ καὶ οἴκαδ᾽ ἵκωμαι,

Πηλεύς θήν μοι ἔπειτα γυναῖκά γε μάσσεται αὐτός.

πολλαὶ Ἀχαιΐδες εἰσὶν ἀν᾽ Ἑλλάδα τε Φθίην τε   [395]

κοῦραι ἀριστήων, οἵ τε πτολίεθρα ῥύονται,

τάων ἥν κ᾽ ἐθέλωμι φίλην ποιήσομ᾽ ἄκοιτιν.

ἔνθα δέ μοι μάλα πολλὸν ἐπέσσυτο θυμὸς ἀγήνωρ

γήμαντα μνηστὴν ἄλοχον ἐϊκυῖαν ἄκοιτιν

κτήμασι τέρπεσθαι τὰ γέρων ἐκτήσατο Πηλεύς: [400]

οὐ γὰρ ἐμοὶ ψυχῆς ἀντάξιον οὐδ᾽ ὅσα φασὶν

Ἴλιον ἐκτῆσθαι εὖ ναιόμενον πτολίεθρον

τὸ πρὶν ἐπ᾽ εἰρήνης, πρὶν ἐλθεῖν υἷας Ἀχαιῶν,

οὐδ᾽ ὅσα λάϊνος οὐδὸς ἀφήτορος ἐντὸς ἐέργει

Φοίβου Ἀπόλλωνος Πυθοῖ ἔνι πετρηέσση.   [405]

ληϊστοὶ μὲν γάρ τε βόες καὶ ἴφια μῆλα,

κτητοὶ δὲ τρίποδές τε καὶ ἵππων ξανθὰ κάρηνα,

ἀνδρὸς δὲ ψυχὴ πάλιν ἐλθεῖν οὔτε λεϊστὴ

οὔθ᾽ ἑλετή, ἐπεὶ ἄρ κεν ἀμείψεται ἕρκος ὀδόντων.

μήτηρ γάρ τέ μέ φησι θεὰ Θέτις ἀργυρόπεζα   [410]

διχθαδίας κῆρας φερέμεν θανάτοιο τέλος δέ.

εἰ μέν κ᾽ αὖθι μένων Τρώων πόλιν ἀμφιμάχωμαι,

ὤλετο μέν μοι νόστος, ἀτὰρ κλέος ἄφθιτον ἔσται:

εἰ δέ κεν οἴκαδ᾽ ἵκωμι φίλην ἐς πατρίδα γαῖαν,

ὤλετό μοι κλέος ἐσθλόν, ἐπὶ δηρὸν δέ μοι αἰὼν   [415]

ἔσσεται, οὐδέ κέ μ᾽ ὦκα τέλος θανάτοιο κιχείη.

[398–400] *And there my manly heart was right well inclined to marry a wedded wife, a fitting mate, and enjoy the possessions that aged Peleus had amassed.*

[399] γήμαντι agrees with μοι; ἐπέσσντο: before the war.

[401] ἀντάξιον: predicate adjective with ἐστί understood, the plural agreeing with τόσα understood, antecedent of ὅσα.

[402] ἐκτῆσθαι: *used to possess*, represents ἔκτητο of direct discourse. The great wealth of Troy 'in time of peace' became greatly depleted in buying foreign provisions during the long siege.

[404] ἐέργει: *encloses*.

[405] Πυθοῖ: later Delphi, famous for rich offerings.

[406] ληιστοί: supply εἰσί.

[408–9] *But a man's spirit may be neither won as spoil nor caught, so as to return again, when [once] it has passed the barrier of the teeth.* λεϊστή = ληϊστή.

[409] The spirit of life is thought to leave the mouth at death.

[410] με is object of φερέμεν.

[413] ὤλετο: *is lost*, emphatic conclusion of future condition.

[416] This line is but a weak interpolated repetition. The interpolator evidently did not feel the force of ἔσται (l. 413), understood also at end of l. 415.

καὶ δ᾽ ἂν τοῖς ἄλλοισιν ἐγὼ παραμυθησαίμην

οἴκαδ᾽ ἀποπλείειν, ἐπεὶ οὐκέτι δήετε τέκμωρ

Ἰλίου αἰπεινῆς: μάλα γάρ ἔθεν εὐρύοπα Ζεὺς

χεῖρα ἑὴν ὑπερέσχε, τεθαρσήκασι δὲ λαοί.   [420]

ἀλλ᾽ ὑμεῖς μὲν ἰόντες ἀριστήεσσιν Ἀχαιῶν

ἀγγελίην ἀπόφασθε: τὸ γὰρ γέρας ἐστὶ γερόντων:

ὄφρ᾽ ἄλλην φράζωνται ἐνὶ φρεσὶ μῆτιν ἀμείνω,

ἤ κέ σφιν νῆάς τε σαῷ καὶ λαὸν Ἀχαιῶν   [424]

νηυσὶν ἔπι γλαφυρῇς, ἐπεὶ οὔ σφισιν ἥδέ γ᾽ ἑτοίμη

ἦν νῦν ἐφράσσαντο ἐμεῦ ἀπομηνίσαντος:

Φοῖνιξ δ᾽ αὖθι παρ᾽ ἄμμι μένων κατακοιμηθήτω,

ὄφρά μοι ἐν νήεσσι φίλην ἐς πατρίδ᾽ ἕπηται

αὔριον ἢν ἐθέλησιν: ἀνάγκη δ᾽ οὔ τί μιν ἄξω.   [429]

ὣς ἔφαθ᾽, οἱ δ᾽ ἄρα πάντες ἀκὴν ἐγένοντο σιωπῇ

μῦθον ἀγασσάμενοι: μάλα γὰρ κρατερῶς ἀπέειπεν:…

[418] The meaning is: *since there is no longer hope that you will gain the goal* [i.e., overthrow] *of lofty Troy.*

[422] γέρας: *meed*, i.e., honorable service.

[424] σαῷ: subjunctive, contracted from σαόη, like γνῷ (A 411) for γνόη-, expressing purpose.
[425] ἥδε [μῆτις]: i.e., the attempt to persuade me to return to active warfare.
[426] ἐμεῦ ἀπομηνίσαντος: *while I have given way to wrath, apart from my comrades* (ἀπο-), or perhaps simply, *during the outburst of my wrath.*

Ἰλιάς
Book XXII (296–404)

Achilles Slays Hector

Ἕκτωρ δ᾽ ἔγνω ᾗσιν ἐνὶ φρεσὶ φώνησέν τε: [296]

ὢ πόποι ἦ μάλα δή με θεοὶ θάνατον δὲ κάλεσσαν:

Δηΐφοβον γὰρ ἔγωγ᾽ ἐφάμην ἥρωα παρεῖναι:

ἀλλ᾽ ὃ μὲν ἐν τείχει, ἐμὲ δ᾽ ἐξαπάτησεν Ἀθήνη. [299]

νῦν δὲ δὴ ἐγγύθι μοι θάνατος κακός, οὐδ᾽ ἔτ᾽ ἄνευθεν,

οὐδ᾽ ἀλέη: ἦ γάρ ῥα πάλαι τό γε φίλτερον ἦεν

Ζηνί τε καὶ Διὸς υἷι ἑκηβόλῳ, οἵ με πάρος γε

πρόφρονες εἰρύατο: νῦν αὖτέ με μοῖρα κιχάνει.

μὴ μὰν ἀσπουδί γε καὶ ἀκλειῶς ἀπολοίμην,

ἀλλὰ μέγα ῥέξας τι καὶ ἐσσομένοισι πυθέσθαι. [305]

[301] ἦ γάρ …: *long since, it seems, this must have been the pleasure of Zeus, etc.* The comparative φίλτερον means that this doom 'rather' than any other fate was the pleasure of Zeus.

[305] *But [only] when I have done some great deed and one for men hereafter to learn of.*

Achilles Trampling Hector's Body, Roman Sarcophagus

ὣς ἄρα φωνήσας εἰρύσσατο φάσγανον ὀξύ,   [306]

τό οἱ ὑπὸ λαπάρην τέτατο μέγα τε στιβαρόν τε,

οἴμησεν δὲ ἀλεὶς ὥς τ᾽ αἰετὸς ὑψιπετήεις,

ὅς τ᾽ εἶσιν πεδίον δὲ διὰ νεφέων ἐρεβεννῶν

ἁρπάξων ἢ ἄρν᾽ ἀμαλὴν ἢ πτῶκα λαγωόν·   [310]

ὣς Ἕκτωρ οἴμησε τινάσσων φάσγανον ὀξύ.

ὁρμήθη δ᾽ Ἀχιλεύς, μένεος δ᾽ ἐμπλήσατο θυμὸν

ἀγρίου, πρόσθεν δὲ σάκος στέρνοιο κάλυψε

καλὸν δαιδάλεον, κόρυθι δ᾽ ἐπένευε φαεινῇ

τετραφάλῳ· καλαὶ δὲ περισσείοντο ἔθειραι   [315]

χρύσεαι, ἃς Ἥφαιστος ἵει λόφον ἀμφὶ θαμειάς.

οἷος δ᾽ ἀστὴρ εἶσι μετ᾽ ἀστράσι νυκτὸς ἀμολγῷ

ἕσπερος, ὃς κάλλιστος ἐν οὐρανῷ ἵσταται ἀστήρ,

ὣς αἰχμῆς ἀπέλαμπ᾽ εὐήκεος, ἣν ἄρ᾽ Ἀχιλεὺς

πάλλεν δεξιτερῇ φρονέων κακὸν Ἕκτορι δίῳ   [320]

εἰσορόων χρόα καλόν, ὅπῃ εἴξειε μάλιστα.

τοῦ δὲ καὶ ἄλλο τόσον μὲν ἔχε χρόα χάλκεα τεύχεα

καλά, τὰ Πατρόκλοιο βίην ἐνάριξε κατακτάς·

φαίνετο δ᾽ ᾗ κληῖδες ἀπ᾽ ὤμων αὐχέν᾽ ἔχουσι

λαυκανίην, ἵνα τε ψυχῆς ὤκιστος ὄλεθρος·   [325]

τῇ ῥ᾽ ἐπὶ οἷ μεμαῶτ᾽ ἔλασ᾽ ἔγχεϊ δῖος Ἀχιλλεύς,

ἀντικρὺ δ᾽ ἁπαλοῖο δι᾽ αὐχένος ἤλυθ᾽ ἀκωκή·

οὐδ᾽ ἄρ᾽ ἀπ᾽ ἀσφάραγον μελίη τάμε χαλκοβάρεια,

ὄφρά τί μιν προτιείποι ἀμειβόμενος ἐπέεσσιν.

[308] ἀλείς: *gathering himself together*, from εἴλω.

[316] ἅς ... ἵει ... θαμείας: *which [plumes] Hephaestus let fall thick*, etc.

[319] ἀπέλαμπ᾽ (ε): supply σέλας, 'radiance,'—unless the verb be used impersonally.

[321] ὅπῃ εἴξειε μάλιστα: to find *where it [χρώς] would best give way* to his spear; or else impersonally (cf. 18.520), *where there was the best opportunity*.

[322] This difficult line seems to contain two parallel expressions:
(a) *now bronze armor protected his body in other parts* ['as for the rest'];
(b) *now bronze armor protected nearly all* ['so far'] *his body*.

[324] φαίνετο δ᾽ (ε): subject, χρώς: *but his flesh was exposed*—ᾗ κληῖδες ...: *where collar-bones part the neck from shoulders*.

[325] λαυκανίην: *at the gullet*, may be regarded as an appositive to αὐχέν᾽ (α) (l. 324).

[329] ὄφρα ...: the purpose is not of the spear (μελίη, l. 328), but of the fate (μοῖρα, l. 303) that directed it.

ἤριπε δ᾽ ἐν κονίῃς· ὃ δ᾽ ἐπεύξατο δῖος Ἀχιλλεύς· [330]

Ἕκτορ ἀτάρ που ἔφης Πατροκλῆ᾽ ἐξεναρίζων

σῶς ἔσσεσθ᾽, ἐμὲ δ᾽ οὐδὲν ὀπίζεο νόσφιν ἐόντα

νήπιε· τοῖο δ᾽ ἄνευθεν ἀοσσητὴρ μέγ᾽ ἀμείνων [333]

νηυσὶν ἔπι γλαφυρῇσιν ἐγὼ μετόπισθε [334]

λελείμμην, ὅς τοι γούνατ᾽ ἔλυσα· σὲ μὲν κύνες ἠδ᾽

οἰωνοὶ ἑλκήσουσ᾽ ἀϊκῶς, τὸν δὲ κτεριοῦσιν Ἀχαιοί.᾽

[333–34] τοῖο δ᾽ ἄνευθεν: *while distant from him I—his avenger, far mightier [than you]—was left behind at the hollow ships.*

τὸν δ᾽ ὀλιγοδρανέων προσέφη κορυθαίολος Ἕκτωρ·

᾽λίσσομ᾽ ὑπὲρ ψυχῆς καὶ γούνων σῶν τε τοκήων

μή με ἔα παρὰ νηυσὶ κύνας καταδάψαι Ἀχαιῶν,

ἀλλὰ σὺ μὲν χαλκόν τε ἅλις χρυσόν τε δέδεξο [340]

δῶρα τά τοι δώσουσι πατὴρ καὶ πότνια μήτηρ,

σῶμα δὲ οἴκαδ᾽ ἐμὸν δόμεναι πάλιν, ὄφρα πυρός με

Τρῶες καὶ Τρώων ἄλοχοι λελάχωσι θανόντα.᾽

[343] με (l. 342) ... λελάχωσι (λαγχάνω): *make me to share in,* i.e., 'may give me my portion' of fire.

τὸν δ᾽ ἄρ᾽ ὑπόδρα ἰδὼν προσέφη πόδας ὠκὺς Ἀχιλλεύς·

᾽μή με κύον γούνων γουνάζεο μὴ δὲ τοκήων· [345]

αἲ γάρ πως αὐτόν με μένος καὶ θυμὸς ἀνήῃ

ὤμ᾽ ἀποταμνόμενον κρέα ἔδμεναι, οἷα ἔοργας,

ὡς οὐκ ἔσθ᾽ ὃς σῆς γε κύνας κεφαλῆς ἀπαλάλκοι,

οὐδ᾽ εἴ κεν δεκάκις τε καὶ εἰκοσινήριτ᾽ ἄποινα

στήσωσ᾽ ἐνθάδ᾽ ἄγοντες, ὑπόσχωνται δὲ καὶ ἄλλα,

οὐδ᾽ εἴ κέν σ᾽ αὐτὸν χρυσῷ ἐρύσασθαι ἀνώγοι

Δαρδανίδης Πρίαμος· οὐδ᾽ ὣς σέ γε πότνια μήτηρ

[345] γούνων: cf. l. 338.

[346–348] *Would that anger and rage drove me—even me—to slice your flesh and eat it raw, for what you have done me, as surely as there is none that will ward the dogs from your head*

[350] στήσωσ᾽ (ι) (ἵστημι): *weigh.*

[352] οὐδ᾽ ὣς ...: *not even at this price shall your mother place* you *on a funeral bed.*

[354] πάντα: *agreeing with* σε *understood.*

ἐνθεμένη λεχέεσσι γοήσεται ὃν τέκεν αὐτή,   [353]

ἀλλὰ κύνες τε καὶ οἰωνοὶ κατὰ πάντα δάσονται.'

τὸν δὲ καταθνῄσκων προσέφη κορυθαίολος Ἕκτωρ:

'ἦ σ᾽ εὖ γιγνώσκων προτιόσσομαι, οὐδ᾽ ἄρ᾽ ἔμελλον

πείσειν: ἦ γὰρ σοί γε σιδήρεος ἐν φρεσὶ θυμός.

φράζεο νῦν, μή τοί τι θεῶν μήνιμα γένωμαι   [358]

ἤματι τῷ ὅτε κέν σε Πάρις καὶ Φοῖβος Ἀπόλλων

ἐσθλὸν ἐόντ᾽ ὀλέσωσιν ἐνὶ Σκαιῇσι πύλῃσιν.'   [360]

ὣς ἄρα μιν εἰπόντα τέλος θανάτοιο κάλυψε,

ψυχὴ δ᾽ ἐκ ῥεθέων πταμένη Ἄϊδος δὲ βεβήκει

ὃν πότμον γοόωσα λιποῦσ᾽ ἀνδροτῆτα καὶ ἥβην.

τὸν καὶ τεθνηῶτα προσηύδα δῖος Ἀχιλλεύς: [364]

'τέθναθι: κῆρα δ᾽ ἐγὼ τότε δέξομαι ὁππότε κεν δὴ

Ζεὺς ἐθέλῃ τελέσαι ἠδ᾽ ἀθάνατοι θεοὶ ἄλλοι.'

ἦ ῥα, καὶ ἐκ νεκροῖο ἐρύσσατο χάλκεον ἔγχος,

καὶ τό γ᾽ ἄνευθεν ἔθηχ᾽, ὃ δ᾽ ἀπ᾽ ὤμων τεύχε᾽ ἐσύλα

αἱματόεντ᾽: ἄλλοι δὲ περίδραμον υἷες Ἀχαιῶν,

οἳ καὶ θηήσαντο φυὴν καὶ εἶδος ἀγητὸν   [370]

Ἕκτορος: οὐδ᾽ ἄρα οἵ τις ἀνουτητί γε παρέστη.

ὧδε δέ τις εἴπεσκεν ἰδὼν ἐς πλησίον ἄλλον:

'ὢ πόποι, ἦ μάλα δὴ μαλακώτερος ἀμφαφάασθαι

Ἕκτωρ ἢ ὅτε νῆας ἐνέπρησεν πυρὶ κηλέῳ.

ὣς ἄρα τις εἴπεσκε καὶ οὐτήσασκε παραστάς.   [375]

τὸν δ᾽ ἐπεὶ ἐξενάριξε ποδάρκης δῖος Ἀχιλλεύς,

στὰς ἐν Ἀχαιοῖσιν ἔπεα πτερόεντ᾽ ἀγόρευεν:

[356] προτι-όσσομαι: *I gaze upon* you.

[358] τοί τι θεῶν μήνιμα: *a cause of wrath against you on the part of the gods.*
θεῶν: subjective genitive. The sense is, "consider lest my death shall stir the gods to wrath against you."

[372] πλησίον ἄλλον.

[373] μαλακώτερος ἀμφαφάεσθαι: is *softer to handle.*

[375] τις: *many a man.*

'ὦ φίλοι Ἀργείων ἡγήτορες ἠδὲ μέδοντες

ἐπεὶ δὴ τόνδ᾽ ἄνδρα θεοὶ δαμάσασθαι ἔδωκαν,

ὃς κακὰ πόλλ᾽ ἔρρεξεν ὅσ᾽ οὐ σύμπαντες οἱ ἄλλοι,

εἰ δ᾽ ἄγετ᾽ ἀμφὶ πόλιν σὺν τεύχεσι πειρηθῶμεν,

ὄφρά κ᾽ ἔτι γνῶμεν Τρώων νόον ὅν τιν᾽ ἔχουσιν,

ἢ καταλείψουσιν πόλιν ἄκρην τοῦδε πεσόντος,

ἦε μένειν μεμάασι καὶ Ἕκτορος οὐκέτ᾽ ἐόντος. [384]

ἀλλὰ τί ἤ μοι ταῦτα φίλος διελέξατο θυμός;   [385]

κεῖται πὰρ νήεσσι νέκυς ἄκλαυτος ἄθαπτος

Πάτροκλος· τοῦ δ᾽ οὐκ ἐπιλήσομαι, ὄφρ᾽ ἂν ἔγωγε

ζωοῖσιν μετέω καί μοι φίλα γούνατ᾽ ὀρώρῃ·

εἰ δὲ θανόντων περ καταλήθοντ᾽ εἰν Ἀΐδαο

αὐτὰρ ἐγὼ καὶ κεῖθι φίλου μεμνήσομ᾽ ἑταίρου.

νῦν δ᾽ ἄγ᾽ ἀείδοντες παιήονα κοῦροι Ἀχαιῶν   [390]

νηυσὶν ἔπι γλαφυρῇσι νεώμεθα, τόνδε δ᾽ ἄγωμεν.

ἠράμεθα μέγα κῦδος· ἐπέφνομεν Ἕκτορα δῖον,

ᾧ Τρῶες κατὰ ἄστυ θεῷ ὣς εὐχετόωντο.

ἦ ῥα, καὶ Ἕκτορα δῖον ἀεικέα μήδετο ἔργα.   [395]

ἀμφοτέρων μετόπισθε ποδῶν τέτρηνε τένοντε

ἐς σφυρὸν ἐκ πτέρνης, βοέους δ᾽ ἐξῆπτεν ἱμάντας,

ἐκ δίφροιο δ᾽ ἔδησε, κάρη δ᾽ ἕλκεσθαι ἔασεν·

ἐς δίφρον δ᾽ ἀναβὰς ἀνά τε κλυτὰ τεύχε᾽ ἀείρας

μάστιξέν ῥ᾽ ἐλάαν, τὼ δ᾽ οὐκ ἀέκοντε πετέσθην. [400]

τοῦ δ᾽ ἦν ἑλκομένοιο κονίσαλος, ἀμφὶ δὲ χαῖται

κυάνεαι πίτναντο, κάρη δ᾽ ἅπαν ἐν κονίῃσι

κεῖτο πάρος χαρίεν· τότε δὲ Ζεὺς δυσμενέεσσι

δῶκεν ἀεικίσσασθαι ἑῇ ἐν πατρίδι γαίῃ.

[379] ἐπεί: first in the line, in spite of the short initial syllable § 36).

[380] κακὰ πόλλ᾽ ... ὅσ᾽ οὐ: *more evils than.*

[384] καὶ Ἕκτορος ...: the genitive absolute here expresses concession.

[386] ἄκλαυτος: *unwept*, in the ceremonial way.

[389] The subject of καταλήθοντ᾽ (αι) is indefinite: 'they," i.e., the dead, θανόντες.

[395] μήδετο: with two accusatives: *devised ... for.*

[396] ποδῶν limits τένοντε: *the tendons of both feet.*

[397] ἐξῆπτεν: *attached thereto.*

[400] μάστιξέν ῥ᾽ ἐλάειν: supply ἵππους as subject of the infinitive, which is intransitive, *he whipped his steeds to a run.*

[401] τοῦ δ᾽ ... ἑλκομένοιο: with κονίσαλος, *and from him as he was being dragged a cloud of dust arose.*

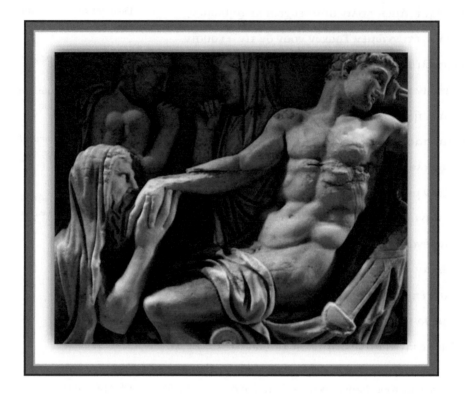

Priam begs Achilles for the body of Hector, Roman Sarcophagus

Ἰλιάς
Book XXIV (468–634) [2]

Priam Begs Achilles for the Body of Hector

[*Escorted by Hermes, Priam slips into Achilles tent past his men:*]

τοὺς δ᾽ ἔλαθ᾽ εἰσελθὼν Πρίαμος μέγας, ἄγχι δ᾽ ἄρα στὰς

χερσὶν Ἀχιλλῆος λάβε γούνατα καὶ κύσε χεῖρας

δεινὰς ἀνδροφόνους, αἵ οἱ πολέας κτάνον υἷας.

ὡς δ᾽ ὅτ᾽ ἂν ἄνδρ᾽ ἄτη πυκινὴ λάβῃ, ὅς τ᾽ ἐνὶ πάτρῃ   [480]

φῶτα κατακτείνας ἄλλων ἐξίκετο δῆμον

ἀνδρὸς ἐς ἀφνειοῦ, θάμβος δ᾽ ἔχει εἰσορόωντας,

ὣς Ἀχιλεὺς θάμβησεν ἰδὼν Πρίαμον θεοειδέα·

θάμβησαν δὲ καὶ ἄλλοι, ἐς ἀλλήλους δὲ ἴδοντο.

[480–81] And as when dense blindness of heart seizes a man, so that he slays a fellow in his fatherland and comes to the land of strangers …

τὸν καὶ λισσόμενος Πρίαμος πρὸς μῦθον ἔειπε·   [485]

'μνῆσαι πατρὸς σοῖο θεοῖς ἐπιείκελ᾽ Ἀχιλλεῦ,

τηλίκου ὥς περ ἐγών, ὀλοῷ ἐπὶ γήραος οὐδῷ·

καὶ μέν που κεῖνον περιναιέται ἀμφὶς ἐόντες

τείρουσ᾽, οὐδέ τίς ἐστιν ἀρὴν καὶ λοιγὸν ἀμῦναι.

ἀλλ᾽ ἤτοι κεῖνός γε σέθεν ζώοντος ἀκούων   [490]

χαίρει τ᾽ ἐν θυμῷ, ἐπί τ᾽ ἔλπεται ἤματα πάντα

ὄψεσθαι φίλον υἱὸν ἀπὸ Τροίηθεν ἰόντα·

αὐτὰρ ἐγὼ πανάποτμος, ἐπεὶ τέκον υἷας ἀρίστους

Τροίῃ ἐν εὐρείῃ, τῶν δ᾽ οὔ τινά φημι λελεῖφθαι.

πεντήκοντά μοι ἦσαν ὅτ᾽ ἤλυθον υἷες Ἀχαιῶν·   [495]

[489] ἀμῦναι expresses purpose.

---

[2] Greek text from *Homeri Opera*, Vols. I-V (Oxford University Press, 1920), with notes by Allen Rogers Benner, courtesy of Perseus.Tufts.edu.

ἐννεακαίδεκα μέν μοι ἰῆς ἐκ νηδύος ἦσαν,   **[496]**

τοὺς δ᾿ ἄλλους μοι ἔτικτον ἐνὶ μεγάροισι γυναῖκες.

τῶν μὲν πολλῶν θοῦρος Ἄρης ὑπὸ γούνατ᾿ ἔλυσεν:

ὃς δέ μοι οἶος ἔην, εἴρυτο δὲ ἄστυ καὶ αὐτούς,

500τὸν σὺ πρῴην κτεῖνας ἀμυνόμενον περὶ πάτρης   **[500]**

Ἕκτορα: τοῦ νῦν εἵνεχ᾿ ἱκάνω νῆας Ἀχαιῶν

λυσόμενος παρὰ σεῖο, φέρω δ᾿ ἀπερείσι᾿ ἄποινα.

ἀλλ᾿ αἰδεῖο θεοὺς Ἀχιλεῦ, αὐτόν τ᾿ ἐλέησον

μνησάμενος σοῦ πατρός: ἐγὼ δ᾿ ἐλεεινότερός περ,

ἔτλην δ᾿ οἳ᾿ οὔ πώ τις ἐπιχθόνιος βροτὸς ἄλλος,   **[505]**

ἀνδρὸς παιδοφόνοιο ποτὶ στόμα χεῖρ᾿ ὀρέγεσθαι.᾿

ὣς φάτο, τῷ δ᾿ ἄρα πατρὸς ὑφ᾿ ἵμερον ὦρσε γόοιο:

ἁψάμενος δ᾿ ἄρα χειρὸς ἀπώσατο ἧκα γέροντα.

τὼ δὲ μνησαμένω ὃ μὲν Ἕκτορος ἀνδροφόνοιο

κλαῖ᾿ ἀδινὰ προπάροιθε ποδῶν Ἀχιλῆος ἐλυσθείς,   **[510]**

αὐτὰρ Ἀχιλλεὺς κλαῖεν ἑὸν πατέρ᾿, ἄλλοτε δ᾿ αὖτε

Πάτροκλον: τῶν δὲ στοναχὴ κατὰ δώματ᾿ ὀρώρει.

αὐτὰρ ἐπεί ῥα γόοιο τετάρπετο δῖος Ἀχιλλεύς,

καί οἱ ἀπὸ πραπίδων ἦλθ᾿ ἵμερος ἠδ᾿ ἀπὸ γυίων,

αὐτίκ᾿ ἀπὸ θρόνου ὦρτο, γέροντα δὲ χειρὸς ἀνίστη   **[515]**

οἰκτίρων πολιόν τε κάρη πολιόν τε γένειον,

καί μιν φωνήσας ἔπεα πτερόεντα προσηύδα:

᾿ἂ δείλ᾿, ἦ δὴ πολλὰ κάκ᾿ ἄνσχεο σὸν κατὰ θυμόν.

πῶς ἔτλης ἐπὶ νῆας Ἀχαιῶν ἐλθέμεν οἶος

ἀνδρὸς ἐς ὀφθαλμοὺς ὅς τοι πολέας τε καὶ ἐσθλοὺς   **[520]**

υἱέας ἐξενάριξα; σιδήρειόν νύ τοι ἦτορ.

ἀλλ᾿ ἄγε δὴ κατ᾿ ἄρ᾿ ἕζευ ἐπὶ θρόνου, ἄλγεα δ᾿ ἔμπης

ἐν θυμῷ κατακεῖσθαι ἐάσομεν ἀχνύμενοί περ:

---

[496] ἰῆς ἐκ νηδύος: of Hecabe (Hecuba).

[499] καὶ αὐτός: *even alone.*

[503] αὐτόν: supply με.

[506] χεῖρ = χεῖρε: *to take to my lips the hands of the man that has murdered my sons.* Compare l. 478. Others understand χεῖρ = χεῖρα (or read χεῖρ = χειρί), and translate: *to reach [with] my hand to the mouth [or 'chin'] of the man,'* etc.

[510] ἐλυσθείς: *rolled up.* "Low on earth" (Pope).

[523] κατακεῖσθαι: *to sleep,* undisturbed.

οὐ γάρ τις πρῆξις πέλεται κρυεροῖο γόοιο:

ὡς γὰρ ἐπεκλώσαντο θεοὶ δειλοῖσι βροτοῖσι   **[525]**

ζώειν ἀχνυμένοις: αὐτοὶ δέ τ᾽ ἀκηδέες εἰσί.

δοιοὶ γάρ τε πίθοι κατακείαται ἐν Διὸς οὔδει

δώρων οἷα δίδωσι κακῶν, ἕτερος δὲ ἑάων:

ᾧ μέν κ᾽ ἀμμίξας δώῃ Ζεὺς τερπικέραυνος,

ἄλλοτε μέν τε κακῷ ὅ γε κύρεται, ἄλλοτε δ᾽ ἐσθλῷ: **[530]**

ᾧ δέ κε τῶν λυγρῶν δώῃ, λωβητὸν ἔθηκε,

καί ἑ κακὴ βούβρωστις ἐπὶ χθόνα δῖαν ἐλαύνει,

φοιτᾷ δ᾽ οὔτε θεοῖσι τετιμένος οὔτε βροτοῖσιν.

ὣς μὲν καὶ Πηλῆϊ θεοὶ δόσαν ἀγλαὰ δῶρα

ἐκ γενετῆς: πάντας γὰρ ἐπ᾽ ἀνθρώπους ἐκέκαστο   **[535]**

ὄλβῳ τε πλούτῳ τε, ἄνασσε δὲ Μυρμιδόνεσσι,

καί οἱ θνητῷ ἐόντι θεὰν ποίησαν ἄκοιτιν.

ἀλλ᾽ ἐπὶ καὶ τῷ θῆκε θεὸς κακόν, ὅττί οἱ οὔ τι

παίδων ἐν μεγάροισι γονὴ γένετο κρειόντων,

ἀλλ᾽ ἕνα παῖδα τέκεν παναώριον: οὐδέ νυ τόν γε   **[540]**

γηράσκοντα κομίζω, ἐπεὶ μάλα τηλόθι πάτρης

ἧμαι ἐνὶ Τροίῃ, σέ τε κήδων ἠδὲ σὰ τέκνα.

καὶ σὲ γέρον τὸ πρὶν μὲν ἀκούομεν ὄλβιον εἶναι:

ὅσσον Λέσβος ἄνω Μάκαρος ἕδος ἐντὸς ἐέργει   **[544]**

καὶ Φρυγίη καθύπερθε καὶ Ἑλλήσποντος ἀπείρων,

τῶν σε γέρον πλούτῳ τε καὶ υἱάσι φασὶ κεκάσθαι.

αὐτὰρ ἐπεί τοι πῆμα τόδ᾽ ἤγαγον Οὐρανίωνες

αἰεί τοι περὶ ἄστυ μάχαι τ᾽ ἀνδροκτασίαι τε.

ἄνσχεο, μὴ δ᾽ ἀλίαστον ὀδύρεο σὸν κατὰ θυμόν:

οὐ γάρ τι πρήξεις ἀκαχήμενος υἷος ἑῆος,   **[550]**

οὐδέ μιν ἀναστήσεις, πρὶν καὶ κακὸν ἄλλο πάθησθα.

[524] *For no good comes of …*.

[528] κακῶν: supply ἕτερος μέν, 'the one.'

[529] *To whomsoever Zeus gives of these, when he has mingled them* (i.e., good and bad gifts). τερπικέραυνος, § 59: On this story of the jars is perhaps founded the Epimetheus–Pandora myth, that appears in Hesiod, *Works and Days*, ll. 69–104.

[535] ἐπ᾽ (ί): *extending over, among.*

[543] εἶναι: imperfect infinitive, 'were.'
[544] *All the territory that Lesbos bounds* (ἐντὸς ἐέργει). ἄνω (limiting ἐέργει) = 'upward,' from Lesbos as southern boundary.
[545] καὶ Φρυγίη καθύπερθε, 'and Phrygia on the east'.
[546] τῶν: the inhabitants of the region just defined; genitive with κεκάσθαι: *among people of this region, you used to rank first, they say, in wealth and sons.*

τὸν δ᾽ ἠμείβετ᾽ ἔπειτα γέρων Πρίαμος θεοειδής:

'μή πω μ᾽ ἐς θρόνον ἵζε διοτρεφὲς ὄφρά κεν Ἕκτωρ

κεῖται ἐνὶ κλισίῃσιν ἀκηδής, ἀλλὰ τάχιστα

λῦσον ἵν᾽ ὀφθαλμοῖσιν ἴδω: σὺ δὲ δέξαι ἄποινα [555]

πολλά, τά τοι φέρομεν: σὺ δὲ τῶνδ᾽ ἀπόναιο, καὶ ἔλθοις

σὴν ἐς πατρίδα γαῖαν, ἐπεί με πρῶτον ἔασας

[αὐτόν τε ζώειν καὶ ὁρᾶν φάος ἠελίοιο.']

[556] σὺ δὲ τῶνδ᾽ ἀπόναιο: *and may you have joy of this* (ransom). [557] ἔασας: *spared.* [558] Bracketed because missing in many MSS.

τὸν δ᾽ ἄρ᾽ ὑπόδρα ἰδὼν προσέφη πόδας ὠκὺς Ἀχιλλεύς:

μηκέτι νῦν μ᾽ ἐρέθιζε γέρον: νοέω δὲ καὶ αὐτὸς [560]

Ἕκτορά τοι λῦσαι, Διόθεν δέ μοι ἄγγελος ἦλθε

μήτηρ, ἥ μ᾽ ἔτεκεν, θυγάτηρ ἁλίοιο γέροντος.

καὶ δέ σε γιγνώσκω Πρίαμε φρεσίν, οὐδέ με λήθεις,

ὅττι θεῶν τίς σ᾽ ἦγε θοὰς ἐπὶ νῆας Ἀχαιῶν.

[563] σέ: an instance of anticipation (prolepsis): *I know that a god led you hither.*

οὐ γάρ κε τλαίη βροτὸς ἐλθέμεν, οὐδὲ μάλ᾽ ἡβῶν, [565]

ἐς στρατόν: οὐδὲ γὰρ ἂν φυλάκους λάθοι, οὐδέ κ᾽ ὀχῆα

ῥεῖα μετοχλίσσειε θυράων ἡμετεράων.

τὼ νῦν μή μοι μᾶλλον ἐν ἄλγεσι θυμὸν ὀρίνῃς,

μή σε γέρον οὐδ᾽ αὐτὸν ἐνὶ κλισίῃσιν ἐάσω [569]

καὶ ἱκέτην περ ἐόντα, Διὸς δ᾽ ἀλίτωμαι ἐφετμάς.' [570]

ὣς ἔφατ᾽, ἔδεισεν δ᾽ ὁ γέρων καὶ ἐπείθετο μύθῳ.

[569] ἐάσω: in meaning like ἔασας, l. 557.

[570] καὶ ἱκέτην ... : *even though you are a suppliant.*

Πηλεΐδης δ᾽ οἴκοιο λέων ὣς ἄλτο θύραζε

οὐκ οἶος, ἅμα τῷ γε δύω θεράποντες ἕποντο

ἥρως Αὐτομέδων ἠδ᾽ Ἄλκιμος, οὕς ῥα μάλιστα

τῖ᾽ Ἀχιλεὺς ἑτάρων μετὰ Πάτροκλόν γε θανόντα, [575]

οἳ τόθ᾽ ὑπὸ ζυγόφιν λύον ἵππους ἡμιόνους τε,

ἐς δ᾽ ἄγαγον κήρυκα καλήτορα τοῖο γέροντος, [577]

κὰδ δ᾽ ἐπὶ δίφρου εἷσαν: ἐϋξέστου δ᾽ ἀπ᾽ ἀπήνης

ᾔρεον Ἑκτορέης κεφαλῆς ἀπερείσι᾽ ἄποινα.

[577] κήρυκα: Idaeus, crier of the aged king (τοῖο γέροντος).

κὰδ δ᾽ ἔλιπον δύο φάρε᾽ ἐΰννητόν τε χιτῶνα, [580]

ὄφρα νέκυν πυκάσας δοίη οἶκον δὲ φέρεσθαι.

[581] δοίη: subject is Achilles.

δμῳὰς δ᾽ ἐκκαλέσας λοῦσαι κέλετ᾽ ἀμφί τ᾽ ἀλεῖψαι

νόσφιν ἀειράσας, ὡς μὴ Πρίαμος ἴδοι υἱόν,

μὴ ὃ μὲν ἀχνυμένῃ κραδίῃ χόλον οὐκ ἐρύσαιτο

παῖδα ἰδών, Ἀχιλῆϊ δ᾽ ὀρινθείη φίλον ἦτορ, [585]

καί ἑ κατακτείνειε, Διὸς δ᾽ ἀλίτηται ἐφετμάς.

τὸν δ᾽ ἐπεὶ οὖν δμῳαὶ λοῦσαν καὶ χρῖσαν ἐλαίῳ,

ἀμφὶ δέ μιν φᾶρος καλὸν βάλον ἠδὲ χιτῶνα,

αὐτὸς τόν γ᾽ Ἀχιλεὺς λεχέων ἐπέθηκεν ἀείρας,

σὺν δ᾽ ἕταροι ἤειραν ἐϋξέστην ἐπ᾽ ἀπήνην. [590]

ᾤμωξέν τ᾽ ἄρ᾽ ἔπειτα, φίλον δ᾽ ὀνόμηνεν ἑταῖρον:

μή μοι Πάτροκλε σκυδμαινέμεν, αἴ κε πύθηαι

εἰν Ἀΐδός περ ἐὼν ὅτι Ἕκτορα δῖον ἔλυσα

[595] καὶ τῶνδ᾽(ε): *even of these treasures,* in an offering to the dead.

πατρὶ φίλῳ, ἐπεὶ οὔ μοι ἀεικέα δῶκεν ἄποινα.

σοὶ δ᾽ αὖ ἐγὼ καὶ τῶνδ᾽ ἀποδάσσομαι ὅσσ᾽ ἐπέοικεν. [595]

ἦ ῥα, καὶ ἐς κλισίην πάλιν ἤϊε δῖος Ἀχιλλεύς,

ἕζετο δ᾽ ἐν κλισμῷ πολυδαιδάλῳ ἔνθεν ἀνέστη

[597] ἔνθεν: *from which.*

τοίχου τοῦ ἑτέρου, ποτὶ δὲ Πρίαμον φάτο μῦθον:

υἱὸς μὲν δή τοι λέλυται γέρον ὡς ἐκέλευες,

κεῖται δ᾽ ἐν λεχέεσσ᾽: ἅμα δ᾽ ἠοῖ φαινομένηφιν [600]

ὄψεαι αὐτὸς ἄγων: νῦν δὲ μνησώμεθα δόρπου.

καὶ γάρ τ᾽ ἠΰκομος Νιόβη ἐμνήσατο σίτου,

τῇ περ δώδεκα παῖδες ἐνὶ μεγάροισιν ὄλοντο

[603] τῇ περ ... : *although her twelve children,* etc.

ἓξ μὲν θυγατέρες, ἓξ δ᾽ υἱέες ἡβώοντες. [604]

τοὺς μὲν Ἀπόλλων πέφνεν ἀπ᾽ ἀργυρέοιο βιοῖο

χωόμενος Νιόβῃ, τὰς δ᾽ Ἄρτεμις ἰοχέαιρα,

οὕνεκ᾽ ἄρα Λητοῖ ἰσάσκετο καλλιπαρῄῳ·

φῆ δοιὼ τεκέειν, ἣ δ᾽ αὐτὴ γείνατο πολλούς·

τὼ δ᾽ ἄρα καὶ δοιώ περ ἐόντ᾽ ἀπὸ πάντας ὄλεσσαν.

οἳ μὲν ἄρ᾽ ἐννῆμαρ κέατ᾽ ἐν φόνῳ, οὐδέ τις ἦεν [610]

κατθάψαι, λαοὺς δὲ λίθους ποίησε Κρονίων·

τοὺς δ᾽ ἄρα τῇ δεκάτῃ θάψαν θεοὶ Οὐρανίωνες.

ἣ δ᾽ ἄρα σίτου μνήσατ᾽, ἐπεὶ κάμε δάκρυ χέουσα.

ἀλλ᾽ ἄγε δὴ καὶ νῶϊ μεδώμεθα δῖε γεραιὲ

σίτου· ἔπειτά κεν αὖτε φίλον παῖδα κλαίοισθα [615]

Ἴλιον εἰσαγαγών· πολυδάκρυτος δέ τοι ἔσται.᾽

...

ἦ καὶ ἀναΐξας ὄϊν ἄργυφον ὠκὺς Ἀχιλλεὺς

σφάξ᾽· ἕταροι δ᾽ ἔδερόν τε καὶ ἄμφεπον εὖ κατὰ κόσμον,

μίστυλλόν τ᾽ ἄρ᾽ ἐπισταμένως πεῖράν τ᾽ ὀβελοῖσιν,

ὄπτησάν τε περιφραδέως, ἐρύσαντό τε πάντα.

Αὐτομέδων δ᾽ ἄρα σῖτον ἑλὼν ἐπένειμε τραπέζῃ [625]

καλοῖς ἐν κανέοισιν· ἀτὰρ κρέα νεῖμεν Ἀχιλλεύς.

οἳ δ᾽ ἐπ᾽ ὀνείαθ᾽ ἑτοῖμα προκείμενα χεῖρας ἴαλλον.

αὐτὰρ ἐπεὶ πόσιος καὶ ἐδητύος ἐξ ἔρον ἕντο,

ἤτοι Δαρδανίδης Πρίαμος θαύμαζ᾽ Ἀχιλῆα

ὅσσος ἔην οἷός τε· θεοῖσι γὰρ ἄντα ἐῴκει· [630]

αὐτὰρ ὃ Δαρδανίδην Πρίαμον θαύμαζεν Ἀχιλλεὺς

εἰσορόων ὄψιν τ᾽ ἀγαθὴν καὶ μῦθον ἀκούων.

αὐτὰρ ἐπεὶ τάρπησαν ἐς ἀλλήλους ὁρόωντες,

τὸν πρότερος προσέειπε γέρων Πρίαμος θεοειδής· ...

[608] τεκέειν: understand Leto as subject.

[617–620] These [omitted] lines look like a later addition to the story just recited; for nothing has previously been said which would lead one to believe that Niobe herself was turned to stone; in fact, the point of the whole recital lies in the statement that Niobe forgot her sorrow enough to eat food. The Alexandrians rejected the lines altogether.

[630] ὅσσος ἔην οἷός τε: *how tall and how handsome he was.*

The Return of Hector's Body, Roman Sarcophagus

ἄνδρα μοι ἔννεπε, μοῦσα, πολύτροπον, ὃς μάλα πολλὰ
πλάγχθη, ἐπεὶ Τροίης ἱερὸν πτολίεθρον ἔπερσεν·
πολλῶν δ᾽ ἀνθρώπων ἴδεν ἄστεα καὶ νόον ἔγνω,
πολλὰ δ᾽ ὅ γ᾽ ἐν πόντῳ πάθεν ἄλγεα ὃν κατὰ θυμόν,
5ἀρνύμενος ἥν τε ψυχὴν καὶ νόστον ἑταίρων.
ἀλλ᾽ οὐδ᾽ ὣς ἑτάρους ἐρρύσατο, ἱέμενός περ·
αὐτῶν γὰρ σφετέρῃσιν ἀτασθαλίῃσιν ὄλοντο,
νήπιοι, οἳ κατὰ βοῦς Ὑπερίονος Ἠελίοιο
ἤσθιον· αὐτὰρ ὁ τοῖσιν ἀφείλετο νόστιμον ἦμαρ.

Opening Invocation of the Muse

Ἡ Ὀδύσσεια
τοῦ Ὁμήρου³

Book XXII.380–XXIII.259

Odysseus reveals himself to Penelope.

380:

πάπτηνεν δ᾽ Ὀδυσεὺς καθ᾽ ἑὸν δόμον, εἴ τις ἔτ᾽ ἀνδρῶν

ζωὸς ὑποκλοπέοιτο, ἀλύσκων κῆρα μέλαιναν.

τοὺς δὲ ἴδεν μάλα πάντας ἐν αἵματι καὶ κονίῃσι

πεπτεῶτας πολλούς, ὥστ᾽ ἰχθύας, οὕς θ᾽ ἁλιῆες

κοῖλον ἐς αἰγιαλὸν πολιῆς ἔκτοσθε θαλάσσης

δικτύῳ ἐξέρυσαν πολυωπῷ: οἱ δέ τε πάντες

κύμαθ᾽ ἁλὸς ποθέοντες ἐπὶ ψαμάθοισι κέχυνται:

τῶν μέν τ᾽ Ἠέλιος φαέθων ἐξείλετο θυμόν:

ὡς τότ᾽ ἄρα μνηστῆρες ἐπ᾽ ἀλλήλοισι κέχυντο.

390:

δὴ τότε Τηλέμαχον προσέφη πολύμητις Ὀδυσσεύς:

Τηλέμαχ᾽, εἰ δ᾽ ἄγε μοι κάλεσον τροφὸν Εὐρύκλειαν,

ὄφρα ἔπος εἴπωμι τό μοι καταθύμιόν ἐστιν. ᾽

ὣς φάτο, ηλέμαχος δὲ φίλῳ ἐπεπείθετο πατρί,

κινήσας δὲ θύρην προσέφη τροφὸν Εὐρύκλειαν:

δεῦρο δὴ ὄρσο, γρηῦ παλαιγενές, ἥ τε γυναικῶν

δμῴάων σκοπός ἐσσι κατὰ μέγαρ᾽

ἡμετεράων: ἔρχεο: κικλήσκει σε πατὴρ ἐμός,

ὄφρα τι εἴπη.᾽

[380] And Odysseus too gazed about all through his house to see if any man yet lived, and was hiding there, seeking to avoid black fate. But he found them one and all fallen in the blood and dust—all the host of them, like fishes that fishermen [385] have drawn forth in the meshes of their net from the grey sea upon the curving beach, and they all lie heaped upon the sand, longing for the waves of the sea, and the bright sun takes away their life; even so now the wooers lay heaped upon each other.

[390] Then Odysseus of many wiles spoke to Telemachus: "Telemachus, go call me the nurse Eurycleia, that I may tell her the word that is in my mind."
So he spoke, and Telemachus hearkened to his dear father, and shaking the door said to Eurycleia:

[395] "Up and hither, aged wife, that hast charge of all our woman servants in the halls. Come, my father calls thee, that he may tell thee somewhat."

---

³ From Homer, *The Odyssey*, 2 Vols., Tr. A.T. Murray (Harvard University Press; London, William Heinemann, Ltd. 1919), courtesy of Perseus.Tufts.edu.

Image opposite is a bust of Odysseus from La Villa di Tiberio, Lazio, Italy.

398:

ὡς ἄρ᾽ ἐφώνησεν, τῇ δ᾽ ἄπτερος ἔπλετο μῦθος,
ὦϊξεν δὲ θύρας μεγάρων εὖ ναιεταόντων,
βῆ δ᾽ ἴμεν· αὐτὰρ Τηλέμαχος πρόσθ᾽
ἡγεμόνευεν. εὗρεν ἔπειτ᾽ Ὀδυσῆα μετὰ
κταμένοισι νέκυσσιν, αἵματι καὶ λύθρῳ
πεπαλαγμένον ὥστε λέοντα, ὅς ῥά τε βεβρωκὼς
βοὸς ἔρχεται ἀγραύλοιο·
πᾶν δ᾽ ἄρα οἱ στῆθός τε παρήϊά τ᾽ ἀμφοτέρωθεν
αἱματόεντα πέλει, δεινὸς δ᾽ εἰς ὦπα ἰδέσθαι· ὡς
Ὀδυσεὺς πεπάλακτο πόδας καὶ χεῖρας ὕπερθεν.

407:

ἡ δ᾽ ὡς οὖν νέκυάς τε καὶ ἄσπετον εἴσιδεν αἷμα,
ἴθυσέν ῥ᾽ ὀλολύξαι, ἐπεὶ μέγα εἴσιδεν ἔργον·
ἀλλ᾽ Ὀδυσεὺς κατέρυκε καὶ ἔσχεθεν ἱεμένην
περ, καί μιν φωνήσας ἔπεα πτερόεντα
προσηύδα·

411:

**ἐν θυμῷ, γρηῦ, χαῖρε καὶ ἴσχεο μηδ᾽ ὀλόλυζε·
οὐχ ὁσίη κταμένοισιν ἐπ᾽ ἀνδράσιν εὐχετάασθαι.
τούσδε δὲ μοῖρ᾽ ἐδάμασσε θεῶν καὶ σχέτλια ἔργα·
οὔ τινα γὰρ τίεσκον ἐπιχθονίων ἀνθρώπων,
οὐ κακὸν οὐδὲ μὲν ἐσθλόν, ὅτις σφέας
εἰσαφίκοιτο·
τῷ καὶ ἀτασθαλίῃσιν ἀεικέα πότμον ἐπέσπον.
ἀλλ᾽ ἄγε μοι σὺ γυναῖκας ἐνὶ μεγάροις κατάλεξον,
αἵ τέ μ᾽ ἀτιμάζουσι καὶ αἳ νηλείτιδές εἰσιν.᾽**
τὸν δ᾽ αὖτε προσέειπε φίλη τροφὸς Εὐρύκλεια·

[398] So he spoke, but her word remained unwinged; she opened the doors of the stately hall, [400] and came forth, and Telemachus led the way before her. There she found Odysseus amid the bodies of the slain, all befouled with blood and filth, like a lion that comes from feeding on an ox of the farmstead, and all his breast and his cheeks on either side [405] are stained with blood, and he is terrible to look upon; even so was Odysseus befouled, his feet and his hands above.

But she, when she beheld the corpses and the great welter of blood, made ready to utter loud cries of joy, seeing what a deed had been wrought. But Odysseus stayed and checked her in her eagerness, [410] and spoke and addressed her with winged words:

"In thine own heart rejoice, old dame, but refrain thyself and cry not out aloud: an unholy thing is it to boast over slain men. These men here have the fate of the gods destroyed and their own reckless deeds, for they honored no one of men upon the earth, [415] were he evil or good, whosoever came among them; wherefore by their wanton folly they brought on themselves a shameful death. But come, name thou over to me the women in the halls, which ones dishonor me and which are guiltless."

Then the dear nurse Eurycleia answered him:

'τοιγὰρ ἐγώ τοι, τέκνον, ἀληθείην καταλέξω.
πεντήκοντά τοί εἰσιν ἐνὶ μεγάροισι γυναῖκες
δμῳαί, τὰς μέν τ' ἔργα διδάξαμεν ἐργάζεσθαι,
εἴριά τε ξαίνειν καὶ δουλοσύνην ἀνέχεσθαι·
τάων δώδεκα πᾶσαι ἀναιδείης ἐπέβησαν, οὔτ'
ἐμὲ τίουσαι οὔτ' αὐτὴν Πηνελόπειαν.
Τηλέμαχος δὲ νέον μὲν ἀέξετο, οὐδέ ἑ μήτηρ
σημαίνειν εἴασκεν ἐπὶ δμῳῇσι γυναιξίν.
ἀλλ' ἄγ' ἐγὼν ἀναβᾶσ' ὑπερώϊα σιγαλόεντα
εἴπω σῇ ἀλόχῳ, τῇ τις θεὸς ὕπνον ἐπῶρσε. '

430:

τὴν δ' ἀπαμειβόμενος προσέφη πολύμητις Ὀδυσσεύς
'μή πω τήνδ' ἐπέγειρε· σὺ δ' ἐνθάδε εἰπὲ γυναιξὶν
ἐλθέμεν, αἵ περ πρόσθεν ἀεικέα μηχανόωντο.'
ὣς ἄρ' ἔφη, γρηῢς δὲ διὲκ μεγάροιο βεβήκει
ἀγγελέουσα γυναιξὶ καὶ ὀτρυνέουσα νέεσθαι.

435:

αὐτὰρ ὁ Τηλέμαχον καὶ βουκόλον ἠδὲ συβώτην
εἰς ἓ καλεσσάμενος ἔπεα πτερόεντα προσηύδα·
'ἄρχετε νῦν νέκυας φορέειν καὶ ἄνωχθε γυναῖκας·
αὐτὰρ ἔπειτα θρόνους περικαλλέας ἠδὲ τραπέζας
ὕδατι καὶ σπόγγοισι πολυτρήτοισι καθαίρειν.
αὐτὰρ ἐπὴν δὴ πάντα δόμον κατακοσμήσησθε,
δμῳὰς ἐξαγαγόντες ἐϋσταθέος μεγάροιο,
μεσσηγύς τε θόλου καὶ ἀμύμονος ἕρκεος αὐλῆς,
θεινέμεναι ξίφεσιν τανυήκεσιν, εἰς ὅ κε πασέων
ψυχὰς ἐξαφέλησθε καὶ ἐκλελάθωντ' Ἀφροδίτης,
τὴν ἄρ' ὑπὸ μνηστῆρσιν ἔχον μίσγοντό τε λάθρη.'

[420] "Then verily, my child, will I tell thee all the truth. Fifty women servants hast thou in the halls, women we have taught to do their work, to card the wool and bear the lot of slaves. Of these twelve in all have set their feet in the way of shamelessness, and regard not me nor Penelope herself. And Telemachus is but newly grown to manhood, and his mother would not suffer him to rule over the women servants. But come, let me go up to the bright upper chamber and bear word to thy wife, on whom some god has sent sleep."
[430] Then Odysseus of many wiles answered her, and said: "Wake her not yet, but do thou bid come hither the women, who in time past have contrived shameful deeds." So he spoke, and the old dame went forth through the hall to bear tidings to the women, and bid them come.

[435] But Odysseus called to him Telemachus and the neatherd and the swineherd, and he spoke to them winged words: "Begin now to bear forth the dead bodies and bid the women help you, and thereafter cleanse the beautiful chairs and the tables with water and porous sponges. [440] But when you have set all the house in order, lead the women forth from the well-built hall to a place between the dome and the goodly fence of the court, and there strike them down with your long swords, until you take away the life from them all, and they forget the love [445] which they had at the bidding of the wooers, when they lay with them in secret."

446:

ὡς ἔφαθ᾽, αἱ δὲ γυναῖκες ἀολλέες ἦλθον ἅπασαι,

αἴν᾽ ὀλοφυρόμεναι, θαλερὸν κατὰ δάκρυ χέουσαι.

πρῶτα μὲν οὖν νέκυας φόρεον κατατεθνηῶτας,

κὰδ δ᾽ ἄρ᾽ ὑπ᾽ αἰθούσῃ τίθεσαν εὐερκέος αὐλῆς,

ἀλλήλοισιν ἐρείδουσαι· σήμαινε δ᾽ Ὀδυσσεὺς

αὐτὸς ἐπισπέρχων· ταὶ δ᾽ ἐκφόρεον καὶ ἀνάγκῃ.

αὐτὰρ ἔπειτα θρόνους περικαλλέας ἠδὲ τραπέζας

ὕδατι καὶ σπόγγοισι πολυτρήτοισι κάθαιρον.

αὐτὰρ Τηλέμαχος καὶ βουκόλος ἠδὲ συβώτης

λίστροισιν δάπεδον πύκα ποιητοῖο δόμοιο

ξῦον· ταὶ δ᾽ ἐφόρεον δμῳαί, τίθεσαν δὲ θύραζε.

αὐτὰρ ἐπειδὴ πᾶν μέγαρον διεκοσμήσαντο,

δμῳὰς δ᾽ ἐξαγαγόντες ἐϋσταθέος μεγάροιο,

μεσσηγύς τε θόλου καὶ ἀμύμονος ἕρκεος αὐλῆς,

εἴλεον ἐν στείνει, ὅθεν οὔ πως ἦεν ἀλύξαι.

461:

τοῖσι δὲ Τηλέμαχος πεπνυμένος ἦρχ᾽ ἀγορεύειν·

'μὴ μὲν δὴ καθαρῷ θανάτῳ ἀπὸ θυμὸν ἑλοίμην

τάων, αἳ δὴ ἐμῇ κεφαλῇ κατ᾽ ὀνείδεα χεῦαν

μητέρι θ᾽ ἡμετέρῃ παρά τε μνηστῆρσιν

ἴαυον.'

465:

ὡς ἄρ᾽ ἔφη, καὶ πεῖσμα νεὸς κυανοπρῴροιο

κίονος ἐξάψας μεγάλης περίβαλλε θόλοιο,

ὑψόσ᾽ ἐπεντανύσας, μή τις ποσὶν οὔδας ἵκοιτο.

ὡς δ᾽ ὅτ᾽ ἂν ἢ κίχλαι τανυσίπτεροι ἠὲ πέλειαι

ἕρκει ἐνιπλήξωσι, τό θ᾽ ἕστηκη ἐνὶ θάμνῳ,

[446] Thus he spoke, and the women came all in a throng, wailing terribly and shedding big tears. First, they bore forth the bodies of the slain and set them down beneath the portico of the well-fenced court, [450] propping them one against the other; and Odysseus himself gave them orders and hastened on the work, and they bore the bodies forth perforce.

Then they cleansed the beautiful high seats and the tables with water and porous sponges. But Telemachus and the neatherd and the swineherd [455] scraped with hoes the floor of the well-built house, and the women bore the scrapings forth and threw them out of doors. But when they had set in order all the hall, they led the women forth from the well-built hall to a place between the dome and the goodly fence of the court, [460] and shut them up in a narrow space, whence it was in no wise possible to escape.

[461] Then wise Telemachus was the first to speak to the others, saying: "Let it be by no clean death that I take the lives of these women, who on my own head have poured reproaches and on my mother, and were wont to lie with the wooers."

[465] So he spoke, and he tied the cable of a dark-prowed ship to a great pillar and flung it round the dome, stretching it on high that none might reach the ground with her feet. And as when long-winged thrushes or doves fall into a snare that is set in a thicket,

αὖλιν ἐσιέμεναι, στυγερὸς δ᾽ ὑπεδέξατο κοῖτος,
ὡς αἵ γ᾽ ἐξείης κεφαλὰς ἔχον, ἀμφὶ δὲ πάσαις
δειρῇσι βρόχοι ἦσαν, ὅπως οἴκτιστα θάνοιεν.
ἤσπαιρον δὲ πόδεσσι μίνυνθά περ οὔ τι μάλα δήν.
ἐκ δὲ Μελάνθιον ἦγον ἀνὰ πρόθυρόν τε καὶ αὐλήν:
τοῦ δ᾽ ἀπὸ μὲν ῥῖνάς τε καὶ οὔατα νηλέϊ χαλκῷ
τάμνον, μήδεά τ᾽ ἐξέρυσαν, κυσὶν ὠμὰ δάσασθαι,
χεῖράς τ᾽ ἠδὲ πόδας κόπτον κεκοτηότι θυμῷ.
οἱ μὲν ἔπειτ᾽ ἀπονιψάμενοι χεῖράς τε πόδας τε
εἰς Ὀδυσῆα δόμονδε κίον, τετέλεστο δὲ ἔργον:
480:
αὐτὰρ ὅ γε προσέειπε φίλην τροφὸν Εὐρύκλειαν:
'οἶσε θέειον, γρηΰ, κακῶν ἄκος, οἶσε δέ μοι πῦρ,
ὄφρα θεειώσω μέγαρον: σὺ δὲ Πηνελόπειαν
ἐλθεῖν ἐνθάδ᾽ ἄνωχθι σὺν ἀμφιπόλοισι γυναιξί:
πάσας δ᾽ ὄτρυνον δμῳὰς κατὰ δῶμα νέεσθαι.'
485:
τὸν δ᾽ αὖτε προσέειπε φίλη τροφὸς Εὐρύκλεια:
'ναὶ δὴ ταῦτά γε, τέκνον ἐμόν, κατὰ μοῖραν ἔειπες.
ἀλλ᾽ ἄγε τοι χλαῖνάν τε χιτῶνά τε εἵματ᾽ ἐνείκω,
μηδ᾽ οὕτω ῥάκεσιν πεπυκασμένος εὐρέας ὤμους
ἔσταθ᾽ ἐνὶ μεγάροισι: νεμεσσητὸν δέ κεν εἴη.'

490:
τὴν δ᾽ ἀπαμειβόμενος προσέφη πολύμητις Ὀδυσσεύς:
'πῦρ νῦν μοι πρώτιστον ἐνὶ μεγάροισι γενέσθω.'

[470] as they seek to reach their resting-place, and hateful is the bed that gives them welcome, even so the women held their heads in a row, and round the necks of all nooses were laid, that they might die most piteously. And they writhed a little while with their feet, but not long. Then forth they led Melanthius through the doorway and the court, [475] and cut off his nostrils and his ears with the pitiless bronze, and he drew out his vitals for the dogs to eat raw, and he cut off his hands and his feet in their furious wrath. Thereafter they washed their hands and feet, and went into the house to Odysseus, and the work was done.

[480] But Odysseus said to the dear nurse Eurycleia: "Bring sulphur, old dame, to cleanse from pollution, and bring me fire, that I may purge the hall; and do thou bid Penelope come hither with her handmaidens, and order all the women in the house to come."

[485] Then the dear nurse Eurycleia answered him: "Yea, all this, my child, hast thou spoken aright. But come, let me bring thee a cloak and a tunic for raiment, and do not thou stand thus in the halls with thy broad shoulders wrapped in rags; that were a cause for blame."

[490] Then Odysseus of many wiles answered her: "First of all let a fire now be made me in the hall."

ὡς ἔφατ᾽, οὐδ᾽ ἀπίθησε φίλη τροφὸς Εὐρύκλεια,
ἤνεικεν δ᾽ ἄρα πῦρ καὶ θήϊον: αὐτὰρ Ὀδυσσεὺς
εὖ διεθείωσεν μέγαρον καὶ δῶμα καὶ αὐλήν.

495:

γρηῦς δ᾽ αὖτ᾽ ἀπέβη διὰ δώματα κάλ᾽ Ὀδυσῆος
ἀγγελέουσα γυναιξὶ καὶ ὀτρυνέουσα νέεσθαι:
αἱ δ᾽ ἴσαν ἐκ μεγάροιο δάος μετὰ χερσὶν ἔχουσαι.
αἱ μὲν ἄρ᾽ ἀμφεχέοντο καὶ ἠσπάζοντ᾽ Ὀδυσῆα,
καὶ κύνεον ἀγαπαξόμεναι κεφαλήν τε καὶ
ὤμους 500 χεῖράς τ᾽ αἰνύμεναι: τὸν δὲ γλυκὺς
ἵμερος ᾕρει κλαυθμοῦ καὶ στοναχῆς, γίγνωσκε δ᾽ ἄρα
φρεσὶ πάσας.

So he spoke, and the dear nurse Eurycleia did not disobey, but brought fire and sulphur; but Odysseus thoroughly purged the hall and the house and the court.

[495] Then the old dame went back through the fair house of Odysseus to bear tidings to the women and bid them come; and they came forth from their hall with torches in their hands.

They thronged about Odysseus and embraced him and clasped and kissed his head and shoulders [500] and his hands in loving welcome; and a sweet longing seized him to weep and wail, for in his heart he knew them all.

Slaughter of the suitors by Odysseus and Telemachus,
Campanian red-figure bell-krater

BOOK 23

γρηῦς δ᾽ εἰς ὑπερῷ᾽ ἀνεβήσετο καγχαλόωσα,
δεσποίνῃ ἐρέουσα φίλον πόσιν ἔνδον ἐόντα:
γούνατα δ᾽ ἐρρώσαντο, πόδες δ᾽ ὑπερικταίνοντο.
στῆ δ᾽ ἄρ᾽ ὑπὲρ κεφαλῆς καί μιν πρὸς μῦθον ἔειπεν:
'ἔγρεο, Πηνελόπεια, φίλον τέκος, ὄφρα ἴδηαι
ὀφθαλμοῖσι τεοῖσι τά τ᾽ ἔλδεαι ἤματα πάντα.
ἦλθ᾽ Ὀδυσεὺς καὶ οἶκον ἱκάνεται, ὀψέ περ ἐλθών.
μνηστῆρας δ᾽ ἔκτεινεν ἀγήνορας, οἵ θ᾽ ἑὸν οἶκον
κήδεσκον καὶ κτήματ᾽ ἔδον βιόωντό τε
παῖδα.'
10:

τὴν δ᾽ αὖτε προσέειπε περίφρων Πηνελόπεια:
'μαῖα φίλη, μάργην σε θεοὶ θέσαν, οἵ τε δύνανται
ἄφρονα ποιῆσαι καὶ ἐπίφρονά περ μάλ᾽ ἐόντα,
καί τε χαλιφρονέοντα σαοφροσύνης ἐπέβησαν:
οἵ σέ περ ἔβλαψαν: πρὶν δὲ φρένας αἰσίμη ἦσθα.
τίπτε με λωβεύεις πολυπενθέα θυμὸν ἔχουσαν
ταῦτα παρὲξ ἐρέουσα καὶ ἐξ ὕπνου μ᾽ ἀνεγείρεις
ἡδέος, ὅς μ᾽ ἐπέδησε φίλα βλέφαρ᾽ ἀμφικαλύψας;
οὐ γάρ πω τοιόνδε κατέδραθον, ἐξ οὗ Ὀδυσσεὺς
ᾤχετ᾽ ἐποψόμενος Κακοΐλιον οὐκ ὀνομαστήν.
ἀλλ᾽ ἄγε νῦν κατάβηθι καὶ ἂψ ἔρχευ μεγαρόνδε.
εἰ γάρ τίς μ᾽ ἄλλη γε γυναικῶν, αἵ μοι ἔασι, ταῦτ᾽
ἐλθοῦσ᾽ ἤγγειλε καὶ ἐξ ὕπνου ἀνέγειρεν,
τῷ κε τάχα στυγερῶς μιν ἐγὼν ἀπέπεμψα νέεσθαι
αὖτις ἔσω μέγαρον: σὲ δὲ τοῦτό γε γῆρας ὀνήσει.'

Eurykleia now went upstairs laughing to tell her mistress that her dear husband had come home. Her aged knees became young again and her feet were nimble for joy as she went up to her mistress and bent over her head to speak to her. "Wake up Penelope, my dear child," she exclaimed, "and see with your own eyes something that you have been wanting this long time past. Odysseus has at last indeed come home again, and he has killed the suitors who were giving so much trouble in his house, eating up his estate and ill-treating his son."

[11] "My good nurse," answered Penelope, "you must be mad. The gods sometimes send some very sensible people out of their minds, and make foolish people become sensible. This is what they must have been doing to you; for you always used to be a reasonable person. Why should you thus mock me when I have trouble enough already – talking such nonsense, and waking me up out of a sweet sleep that had taken possession of my eyes and closed them? I have never slept so soundly from the day my poor husband went to that city with the ill-omened name. Go back again into the women's room; if it had been anyone else, who had woken me up to bring me such absurd news I should have sent her away with a severe scolding. As it is, your age shall protect you."

25:

τὴν δ᾽ αὖτε προσέειπε φίλη τροφὸς Εὐρύκλεια:
'οὔ τί σε λωβεύω, τέκνον φίλον, ἀλλ᾽ ἔτυμόν τοι
ἦλθ᾽ Ὀδυσεὺς καὶ οἶκον ἱκάνεται, ὡς
ἀγορεύω, ὁ ξεῖνος, τὸν πάντες ἀτίμων ἐν
μεγάροισι.
Τηλέμαχος δ᾽ ἄρα μιν πάλαι ᾔδεεν ἔνδον ἐόντα,
ἀλλὰ σαοφροσύνῃσι νοήματα πατρὸς ἔκευθεν,
ὄφρ᾽ ἀνδρῶν τίσαιτο βίην ὑπερηνορεόντων.'
32:

ὡς ἔφαθ᾽, ἡ δ᾽ ἐχάρη καὶ ἀπὸ λέκτροιο θοροῦσα
γρηῒ περιπλέχθη, βλεφάρων δ᾽ ἀπὸ δάκρυον ἧκεν:
καί μιν φωνήσασ᾽ ἔπεα πτερόεντα προσηύδα:
'εἰ δ᾽ ἄγε δή μοι, μαῖα φίλη, νημερτὲς ἐνίσπες,
εἰ ἐτεὸν δὴ οἶκον ἱκάνεται, ὡς ἀγορεύεις,
ὅππως δὴ μνηστῆρσιν ἀναιδέσι χεῖρας ἐφῆκε
μοῦνος ἐών, οἱ δ᾽ αἰὲν ἀολλέες ἔνδον ἔμιμνον.'
39:

τὴν δ᾽ αὖτε προσέειπε φίλη τροφὸς Εὐρύκλεια:
'οὐκ ἴδον, οὐ πυθόμην, ἀλλὰ στόνον οἶον
ἄκουσα
κτεινομένων: ἡμεῖς δὲ μυχῷ θαλάμων εὐπήκτων
ἥμεθ᾽ ἀτυζόμεναι, σανίδες δ᾽ ἔχον εὖ ἀραρυῖαι,
πρίν γ᾽ ὅτε δή με σὸς υἱὸς ἀπὸ μεγάροιο κάλεσσε
Τηλέμαχος: τὸν γάρ ῥα πατὴρ προέηκε καλέσσαι.
εὗρον ἔπειτ᾽ Ὀδυσῆα μετὰ κταμένοισι νέκυσσιν
ἑσταόθ᾽: οἱ δέ μιν ἀμφί, κραταίπεδον οὖδας ἔχοντες,
κεῖατ᾽ ἐπ᾽ ἀλλήλοισιν: ἰδοῦσά κε θυμὸν ἰάνθης.'

[25] "My dear child," answered Eurykleia, "I am not mocking you. It is quite true as I tell you that Odysseus is come home again. He was the stranger whom they all kept on treating so badly in the room. Telemachus knew all the time that he was come back, but he kept his father's secret that he might have his revenge on all these wicked people.

[33] Then Penelope sprang up from her couch, threw her arms round Eurykleia, and wept for joy.
"But my dear nurse," said she, "explain this to me:
if he has really come home as you say, how did he manage to overcome the wicked suitors single handed, seeing what a number of them there always were?"

Then the dear nurse Eurycleia answered her: [40] "I saw not, I asked not; only I heard the groaning of men that were being slain. As for us women, we sat terror-stricken in the innermost part of our well-built chambers, and the close-fitting doors shut us in, until the hour when thy son Telemachus called me from the hall, for his father had sent him forth to call me. [45]

Then I found Odysseus standing among the bodies of the slain, and they, stretched all around him on the hard floor, lay one upon the other; the sight would have warmed thy heart with cheer.

'νῦν δ' οἱ μὲν δὴ πάντες ἐπ' αὐλείῃσι θύρῃσιν
ἀθρόοι, αὐτὰρ ὁ δῶμα θεειοῦται περικαλλές,
πῦρ μέγα κηάμενος· σὲ δέ με προέηκε καλέσσαι.
ἀλλ' ἕπευ, ὄφρα σφῶϊν ἐϋφροσύνης ἐπιβῆτον
ἀμφοτέρω φίλον ἦτορ, ἐπεὶ κακὰ πολλὰ πέποσθε.
νῦν δ' ἤδη τόδε μακρὸν ἐέλδωρ ἐκτετέλεσται·
ἦλθε μὲν αὐτὸς ζωὸς ἐφέστιος, εὗρε δὲ καὶ σὲ
καὶ παῖδ' ἐν μεγάροισι· κακῶς δ' οἵ πέρ μιν ἔρεζον
μνηστῆρες, τοὺς πάντας ἐτίσατο ᾧ ἐνὶ οἴκῳ.'

58:

τὴν δ' αὖτε προσέειπε περίφρων Πηνελόπεια·
'μαῖα φίλη, μή πω μέγ' ἐπεύχεο καγχαλόωσα.
οἶσθα γὰρ ὥς κ' ἀσπαστὸς ἐνὶ μεγάροισι φανείη
πᾶσι, μάλιστα δ' ἐμοί τε καὶ υἱέϊ, τὸν τεκόμεσθα·
ἀλλ' οὐκ ἔσθ' ὅδε μῦθος ἐτήτυμος, ὡς ἀγορεύεις,
ἀλλά τις ἀθανάτων κτεῖνε μνηστῆρας ἀγαυούς,
ὕβριν ἀγασσάμενος θυμαλγέα καὶ κακὰ ἔργα.
οὔ τινα γὰρ τίεσκον ἐπιχθονίων ἀνθρώπων,
οὐ κακὸν οὐδὲ μὲν ἐσθλόν, ὅτις σφέας εἰσαφίκοιτο·
τῷ δι' ἀτασθαλίας ἔπαθον κακόν· αὐτὰρ Ὀδυσσεὺς
ὤλεσε τηλοῦ νόστον Ἀχαΐδος, ὤλετο δ' αὐτός.'

69:

τὴν δ' ἠμείβετ' ἔπειτα φίλη τροφὸς Εὐρύκλεια·
τέκνον ἐμόν, ποῖόν σε ἔπος φύγεν ἕρκος ὀδόντων,
ἣ πόσιν ἔνδον ἐόντα παρ' ἐσχάρῃ οὔ ποτ' ἔφησθα
οἴκαδ' ἐλεύσεσθαι· θυμὸς δέ τοι αἰὲν ἄπιστος.
ἀλλ' ἄγε τοι καὶ σῆμα ἀριφραδὲς ἄλλο τι
εἴπω, οὐλήν, τήν ποτέ μιν σῦς ἤλασε λευκῷ
τὴν ἀπονίζουσα φρασάμην, ἔθελον δὲ σοὶ αὐτῇ
ὀδόντι.

And now the bodies are all gathered together at the gates of the court, [50] but he is purging the fair house with sulphur, and has kindled a great fire, and sent me forth to call thee. Nay, come with me, that the hearts of you two may enter into joy, for you have suffered many woes. But now at length has this thy long desire been fulfilled: [55] he has come himself, alive to his own hearth, and he has found both thee and his son in the halls; while as for those, even the wooers, who wrought him evil, on them has he taken vengeance one and all in his house."

Then wise Penelope answered her: "Dear nurse, boast not yet loudly over them with laughter. [60] Thou knowest how welcome the sight of him in the halls would be to all, but above all to me and to his son, born of us two.
But this is no true tale, as thou tellest it; nay, some one of the immortals has slain the lordly wooers in wrath at their grievous insolence and their evil deeds. [65] For they honored no one among men upon the earth, were he evil or good, whosoever came among them; therefore, it is through their own wanton folly that they have suffered evil. But Odysseus far away has lost his return to the land of Achaea and is lost himself."

Then the dear nurse Eurycleia answered her: [70] "My child, what a word has escaped the barrier of thy teeth, in that thou saidst that thy husband, who even now is here, at his own hearth, would never more return! Thy heart is ever unbelieving.

εἰπέμεν· ἀλλά με κεῖνος ἑλὼν ἐπὶ μάστακα χερσὶν

οὐκ ἔα εἰπέμεναι πολυϊδρείῃσι νόοιο.

ἀλλ᾽ ἕπευ· αὐτὰρ ἐγὼν ἐμέθεν περιδώσομαι αὐτῆς,

αἴ κέν σ᾽ ἐξαπάφω, κτεῖναί μ᾽ οἰκτίστῳ ὀλέθρῳ.'

80:

τὴν δ᾽ ἠμείβετ᾽ ἔπειτα περίφρων Πηνελόπεια·

'μαῖα φίλη, χαλεπόν σε θεῶν αἰειγενετάων

δήνεα εἴρυσθαι, μάλα περ πολύϊδριν ἐοῦσαν.

ἀλλ᾽ ἔμπης ἴομεν μετὰ παῖδ᾽ ἐμόν, ὄφρα ἴδωμαι

ἄνδρας μνηστῆρας τεθνηότας, ἠδ᾽ ὃς ἔπεφνεν.'

85:

ὣς φαμένη κατέβαιν᾽ ὑπερώϊα· πολλὰ δέ οἱ κῆρ

ὥρμαιν᾽, ἢ ἀπάνευθε φίλον πόσιν ἐξερεείνοι,

ἢ παρστᾶσα κύσειε κάρη καὶ χεῖρε λαβοῦσα.

88:

ἡ δ᾽ ἐπεὶ εἰσῆλθεν καὶ ὑπέρβη λάϊνον οὐδόν,

ἕζετ᾽ ἔπειτ᾽ Ὀδυσῆος ἐναντίη, ἐν πυρὸς αὐγῇ,

τοίχου τοῦ ἑτέρου· ὁ δ᾽ ἄρα πρὸς κίονα μακρὴν

ἧστο κάτω ὁρόων, ποτιδέγμενος εἴ τί μιν εἴποι

ἰφθίμη παράκοιτις, ἐπεὶ ἴδεν ὀφθαλμοῖσιν.

93:

ἡ δ᾽ ἄνεω δὴν ἧστο, τάφος δέ οἱ ἦτορ ἵκανεν·

ὄψει δ᾽ ἄλλοτε μέν μιν ἐνωπαδίως ἐσίδεσκεν,

95ἄλλοτε δ᾽ ἀγνώσασκε κακὰ χροῒ εἵματ᾽

ἔχοντα.

Τηλέμαχος δ᾽ ἐνένιπεν ἔπος τ᾽ ἔφατ᾽ ἔκ τ᾽ ὀνόμαξε·

Nay come, I will tell thee a manifest sign besides, even the scar of the wound which long ago the boar dealt him with his white tusk. [75] This I marked while I washed his feet and was fain to tell it to thee as well, but he laid his hand upon my mouth, and in the great wisdom of his heart would not suffer me to speak. So come with me; but I will set my very life at stake that, if I deceive thee, thou shouldest slay me by a most pitiful death." [80] Then wise Penelope answered her: "Dear nurse, it is hard for thee to comprehend the counsels of the gods that are forever, how wise soever thou art. Nevertheless, let us go to my son, that I may see the wooers dead and him that slew them."

[85] So saying, she went down from the upper chamber, and much her heart pondered whether she should stand aloof and question her dear husband, or whether she should go up to him, and clasp and kiss his head and hands. But when she had come in and had passed over the stone threshold, she sat down opposite Odysseus in the light of the fire [90] beside the further wall; but he was sitting by a tall pillar, looking down, and waiting to see whether his noble wife would say aught to him, when her eyes beheld him. Howbeit she sat long in silence, and amazement came upon her soul; and now with her eyes she would look full upon his face, and now again [95] she would fail to know him, for that he had upon him mean raiment. But Telemachus rebuked her, and spoke, and addressed her:

'μῆτερ ἐμή, δύσμητερ, ἀπηνέα θυμὸν ἔχουσα,
τίφθ᾽ οὕτω πατρὸς νοσφίζεαι, οὐδὲ παρ᾽
αὐτὸν ἑζομένη μύθοισιν ἀνείρεαι οὐδὲ
μεταλλᾷς;
οὐ μέν κ᾽ ἄλλη γ᾽ ὧδε γυνὴ τετληότι θυμῷ
ἀνδρὸς ἀφεσταίη, ὅς οἱ κακὰ πολλὰ μογήσας
ἔλθοι ἐεικοστῷ ἔτεϊ ἐς πατρίδα γαῖαν:
σοὶ δ᾽ αἰεὶ κραδίη στερεωτέρη ἐστὶ λίθοιο.'

104:

τὸν δ᾽ αὖτε προσέειπε περίφρων Πηνελόπεια:
τέκνον ἐμόν, θυμός μοι ἐνὶ στήθεσσι τέθηπεν,
οὐδέ τι προσφάσθαι δύναμαι ἔπος οὐδ᾽ ἐρέεσθαι
οὐδ᾽ εἰς ὦπα ἰδέσθαι ἐναντίον. εἰ δ᾽ ἐτεὸν δὴ
ἔστ᾽ Ὀδυσεὺς καὶ οἶκον ἱκάνεται, ἦ μάλα νῶϊ
γνωσόμεθ᾽ ἀλλήλων καὶ λώϊον: ἔστι γὰρ ἡμῖν
σήμαθ᾽, ἃ δὴ καὶ νῶϊ κεκρυμμένα ἴδμεν ἀπ᾽ ἄλλων.'

111:

ὣς φάτο, μείδησεν δὲ πολύτλας δῖος Ὀδυσσεύς,
αἶψα δὲ Τηλέμαχον ἔπεα πτερόεντα προσηύδα:
'Τηλέμαχ᾽, ἦ τοι μητέρ᾽ ἐνὶ μεγάροισιν ἔασον
πειράζειν ἐμέθεν: τάχα δὲ φράσεται καὶ ἄρειον.
νῦν δ᾽ ὅττι ῥυπόω, κακὰ δὲ χροῒ εἵματα εἷμαι,
τοὔνεκ᾽ ἀτιμάζει με καὶ οὔ πω φησὶ τὸν εἶναι.
ἡμεῖς δὲ φραζώμεθ᾽ ὅπως ὄχ᾽ ἄριστα γένηται.
καὶ γάρ τίς θ᾽ ἕνα φῶτα κατακτείνας ἐνὶ
δήμῳ, ᾧ μὴ πολλοὶ ἔωσιν ἀοσσητῆρες
ὀπίσσω, φεύγει πηούς τε προλιπὼν καὶ
πατρίδα γαῖαν: ἡμεῖς δ᾽ ἕρμα πόληος ἀπέκταμεν,
μέγ᾽ ἄριστοι κούρων εἰν Ἰθάκῃ: τὰ δέ σε
φράζεσθαι ἄνωγα

"My mother, cruel mother, that hast an unyielding heart, why dost thou thus hold aloof from my father, and dost not sit by his side and ask and question him? [100] No other woman would harden her heart as thou dost, and stand aloof from her husband, who after many grievous toils had come back to her in the twentieth year to his native land: but thy heart is ever harder than stone."

Then wise Penelope answered him: [105] "My child, the heart in my breast is lost in wonder, and I have no power to speak at all, nor to ask a question, nor to look him in the face. But if in very truth he is Odysseus, and has come home, we two shall surely know one another more certainly; [110] for we have signs which we two alone know, signs hidden from others."

So she spoke, and the much-enduring, goodly Odysseus smiled, and straightway spoke to Telemachus winged words: "Telemachus, suffer now thy mother to test me in the halls; soon shall she win more certain knowledge. [115] But now because I am foul, and am clad about my body in mean clothing, she scorns me, and will not yet admit that I am he. But for us, let us take thought how all may be the very best. For whoso has slain but one man in a land, even though it be a man that leaves not many behind to avenge him, [120] he goes into exile, and leaves his kindred and his native land; but we have slain those who were the very stay of the city, far the noblest of the youths of Ithaca. Of this I bid thee take thought."

123:

τὸν δ᾽ αὖ Τηλέμαχος πεπνυμένος ἀντίον ηὔδα:
'αὐτὸς ταῦτά γε λεῦσσε, πάτερ φίλε· σὴν γὰρ ἀρίστην
μῆτιν ἐπ᾽ ἀνθρώπους φάσ᾽ ἔμμεναι, οὐδέ κέ τίς τοι
ἄλλος ἀνὴρ ἐρίσειε καταθνητῶν ἀνθρώπων.
ἡμεῖς δ᾽ ἐμμεμαῶτες ἅμ᾽ ἑψόμεθ᾽, οὐδέ τί
φημι ἀλκῆς δευήσεσθαι, ὅση δύναμίς γε
πάρεστιν.'

Then wise Telemachus answered him: "Do thou thyself look to this, dear father; for thy [125] counsel, they say, is the best among men, nor could any other of mortal men vie with thee. As for us, we will follow with thee eagerly, nor methinks shall we be wanting in valor, so far as we have strength."

129:

τὸν δ᾽ ἀπαμειβόμενος προσέφη πολύμητις Ὀδυσσεύς
'τοιγὰρ ἐγὼν ἐρέω ὥς μοι δοκεῖ εἶναι ἄριστα.
πρῶτα μὲν ἂρ λούσασθε καὶ ἀμφιέσασθε χιτῶνας,
δμῳὰς δ᾽ ἐν μεγάροισιν ἀνώγετε εἵμαθ᾽ ἑλέσθαι:
αὐτὰρ θεῖος ἀοιδὸς ἔχων φόρμιγγα λίγειαν
ἡμῖν ἡγείσθω φιλοπαίγμονος ὀρχηθμοῖο,
ὥς κέν τις φαίη γάμον ἔμμεναι ἐκτὸς ἀκούων,
ἢ ἀν᾽ ὁδὸν στείχων, ἢ οἳ περιναιετάουσι:
μὴ πρόσθε κλέος εὐρὺ φόνου κατὰ ἄστυ γένηται
ἀνδρῶν μνηστήρων, πρίν γ᾽ ἡμέας ἐλθέμεν ἔξω
ἀγρὸν ἐς ἡμέτερον πολυδένδρεον: ἔνθα δ᾽ ἔπειτα
φρασσόμεθ᾽ ὅττι κε κέρδος Ὀλύμπιος ἐγγυαλίξῃ.'

141:

ὣς ἔφαθ᾽, οἱ δ᾽ ἄρα τοῦ μάλα μὲν κλύον ἠδ᾽ ἐπίθοντο
πρῶτα μὲν οὖν λούσαντο καὶ ἀμφιέσαντο χιτῶνας,
ὅπλισθεν δὲ γυναῖκες: ὁ δ᾽ εἵλετο θεῖος ἀοιδὸς
φόρμιγγα γλαφυρήν, ἐν δέ σφισιν ἵμερον ὦρσε
μολπῆς τε γλυκερῆς καὶ ἀμύμονος ὀρχηθμοῖο.
τοῖσιν δὲ μέγα δῶμα περιστεναχίζετο ποσσὶν

Then Odysseus of many wiles answered him and said: [130] "Then will I tell thee what seems to me to be the best way. First bathe yourselves, and put on your tunics, and bid the handmaids in the halls to take their raiment. But let the divine minstrel with his clear-toned lyre in hand be our leader in the gladsome dance, [135] that any man who hears the sound from without, whether a passer-by or one of those who dwell around, may say that it is a wedding feast; and thus the rumor of the slaying of the wooers shall not be spread abroad throughout the city before we go forth to our well-wooded farm. There [140] shall we afterwards devise whatever advantage the Olympian may vouchsafe us."

So he spoke, and they all readily hearkened and obeyed. First, they bathed and put on their tunics, and the women arrayed themselves, and the divine minstrel took the hollow lyre and aroused in them the desire [145] of sweet song and goodly dance.

ἀνδρῶν παιζόντων καλλιζώνων τε γυναικῶν.

ὧδε δέ τις εἴπεσκε δόμων ἔκτοσθεν ἀκούων:

'ἦ μάλα δή τις ἔγημε πολυμνήστην βασίλειαν:

σχετλίη, οὐδ᾽ ἔτλη πόσιος οὗ κουριδίοιο

εἴρυσθαι μέγα δῶμα διαμπερές, ἧος ἵκοιτο.'

152:

ὣς ἄρα τις εἴπεσκε, τὰ δ᾽ οὐκ ἴσαν ὡς ἐτέτυκτο.

αὐτὰρ Ὀδυσσῆα μεγαλήτορα ᾧ ἐνὶ οἴκῳ

Εὐρυνόμη ταμίη λοῦσεν καὶ χρῖσεν ἐλαίῳ,

ἀμφὶ δέ μιν φᾶρος καλὸν βάλεν ἠδὲ χιτῶνα:

αὐτὰρ κὰκ κεφαλῆς κάλλος πολὺ χεῦεν Ἀθήνη

μείζονά τ᾽ εἰσιδέειν καὶ πάσσονα: κὰδ δὲ

κάρητος οὔλας ἧκε κόμας, ὑακινθίνῳ ἄνθει

ὁμοίας.

159:

ὡς δ᾽ ὅτε τις χρυσὸν περιχεύεται ἀργύρῳ ἀνὴρ

ἴδρις, ὃν Ἥφαιστος δέδαεν καὶ Παλλὰς Ἀθήνη

τέχνην παντοίην, χαρίεντα δὲ ἔργα τελείει:

ὣς μὲν τῷ περίχευε χάριν κεφαλῇ τε καὶ ὤμοις.

ἐκ δ᾽ ἀσαμίνθου βῆ δέμας ἀθανάτοισιν ὁμοῖος:

ἂψ δ᾽ αὖτις κατ᾽ ἄρ᾽ ἕζετ᾽ ἐπὶ θρόνου ἔνθεν ἀνέστη,

ἀντίον ἧς ἀλόχου, καί μιν πρὸς μῦθον ἔειπε:

166:

'δαιμονίη, περί σοί γε γυναικῶν θηλυτεράων

κῆρ ἀτέραμνον ἔθηκαν Ὀλύμπια δώματ᾽ ἔχοντες:

So the great hall resounded all about with the tread of dancing men and of fair-girdled women; and thus would one speak who heard the noise from without the house:

"Aye, verily someone has wedded the queen wooed of many. [150] Cruel she was, nor had she the heart to keep the great house of her wedded husband to the end, even till he should come." So they would say, but they knew not how these things were.

Meanwhile the housewife Eurynome bathed the great-hearted Odysseus in his house, and anointed him with oil, [155] and cast about him a fair cloak and a tunic; and over his head Athena shed abundant beauty, making him taller to look upon and mightier, and from his head she made locks to flow in curls like the hyacinth flower. And as when a man overlays silver with gold, [160] a cunning workman whom Hephaestus and Pallas Athena have taught all manner of craft, and full of grace is the work he produces, even so the goddess shed grace on his head and shoulders, and forth from the bath he came, in form like unto the immortals. Then he sat down again on the chair from which he had risen, [165] opposite his wife; and he spoke to her and said:

"Strange lady! to thee beyond all women have the dwellers on Olympus given a heart that cannot be softened.

οὐ μέν κ᾽ ἄλλη γ᾽ ὧδε γυνὴ τετληότι θυμῷ
ἀνδρὸς ἀφεσταίη, ὅς οἱ κακὰ πολλὰ μογήσας
ἔλθοι ἐεικοστῷ ἔτεϊ ἐς πατρίδα γαῖαν.
ἀλλ᾽ ἄγε μοι, μαῖα, στόρεσον λέχος, ὄφρα καὶ αὐτὸς
λέξομαι· ἦ γὰρ τῇ γε σιδήρεον ἐν φρεσὶ ἦτορ.᾽

173:

τὸν δ᾽ αὖτε προσέειπε περίφρων Πηνελόπεια·
᾽δαιμόνι᾽, οὔτ᾽ ἄρ τι μεγαλίζομαι οὔτ᾽ ἀθερίζω
οὔτε λίην ἄγαμαι, μάλα δ᾽ εὖ οἶδ᾽ οἷος ἔησθα
ἐξ Ἰθάκης ἐπὶ νηὸς ἰὼν δολιχηρέτμοιο.
ἀλλ᾽ ἄγε οἱ στόρεσον πυκινὸν λέχος, Εὐρύκλεια,
ἐκτὸς ἐϋσταθέος θαλάμου, τόν ῥ᾽ αὐτὸς
ἐποίει· ἔνθα οἱ ἐκθεῖσαι πυκινὸν λέχος ἐμβάλετ᾽
εὐνήν,
κώεα καὶ χλαίνας καὶ ῥήγεα σιγαλόεντα.᾽

181:

ὣς ἄρ᾽ ἔφη πόσιος πειρωμένη· αὐτὰρ Ὀδυσσεὺς
ὀχθήσας ἄλοχον προσεφώνεε κεδνὰ ἰδυῖαν·
᾽ὦ γύναι, ἦ μάλα τοῦτο ἔπος θυμαλγὲς ἔειπες·
τίς δέ μοι ἄλλοσε θῆκε λέχος; χαλεπὸν δέ κεν εἴη
καὶ μάλ᾽ ἐπισταμένῳ, ὅτε μὴ θεὸς αὐτὸς ἐπελθὼν
ῥηϊδίως ἐθέλων θείη ἄλλῃ ἐνὶ χώρῃ.
ἀνδρῶν δ᾽ οὔ κέν τις ζωὸς βροτός, οὐδὲ μάλ᾽ ἡβῶν,
ῥεῖα μετοχλίσσειεν, ἐπεὶ μέγα σῆμα τέτυκται
ἐν λέχει ἀσκητῷ· τὸ δ᾽ ἐγὼ κάμον οὐδέ τις ἄλλος.

190:

θάμνος ἔφυ τανύφυλλος ἐλαίης ἕρκεος ἐντός,
ἀκμηνὸς θαλέθων· πάχετος δ᾽ ἦν ἠΰτε κίων.

No other woman would harden her heart as thou dost and stand aloof from her husband who after many grievous toils [170] had come to her in the twentieth year to his native land. Nay come, nurse, strew me a couch, that all alone I may lay me down, for verily the heart in her breast is of iron."

Then wise Penelope answered him: "Strange sir, I am neither in any wise proud, nor do I scorn thee, [175] nor yet am I too greatly amazed, but right well do I know what manner of man thou wast, when thou wentest forth from Ithaca on thy long-oared ship. Yet come, Eurycleia, strew for him the stout bedstead outside the well-built bridal chamber which he made himself. Thither do ye bring for him the stout bedstead, and cast upon it bedding, [180] fleeces and cloaks and bright coverlets."

So she spoke, and made trial of her husband. But Odysseus, in a burst of anger, spoke to his true-hearted wife, and said: "Woman, truly this is a bitter word that thou hast spoken. Who has set my bed elsewhere? Hard would it be for one, though never so skilled, unless a god himself should come and easily by his will set it in another place. But of men there is no mortal that lives, be he never so young and strong, who could easily pry it from its place, for a great token is wrought in the fashioned bed, and it was I that built it and none other. [190] A bush of long-leafed olive was growing within the court, strong and vigorous, and girth it was like a pillar. Round about this

τῷ δ᾽ ἐγὼ ἀμφιβαλὼν θάλαμον δέμον, ὄφρ᾽ ἐτέλεσσα,

πυκνῆσιν λιθάδεσσι, καὶ εὖ καθύπερθεν ἔρεψα,

κολλητὰς δ᾽ ἐπέθηκα θύρας, πυκινῶς ἀραρυίας.

καὶ τότ᾽ ἔπειτ᾽ ἀπέκοψα κόμην τανυφύλλου ἐλαίης,

κορμὸν δ᾽ ἐκ ῥίζης προταμὼν ἀμφέξεσα χαλκῷ

εὖ καὶ ἐπισταμένως, καὶ ἐπὶ στάθμην ἴθυνα,

ἑρμῖν᾽ ἀσκήσας, τέτρηνα δὲ πάντα τερέτρῳ.

ἐκ δὲ τοῦ ἀρχόμενος λέχος ἔξεον, ὄφρ᾽ ἐτέλεσσα,

δαιδάλλων χρυσῷ τε καὶ ἀργύρῳ ἠδ᾽ ἐλέφαντι·

ἐκ δ᾽ ἐτάνυσσα ἱμάντα βοὸς φοίνικι φαεινόν.

οὕτω τοι τόδε σῆμα πιφαύσκομαι· οὐδέ τι οἶδα,

ἦ μοι ἔτ᾽ ἔμπεδόν ἐστι, γύναι, λέχος, ἦέ τις ἤδη

ἀνδρῶν ἄλλοσε θῆκε, ταμὼν ὕπο πυθμέν᾽ ἐλαίης.

205:

ὣς φάτο, τῆς δ᾽ αὐτοῦ λύτο γούνατα καὶ φίλον ἦτορ,

σήματ᾽ ἀναγνούσῃ τά οἱ ἔμπεδα πέφραδ᾽ Ὀδυσσεύς·

δακρύσασα δ᾽ ἔπειτ᾽ ἰθὺς δράμεν, ἀμφὶ δὲ χεῖρας

δειρῇ βάλλ᾽ Ὀδυσῆϊ, κάρη δ᾽ ἔκυσ᾽ ἠδὲ

προσηύδα·

'μή μοι, Ὀδυσσεῦ, σκύζευ, ἐπεὶ τά περ ἄλλα μάλιστα

ἀνθρώπων πέπνυσο· θεοὶ δ᾽ ὤπαζον ὀϊζύν,

οἳ νῶϊν ἀγάσαντο παρ᾽ ἀλλήλοισι μένοντε

ἥβης ταρπῆναι καὶ γήραος οὐδὸν ἱκέσθαι.

αὐτὰρ μὴ νῦν μοι τόδε χώεο μηδὲ νεμέσσα,

οὕνεκά σ᾽ οὐ τὸ πρῶτον, ἐπεὶ ἴδον, ὧδ᾽

ἀγάπησα· αἰεὶ γάρ μοι θυμὸς ἐνὶ στήθεσσι

φίλοισιν ἐρρίγει μή τίς με βροτῶν ἀπάφοιτο

ἔπεσσιν ἐλθών· πολλοὶ γὰρ κακὰ κέρδεα

βουλεύουσιν.

I built my chamber, till I had finished it, with close-set stones, and I roofed it over well, and added to it jointed doors, close-fitting. Then I cut away the leafy branches of the long-leafed olive, and, trimming the trunk from the root, I smoothed it around with the adze well and cunningly, and made it straight to the line, thus fashioning the bedpost; and I bored it all with the augur. Beginning with this I hewed out my bed, till I had finished it, inlaying it with gold and silver and ivory, and I stretched on it a thong of ox-hide, bright with purple. Thus do I declare to thee this token; but I know not, woman, whether my bedstead is still fast in its place, or by now some man has cut from beneath the olive stump and set the bedstead elsewhere."

[205] So he spoke, and her knees were loosened where she sat, and her heart melted, as she knew the sure tokens Odysseus told her. Then with a burst of tears she ran straight to him, and flung her arms about the neck of Odysseus, and kissed his head, and spoke, saying: "Be not vexed with me, Odysseus, for in all else thou wast ever the wisest of men. It is the gods that gave us sorrow, the gods who begrudged that we two should remain with each other and enjoy our youth and come to the threshold of old age. But be not now wroth with me , nor full of indignation, because at the first, when I saw thee, I did not give thee welcome. For always the heart in my breast was full of dread, lest some man come and beguile me with his words; for there are many that plan devices of evil.

218:

οὐδέ κεν Ἀργείη Ἑλένη, Διὸς ἐκγεγαυῖα,

ἀνδρὶ παρ' ἀλλοδαπῷ ἐμίγη φιλότητι καὶ εὐνῇ,

εἰ ἤδη ὅ μιν αὖτις ἀρήϊοι υἷες Ἀχαιῶν

ἀξέμεναι οἴκόνδε φίλην ἐς πατρίδ' ἔμελλον.

τὴν δ' ἤ τοι ῥέξαι θεὸς ὤρορεν ἔργον ἀεικές:

τὴν δ' ἄτην οὐ πρόσθεν ἑῷ ἐγκάτθετο θυμῷ

λυγρήν, ἐξ ἧς πρῶτα καὶ ἡμέας ἵκετο πένθος.

225:

νῦν δ', ἐπεὶ ἤδη σήματ' ἀριφραδέα κατέλεξας

εὐνῆς ἡμετέρης, ἣν οὐ βροτὸς ἄλλος ὀπώπει,

ἀλλ' οἶοι σύ τ' ἐγώ τε καὶ ἀμφίπολος μία μούνη,

Ἀκτορίς, ἥν μοι δῶκε πατὴρ ἔτι δεῦρο κιούσῃ,

ἣ νῶϊν εἴρυτο θύρας πυκινοῦ θαλάμοιο,

πείθεις δή μευ θυμόν, ἀπηνέα περ μάλ' ἐόντα.'

231:

ὣς φάτο, τῷ δ' ἔτι μᾶλλον ὑφ' ἵμερον ὦρσε γόοιο:

κλαῖε δ' ἔχων ἄλοχον θυμαρέα, κεδνὰ ἰδυῖαν.

ὡς δ' ὅτ' ἂν ἀσπάσιος γῆ νηχομένοισι φανήῃ,

ὧν τε Ποσειδάων εὐεργέα νῆ' ἐνὶ πόντῳ

ῥαίσῃ, ἐπειγομένην ἀνέμῳ καὶ κύματι πηγῷ:

παῦροι δ' ἐξέφυγον πολιῆς ἁλὸς ἤπειρόνδε

νηχόμενοι, πολλὴ δὲ περὶ χροῒ τέτροφεν ἅλμη,

ἀσπάσιοι δ' ἐπέβαν γαίης, κακότητα φυγόντες:

ὣς ἄρα τῇ ἀσπαστὸς ἔην πόσις εἰσοροώσῃ,

δειρῆς δ' οὔ πω πάμπαν ἀφίετο πήχεε λευκώ.

[218] Nay, even Argive Helen, daughter of Zeus, would not have lain in love with a man of other folk, had she known that the warlike sons of the Achaeans were to bring her home again to her dear native land. Yet verily in her case a god prompted her to work a shameful deed; nor until then did she lay up in her mind the thought of that folly, grievous folly from which at the first sorrow came upon us too. [225] But now, since thou hast told the clear tokens of our bed, which no mortal beside has ever seen save thee and me alone and a single handmaid, the daughter of Actor, whom my father gave me when I came hither, even her who kept the doors of our strong bridal chamber, thou dost convince my heart, unbending as it is."

[231] So she spoke, and in his heart aroused yet more the desire for lamentation; and he wept, holding in his arms his dear and true-hearted wife. And welcome as is the sight of land to men that swim, whose well-built ship Poseidon has smitten on the sea as it was driven on by the wind and the swollen wave, and but few have made their escape from the gray sea to the shore by swimming, and thickly are their bodies crusted with brine, and gladly have they set foot on the land and escaped from their evil case; even so welcome to her was her husband, as she gazed upon him, and from his neck she could in no wise let her white arms go.

241:

καί νύ κ᾽ ὀδυρομένοισι φάνη ῥοδοδάκτυλος
Ἠώς, εἰ μὴ ἄρ᾽ ἄλλ᾽ ἐνόησε θεὰ γλαυκῶπις
Ἀθήνη. νύκτα μὲν ἐν περάτῃ δολιχὴν σχέθεν,
Ἠῶ δ᾽ αὖτε ῥύσατ᾽ ἐπ᾽ Ὠκεανῷ χρυσόθρονον,
οὐδ᾽ ἔα ἵππους ζεύγνυσθ᾽ ὠκύποδας, φάος
ἀνθρώποισι φέροντας,
Λάμπον καὶ Φαέθονθ᾽, οἵ τ᾽ Ἠῶ πῶλοι ἄγουσι.

247:

καὶ τότ᾽ ἄρ᾽ ἦν ἄλοχον προσέφη πολύμητις Ὀδυσσεύς
'ὦ γύναι, οὐ γάρ πω πάντων ἐπὶ πείρατ᾽ ἀέθλων
ἤλθομεν, ἀλλ᾽ ἔτ᾽ ὄπισθεν ἀμέτρητος πόνος ἔσται,
πολλὸς καὶ χαλεπός, τὸν ἐμὲ χρὴ πάντα τελέσσαι.
ὣς γάρ μοι ψυχὴ μαντεύσατο Τειρεσίαο
ἤματι τῷ ὅτε δὴ κατέβην δόμον Ἄϊδος εἴσω,
νόστον ἑταίροισιν διζήμενος ἠδ᾽ ἐμοὶ αὐτῷ.
ἀλλ᾽ ἔρχευ, λέκτρονδ᾽ ἴομεν, γύναι, ὄφρα καὶ ἤδη
ὕπνῳ ὕπο γλυκερῷ ταρπώμεθα κοιμηθέντε.'

256:

τὸν δ᾽ αὖτε προσέειπε περίφρων Πηνελόπεια·
'εὐνὴ μὲν δή σοί γε τότ᾽ ἔσσεται ὁππότε θυμῷ
σῷ ἐθέλῃς, ἐπεὶ ἄρ σε θεοὶ ποίησαν ἱκέσθαι
οἶκον ἐϋκτίμενον καὶ σὴν ἐς πατρίδα γαῖαν·
…

[241] And now would the rosy-fingered Dawn have arisen upon their weeping, had not the goddess, flashing-eyed Athena, taken other counsel. The long night she held back at the end of its course, and likewise stayed the golden-throned Dawn at the streams of Oceanus, and he would not suffer her [245] to yoke her swift-footed horses that bring light to men, Lampus and Phaethon, who are the colts that bear the Dawn.

[247] Then to his wife said Odysseus of many wiles: "Wife, we have not yet come to the end of all our trials, but still hereafter there is to be measureless toil, [250] long and hard, which I must fulfil to the end; for so did the spirit of Teiresias foretell to me on the day when I went down into the house of Hades to enquire concerning the return of my comrades and myself.

But come, wife, let us to bed, that [255] lulled now by sweet slumber we may take our joy of rest." Then wise Penelope answered him: "Thy bed shall be ready for thee whensoever thy heart shall desire it, since the gods have indeed caused thee to come back to thy well-built house and thy native land. …

Venus, Cupid, Folly, & Time, by Angelo Bronzino

SAPPHO

φαίνεταί μοι κῆνος ἴσος θέοισιν
ἔμμεν' ὤνηρ, ὄττις ἐνάντιός τοι
ἰσδάνει καὶ πλάσιον ἆδυ φωνεί-
σας ὑπακούει

1. **κῆνος** = ἐκεῖνος
2. **ἔμμεν'** = εἶναι, **ὤνηρ** = ἀνήρ, **ὄττις** = ὅστις
ἐνάντιός-α-ον: *opposite, facing* (+ dat.), **τοι** = σοι
3. **ἰσδάνω** = ἵζάνω: *sit*, **πλάσιον**: *near* (+ gen.),
ἆδυ (adverbial acc.) < ἡδύς–ἡδεῖα–ἡδύ
4. **φωνείσας** = φωνούσης < φωνέω: *speak* (object
complement of ὑπακούει, along with γελαίσας).

καὶ γελαίσας ἰμέροεν, τό μ' ἦ μὰν
καρδίαν ἐν στήθεσιν ἐπτόαισεν,
ὡς γὰρ ἔς σ' ἴδω βρόχε' ὤς με φώνας
οὐδὲν ἔτ' εἴκει,

5. **γελαίσας** = γελώσης < γελάω: *laugh*, **τό** = *which*,
μ` = μοι, **ἦ μάν**: *truly*, **ἰμέροεις–έσσα–εν**: *charming*
6. **στῆθος**, στήθους, τό: *chest, breast* (always plural),
ἐπτόαισεν (aor.) < πτοέω: *set aflutter, excite, terrify*
7. **ἔς σ' ἴδω** = εἰσίδω : *look at* < ὁράω, **βροχέως** =
βραχέως: *briefly*, **φώνας** = φωνής (partv. with
οὐδέν), **ἔτ'** = ἔτι, **εἴκει** < ἴκω: *come*

ἀλλὰ κὰμ μὲν γλῶσσα ἔαγε, λέπτον
δ' αὔτικα χρῶι πῦρ ὑπαδεδρόμακεν,
ὀππάτεσσι δ' οὐδ' ἐν ὄρημμ', ἐπιρρόμ-
βεισι δ' ἄκουαι,

9. **κάμ** = κατά: *entirely*, ἄγνυμι, ἄξω, ἔαγα: *break*,
10. **χρῶι** (dat. complement) < χρώς, χρῶος (ὁ): *flesh*,
ὑπαδεδρόμηκεν (perf.) < ὑποδρομέω: *run under*
11. **ὀππάτεσσι** (dat. pl.) < ὄππα = ὄμμα, ατος (τό):
eye, **ὄρημμι** = ὁράω, **ἐπιρρομβέω**: *buzz* (+ dat.)

κὰδ' δέ ἴδρως κακχέεται, τρόμος δὲ
παῖσαν ἄγρει, χλωροτέρα δὲ ποίας
ἔμμι, τεθνάκην δ' ὀλίγω 'πιδεύης
φαίνομ' ἔμ' αὔτα

13. **καδ'** = κατά, **κακχεεται** > καταχέω: *pour down*,
τρόμος (ὁ) *trembling*
14. **παῖσαν** = πᾶσαν < πᾶς, **ἀγρέω** = αἰρέω: *seize*,
χλωροτέρα < χλωροσ–α–ον: *green*, **ποία**–ας (ἡ): *grass*
15. **ἔμμι** = εἰμί, **τεθνάκην** = τεθνηκέναι < θνήσκω,
ὀλίγω = ὀλίγου, **ἐπιδεύης**–ες: *in need of, short of* (+gen.)
17. **τόλματος**–η–ον: *bearable* (verbal adj. < τολμάω),
πένης, πένητος (ὁ): *poor man*

ἀλλὰ πᾶν τόλματον, ἐπεὶ καὶ πένητα.

Aeolic dialect vs Attic: no rough breathings; recessive accent; often unaspirated for aspirated, and doubling of consonants. **Vowel differences from Attic:** frequently long **α** for η, *e.g.*, Fem. Art. **ἀ/τάν** for ἡ/τήν, and ε for short α; Fem. Gen. **-ας/-αν** for -ης/-ων; and **-η** for -ει, *e.g.*, **-ην** for -ειν. Also **-ω** or **-οι** for -ου, and **-υ** for -ο, *e.g.*, **ὕμοι** for ὁμοῦ. **Iota**, *e.g.*, Dat. **-ωι/-αι** for -ῳ/-ᾳ and **-οισι/-αισι**; Pl. Acc. **-οις/-αις** for -ους/-ας; **Verbs:** 3rd Plural Pres. Ind. **-οισι** for -ουσι; Fem. Pres. Ppl. **-οισα** for -ουσα and **-αισα** for α-contract -ῶσα; -μι endings for contracts: **-αιμι/-ημι/-ωμι** for -άω/-έω/-όω. **Particles κε(ν)** for ἄν, as in Homer; **ζά** for διά; **ὄν(ν)** for ἀνά; **πεδά** for μετά; **ἀπύ/ὑπά** for ἀπό/ὑπό; **παρ/κάτ** for κατά/παρά; **-τα** for -τε, *e.g.*, **ὄτα** for ὄτε. Notes on Aeolian dialect are courtesy of *DigitalSappho.org/sapphos-dialect/*. Poem text and notes courtesy of *DigitalSappho.org/fragments/fr31/*. For translations see *InAmidst.com/stuff/sappho/*

SAPPHO

ποικιλόθρον' ἀθανάτ Ἀφρόδιτα,
παῖ Δίος δολόπλοκε, λίσσομαί σε,
μή μ' ἄσαισι μηδ' ὀνίαισι δάμνα,
πότνια, θῦμον,

ἀλλὰ τυίδ' ἔλθ', αἴ ποτα κἀτέρωτα
τὰς ἔμας αὔδας ἀίοισα πήλοι
ἔκλυες, πάτρος δὲ δόμον λίποισα
χρύσιον ἦλθες

ἄρμ' ὑπασδεύξαισα· κάλοι δέ σ' ἄγον
ὤκεες στροῦθοι περὶ γᾶς μελαίνας
πύκνα δίννεντες πτέρ' ἀπ' ὠράνωἴθε-
ρος διὰ μέσσω·

αἶψα δ' ἐξίκοντο· σὺ δ', ὦ μάκαιρα,
μειδιαίσαισ' ἀθανάτωι προσώπωι
ἦρε' ὄττι δηὖτε πέπονθα κὤττι
δηὖτε κάλημμι

κὤττι μοι μάλιστα θέλω γένεσθαι
μαινόλαι θύμωι· τίνα δηὖτε πείθω
μαισ' ἄγην ἐς σὰν φιλότατα; τίς σ', ὦ
Ψά]πφ', ἀδικήει;

καὶ γὰρ αἰ φεύγει, ταχέως διώξει,
αἰ δὲ δῶρα μὴ δέκετ', ἀλλὰ δώσει,
αἰ δὲ μὴ φίλει, ταχέως φιλήσει
κωὐκ ἐθέλοισα.

ἔλθε μοι καὶ νῦν, χαλέπαν δὲ λῦσον
ἐκ μερίμναν, ὄσσα δέ μοι τέλεσσαι
θῦμος ἰμέρρει, τέλεσον, σὺ δ' αὔτα
σύμμαχος ἔσσο.

1. **ποικιλόθρονος-ον**: *on a many-colored throne.*
2. **παῖ** = παῖς, **Δίος** = Ζεύς, **δολοπλόκος**, ον:
wile-weaving, **λίσσομαι**: *beg, pray.*
3. **μή δάμνα**: (negative imperative) *subdue*,
μ' = με, **ἄσαισι** (dat.) <ἄση (ἡ): *distress*,
ὀνίαισι (dat.) < ὀνία = ἀνία (ἡ): *grief.*
4. **πότνια** (ἡ): *mistress*, **θυμός** (ὁ) *spirit, heart.*

5. **τυίδε**: *here, hither*, **ἔλθ'** =ἔλθε! <ἔρχομαι, **αἴ** =εἰ,
ποτα =ποτε, **κἀτέρωτα** =καὶ ἀτέρωτα: *another time*
6. **αὐδή** (ἡ): *voice, speech*, **ἀίοισα** = ἀίουσα < ἀίω,
πήλοι = τηλοῦ: *from afar.*
7. **κλύω**: *hear*, **δόμος**: *house*, **λίποισα** =λιποῦσα.
8. **χρύσιος** = χρύσεος.

9. **ἄρμα** (ὁ): *chariot*, **ὑπασδεύξαισα** =ὑποζεύξασα <
ὑποζεύγνυμ: *yoke*, **ἄγον** = ἦγον < ἄγω.
10. **ὠκύς**-εῖα-ύ *swift*, **στρουθός** (ὁ): *sparrow*,
γᾶς = γῆς < γή (ἡ), **μέλας**-αινα-αν: *black.*
11. **πυκνός**, ή, όν: *fast*, with **πτέρ'**: *fast-beating*,
δίννεντες < δίννημι: *whirl*, **πτερόν** (τό): *wing*
ὠράνωἴθερος = ὠράνω αἴθερος; **ὠράνω** =οὐρανοῦ.
12. **μέσ(σ)ος**, η, ον *the middle.*

13. **αἶψα**: *quickly* , **ἐξικνέομαι** (3rd pl. aor.): *arrive*,
μάκαρ, **μάκαιρα** (f.): *blessed, happy.*
14. **μειδιαίσαισ'**= μειδιαίσεισα < μειδ(ι)άω: *smile.*
15. **ἔρομαι** (2nd sg. aor.): *ask*, **ὄττι** = ὅ τι: *why.*
δηὖτε =δὴ αὖτε: *yet again*, **κὤττι** =καὶ ὅ τι: *and why?*
16. **κάλημμι** = καλέω.

18. **μαινόλαι** =μαινόλᾳ: *mad*, **θύμωι** = θύμῳ.
19. **ἄψ**: *back again*, **ἄγην** =ἄγειν, **ἐς** =ίς, **σὰν** =σήν.
20. **Ψάπφω** = *Sappho.*

21. **αἰ** = εἰ, **ταχέως**: *soon*, **διώκω**: *pursue.*
22. **δέκετ'** = δέχεται *accept, receive.*
24. **κωὐκ** = καὶ οὐκ + **ἐθέλοισα** = ἐθέλουσα.

25. **χαλέπαν** (gen. pl.) with **μερίμναν**: *care,
thought*, **ὄσσα** < ὅσος, **τέλεσσαι** =τέλεσαι < τελέω.
27. **ἰμέρρει** = ἰμείρει < ἰμείρω: *desire*, **αὔτα** =αὐτή.
28. **σύμμαχος**: *comrade*, **ἔσσο** (imper.) < εἰμί.

SAPPHO

δεῦρύ μ' ἐκ Κρήτας ἐπ[ὶ τόνδ]ε ναῦον
ἄγνον, ὄππ[ᾳ τοι] χάριεν μὲν ἄλσος
μαλί[αν], βῶμοι τεθυμιάμε-
νοι [λι]βανώντῳ·

ἐν δ' ὔδωρ ψῦχρον κελάδει δι' ὔσδων
μαλίνων, βρόδοισι δὲ παῖς ὁ χῶρος
ἐσκίαστ', αἰθυσσομένων δὲ φύλλων
κῶμα κατέρρει·

ἐν δὲ λείμων ἱππόβοτος τέθαλεν
ἠρίνοισιν ἄνθεσιν, αἰ δ' ἄηται
μέλλιχα πνέοισιν

ἔνθα δὴ σύ . . . . ἔλοισα Κύπρι
χρυσίαισιν ἐν κυλίκεσσιν ἄβρως
ὀμμεμείχμενον θαλίαισι νέκταρ
οἰνοχόαισον

1. **δεῦρυ** = δεῦρο: *hither*, **μ'**= με, **Κρήτη** (gen.): Crete
ναός (ὁ): *temple, shrine*.
2. **ἀγνός**-ή-όν: *hallowed*, **ὄππᾳ** =ὅπη: *where*, **τοι** = σοι
χαρίεις, χαρίεσσα: *graceful*, **ἄλσος** (τό): *sacred grove*,
μαλίαν (gen. pl.) < μηλέα (ἡ): *apple tree*.
3. **βωμός** (ὁ): *altar*, **θυμιάω**: *smoke*.
4. **λιβανωτός** (ὁ): *frankincense*.

5. **ἐν** (adverbial): *therein*, **ὔδωρ** (τό): *water*,
ψυχρός: *cold*, **κελαδέω**: *babble*, **ὔσδος** = ὄζος (ὁ): *bough*
6. **μάλινος**-η-ον: *of an apple tree*,
βρόδον = ῥόδον (τό): *rose*, **παῖς** = πᾶς, **χῶρος** (ὁ): *place*
7. **ἐσκίαστ'** (3rd sg. aor. pass. indic.): *shade, overshadow*,
αἰθύσσω (pres. mid. partic.): *quiver*
φύλλον (τό) *leaf, petal* (object complement of κατέρρει)
8. **κῶμα** (τό): *enchanted sleep, trance*,
κατέρρει (imperf.) < καταρρέω: *drop off* (+ gen.)

9. **ἐν**: *therein* (as above), **λειμών** (ὁ): *meadow*,
ἱππόβοτος: *grazed by horses*
τέθαλεν (3rd sg. perf.) < θάλλω: *bloom*
10. **ἠρινός** = ἐαρινός: *of spring, springtime*,
ἄνθος, ἄνθους (τό): *blossom*, **ἀήτης** (ὁ): *breeze*
11. **μέλλιχος** = μείλιχος: *gentle* (adverbial),
πνέοισιν = πνέουσιν < πνέω: *blow*

13. **ἔνθα**: *then, thence*, **ἔλοισα** = ἑλοῦσα < αἱρέω: *take*,
Κύπρις (ἡ): Kypris = *Aphrodite*.
14. **χρύσιος** = χρύσεος: *golden*, **κύλιξ**, -ικος (ἡ) *wine-cup*
ἄβρως: *gracefully*
15. **ὀμμεμείχμενον** (perf. partic.) = ἀναμείγνυμι: *mix*,
θαλία (ἡ): *festivities*, **νέκταρ** (τό): *nectar*
16. **οἰνοχόαισον** (aor. imperv.) < οἰνοχοεύω: *pour*

Study of a Pediment from the Parthenon, by Jacques Carrey

ATTIC GREEK OF ATHENS

5ᵀᴴ & 4ᵀᴴ CENTURIES BC

Πίνδαρος
Ἱέρωνι Συρακόσιω, Ἅρματι

PINDAR, *Second Pythian Victory Ode, To Hieron of Syracuse, Charioteer* [4]

I

μεγαλοπόλιες ὦ Συράκοσαι, βαθυπολέμου
τέμενος Ἄρεος, ἀνδρῶν ἵππων τε
   σιδαροχαρμᾶν δαιμόνιαι τροφοί,
ὔμμιν τόδε τᾶν λιπαρᾶν ἀπὸ Θηβᾶν φέρων
μέλος ἔρχομαι ἀγγελίαν τετραορίας ἐλελίχθονος,
εὐάρματος Ἱέρων ἐν ᾇ κρατέων
τηλαυγέσιν ἀνέδησεν Ὀρτυγίαν στεφάνοις,
ποταμίας ἕδος Ἀρτέμιδος, ᾶς οὐκ ἄτερ
κείνας ἀγαναῖσιν ἐν χερσὶ
   ποικιλανίους ἐδάμασσε πώλους.

ἐπὶ γὰρ ἰοχέαιρα παρθένος χερὶ διδύμᾳ
ὅ τ᾽ ἐναγώνιος Ἑρμᾶς αἰγλᾶντα
   τίθησι κόσμον, ξεστὸν ὅτανδίφρον
ἔν θ᾽ ἅρματα πεισιχάλινα καταζευγνύῃ
σθένος ἵππιον, ὀρσοτρίαιναν εὐρυβίαν
   καλέων θεόν.
ἄλλοις δέ τις ἐτέλεσσεν ἄλλος ἀνὴρ
εὐαχέα βασιλεῦσιν ὕμνον, ἄποιν᾽ ἀρετᾶς.
κελαδέοντι μὲν ἀμφὶ Κινύραν πολλάκις
φᾶμαι Κυπρίων, τὸν ὁ χρυσοχαῖτα
   προφρόνως ἐφίλησ᾽ Ἀπόλλων,

ἱερέα κτίλον Ἀφροδίτας: ἄγει δὲ χάρις φίλων
ποίνιμος ἀντὶ ἔργωνὸπιζομένα:
   σὲ δ᾽, ὦ Δεινομένειε παῖ, Ζεφυρία πρὸ δόμων
Λοκρὶς παρθένος ἀπύει,
   πολεμίων καμάτων ἐξ ἀμαχάνων
διὰ τεὰν δύναμιν δρακεῖσ᾽ ἀσφαλές.
θεῶν δ᾽ ἐφετμαῖς Ἰξίονα φαντὶ ταῦτα βροτοῖς
λέγειν ἐν πτερόεντι τροχῷ παντᾷ κυλινδόμενον:
τὸν εὐεργέταν ἀγαναῖς ἀμοιβαῖς
   ἐποιχομένους τίνεσθαι.

Great city of Syracuse! Sacred precinct of Ares, plunged deep in war! Divine nurse of men and horses who rejoice in steel! For you I come from splendid Thebes bringing this song, a message of the earth-shaking four-horse race in which Hieron with his fine chariot won the victory, and so crowned Ortygia with far-shining garlands—Ortygia, home of Artemis the river-goddess: not without her help did Hieron master with his gentle hands horses with embroidered reins.

For the virgin goddess who showers arrows and Hermes god of contests present gleaming reins to him with both hands when he yokes the strength of his horses to the polished car, the chariot that obeys the bit, and calls on the wide-ruling god who wields the trident. Other kings have other men to pay them the tribute of melodious song, recompense for virtue. Voices of men of Cyprus often shout the name of Cinyras, obedient priest of Aphrodite whom golden-haired Apollo gladly loved.

Reverent gratitude is a recompense for friendly deeds. You, son of Deinomenes, the West Locrian girl invokes, standing outside her door: out of the helpless troubles of war, through your power she looks at the world in security. They say that by commands of gods Ixion spins round on his feathered wheel, saying to mortals: "Repay your benefactor frequently with gentle favors in return."

II[4]

ἔμαθε δὲ σαφές. εὐμενέσσι γὰρ παρὰ Κρονίδαις
γλυκὺν ἑλὼν βίοτον, μακρὸν οὐχ ὑπέμεινεν
    ὄλβον, μαινομέναιςφρασὶν
Ἥρας ὅτ᾽ ἐράσσατο, τὰν Διὸς εὐναὶ λάχον
πολυγαθέες:
        ἀλλά νιν ὕβρις εἰς ἀυάταν ὑπεράφανον
ὦρσεν: τάχα δὲ παθὼν ἐοικότ᾽ ἀνὴρ
ἐξαίρετον ἕλε μόχθον. αἱ δύο δ᾽ ἀμπλακίαι
φερέπονοι τελέθοντι: τὸ μὲν ἥρως ὅτι
ἐμφύλιον αἷμα πρώτιστος οὐκ ἄτερ τέχνας
        ἐπέμιξε θνατοῖς,

ὅτι τε μεγαλοκευθέεσσιν ἔν ποτε θαλάμοις
Διὸς ἄκοιτιν ἐπειρᾶτο. χρὴ δὲ κατ᾽ αὐτὸν αἰεὶ
        παντὸς ὁρᾶν μέτρον.
εὐναὶ δὲ παράτροποι ἐς κακότατ᾽ ἀθρόαν
ἔβαλον: ποτὶ καὶ τὸν ἵκοντ᾽:
        ἐπεὶ νεφέλᾳ παρελέξατο,
ψεῦδος γλυκὺ μεθέπων, ἄϊδρις ἀνήρ:
εἶδος γὰρ ὑπεροχωτάτᾳ πρέπεν οὐρανιᾶν
θυγατέρι Κρόνου: ἅντε δόλον αὐτῷ θέσαν
Ζηνὸς παλάμαι, καλὸν πῆμα.
        τὸν δὲ τετράκναμον ἔπραξε δεσμόν,

ἑὸν ὄλεθρον ὅγ᾽: ἐν δ᾽ ἀφύκτοισι γυιοπέδαις
        πεσὼν τὰν πολύκοινονἀνδέξατ᾽ ἀγγελίαν.
ἄνευ οἱ Χαρίτων τέκεν γόνον ὑπερφίαλον,
μόνα καὶ μόνον, οὔτ᾽ ἐν ἀνδράσι γερασφόρον
        οὔτ᾽ ἐν θεῶν νόμοις:
τὸν ὀνύμαξε τράφοισα Κένταυρον, ὃς
ἵπποισι Μαγνητίδεσσι ἐμίγνυτ᾽ ἐν Παλίου
σφυροῖς, ἐκ δ᾽ ἐγένοντο στρατὸς
θαυμαστός, ἀμφοτέροις
ὅμοιοι τοκεῦσι, τὰ ματρόθεν μὲν κάτω,
        τὰ δ᾽ ὕπερθε πατρός.

He learned a clear lesson. For although he received a sweet life among the gracious children of Cronus, he did not abide prosperity for long, when in madness of spirit he desired Hera, who was allotted to the joyful bed of Zeus. His arrogance drove him to extreme delusion; soon the man suffered a suitable exquisite punishment. Both of his crimes brought him toil in the end. He was the hero who, not without guile, was the first to stain mortal men with kindred blood;

second, in the vast recesses of that bridal chamber he made an attempt on the wife of Zeus. A man must always measure all things according to his own place. Unnatural lust throws men into dense trouble; it befell even him, since the man in his ignorance chased a sweet fake and lay with a cloud, for its form was like the supreme celestial goddess, the daughter of Cronus. The hands of Zeus set it as a trap for him, a beautiful misery. Ixion brought upon himself the four-spoked fetter, his own ruin.

He fell into inescapable bonds, and he received a message that warns the whole world. She bore to him, without the blessing of the Graces, a monstrous offspring— never was a mother or son like this—honored neither by men nor by laws of the gods. She raised him and named him Centaurus, and he mated with the Magnesian mares in Pelion's foothills; from them was born a marvelous horde, that resembled both his parents: like the mother below, the father above.

[4] *The Odes of Pindar*, Ed. Sir John Sandys (Harvard University Press; William Heinemann Ltd., 1937). Tr. Diane A. Svarlien, *The Odes of Pindar* (Yale University Press, 1991), courtesy of Perseus.Tufts.edu.

III

θεὸς ἅπαν ἐπὶ ἐλπίδεσσι τέκμαρ ἀνύεται,
θεός, ὃ καὶ πτερόεντ᾽ αἰετὸν κίχε,
　　καὶ θαλασσαῖον παραμείβεται
δελφῖνα, καὶ ὑψιφρόνων τιν᾽ ἔκαμψε βροτῶν,
ἑτέροισι δὲ κῦδος ἀγήραον παρέδωκ᾽.
　　ἐμὲ δὲ χρεὼν
φεύγειν δάκος ἀδινὸν κακαγοριᾶν.
εἶδον γὰρ ἑκὰς ἐὼν τὰ πόλλ᾽ ἐν ἀμαχανίᾳ
ψογερὸν Ἀρχίλοχον βαρυλόγοις ἔχθεσιν
πιαινόμενον: τὸ πλουτεῖν δὲ σὺν τύχᾳ πότμου
　　σοφίας ἄριστον.

τὺ δὲ σάφα νιν ἔχεις, ἐλευθέρᾳ φρενὶ πεπαρεῖν,
πρύτανι κύριε πολλᾶν μὲν εὐστεφάνων ἀγυιᾶν
　　καὶ στρατοῦ. εἰ δέ τις
ἤδη κτεάτεσσί τε καὶ περὶ τιμᾷ λέγει
ἕτερόν τιν᾽ ἀν᾽ Ἑλλάδα τῶν πάροιθε
　　γενέσθαι ὑπέρτερον,
χαύνα πραπίδι παλαιμονεῖ κενεά.
εὐανθέα δ᾽ ἀναβάσομαι στόλον ἀμφ᾽ ἀρετᾷ
κελαδέων. νεότατι μὲν ἀρήγει θράσος
δεινῶν πολέμων: ὅθεν φαμὶ καὶ σὲ
　　τὰν ἀπείρονα δόξαν εὑρεῖν,

τὰ μὲν ἐν ἱπποσόαισιν ἄνδρεσσι
　　μαρνάμενον, τὰ δ᾽ ἐνπεζομάχαισι:
βουλαὶ δὲ πρεσβύτεραι
ἀκίνδυνον ἐμοὶ ἔπος σὲ ποτὶ πάντα λόγον
ἐπαινεῖν παρέχοντι. χαῖρε. τόδε μὲν
　　κατὰ Φοίνισσαν ἐμπολὰν
μέλος ὑπὲρ πολιᾶς ἁλὸς πέμπεται:
τὸ Καστόρειον δ᾽ ἐν Αἰολίδεσσι χορδαῖς ἑκὼν
ἄθρησον χάριν ἑπτακτύπου φόρμιγγος ἀντόμενος.
γένοι᾽ οἷος ἐσσὶ μαθών:
καλός τοι πίθων παρὰ παισίν, αἰεὶ

The gods accomplish everything according to their wishes; [50] the gods, who overtake even the flying eagle and outstrip the dolphin in the sea, and bend down many a man who is overly ambitious, while to others they give unageing glory. For my part, I must avoid the aggressive bite of slander. For I have seen, long before me, [55] abusive Archilochus often in a helpless state, fattening himself with strong words and hatred. But to be rich by the grace of fortune is the best part of skillful wisdom.

And you clearly have this blessing, and can display it with a generous mind, ruler and leader of many garland-crowned streets and a great army. When wealth and influence are in question, [60] anyone who says that any man in Greece of earlier times surpassed you has a soft mind that flails around in vain. But I shall ascend a ship covered with flowers and sing the praises of excellence. Boldness helps youth in terrible wars; and so I say that you too have found boundless fame by fighting among both horsemen and foot soldiers. And your wisdom beyond your years provides me with praise of you that cannot be challenged in any detail. Greetings! This song, like Phoenician merchandise, is sent to you over the gray sea: look kindly on the Castor-song, composed in Aeolian strains; [70] come and greet the gracious offering of the seven-toned lyre. Learn and become who you are. To children, you know, an ape is pretty, always pretty.

IV

καλός. ὁ δὲ Ῥαδάμανθυς εὖ πέπραγεν, ὅτι φρενῶν
ἔλαχε καρπὸν ἀμώμητον,
      οὐδ᾽ ἀπάταισι θυμὸν τέρπεται ἔνδοθεν:
οἷα ψιθύρων παλάμαις ἔπετ᾽ αἰεὶ βροτῷ.
[ἄμαχον κακὸν ἀμφοτέροις διαβολιᾶν ὑποφάτιες,
ὀργαῖς ἀτενὲς ἀλωπέκων ἴκελοι.
κερδοῖ δὲ τί μάλα τοῦτο κερδαλέον τελέθει;
ἅτε γὰρ εἰνάλιον πόνον ἐχοίσας βαθὺν
80σκευᾶς ἑτέρας, ἀβάπτιστός εἰμι,
      φελλὸς ὣς ὑπὲρ ἕρκος ἅλμας.

ἀδύνατα δ᾽ ἔπος ἐκβαλεῖν κραταιὸν ἐν ἀγαθοῖς
[δόλιον ἀστόν: ὅμως μὰν σαίνων ποτὶ πάντας,
      ἄταν πάγχυδιαπλέκει.
οὔ οἱ μετέχω θράσεος: φίλον εἴη φιλεῖν:
ποτὶ δ᾽ ἐχθρὸν ἅτ᾽ ἐχθρὸς ἐὼν λύκοιο
      δίκαν ὑποθεύσομαι,
85ἀλλ᾽ ἄλλοτε πατέων ὁδοῖς σκολιαῖς.
ἐν πάντα δὲ νόμον εὐθύγλωσσος ἀνὴρ προφέρει,
[παρὰ τυραννίδι, χὠπόταν ὁ λάβρος στρατός,
χὤταν πόλιν οἱ σοφοὶ τηρέωντι.
      χρὴ δὲ πρὸς θεὸν οὐκ ἐρίζειν,

ὃς ἀνέχει τοτὲ μὲν τὰ κείνων,
      τότ᾽ αὖθ᾽ ἑτέροις ἔδωκεν μέγα κῦδος.
ἀλλ᾽ οὐδὲ ταῦτα νόον
ἰαίνει φθονερῶν: στάθμας δέ τινος ἑλκόμενοι
περισσᾶς ἐνέπαξαν ἕλκος ὀδυναρὸν
      ἑᾷ πρόσθε καρδίᾳ,
πρὶν ὅσα φροντίδι μητίονται τυχεῖν.
φέρειν δ᾽ ἐλαφρῶς ἐπαυχένιον λαβόντα ζυγὸν
ἀρήγει: ποτὶ κέντρον δέ τοι λακτιζέμεν τελέθει
ὀλισθηρὸς οἶμος: ἀδόντα δ᾽ εἴη με
      τοῖς ἀγαθοῖς ὁμιλεῖν.

But Rhadamanthys has prospered, because his allotted portion was the blameless fruit of intelligence, and he does not delight his inner spirit with deceptions, the kind that always follow a man because of the schemes of whisperers. Those who mutter slander are an evil that makes both sides helpless; they are utterly like foxes in their temper. But what does the fox really gain by outfoxing? For while the rest of the tackle labors in the depths, [80] I am unsinkable, like a cork above the surface of the salt sea.

A crafty citizen is unable to speak a compelling word among noble men; and yet he fawns on everyone, weaving complete destruction. I do not share his boldness. Let me be a friend to my friend; but I will be an enemy to my enemy, and pounce on him like a wolf, [85] treading every crooked path. Under every type of law the man who speaks straightforwardly prospers: in a tyranny, and where the raucous masses oversee the state, and where men of skill do. One must not fight against a god, who raises up some men's fortunes at one time, and at another gives great glory to others. But even this [90] does not comfort the minds of the envious; they pull the line too tight and plant a painful wound in their own heart before they get what they are scheming for. It is best to take the yoke on one's neck and bear it lightly; kicking against the goad [95] makes the path treacherous. I hope that I may associate with noble men and please them.

SELECTIONS

Σοφοκλέους

Ἀντιγόνη

Sophocles, *Antigone*[5]

The dialogue has been mapped for sytax, according to the method given at the head of Synopses of Syntax,
*with the exception that conjunctions are in **bold italics** rather than circled.*

Ἀντιγόνη

(ὦ κοινὸν αὐτάδελφον Ἰσμήνης κάρα,)

ἆρ᾽ οἶσθ᾽ [*ὅ*] τι [Ζεὺς (τῶν ἀπ᾽ Οἰδίπου κακῶν)

ὁποῖον οὐχὶ (νῷν ἔτι ζώσαιν) τελεῖ];

οὐδὲν *γὰρ* (οὔτ᾽ ἀλγεινὸν οὔτ᾽ (ἄτης ἄτερ)   4

οὔτ᾽ αἰσχρὸν οὔτ᾽ ἄτιμόν) ἐσθ᾽, [*ὁποῖον* οὐ

(τῶν σῶν τε κἀμῶν) οὐκ ὄπωπ᾽ ἐγὼ (κακῶν)].

καὶ νῦν τί τοῦτ᾽ αὖ [φασι < (πανδήμῳ πόλει)

κήρυγμα θεῖναι τὸν στρατηγὸν ἀρτίως >] ;   8

ἔχεις τι κεἰσήκουσας; *ἤ* σε λανθάνει

< (πρὸς τοὺς φίλους) στείχοντα (τῶν ἐχθρῶν) κακά >;

[1] Vocatives of endearment defiant of translation.
[2] The relative pronouns ὅ and *ὁποῖον* subordinate the relative clause to antecedent τι: *any [evils] of any kind which.*
[3] ζώσαιν: Dual pronoun and participle: dative of disadvantage.
[6] κἀμῶν = καὶ ἐμῶν.
[7] τί τοῦτ᾽: Direct question, with ἐ●●● understood; demonstrative τοῦτο anticipates indirect discourse [φασι < ... >].
[9] ἔχεις κεἰσήκουσας: ἔχεις τι καί εἰσήκουσας: in effect, *have you heard anything?*
[10] Neuter plural subject κακά takes singular verb λανθάνει.

---

[5] Sophocles, *Antigone,* Ed. F. Storr, The Loeb Classical Library, Vol. 20 (The Macmillan Company, 1912), courtesy of Perseus.Tufts.edu.

Ἰσμήνη

ἐμοὶ *μὲν* (οὐδεὶς <u>μῦθος</u>) Ἀντιγόνη (φίλων)

(οὔθ᾽ ἡδὺς οὔτ᾽ ἀλγεινὸς) <u>ἵκετ᾽</u> [ἐξ *ὅτου*   12

(δυοῖν ἀδελφοῖν) <u>ἐστερήθημεν</u> <u>δύο</u> ,

< μιᾷ <u>θανόντοιν</u> ἡμέρᾳ (διπλῇ χερί) >] :

[*ἐπεὶ δὲ* <u>φροῦδός ἐστιν</u> (Ἀργείων <u>στρατὸς</u>)

(ἐν νυκτὶ τῇ νῦν),] <u>οὐδὲν</u> <u>οἶδ᾽</u> ὑπέρτερον,   16

< οὔτ᾽ <u>εὐτυχοῦσα</u> μᾶλλον οὔτ᾽ <u>ἀτωμένη</u> >.

Ἀντιγόνη

<u>ᾔδη</u> καλῶς, *καί* <u>σ᾽</u> (ἐκτὸς αὐλείων πυλῶν)

(τοῦδ᾽ οὕνεκ᾽) <u>ἐξέπεμπον</u>, [*ὡς* <u>μόνη</u> <u>κλύοις</u>].

Ἰσμήνη

<u>τί</u> δ᾽ <u>ἔστι</u>; <u>δηλοῖς</u> *γάρ* < <u>τι</u> <u>καλχαίνουσ᾽</u> <u>ἔπος</u> >.   20

Ἀντιγόνη

οὐ *γὰρ* (τάφου) (<u>νῷν τὼ κασιγνήτω</u>) <u>Κρέων</u>

<u>τὸν</u> *μὲν* <u>προτίσας</u>, <u>τὸν</u> *δ᾽* <u>ἀτιμάσας</u> <u>ἔχει</u>;

<u>Ἐτεοκλέα</u> *μέν*, [ὡς λέγουσι], (σὺν δίκης

χρήσει δικαίᾳ καὶ νόμου) (κατὰ χθονὸς)   24

<u>ἔκρυψε</u> (τοῖς ἔνερθεν) <u>ἔντιμον</u> (νεκροῖς):

< (<u>τὸν</u> *δ᾽* < <u>ἀθλίως</u> <u>θανόντα</u> > Πολυνείκους <u>νέκυν</u>) >

ἀστοῖσί <u>φασιν</u> <u>ἐκκεκηρῦχθαι</u> < <u>τὸ</u> μὴ

(τάφῳ) <u>καλύψαι</u> μηδὲ <u>κωκῦσαί</u> <u>τινα</u>, >   28

< <u>ἐᾶν</u> *δ᾽* <u>ἄκλαυτον</u>, <u>ἄταφον</u>, (<u>οἰωνοῖς</u>) <u>γλυκὺν</u>

<u>θησαυρὸν</u> <<u>εἰσορῶσι</u> πρὸς> (χάριν βορᾶς) >.

[<u>τοιαῦτά</u>] <u>φασι</u> [(τὸν ἀγαθὸν <u>Κρέοντα</u>) σοὶ

κἀμοί, [λέγω *γὰρ* κἀμέ,] <u>κηρύξαντ᾽</u> <u>ἔχειν</u>,   32

καὶ δεῦρο <u>νεῖσθαι</u> < <u>ταῦτα</u> τοῖσι μὴ <u>εἰδόσιν</u>

σαφῆ <u>προκηρύξοντα</u> >, *καὶ* < <u>τὸ</u> <u>πρᾶγμ᾽</u> <u>ἄγειν</u> >

οὐχ ὡς (παρ᾽ οὐδέν), ἀλλ᾽ [<u>ὃς</u> *ἂν* (τούτων <u>τι</u>) <u>δρᾷ</u>,]

[11] φίλων: objective genitive with μῦθος.

[12] ἐξ *ὅτου*: genitive of time in which, i.e., *since the time when* ….

[13] ἀδελφοῖν: dative object with compound verb, ἐστερήθημεν.

[15] φροῦδός ἐστιν: is fled, i.e., has fled.

[16] Circumstantial participles, nominative and feminine, agree with implicit *I* of οἶδ᾽.

[19] τοῦδ᾽ οὕνεκ᾽: postpositive preposition takes genitive pronoun that anticipates purpose clause, ὡς μόνη κλύοις. Fem. nom. adjective μόνη appositive to implicit *you* of κλύοις.

[20] καλχαίνουσ᾽: Fem. nom. participle antithetically supplements δηλοῖς.

[21] νῷν τὼ κασιγνήτω: Dual pronoun and adjective, accusative direct object.

[22] ἀτιμάσας ἔχει: compound tense: aorist periphrastic perfect.

[26] τὸν νέκυν: Object of infinitive τὸ μὴ καλύψαι and antecedent of τινα [28]; also direct object of infinitive ἐᾶν, with predicate accusatives ἄκλαυτον, ἄταφον, γλυκὺν, θησαυρὸν. Infinitives are subjects of impersonal passive infinitive ἐκκεκηρῦχθαι, in indirect statement after φασιν.

[30] Prefix of participle becomes postpositive adverb: *onlooking = looking on.*

[31] Κρέοντα: Accusative subject of periphrastic aorist infinitive: κηρύξαντ᾽ ἔχειν.

[33] The μὴ here generalizes: *whoever, anyone who* ….

[34] προκηρύξοντα: future participle connotes purpose.

[35] παρ᾽ οὐδέν: no small matter.

φόνον <u>προκεῖσθαι</u> δημόλευστον (ἐν πόλει)].　36

οὕτως <u>ἔχει</u> σοι <u>ταῦτα</u>, **καὶ** <u>δείξεις</u> τάχα

< **εἴτ᾽** <u>εὐγενὴς</u> <u>πέφυκας</u> **εἴτ᾽** (ἐσθλῶν <u>κακή</u>) >.

[37] οὕτως ἔχει ταῦτα: thus stand these matters.
[38] πέφυκας: as linking verb predicates εὐγενὴς and κακή of implicit *you* of δείξεις .

Ἰσμήνη

τί δ᾽, (ὦ ταλαῖφρον), [**εἰ** τάδ᾽ (ἐν τούτοις),] <u>ἐγώ</u>

< <u>λύους᾽</u> **ἂν** ἢ ῾<u>φάπτουσα</u> > <u>προσθείμην</u> πλέον;　40

[39] εἰ τάδ᾽ (ἐν τούτοις): idiomatic, *if things are like this, if this is the state of things.*
[40] λύους᾽ ἂν ἢ ῾φάπτουσα: an idiom: *loosening or tightening [the knot]*; ἂν in light of <u>προσθείμην</u> implies future less vivid protasis: *were I to loosen or tighten* ….

Ἀντιγόνη

[**εἰ** <u>ξυμπονήσεις</u> καὶ <u>ξυνεργάσει</u>] <u>σκόπει</u>.

Ἰσμήνη

<u>ποῖόν τι</u> <u>κινδύνευμα</u>; ποῦ (γνώμης) ποτ᾽ <u>εἶ</u>;　42

[42] γνώμης: Genitive of place/origin? Cf. Eng. idioms, *where* a speaker is coming from, or *where* headed.

Ἀντιγόνη

[**εἰ** <u>τὸν νεκρὸν</u> (ξὺν τῇδε) <u>κουφιεῖς</u> (χερί).]

[44] ἀπόρρητον: verbal adjective, neu. sing. nom. agreeing with objective infinitive θάπτειν.

Ἰσμήνη

ἦ γὰρ <u>νοεῖς</u> < <u>θάπτειν</u> σφ᾽ >, < <u>ἀπόρρητον</u> πόλει >;

Ἀντιγόνη

<u>τὸν γοῦν ἐμὸν καὶ τὸν σόν</u> [**ἦν** <u>σὺ</u> μὴ <u>θέλῃς</u>]　45
<u>ἀδελφόν</u>· οὐ **γὰρ** δὴ <u>προδοῦσ᾽</u> <u>ἁλώσομαι</u>.

[45] ἦν σὺ μὴ θέλῃς: protasis of generalizing conditional: *even though you may not* ….
[46] προδοῦσ᾽; nominative feminine participle (attributive to implicit "I") supplements meaning of first singular ἁλώσομαι.

Ἰσμήνη

(ὦ σχετλία), < Κρέοντος ἀντειρηκότος >;

[47] Κρέοντος ἀντειρηκότος: Genitive absolute, concessive import: *even though.*

Ἀντιγόνη

ἀλλ᾽ οὐδὲν (αὐτῷ) < τῶν ἐμῶν <u>μ᾽</u> <u>εἴργειν</u> > <u>μέτα</u> . 48

[48] οὐδὲν: Adverbial accusative: *not at all.*
[48] <u>μέτα</u>: 3rd sing. of μέτειμι & dative of possessor αὐτῷ: *have a share in, claim to, right to;* impersonal: *it does not belong to him to* … —subject infinitive <u>εἴργειν</u> & genitive of separation τῶν ἐμῶν (substantive).

Ἰσμήνη

οἴμοι! <u>φρόνησον</u>, (ὦ κασιγνήτη,) [<u>πατὴρ</u>
ὡς νῷν (ἀπεχθὴς δυσκλεής τ᾽) <u>ἀπώλετο,</u>
< (πρὸς αὐτοφώρων ἀμπλακημάτων) (διπλᾶς
<u>ὄψεις</u>) <u>ἀράξας</u> <u>αὐτὸς</u> (αὐτουργῷ χερί) >].   52
ἔπειτα <u>μήτηρ</u> καὶ <u>γυνή,</u> (διπλοῦν ἔπος,)
(πλεκταῖσιν ἀρτάναισι) <u>λωβᾶται</u> <u>βίον:</u>
τρίτον δ᾽ <u>ἀδελφὼ δύο</u> (μίαν καθ᾽ ἡμέραν)
<<u>αὐτοκτονοῦντε τὼ</u> ταλαιπώρω> (<u>μόρον</u>   56
κοινὸν) <u>κατειργάσαντ᾽</u> (ἐπαλλήλοιν χεροῖν).
νῦν **δ᾽ αὖ** < <u>μόνα</u> δὴ <u>νὼ λελειμμένα</u> > <u>σκόπει</u>
[**ὅσῳ** κάκιστ᾽ <u>ὀλούμεθ᾽,</u> [**εἰ** (νόμου βίᾳ)
<u>ψῆφον</u> (τυράννων) ἢ <u>κράτη</u> <u>παρέξιμεν</u>]].   60
ἀλλ᾽ <u>ἐννοεῖν</u> <u>χρὴ</u> <u>τοῦτο</u> [μὲν <u>γυναῖχ᾽</u> **ὅτι**
<u>ἔφυμεν,</u> < **ὡς** (πρὸς ἄνδρας) οὐ <u>μαχουμένα</u> >].
ἔπειτα δ᾽ [**οὕνεκ᾽** <u>ἀρχόμεσθ᾽</u> (ἐκ κρεισσόνων),
< καὶ <u>ταῦτ᾽</u> <u>ἀκούειν</u> κἄτι τῶνδ᾽ <u>ἀλγίονα</u> >].   64
<u>ἐγὼ</u> **μὲν** οὖν < <u>αἰτοῦσα</u> (τοὺς ὑπὸ χθονὸς)
<u>ξύγγνοιαν</u> <u>ἴσχειν</u> >, [**ὡς** βιάζομαι τάδε],
< <u>τοῖς</u> (ἐν τέλει) <u>βεβῶσι</u> > <u>πείσομαι:</u> < <u>τὸ</u> γὰρ
<u>περισσὰ</u> <u>πράσσειν</u> > οὐκ <u>ἔχει</u> (<u>νοῦν</u> οὐδένα).   68

Ἀντιγόνη

οὔτ᾽ ἂν <u>κελεύσαιμ᾽</u> **οὔτ᾽** ἄν, [**εἰ** <u>θέλοις</u> ἔτι
<u>πράσσειν,</u>] (ἐμοῦ) γ᾽ **ἂν** ἡδέως <u>δρῴης</u> (μέτα).
ἀλλ᾽ <u>ἴσθ᾽</u> [<u>ὁποῖά</u> σοι <u>δοκεῖ</u>] , <u>κεῖνον</u> δ᾽ ἐγὼ
<u>θάψω:</u> <u>καλόν</u> < μοι <u>τοῦτο</u> <u>ποιούσῃ</u> > <u>θανεῖν.</u>   72
<u>φίλη</u> (μετ᾽ αὐτοῦ) <u>κείσομαι,</u> (φίλου μέτα),
< <u>ὅσια</u> <u>πανουργήσασ᾽</u> >. **ἐπεὶ** <u>πλείων</u> <u>χρόνος</u>

[51] πρὸς: in face of.
[56] αὐτοκτονοῦντε τὼ
ταλαιπώρω: Nom. duals
attributive to dual subject.
[58] νώ: Nominative dual
subject, modified by dual
participle λελειμμένα and
dual predicate adjective μόνα.
[59] ὅσῳ: Adverbial dative
degree of difference with
adverbial accusative κάκιστ᾽.
[59] βίᾳ: in defiance of.
[61] ὅτι: introducing indirect
statement with ἐννοεῖν,
subject of χρή.
[61] γυναῖχ: Predicate
nominative of implicit *we* of
linking verb ἔφυμεν.
[62] μαχουμένα: future
participle implies purpose,
were not meant/intended to….
[63] **οὕνεκ**: Conjunction of
indirect statement; cf. ὅτι.
[64] ἀκούειν: an infinitive of
natural result.
[64] κἄτι: καὶ ἔτι.
τῶνδ᾽: genitive of comparison
with ἀλγίονα.
[66] ὡς βιάζομαι τάδε: causal
conjunction and adverbial
accusative of respect.
[67] τοῖς (ἐν τέλει) βεβῶσι:
those who have risen to
power—dative object of
intransitive πείσομαι.

[70] μέτα: preposition with
ἐμοῦ, displaced to enclose the
apodoses of a compound
hypothetical conditional …:
οὔτ᾽ ἂν κελεύσαιμ … οὔτ᾽ ἂν
δρῴης, with less vivid protosis
[εἰ θέλοις ἔτι πράσσειν,].
[72] καλόν: predicate of
subject infinitive θανεῖν.
[73] φίλη: predicate of implicit
I of κείσομαι.
[74] ὅσια πανουργήσασ᾽:
substantive and an object with
a meaning antithetical to that
of its circumstantial participle.

[ὃν δεῖ < μ᾽ ἀρέσκειν (τοῖς κάτω) (τῶν ἐνθάδε) >].

ἐκεῖ *γὰρ* αἰεὶ κείσομαι· σοὶ *δ᾽*, [*εἰ* δοκεῖ], 76

τὰ (τῶν θεῶν) ἔντιμ᾽ ἀτιμάσασ᾽ ἔχε.

[75] ὃν: accusative *time during which*; δεῖ & infinitive phrase: ἀρέσκειν, subject accusative με, indirect object τοῖς, and genitive of comparison τῶν.
[76] εἰ δοκεῖ: *if it seems right.*
[77] ἀτιμάσασα ἔχε: aorist periphrastic perfect imperative.

Ἰσμήνη

ἐγὼ *μὲν* οὐκ ἄτιμα ποιοῦμαι, < τὸ *δὲ*

(βίᾳ πολιτῶν) δρᾶν > ἔφυν ἀμήχανος.

[78] ποιοῦμαι: periphrastically used with noun for ἀτιμάω.
[79] βίᾳ: in defiance of.
[79] ἀμήχανος: predicate adjective of implicit *I* of ἔφυν, with epexegetical infinitive phrase: τὸ δρᾶν.

Ἀντιγόνη

σὺ *μὲν* τάδ᾽ ἂν προὔχοι᾽· ἐγὼ *δὲ* δὴ < τάφον 80

χώσουσ᾽ (ἀδελφῷ φιλτάτῳ) > πορεύσομαι.

[80] προὔχοιο > προέχομαι.
[81] χώσουσα: future participle connotes purpose: *to raise a burial mound.*

Ἰσμήνη

(οἴμοι ταλαίνης,) ὡς ὑπερδέδοικά (σου). 82

[82] ὑπερδέδοικά: perfect, for exclamation in the extreme.
[83] προτάρβει: intransitive imperative takes genitive of cause ἐμοῦ; ἐξόρθου: middle voice imperative takes direct object.

Ἀντιγόνη

μὴ (᾽μοῦ) προτάρβει· τὸν σὸν ἐξόρθου πότμον.

Ἰσμήνη

ἀλλ᾽ οὖν προμηνύσῃς γε τοῦτο (μηδενὶ) 84

τοὔργον, κρυφῇ *δὲ* κεῦθε, σὺν *δ᾽* αὔτως ἐγώ.

[84] προμηνύσῃς: jussive subjunctive for exhortation.
[85] τοὔργον > τὸ ἔργον ; σὺν: used adverbially.

Ἀντιγόνη

οἴμοι, καταύδα· (πολλὸν ἐχθίων) ἔσει

< σιγῶσ᾽ >, [*ἐὰν* μὴ (πᾶσι) κηρύξῃς τάδε].

[86] πολλὸν: adverbial accusative of extent, *much more.*
[87] σιγῶσα: circumstantial participle: *if, when, because of.*

Ἰσμήνη

θερμὴν (ἐπὶ ψυχροῖσι) καρδίαν ἔχεις. 88

Ἀντιγόνη

ἀλλ᾽ οἶδ᾽ ἀρέσκουσ᾽ [οἷς < μάλισθ᾽ ἀδεῖν με > χρή].

[89] ἀρέσκουσα: in indirect statement with οἶδα: the relative pronoun οἷς is dative indirect object of the participle as well as of infinitive ἀδεῖν: infinitive phrase (with subject accusative με) is subject of impersonal χρή.

Ἰσμήνη

[*εἰ καὶ* <u>δυνήσει</u> *γ᾽*]: ἀλλ᾽ (ἀμηχάνων) <u>ἐρᾷς</u>.　　90

Ἀντιγόνη

οὐκοῦν, [*ὅταν* δὴ μὴ <u>σθένω</u>], <u>πεπαύσομαι</u>.

Ἰσμήνη

(ἀρχὴν) *δὲ* < <u>θηρᾶν</u> > οὐ <u>πρέπει</u> < <u>τἀμήχανα</u> >.　　92

Ἀντιγόνη

[*εἰ* <u>ταῦτα</u> <u>λέξεις</u>], <u>ἐχθαρεῖ</u> *μὲν* (ἐξ ἐμοῦ) ,

<u>ἐχθρὰ</u> *δὲ* (τῷ θανόντι) <u>προσκείσει</u> δίκῃ.

ἀλλ᾽ <u>ἔα</u> < <u>με</u> καὶ <u>τὴν (ἐξ ἐμοῦ) δυσβουλίαν</u>

<u>παθεῖν</u> <u>τὸ δεινὸν τοῦτο</u>: <u>πείσομαι</u> *γὰρ* οὐ　　96

(τοσοῦτον <u>οὐδὲν</u>) [*ὥστε* μὴ οὐ καλῶς <u>θανεῖν</u>].

Ἰσμήνη

ἀλλ᾽ [εἰ δοκεῖ σοι], <u>στεῖχε</u>: <u>τοῦτο</u> δ᾽ <u>ἴσθ᾽</u> [*ὅτι*

<u>ἄνους</u> *μὲν* <u>ἔρχει</u> (τοῖς φίλοις) *δ᾽* ὀρθῶς <u>φίλη</u>].

---

[90] **εἰ καὶ ... γε:** if indeed!
ἀμηχάνων: objective genitive
connotes intransitive use of
verb, *be in love with*.

[92] τὰ ἀμήχανα: direct
object of infinitive θηρᾶν,
subject of impersonal πρέπει.

[93] τῷ θανόντι: substantive
participle is dyadically
dative with adjective ἐχθρὰ
and indirect object of
compound verb προσκείσει.

[95] ἔα: imperative has
infinitive phrase for object,
with hendiadic subject
accusative, με καὶ τὴν (ἐξ
ἐμοῦ) δυσβουλίαν.
[97] θανεῖν: infinitive of
natural result in result clause:
τοσοῦτον ... [ὥστε ...].

[99] ἄνους ... φίλη: both
appositive to implicit *you* of
ἔρχει.

[The first Choral Ode is omitted, in which the battle with
Polyneices' allies is sung and thanksgiving is given for the
victory of the City's captains—*all but the accursed pair*, sings the
Chorus, *who, born of one father and one mother, set against each other
their spears, both victorious, and who now share in a common death.*
The Chorus' dance ends with the entrance of Creon.]

Χορός

ἀλλ᾽ ὅδε γὰρ δὴ βασιλεὺς (χώρας),   155

Κρέων ὁ Μενοικέως (ἄρχων νεοχμὸς)

(νεαραῖσι θεῶν) (ἐπὶ συντυχίαις)

χωρεῖ, < τίνα δὴ μῆτιν ἐρέσσων >,

[ὅτι σύγκλητον τήνδε γερόντων   159

προΰθετο λέσχην,

< (κοινῷ κηρύγματι) πέμψας >];

[155] ἀλλὰ γάρ: *but wait!*
ὅδε: demonstrative personal
pronoun; χώρας: adverbial
genitive of place,
But wait now, here he is!
[158] τίνα μῆτιν: interrogative
adjective, *what enterprise?*
ἐρέσσων: "rowing", i.e.,
setting in motion.
[159] ὅτι: ... *that* he proposed
[i.e., *because* of which].

Κρέων

ἄνδρες, (τὰ μὲν δὴ πόλεος) ἀσφαλῶς θεοὶ

< (πολλῷ σάλῳ) σείσαντες > ὤρθωσαν πάλιν.

< ὑμᾶς > δ᾽ ἐγὼ (πομποῖσιν) (ἐκ πάντων δίχα)   164

ἔστειλ᾽ < ἱκέσθαι >, < τοῦτο μὲν τὰ Λαΐου

σέβοντας > εἰδὼς εὖ < θρόνων ἀεὶ κράτη >,

< τοῦτ᾽ αὖθις, [ἡνίκ᾽ Οἰδίπους ὤρθου πόλιν,

κἀπεὶ διώλετ᾽], (ἀμφὶ τοὺς κείνων ἔτι   168

παῖδας) μένοντας (ἐμπέδοις φρονήμασιν) >.

[ὅτ᾽ οὖν ἐκεῖνοι (πρὸς διπλῆς μοίρας) (μίαν

καθ᾽ ἡμέραν) ὤλοντο < παίσαντές τε καὶ

πληγέντες (αὐτόχειρι σὺν μιάσματι) >,   172

ἐγὼ κράτη δὴ πάντα καὶ θρόνους ἔχω

(γένους κατ᾽ ἀγχιστεῖα) τῶν ὀλωλότων.

ἀμήχανον δὲ (παντὸς ἀνδρὸς) ἐκμαθεῖν

ψυχήν τε καὶ φρόνημα καὶ γνώμην, [πρὶν ἂν   176

(ἀρχαῖς τε καὶ νόμοισιν) ἐντριβὴς φανῇ].

(ἐμοὶ) γὰρ [ὅστις πᾶσαν εὐθύνων πόλιν

μὴ τῶν ἀρίστων ἅπτεται βουλευμάτων

ἀλλ᾽ (ἐκ φόβου του) γλῶσσαν ἐγκλῄσας ἔχει]   180

< κάκιστος εἶναι νῦν τε καὶ πάλαι > δοκεῖ:

[162] τὰ πόλεος = τὰ πόλεως.
[163] σείσαντες: aorist tense
of participle implies time
before finite aorist ὤρθωσαν.
[164-5] ὑμᾶς: accusative
subject of infinitive ἱκέσθαι;
its phrase is object of ἔστειλα:
I commanded < you to come >;
also subject of the participles.
[165-9] τοῦτο μὲν σέβοντας
... τοῦτ᾽ αὖθις μένοντας:
participles of ὑμᾶς, in indirect
statement with εἰδώς, strongly
coordinated *(both ... and also)*.
[168-9] ἀμφὶ ... μένοντας:
stood by, remained loyal to.
[170] ὅτ᾽=ὅτε (ὅτι never elided).
[173] κράτη δὴ πάντα καὶ
θρόνους: a hendiadys for
θρόνων κράτη.
[175] ἀμήχανον: predicate
adjective *(neu., sing., nom.)* of
subject infinitive ἐκμαθεῖν.
[175] παντὸς ἀνδρὸς: any man.
[177] ἐντριβὴς: predicate
adjective of implicit *he* of
φανῇ; subjunctive with πρὶν ἄν;
ἀρχαῖς τε καὶ νόμοισιν:
datives of respect.
[178-81] (ἐμοὶ): ethical dative
with δοκεῖ, which links
relative clause as subject to
infinitive phrase as predicate,
κάκιστος agreeing with ὅστις.
[180] του = τινός.

καὶ [μεῖζον ὅστις (ἀντὶ τῆς αὑτοῦ πάτρας)

φίλον νομίζει,] τοῦτον (οὐδαμοῦ) λέγω.

ἐγὼ γάρ, [ἴστω Ζεὺς (ὁ πάνθ᾽ ὁρῶν ἀεί),] 184

οὔτ᾽ ἂν σιωπήσαιμι < τὴν ἄτην ὁρῶν

στείχουσαν ἀστοῖς (ἀντὶ τῆς σωτηρίας) >,

οὔτ᾽ ἂν φίλον ποτ᾽ ἄνδρα δυσμενῆ χθονὸς

θείμην (ἐμαυτῷ), τοῦτο γιγνώσκων [ὅτι 188

ἥδ᾽ ἐστὶν ἡ σῴζουσα καὶ < (ταύτης ἔπι)

πλέοντες ὀρθῆς > τοὺς φίλους ποιούμεθα].

(τοιοῖσδ᾽) ἐγὼ (νόμοισι) τήνδ᾽ αὔξω πόλιν,

καὶ νῦν (ἀδελφὰ τῶνδε) κηρύξας ἔχω 192

ἀστοῖσι (παίδων τῶν ἀπ᾽ Οἰδίπου πέρι):

Ἐτεοκλέα μέν, [ὃς < πόλεως ὑπερμαχῶν >

ὄλωλε τῆσδε, < πάντ᾽ ἀριστεύσας δόρει >,

(τάφῳ) τε κρύψαι καὶ τὰ πάντ᾽ ἀφαγνίσαι 196

[ἃ τοῖς ἀρίστοις ἔρχεται (κάτω) νεκροῖς].

τὸν δ᾽ αὖ ξύναιμον (τοῦδε), [Πολυνείκη λέγω,]

[ὃς γῆν πατρῴαν καὶ θεοὺς τοὺς ἐγγενεῖς

< φυγὰς κατελθὼν > ἠθέλησε μὲν < (πυρὶ) 200

πρῆσαι (κατ᾽ ἄκρας) >, ἠθέλησε δ᾽ < αἵματος

κοινοῦ πάσασθαι >, < (τοὺς δὲ) δουλώσας ἄγειν >,]

< τοῦτον > (πόλει τῇδ᾽) ἐκκεκήρυκται < τάφῳ

μήτε κτερίζειν μήτε κωκῦσαί τινα, 204

ἐᾶν δ᾽ ἄθαπτον (καὶ πρὸς οἰωνῶν) δέμας

(καὶ πρὸς κυνῶν) ἐδεστὸν < αἰκισθέντ᾽ ἰδεῖν >.

τοιόνδ᾽ ἐμὸν φρόνημα, κοὔποτ᾽ (ἔκ γ᾽ ἐμοῦ)

(τιμὴν) προέξουσ᾽ οἱ κακοὶ (τῶν ἐνδίκων): 208

ἀλλ᾽ [ὅστις εὔνους (τῇδε τῇ πόλει),] < θανὼν

καὶ ζῶν ὁμοίως > (ἐξ ἐμοῦ) τιμήσεται.

[182] μεῖζον: predicate adjective of φίλον; double accusatives with νομίζει;
[182] μεῖζον ἀντὶ = greater than.
[183] οὐδαμοῦ: "nowhere", i.e., of no account, worthless.
[188] θείμην: count as, hold to be, consider, with object ἄνδρα and predicate accusative φίλον.
[189] (ταύτης ἔπι): preposition postpositive; antecedent is ἥδ, for χθονὸς, πάτρῃ, or πόλις.
[194] Ἐτεοκλέα: direct object in indirect statement of infinitives κρύψαι and ἀφαγνίσαι.
[192] ἀδελφά: "akin to", in accordance with these + genitive.
[195] πάντ᾽ = πάντα, adverbial accusative, in all ways
[196] πάντ᾽ = πάντα: internal accusative of ἀφαγνίσαι, perform all the rites
[200] φυγὰς: noun in apposition to subject ὃς, as a fugitive
[202] (τοὺς δὲ) = and the rest; object of aorist participle δουλώσας, with time prior to infinitive ἄγειν, lead them away.
[203] τοῦτον: its antecedent is ξύναιμον, i.e., Πολυνείκη; it is the anticipated object of the infinitives of indirect statement after ἐκκεκήρυκται, i.e., μήτε κτερίζειν μήτε κωκῦσαί .
[204] τινα: subject accusative of infinitive κωκῦσαί.
[205] ἄθαπτον: predicate adjective of δέμας, in a double accusative with infinitive ἐᾶν, and in apposition, ἐδεστὸν with its two prepositional phrases.
[206] αἰκισθέντ᾽ ἰδεῖν: passive circumstantial participle agrees with antecedent δέμας, and is object of infinitive of purpose ἰδεῖν: to see it tormented, i.e., to leave it to be seen tormented.
[207] κοὔποτ᾽ = καὶ οὔποτε.
[208] Accusative of respect and genitive of comparison.

Χορός

(σοὶ) <u>ταῦτ᾽ ἀρέσκει</u>, (παῖ Μενοικέως Κρέον),

(τὸν τῇδε δύσνουν <u>κἀς</u> τὸν εὐμενῆ πόλει): 212

< <u>νόμῳ</u> δὲ <u>χρῆσθαι</u> <u>παντί</u> > που <u>πάρεστί</u> σοι

(καὶ τῶν θανόντων [<u>χὠπόσοι ζῶμεν</u>] πέρι).

Κρέων

<u>ὡς ἂν σκοποὶ</u> νῦν <u>εἴτε</u> (<u>τῶν εἰρημένων</u>).

Χορός

νεωτέρῳ < τῳ <u>τοῦτο βαστάζειν</u> > <u>πρόθες</u>. 216

Κρέων

<u>ἀλλ᾽ εἴσ᾽ ἕτοιμοι</u> (τοῦ νεκροῦ γ᾽ <u>ἐπίσκοποι</u>).

Χορός

<u>τί</u> δῆτ᾽ ἂν <u>ἄλλο τοῦτ᾽ ἐπεντέλλοις</u> ἔτι;

Κρέων

<u>τὸ μὴ ᾽πιχωρεῖν</u> (τοῖς <u>ἀπιστοῦσιν τάδε</u>).

Χορός

οὐκ <u>ἔστιν</u> οὕτω <u>μῶρος</u> [ὃς <u>θανεῖν ἐρᾷ</u>]. 220

Κρέων

(καὶ μὴν) <u>ὁ μισθός</u> γ᾽, <u>οὗτος</u>: <u>ἀλλ᾽</u> (ὑπ᾽ ἐλπίδων)

<u>ἄνδρας</u> τὸ <u>κέρδος</u> πολλάκις <u>διώλεσεν</u>.

[212] <u>κἀς</u> = καὶ ἐς (εἰς),
prepositional phrase with both
τὸν δύσνουν and τὸν εὐμενῆ.

[213] <u>χὠπόσοι</u> =
καὶ ὁπόσοι <u>ζῶμεν</u> [ἡμῶν],
in prepositional phrase
with πέρι, like θανόντων.

[215] <u>ὡς ἂν εἴτε</u> = ὡς ἂν <u>ἦτε</u>,
with <u>σκοποὶ</u> as predicate of
implicit *you all*, in subjunctive
clause of purpose, *See to it that*
you all be, Take care to be.

[216] <u>πρόθες</u>: aorist
imperative of προτίθημι,
with dative indirect object
νεωτέρῳ. and dative
infinitive of purpose
τῳ βαστάζειν.

[219] <u>τὸ μὴ ᾽πιχωρεῖν</u>:
infinitive, object of potential
optative ἂν <u>ἐπεντέλλοις</u>;
τοῖς <u>ἀπιστοῦσιν</u>: dative object
of compound verb ἐπιχωρέω.

[221] καὶ μὴν: indeed;
<u>οὗτος</u>: referent is <u>θανεῖν</u>,
the wage to be paid.

[A guard enters, to describe his discovery of the first attempt to
bury the body. *The doer was someone who left no trace*, says the
guard. The Chorus responds to the report as follows.]

Χορός

ἄναξ, ἐμοί τοί, [**μή** τι καὶ <u>θεήλατον</u> 278

<u>τοὔργον τόδ᾽</u>,] ἡ <u>ξύννοια βουλεύει</u> πάλαι

[278] *μή* τι καί: introducing a
doubtful assertion, *whether*
this might not be ….
[279] <u>βουλεύει</u> πάλαι: has
been pondering.

Κρέων

<u>παῦσαι</u>, [*πρὶν* (ὀργῆς) καὶ '<u>μὲ</u> <u>μεστῶσαι</u> < <u>λέγων</u> >,]

[*μὴ* '<u>φευρεθῆς</u> <u>ἄνους</u> τε καὶ <u>γέρων</u> ἄμα].

<u>λέγεις</u> *γὰρ* οὐκ <u>ἀνεκτὰ</u> < [<u>δαίμονας</u>] <u>λέγων</u>

[<u>πρόνοιαν</u> <u>ἴσχειν</u> (τοῦδε τοῦ νεκροῦ πέρι)] >.

πότερον < <u>ὑπερτιμῶντες</u> (ὡς <u>εὐεργέτην</u>)　　284

<u>ἔκρυπτον</u> <u>αὐτόν</u>, [*ὅστις* < <u>ἀμφικίονας</u>

<u>ναοὺς</u> <u>πυρώσων</u> > <u>ἦλθε</u> < <u>κἀναθήματα</u>

καὶ <u>γῆν</u> ἐκείνων καὶ <u>νόμους</u> <u>διασκεδῶν</u> >] ;

ἦ < <u>τοὺς κακοὺς</u> <u>τιμῶντας</u> > <u>εἰσορᾷς</u> < <u>θεούς</u> >;　　288

οὐκ ἔστιν. ἀλλὰ < <u>ταῦτα</u> καὶ πάλαι (πόλεως

<u>ἄνδρες</u>) μόλις <u>φέροντες</u> > <u>ἐρρόθουν</u> (ἐμοί),

< (κρυφῇ) <u>κάρα</u> <u>σείοντες</u> >, οὐδ᾽ (ὑπὸ ζυγῷ)

<u>λόφον</u> δικαίως <u>εἶχον</u>, [ὡς <u>στέργειν</u> <u>ἐμέ</u>].　　292

< (ἐκ τῶνδε) <u>τούτους</u> > <u>ἐξεπίσταμαι</u> καλῶς

< <u>παρηγμένους</u> (μισθοῖσιν) <u>εἰργάσθαι</u> <u>τάδε</u> >.

<u>οὐδὲν</u> γὰρ (ἀνθρώποισιν) [οἷον <u>ἄργυρος</u>]

(<u>κακὸν</u> <u>νόμισμ᾽</u>) <u>ἔβλαστε</u>. <u>τοῦτο</u> καὶ <u>πόλεις</u>　　296

<u>πορθεῖ</u>, τόδ᾽ <u>ἄνδρας</u> <u>ἐξανίστησιν</u> (δόμων):

τόδ᾽ <u>ἐκδιδάσκει</u> καὶ <u>παραλλάσσει</u> <u>φρένας</u>

<u>χρηστὰς</u> < (πρὸς αἰσχρὰ πράγματ᾽) <u>ἵστασθαι</u> βροτῶν >:

< πανουργίας > *δ᾽* <u>ἔδειξεν</u> (ἀνθρώποις) < <u>ἔχειν</u>　　300

καὶ (παντὸς ἔργου) <u>δυσσέβειαν</u> <u>εἰδέναι</u> >,

[<u>ὅσοι</u> *δὲ* <u>μισθαρνοῦντες</u> <u>ἤνυσαν</u> <u>τάδε</u> ,]

<u>χρόνῳ</u> ποτ᾽ <u>ἐξέπραξαν</u> [ὡς <u>δοῦναι</u> δίκην].

ἀλλ᾽ [*εἴπερ* <u>ἴσχει</u> <u>Ζεὺς</u> ἔτ᾽ (ἐξ ἐμοῦ) σέβας,　　304

εὖ τοῦτ᾽ <u>ἐπίστασ᾽</u>, <u>ὅρκιος</u> δέ (σοι) <u>λέγω</u>]:

[εἰ μὴ < <u>τὸν αὐτόχειρα</u> (τοῦδε τοῦ τάφου)

<u>εὑρόντες</u> > <u>ἐκφανεῖτ᾽</u> (ἐς ὀφθαλμοὺς ἐμούς),]

οὐχ (ὑμῖν) <u>Ἅιδης</u> <u>μοῦνος</u> <u>ἀρκέσει</u>, [*πρὶν ἂν*　　308

< <u>ζῶντες</u> <u>κρεμαστοὶ</u> > <u>τήνδε</u> <u>δηλώσηθ᾽</u> <u>ὕβριν</u>,

[281] μὴ 'φευρεθῆς: purpose subjunctive, *that you not be found* + predicate nominatives <u>ἄνους τε καὶ γέρων.</u>

[283] Preposition postpositive.

[285] ὅστις: indefinite relative pronoun generalizes, *one who ....*

[286] <u>κἀναθήματα</u> = καὶ ἀναθήματα.

[286–87] <u>πυρώσων</u> ... <u>διασκεδῶν</u>: future participles of purpose.

[284-88] *πότερον ... ἦ*: posing alternatives: the pair of participles refer to the same subject: <u>ὑπερτιμῶντες</u> [<u>θεοί</u>] <u>αὐτόν</u> <u>ἔκρυπτον</u> ... <u>τοὺς κακοὺς</u> <u>τιμῶντας</u> <u>εἰσορᾷς θεούς.</u>

[292] <u>ὡς</u> = ὥστε + infinitive of natural result (*so as to love*, i.e., *submit to*).

[293] <u>τούτους</u>: subject accusative of <u>παρηγμένους</u> in indirect statement.

[295] οὐδὲν οἷον: *there's nothing like ...*; ἀνθρώποισιν: dative of disadvantage.

[296] <u>κακὸν νόμισμα</u>: predicate of <u>οὐδὲν</u>, with <u>ἔβλαστε</u> as linking verb, *springs up as ....*

[300] πανουργίας: partitive genitive with <u>ἔχειν</u>, i.e., *have a share in villanies*).

[302] <u>ὅσοι</u>: relative pronoun refers to subject of main verb <u>ἐξέπραξαν.</u>

[303] χρόνῳ ποτ᾽: in time ... <u>δοῦναι</u> δίκην, pay the penalty.

[305] <u>ἐπίστασο</u>: imperative; ὅρκιος λέγω, *I speak as on oath.*

[306] τὸν αὐτόχειρα (+ genitive): the very perpetrator .

[308] <u>Ἅιδης μοῦνος</u> = <u>μόνος</u>, i.e., *death alone.*

[ἵν᾽ < εἰδότες <τὸ κέρδος ἔνθεν οἰστέον> >

(τὸ λοιπὸν) ἁρπάζητε, καὶ μάθηθ᾽ [ὅτι

οὐκ (ἐξ ἅπαντος) δεῖ τὸ κερδαίνειν φιλεῖν].   312

< (ἐκ τῶν *γὰρ* αἰσχρῶν λημμάτων) τοὺς πλείονας

ἀτωμένους > ἴδοις ἂν < ἢ σεσωσμένους >.

[310] οἰστέον: verbal adjective, predicate of τὸ κέρδος, in indirect question with ἔνθεν after participle εἰδότες.
[311] τὸ λοιπὸν: *from now on.*
[312] τὸ κερδαίνειν: infinitive object of φιλεῖν, infinitive supplement to δεῖ.
[313] τοὺς πλείονας: subject accusative of participles in indirect discourse.

Φύλαξ
εἰπεῖν τι δώσεις ἢ στραφεὶς οὕτως ἴω;

[315] δώσεις: *will you grant, allow.*
ἴω: deliberative subjunctive; οὕτως: *simply, just.*

Κρέων
οὐκ οἶσθα καὶ νῦν [ὡς ἀνιαρῶς λέγεις];   316

Φύλαξ
(ἐν τοῖσιν ὠσὶν) ἤ ('πὶ τῇ ψυχῇ) δάκνει;

[317] τοῖσιν = τοῖς
ὠσὶν > τὸ οὖς;
'πὶ = ἐπὶ.

Κρέων
τί δὲ ῥυθμίζεις [τὴν ἐμὴν λύπην ὅπου];   318

[318] ὅπου: relative pronoun introduces indirect question (εἶναι implicit).

Φύλαξ
ὁ δρῶν σ᾽ ἀνιᾷ (τὰς φρένας), τὰ δ᾽ ὦτ᾽ ἐγώ.

[319] τὰς φρένας: accusative of respect, *in your heart, gut;* τὰ ὦτ᾽ > τὸ οὖς.

Κρέων
οἴμ᾽ [ὡς λάλημα] δῆλον [ἐκπεφυκὸς εἶ],   320

Φύλαξ
< οὔκουν τό γ᾽ ἔργον τοῦτο ποιήσας ποτέ >.

[323] ἤ: adverbial, *truly, surely;* ᾧ: relative pronoun, dative indirect object of δοκῇ, which is subjunctive in a general protasis of characteristic; but ᾧ is also in effect dative of disadvantage with adjective δεινὸν, *terrible for the one to whom it seems so;* δεινὸν is in fact a predicate modifying the whole infinitive phrase, i.e., *terrible for one to whom it seems so and to seem so falsely.*

Κρέων
καὶ ταῦτ᾽ < (ἐπ᾽ ἀργύρῳ) γε τὴν ψυχὴν προδούς >.

Φύλαξ
φεῦ: ἦ δεινὸν < [ᾧ δοκῇ γε] καὶ ψευδῆ δοκεῖν >.

Κρέων
κόμψευέ νυν τὴν δόξαν: [εἰ δὲ ταῦτα μὴ   324

φανεῖτέ (μοι) τοὺς δρῶντας,] ἐξερεῖθ᾽ [ὅτι

τὰ δειλὰ κέρδη πημονὰς ἐργάζεται].

[324] κόμψευέ νυν τὴν δόξαν: i.e., *quibble on about what seems so;* ταῦτα; direct object of participle τοὺς δρῶντας, itself direct object of φανεῖτέ.

After the characters exit, the Chorus sings its famous ode in awe of human being,[6] which will conclude in awe at the sight of Antigone captured led in by the Guard.

Χορός

στροφή α

πολλὰ τὰ δεινὰ κοὐδὲν ἀνθρώπου δεινότερον πέλει.

τοῦτο καὶ πολιοῦ πέραν πόντου χειμερίῳ νότῳ

χωρεῖ, περιβρυχίοισιν   336

περῶν ὑπ᾽ οἴδμασιν

θεῶν τε τὰν ὑπερτάταν, Γᾶν

ἄφθιτον, ἀκαμάταν, ἀποτρύεται

ἰλλομένων ἀρότρων ἔτος εἰς ἔτος   340

ἱππείῳ γένει πολεύων.

ἀντιστροφή α

κουφονόων τε φῦλον ὀρνίθων ἀμφιβαλὼν ἄγει

καὶ θηρῶν ἀγρίων ἔθνη πόντου τ᾽ εἰναλίαν φύσιν

σπείραισι δικτυοκλώστοις,   344

περιφραδὴς ἀνήρ·

κρατεῖ δὲ μηχαναῖς ἀγραύλου

θηρὸς ὀρεσσιβάτα, λασιαύχενά θ᾽

ἵππον ὀχμάζεται ἀμφὶ λόφον ζυγῶν   348

οὔρειόν τ᾽ ἀκμῆτα ταῦρον.

στροφή β

καὶ φθέγμα καὶ ἀνεμόεν φρόνημα καὶ ἀστυνόμους

ὀργὰς ἐδιδάξατο καὶ δυσαύλων

πάγων ὑπαίθρεια καὶ δύσομβρα φεύγειν βέλη   352

παντοπόρος· ἄπορος ἐπ᾽ οὐδὲν ἔρχεται

τὸ μέλλον· Ἅιδα μόνον φεῦξιν οὐκ ἐπάξεται·

νόσων δ᾽ ἀμηχάνων φυγὰς ξυμπέφρασται.

[334] κοὐδὲν: καὶ οὐδὲν; πέλει: moves about, stirs; arises, turns up.

[338-41] Γᾶν: Object both of verb ἀποτρύεται and participle πολεύων.

[340] ἰλλομένων ἀρότρων: Genitive absolute: *with the plows going back and forth.*

[342-44] κουφονόων: an epithet, *light-hearted, care-free*—later given to ἔρωτες (cf. 617); ἀμφιβαλὼν … σπείραισι δικτυοκλώστοις: Dative poetically dilates participle. Netting in its threefold use: fowling (ὀρνίθων), hunting (θηρῶν), & fishing (πόντου φύσιν).

[346] μηχαναῖς: arts of taming; dative with κρατεῖ: prevails over (+ genitive).

[350] ἀνεμόεν φρόνημα: wind-swift thought. Cf. *Iliad* 15.80: ὡς δ᾽ ὅτ᾽ ἂν ἀΐξη νόος ἀνέρος…. ὡς κραιπνῶς μεμαυῖα διέπτατο.

[351] ἐδιδάξατο: *taught himself* or *learned for himself* (in the middle = *for his own benefit, by his own effort*).

[354] τὸ μέλλον: what is to come, in apposition to ἐπ᾽ οὐδὲν.

---

[6] Glosses on ode from *The Antigone of Sophocles*, Tr. R. Jebb (Cambridge University Press, 1891), courtesy of Perseus.Tufts.edu.

ἀντιστροφή β

σοφόν τι τὸ μηχανόεν τέχνας ὑπὲρ ἐλπίδ᾽ ἔχων   356

τοτὲ μὲν κακόν, ἄλλοτ᾽ ἐπ᾽ ἐσθλὸν ἔρπει,

νόμους γεραίρων χθονὸς θεῶν τ᾽ ἔνορκον δίκαν,

ὑψίπολις· ἄπολις ὅτῳ τὸ μὴ καλὸν

ξύνεστι τόλμας χάριν. μήτ᾽ ἐμοὶ παρέστιος   360

γένοιτο μήτ᾽ ἴσον φρονῶν ὃς τάδ᾽ ἔρδει.

[Antigone is led in by the Guard.]

σύστημα

< (ἐς δαιμόνιον τέρας) > <u>ἀμφινοῶ</u>   376

< <u>τόδε</u> >· πῶς < <u>εἰδὼς</u> > <u>ἀντιλογήσω</u>

< <u>τήνδ᾽</u> οὐκ <u>εἶναι</u> (παῖδ᾽ Ἀντιγόνην) >;

(ὦ δύστηνος

καὶ δυστήνου πατρὸς Οἰδιπόδα,)   380

<u>τί</u> ποτ᾽; οὐ (δή που) < <u>σέ</u> γ᾽ <u>ἀπιστοῦσαν</u>

τοῖς βασιλείοισιν > <u>ἄγουσι</u> < νόμοις

καὶ (ἐν ἀφροσύνῃ) <u>καθελόντες</u> >;

[356] σοφόν τι: in apposition to τὸ μηχανόεν: ability to invent, i.e.., *inventiveness, resourcefulness;* in apposition also is τέχνας: *having as a clever thing inventiveness, arts beyond expectation.*

[358] ἔνορκον: Feminine accusative (with δίκαν): *oath-bound, sworn.*

[376] <u>ἀμφινοῶ</u>: implies an indirect question with εἶναι & ἐς + accusative = for [*purpose*], anticipating direct question following πῶς <u>ἀντιλογήσω</u>; —and its indirect statement.

[381] <u>τί</u> ποτ᾽: what is *this?* οὐ δή που: *surely* not ….

[381-83] As circumstantial present participle <u>ἀπιστοῦσαν</u> modifies direct object, and so does aorist <u>καθελόντες</u>, subject of main verb <u>ἄγουσι</u>.

Φύλαξ

<u>ἥδ᾽ ἔστ᾽ ἐκείνη</u> < <u>τοὔργον</u> ἡ Ἐξειργασμένη >:   384

<u>τήνδ᾽ εἵλομεν θάπτουσαν.</u> ἀλλὰ ποῦ Κρέων;

Χορός

<u>ὅδ᾽</u> (ἐκ δόμων <u>ἄψορρος</u>) (εἰς δέον) <u>περᾷ</u>.

Κρέων

<u>τί</u> δ᾽ <u>ἔστι</u>; ποίᾳ <u>ξύμμετρος προὔβην</u> τύχῃ;

Κρέων

<u>ἄγεις</u> δὲ <u>τήνδε</u> < <u>τῷ τρόπῳ</u> πόθεν <u>λαβών</u> >;

Φύλαξ

<u>αὕτη τὸν ἄνδρ᾽ ἔθαπτε: πάντ᾽ ἐπίστασαι.</u>

Κρέων

ἦ καὶ <u>ξυνίῃς</u> καὶ <u>λέγεις</u> ὀρθῶς [<u>ἃ</u> φής];

Φύλαξ

<u>ταύτην</u> γ᾽ <u>ἰδὼν θάπτουσαν</u> [<u>ὃν σὺ</u>] τὸν νεκρὸν   404

[<u>ἀπεῖπας</u>]. ἆρ᾽ ἔνδηλα καὶ σαφῆ <u>λέγω</u>;

[384] <u>τοὔργον</u> = τὸ ἔργον;
ἡ Ἐξειργασμένη : substantive
perfect participle in apposition
to predicate noun <u>ἐκείνη.</u>

[386] <u>ἄψορρος</u>: adjective in
apposition to *he* of <u>περᾷ;</u>
εἰς δέον: for what's needed,
i.e., *as needed.*

[387] <u>ξύμμετρος</u>: adjective in
apposition to *I* of <u>προὔβην.</u>

[401] τῷ τρόπῳ πόθεν: double
question, *how and where?*
[403] ἦ καὶ: for sure, for certain.
[404] <u>ἰδὼν</u>: participle of sentence
fragment assumes finite verbs of
original question.
[404] <u>ὃν</u>: relative pronoun
anticipates its antecedent τὸν
νεκρὸν, object of participle
<u>θάπτουσαν</u>, itself modifying
object of participle <u>ἰδὼν.</u>
[405] ἔνδηλα καὶ σαφῆ:
adverbial accusatives

[Omitted is Creon's exchange with the Guard, in which he describes
catching Antigone in the act of trying to bury the body again: *After
a long while, when this storm had passed, the girl was seen, and she wailed
aloud with the sharp cry of a grieving bird, as when inside her empty nest
she sees the bed stripped of its nestling.* The Guard's testimony averred
on oath, Creon turns to address Antigone.]

Κρέων

< <u>σὲ</u> δή >, < <u>σὲ τὴν νεύουσαν</u> (εἰς πέδον) <u>κάρα</u> >,   441

<u>φὴς</u> ἢ <u>καταρνεῖ</u> < μὴ <u>δεδρακέναι τάδε</u> >:

Ἀντιγόνη

καὶ <u>φημὶ δρᾶσαι</u> κοὐκ <u>ἀπαρνοῦμαι τὸ μή.</u>

Κρέων

(*to Guard*): <u>σὺ μὲν κομίζοις</u> ἂν <u>σεαυτὸν</u> [ᾗ θέλεις]

(ἔξω βαρείας αἰτίας) <u>ἐλεύθερον</u>:   445

[441] <u>σὲ</u>: elliptical accusative
of address anticipates subject
in indirect statement of
<u>δεδρακέναι; you</u> of <u>φὴς</u> and
<u>καταρνεῖ</u> is antecedent; μὴ is
emphatic double negative,
as in Antigone's reply.

[444] ᾗ: dative of place, *where*
[445] ἔξω = ἔξ, i.e., [free] from

(to Antigone):

σὺ δ᾽ εἰπέ μοι (μὴ μῆκος, ἀλλὰ συντόμως),

ᾔδησθα < κηρυχθέντα <μὴ πράσσειν> τάδε >;

Ἀντιγόνη

ᾔδη: τί δ᾽ οὐκ ἔμελλον; ἐμφανῆ γὰρ ἦν.   448

Κρέων

(καὶ δῆτ᾽) ἐτόλμας < τούσδ᾽ ὑπερβαίνειν νόμους >;

Ἀντιγόνη

οὐ γάρ τί μοι Ζεὺς ἦν ὁ κηρύξας τάδε,

οὐδ᾽ ἡ (ξύνοικος τῶν κάτω θεῶν) Δίκη

τοιούσδ᾽ (ἐν ἀνθρώποισιν) ὥρισεν νόμους.   452

οὐδὲ < σθένειν τοσοῦτον > ᾠόμην < τὰ σὰ

κηρύγμαθ᾽, [ὥστ᾽ (ἄγραπτα κἀσφαλῆ θεῶν

νόμιμα) δύνασθαι <θνητὸν ὄνθ᾽> ὑπερδραμεῖν].

οὐ γάρ τι (νῦν γε κἀχθές), ἀλλ᾽ (ἀεί ποτε)   456

ζῇ ταῦτα, κοὐδεὶς οἶδεν [(ἐξ ὅτου) ᾽φάνη].

(τούτων) ἐγὼ οὐκ ἔμελλον, < (ἀνδρὸς οὐδενὸς)

φρόνημα δείσασ᾽ >, (ἐν θεοῖσι) τὴν δίκην

δώσειν: θανουμένη γὰρ ἐξῄδη, τί δ᾽ οὔ;   460

κεἰ μὴ σὺ προὐκήρυξας. [εἰ δὲ (τοῦ χρόνου

πρόσθεν) θανοῦμαι,] κέρδος αὔτ᾽ ἐγὼ λέγω.

[ὅστις γὰρ (ἐν πολλοῖσιν [ὡς ἐγὼ] κακοῖς)

ζῇ,] πῶς ὅδ᾽ οὐχὶ κατθανὼν κέρδος φέρει;   464

οὕτως ἔμοιγε < τοῦδε τοῦ μόρου τυχεῖν >

(παρ᾽ οὐδὲν) ἄλγος: ἀλλ᾽ ἄν, [εἰ τὸν (ἐξ ἐμῆς

μητρὸς) θανόντ᾽ ἄθαπτον ἠνσχόμην νέκυν,]   468

κείνοις ἂν ἤλγουν: τοῖσδε δ᾽ οὐκ ἀλγύνομαι.

σοὶ δ᾽ [εἰ δοκῶ νῦν < μῶρα δρῶσα > τυγχάνειν,]

σχεδόν τι (μώρῳ) μωρίαν ὀφλισκάνω.

[446] μῆκος: adverbial accusative, *at length*.
[447] κηρυχθέντα: participle in indirect statement with subject acc. τάδε & expexegetical infv., μὴ πράσσειν, i.e., *forbidden to do*.
[448] τί: adverbial accusative, i.e., *in what way, how, why?* οὐκ ἔμελλον; was I not likely to, was I not going to?
[449] καὶ δῆτα: expresses indignation, *and nevertheless*.
[450] τί: adverbial accusative, *in any way, at all*.
[453] τοσοῦτον: adverbial accusative, signaling upcoming result clause.
[455] δύνασθαι: infinitive of natural result, with supplementary ὑπερδραμεῖν; θνητὸν ὄνθ᾽ = θνητὸν ὄντα, [you] being mortal.
[456] κἀχθές = καὶ ἐχθές; ἀεί ποτε: ever always, *forever*.
[457] κοὐδεὶς = καὶ οὐδείς.
[458-60] τούτων … τὴν δίκην δώσειν: to pay the penalty for these things.
[460] θανουμένη: future participle connotes necessity; τί δ᾽ οὔ: *how not?*
[465] ἔμοιγε: ethical dative, *for me, in my eyes, to my mind*; τοῦδε τοῦ μόρου: objective genitive with τυχεῖν, the subject infinitive of an implicit ἐστι, with ἄλγος as its predicate.
[468] ἄθαπτον: predicate accusative of νέκυν, or of a substantive θανόντα with νέκυν as accusative of respect.
[469] ἂν ἤλγουν: apodosis of contrafactual conditional; κείνοις … τοῖσδε: generalized datives of cause.
[470] εἰ δοκῶ τυγχάνειν: i.e., τοῦδε τοῦ μόρου (line 465).
[471] σχεδόν τι: then perhaps

Χορός

δηλοῖ <u>τὸ γέννημ᾽</u> <u>ὠμὸν</u> (ἐξ ὠμοῦ πατρὸς   472
τῆς παιδός). <u>εἴκειν</u> δ᾽ οὐκ <u>ἐπίσταται</u> (κακοῖς).

Κρέων

ἀλλ᾽ <u>ἴσθι</u> τοι < <u>τὰ (σκλήρ᾽ ἄγαν) φρονήματα</u>
<u>πίπτειν</u> μάλιστα >, καὶ < <u>τὸν ἐγκρατέστατον</u>
<u>σίδηρον</u> (<u>ὀπτὸν</u> (ἐκ πυρὸς) <u>περισκελῆ</u>)
<u>θραυσθέντα</u> καὶ <u>ῥαγέντα</u> πλεῖστ᾽> ἂν <u>εἰσίδοις</u>:   476
(σμικρῷ χαλινῷ) δ᾽ <u>οἶδα</u> <u>τοὺς θυμουμένους</u>
<u>ἵππους</u> <u>καταρτυθέντας</u>: οὐ γὰρ <u>ἐκπέλει</u>
<u>φρονεῖν</u> <u>μέγ᾽</u> [<u>ὅστις δοῦλός ἐστι</u> (τῶν πέλας)].
<u>αὕτη</u> δ᾽ <u>ὑβρίζειν</u> μὲν τότ᾽ <u>ἐξηπίστατο</u>,   480
< <u>νόμους ὑπερβαίνουσα τοὺς προκειμένους</u> >:
<u>ὕβρις</u> δ᾽, [<u>ἐπεὶ δέδρακεν</u>, <u>ἥδε</u> δευτέρα],
< (τούτοις) <u>ἐπαυχεῖν</u> καὶ <u>δεδρακυῖαν γελᾶν</u> >.
ἢ νῦν <u>ἐγὼ</u> μὲν οὐκ <u>ἀνήρ</u>, <u>αὕτη</u> δ᾽ <u>ἀνήρ</u>,   484
[εἰ <u>ταῦτ᾽</u> ἀνατὶ] <u>τῇδε</u> <u>κείσεται</u> <u>κράτη</u>].
ἀλλ᾽ [εἴτ᾽ <u>ἀδελφῆς</u> εἴθ᾽ <u>ὁμαιμονεστέρα</u>
(τοῦ παντὸς ἡμῖν Ζηνὸς ἑρκείου) <u>κυρεῖ</u>]
<u>αὐτή</u> τε χἠ ξύναιμος οὐκ <u>ἀλύξετον</u>   488
(μόρου κακίστου): καὶ (γὰρ οὖν) <u>κείνην</u> ἴσον
<u>ἐπαιτιῶμαι</u> < τοῦδε <u>βουλεῦσαι</u> τάφου >.
καί <u>νιν</u> <u>καλεῖτ᾽</u>: ἔσω γὰρ <u>εἶδον</u> ἀρτίως
< <u>λυσσῶσαν</u> <u>αὐτὴν</u> οὐδ᾽ <u>ἐπήβολον</u> (φρενῶν) >.   492
<u>φιλεῖ</u> δ᾽ <u>ὁ θυμὸς</u> (πρόσθεν) <u>ᾑρῆσθαι</u> <u>κλοπεὺς</u>
< τῶν (μηδὲν ὀρθῶς) (ἐν σκότῳ) τεχνωμένων >:
<u>μισῶ</u> γε μέντοι < χὥταν (ἐν κακοῖσί) <u>τις</u>
<u>ἁλοὺς</u> > ἔπειτα <u>τοῦτο</u> <u>καλλύνειν</u> θέλῃ.   496

[472] <u>ὠμὸν</u>: predicate of subject <u>τὸ γέννημα</u>, with <u>δηλοῖ</u> linking, *the offspring shows itself to be wild.*

[473] <u>τὰ φρονήματα</u>: subject of infinitive <u>πίπτειν</u> in indirect statement after imperative <u>ἴσθι.</u>
[474] <u>τὸν ἐγκρατέστατον</u>: subject of passive participles <u>θραυσθέντα καὶ ῥαγέντα</u> in indirect statement after <u>ἂν εἰσίδοις.</u>
[476] <u>πλεῖστα</u>: adverbial accusative, like μάλιστα.
[479] <u>φρονεῖν</u> <u>μέγα</u>: *think big, be proud;* τῶν πέλας: of those close by.
[482] <u>δεδρακυῖαν</u>: accusative participle is subject of infinitives <u>ἐπαυχεῖν καὶ γελᾶν;</u> infinitive phrase is subject of predicate noun <u>ὕβρις</u>.
[485] ἀνατὶ: adverbial, *with impunity;* τῇδε: dative of the possessor, in effect.
[487] τοῦ παντὸς Ζηνὸς ἑρκείου: gen. of comparison with <u>ὁμαιμονεστέρα</u>: *closer kin to us than any Zeus of the hearth,* i.e., *any of the household.*
[488] <u>τε χἠ</u> = καὶ ἡ <u>ἀλύξετον</u>: dual future, 3rd pl.
[489] καὶ (γὰρ οὖν) <u>κείνην</u>: adverbial, *for even indeed her.*
[490] τοῦδε <u>βουλεῦσαι</u> τάφου: genitive of the charge.
[491] <u>νιν</u> = ἐκείνην.
[492] <u>ἐπήβολον</u>: predicate accusative of subject <u>αὐτὴν</u> in participial phrase, object of <u>εἶδον</u>, i.e., *I saw her [being] ....*
[493] <u>φιλεῖ</u>: *is wont to, likely to;* πρόσθεν (+ gen): *before, in face of* ᾑρῆσθαι κλοπεύς: attic law-term, *to have been convicted as perpetrator,* i.e., *found guilty.*
[495] μέντοι: adversative *but;* χὥταν = καί ὅταν, *also when.*

Ἀντιγόνη

θέλεις τι μεῖζον [ἢ κατακτεῖναί μ᾽ < ἑλών >];   497

Κρέων

ἐγὼ μὲν οὐδέν: < τοῦτ᾽ ἔχων > ἅπαντ᾽ ἔχω.

Ἀντιγόνη

τί δῆτα μέλλεις; ὡς ἐμοὶ (τῶν σῶν λόγων)

ἀρεστὸν οὐδὲν μηδ᾽ ἀρεσθείη ποτέ: 500

(οὕτω δὲ καὶ) σοὶ τἄμ᾽ ἀφανδάνοντ᾽ ἔφυ.

καίτοι πόθεν (κλέος γ᾽ ἂν εὐκλεέστερον)

κατέσχον [ἢ τὸν αὐτάδελφον (ἐν τάφῳ)

τιθεῖσα]; τούτοις < τοῦτο (πᾶσιν) ἁνδάνειν >   504

λέγοιτ᾽ ἄν, [εἰ μὴ γλῶσσαν ἐγκλήοι φόβος].

ἀλλ᾽ ἡ τυραννὶς (πολλά τ᾽ ἄλλ᾽) εὐδαιμονεῖ

κἄξεστιν (αὐτῇ) < δρᾶν λέγειν θ᾽ [ἃ βούλεται] >.

Κρέων

σὺ τοῦτο μούνη (τῶνδε Καδμείων) ὁρᾷς.   508

Ἀντιγόνη

ὁρῶσι χοὖτοι, (σοὶ) δ᾽ ὑπίλλουσιν στόμα.

Κρέων

σὺ δ᾽ οὐκ ἐπαιδεῖ, [(τῶνδε χωρὶς) εἰ φρονεῖς];

Ἀντιγόνη

οὐδὲν γὰρ αἰσχρὸν < τοὺς ὁμοσπλάγχνους σέβειν >.

Κρέων

οὔκουν ὅμαιμος < χὠ καταντίον θανών >;   512

[497] μ᾽ = μέ᾽: direct object of both infinitive of comparison and circumstantial participle.

[498] οὐδέν: i.e., θέλω.

[499] τί: adverbial *why*;
ὡς: adverbial *as, since, because*;
τῶν σῶν λόγων: partitive genitive with subject οὐδέν.
[500] ἀρεστὸν: verbal adjective, predicate of οὐδέν.
[501] τἄμ᾽ = τὰ ἐμὰ , neuter plural subject of 3rd sing. ἔφυ.
[503] πόθεν ἂν κατέσχον: verb is potential indicative in contrafactual conditional, i.e., *where would I have, had I not ....*
[504] τούτοις: pronoun dative of agent with impersonal 3rd passive λέγοιτο ἄν, which has infinitive phrase for subject; infinitive phrase is apodosis of a future less vivid conditional sentence with εἰ μὴ ἐγκλήοι.

[509] χοὖτοι = καὶ οὗτοι : adverbial καὶ, *too, also, even.*

[510] τῶνδε χωρὶς: preposition with genitive, *differently from.*

[511] γὰρ: i.e., *No, since ...*
αἰσχρὸν: neuter singular predicate of subject infinitive.

[512] χὠ: dual pronoun = ὅς.

Ἀντιγόνη

<u>ὅμαιμος</u> (ἐκ μιᾶς τε καὶ ταὐτοῦ πατρός). 513

Κρέων

πῶς δῆτ᾽ (ἐκείνῳ) <u>δυσσεβῆ</u> <u>τιμᾷς</u> <u>χάριν;</u>

> [514] τιμᾷς: in attic law, for a judge to award punishment or assess someone a penalty; δυσσεβῆ χάριν: oxymoronic, cf. ὅσια πανουργήσασ᾽ (74).

Ἀντιγόνη

οὐ <u>μαρτυρήσει</u> <u>ταῦθ</u>᾽ ὁ <u>κατθανὼν</u> <u>νέκυς</u>.

> [515] ταῦθ = ταῦτα.

Κρέων

[<i>εἴ</i> τοί <u>σφε</u> <u>τιμᾷς</u> (ἐξ ἴσου) τῷ δυσσεβεῖ]. 516

> [516] εἴ τοί : *Surely he will, if …* σφε = αὐτόν.

Ἀντιγόνη

οὐ <i>γάρ</i> τι <u>δοῦλος,</u> <i>ἀλλ</i>᾽ <u>ἀδελφὸς</u> <u>ὤλετο</u>.

Κρέων

<u>πορθῶν</u> δὲ <u>τήνδε</u> <u>γῆν</u>: ὁ δ᾽ <u>ἀντιστὰς</u> (ὕπερ).

> [518] δὲ … ὁ δ᾽: *he … the other* ὕπερ: i.e., τῆσδε γῆς ὕπερ.

Ἀντιγόνη

ὁμῶς <u>ὅ</u> γ᾽ Ἅιδης <u>τοὺς</u> <u>νόμους</u> <u>τούτους</u> <u>ποθεῖ</u>.

Κρέων

ἀλλ᾽ οὐχ <u>ὁ</u> <u>χρηστὸς</u> (τῷ κακῷ) <u>λαχεῖν</u> ἴσος. 520

> [520] λαχεῖν: i.e., λαχεῖν ποθεῖ.

Ἀντιγόνη

<u>τίς</u> <u>οἶδεν</u> [εἰ κάτωθεν <u>εὐαγῆ</u> <u>τάδε</u>];

> [521] εὐαγῆ: predicate of τάδε.
>
> [522] οὐχθρός = ὁ ἐχθρός, subject of predicate φίλος.

Κρέων

οὔτοι ποθ᾽ <u>οὐχθρός,</u> [οὐδ᾽ <i>ὅταν</i> <u>θάνῃ</u>], <u>φίλος</u>.

> [523] συνέχθειν: neologism to parallel συμφιλεῖν, *love mutually* (with prefix συν, *together with, along with*).

Ἀντιγόνη

οὔτοι <u>συνέχθειν,</u> ἀλλὰ <u>συμφιλεῖν</u> ἔφυν.

Κρέων

< κάτω νυν <u>ἐλθοῦσ</u>᾽ >, [εἰ φιλητέον], <u>φίλει</u> 524

<u>κείνους</u>: (<u>ἐμοῦ</u> δὲ <u>ζῶντος</u>) οὐκ <u>ἄρξει</u> <u>γυνή</u>.

> [524] φιλητέον: verbal adj., impersonal (ἐστι implicit), to express necessity; φίλει: imperative!;
>
> [525] ἐμοῦ: genitive object complement of ἄρξει.

Χορός

καὶ μὴν (πρὸ πυλῶν) ἥδ᾽ Ἰσμήνη,

< φιλάδελφα κάτω δάκρυ᾽ εἰβομένη >:

νεφέλη δ᾽ (ὀφρύων ὕπερ) αἱματόεν   528

ῥέθος αἰσχύνει,

< τέγγουσ᾽ εὐῶπα παρειάν >.

Κρέων

σὺ δ᾽, [ἥ < (κατ᾽ οἴκους) (ὡς ἔχιδν᾽) ὑφειμένη >

< λήθουσά μ᾽ > ἐξέπινες, οὐδ᾽ ἐμάνθανον   532

< τρέφων δύ᾽ ἄτα κἀπαναστάσεις (θρόνων) >],

φέρ᾽, εἰπὲ δή μοι, καὶ σὺ (τοῦδε τοῦ τάφου)

φήσεις μετασχεῖν, ἢ 'ξομεῖ τὸ μὴ εἰδέναι;

Ἰσμήνη

δέδρακα τοὔργον, [εἴπερ ἥδ᾽ ὁμορροθεῖ]   536

καὶ ξυμμετίσχω καὶ φέρω (τῆς αἰτίας).

Ἀντιγόνη

ἀλλ᾽ οὐκ ἐάσει τοῦτό γ᾽ ἡ δίκη σ᾽, [ἐπεὶ

οὔτ᾽ ἠθέλησας οὔτ᾽ ἐγὼ 'κοινωσάμην.

Ἰσμήνη

ἀλλ᾽ (ἐν κακοῖς τοῖς σοῖσιν) οὐκ αἰσχύνομαι   540

< ξύμπλουν ἐμαυτὴν (τοῦ πάθους) ποιουμένη >.

Ἀντιγόνη

[ὧν τοὔργον], Ἅιδης χοὶ κάτω ξυνίστορες:

(λόγοις) δ᾽ ἐγὼ φιλοῦσαν οὐ στέργω φίλην.

Ἰσμήνη

μήτοι, (κασιγνήτη), < μ᾽ > ἀτιμάσῃς < τὸ μὴ οὐ   544

θανεῖν τε (σὺν σοὶ) > τὸν θανόντα θ᾽ ἁγνίσαι.

[526] καὶ μὴν: introductory *Lo!*
[527] δάκρυ᾽ = δάκρυα;
φιλάδελφα: *sisterly, loving.*
[528] αἱματόεν: *bloody,*
perhaps from scratching it in
mourning; or else less literally,
flushed from weeping.
[530] τέγγουσα: with νεφέλη;
εὐῶπα: from εὐώψ.

[531] ὑφειμένη: perfect passive
participle, *slipped under.*
[533] δύ᾽ ἄτα = accusative dual
of δύο ἄτη, *two banes, plagues;*
κἀπαναστάσεις = καὶ
ἐπαναστάσεις, *overthrow(s).*
[534] φέρ᾽, εἰπὲ: paired
imperatives, *Come now, tell ….*
[535] μετασχεῖν > μετ/έχω;
ἐξομεῖ τὸ μὴ εἰδέναι: *will you
swear to the contrary* (>ἐξόνυμι).

[536] εἴπερ: *as long as, only if.*
[537] τῆς αἰτίας: genitive object
because of ξυμ/μετίσχω.

[538] σ᾽ = σε : with τοῦτό,
double accusative of ἐάσει,
permit you this (i.e., to do this).

[541] ξύμπλουν: *shipmate,* i.e.,
companion (+ τοῦ πάθους);
predicate of ἐμαυτὴν, which is
object of middle participle
ποιουμένη, supplementary to
αἰσχύνομαι, i.e., *not ashamed of
my making myself.*

[542] ὧν: relative pronoun,
gen. of the possessor, *whose;*
τοὔργον = τὸ ἔργον,
predicate; χοὶ κάτω = καὶ οἱ
κάτω, *those below,* subject with
Ἅιδης of predicate ξυνίστορες.

[544] μή ἀτιμάσῃς: prohibitive
subjunctive, *disdain not,* with
infinitive phrases for object,
μὲ τὸ μὴ οὐ θανεῖν σὺν σοὶ
(double negative emphatic)
and τὸν θανόντα ἁγνίσαι.

Ἀντιγόνη

μή (μοι) <u>θάνῃς</u> <u>σὺ</u> (κοινὰ) μηδ᾿ [<u>ἃ</u> μὴ ᾿<u>θιγες</u>]
<u>ποιοῦ</u> (σεαυτῆς). <u>ἀρκέσω</u> <u>θνῄσκουσ</u>᾿ <u>ἐγώ</u>.

[546] κοινὰ: adverbial accusative and dative modify enclosed verb, *in union with me* εἴθιγες > θιγγάνω, touch.

Ἰσμήνη

καὶ <u>τίς</u> <u>βίος</u> < μοι σοῦ <u>λελειμμένη</u> > <u>φίλος</u>;   548

[547] θνῄσκουσ᾿: participle supplementary to ἀρκέσω, *suffice, be strong enough to.*

Ἀντιγόνη

<u>Κρέοντ</u>᾿ <u>ἐρώτα</u>: (τοῦδε) ***γὰρ*** <u>σὺ</u> <u>κηδεμών</u>.

[549] κηδεμών: predicate of σὺ, sarcastically, as Creon would be the guardian-protector of the women.

Ἰσμήνη

τί (ταῦτ᾿) <u>ἀνιᾷς</u> <u>μ</u>᾿, < (οὐδὲν) <u>ὠφελουμένη</u> >;

[550] ταῦτα … οὐδὲν: adverbial accusatives of respect.

Ἀντιγόνη

< <u>ἀλγοῦσα</u> μὲν δῆτ᾿> [***εἰ*** <u>γελῶ</u> γ᾿ (ἐν σοὶ)] <u>γελῶ</u>.

[552] τί: adverbial accusative, *in what way, how?*
ἂν: with potential optative ὠφελοῖμι;
ἀλλὰ νῦν: *even now, now at least.*

Ἰσμήνη

(τί δῆτ᾿) ἂν (ἀλλὰ νῦν) <u>σ</u>᾿ ἔτ᾿ <u>ὠφελοῖμ</u>᾿ <u>ἐγώ</u>;   552

Ἀντιγόνη

<u>σῶσον</u> <u>σεαυτήν</u>: οὐ <u>φθονῶ</u> < <u>σ</u>᾿ <u>ὑπεκφυγεῖν</u> >.

[553] σε: subject accusative in infinitive phrase.

Ἰσμήνη

(οἴμοι τάλαινα), κἀμπλάκω (τοῦ σοῦ μόρου);

[554] τάλαινα: exclamatory nominative;
κἀμπλάκω = καὶ ἀμπλάκω (> ἀμπλακίσκω), 2nd aorist deliberative subjunctive, with genitive of separation.

Ἀντιγόνη

<u>σὺ</u> ***μὲν*** ***γὰρ*** <u>εἵλου</u> <u>ζῆν</u>, <u>ἐγὼ</u> ***δὲ*** <u>κατθανεῖν</u>.

Ἰσμήνη

ἀλλ᾿ οὐκ (ἐπ᾿ ἀρρήτοις γε τοῖς ἐμοῖς λόγοις).   556

[556] οὐκ ἐπί + dative: circumstance under which, *not with words of mine unspoken* [= ἀλλ᾿ οὐ πρίν ῥηθῆναι].

Ἀντιγόνη

καλῶς <u>σὺ</u> (***μὲν*** τοῖς), (τοῖς ***δ᾿***) <u>ἐγὼ</u> ᾿δόκουν φρονεῖν.

[557] ᾿δόκουν = ἐδόκουν, 1st singular imperfect;
μὲν τοῖς, τοῖς δ᾿: adversative, *to some, but to others.*

Ἰσμήνη

καὶ ***μὴν*** <u>ἴση</u> (νῷν) <u>ἐστιν</u> <u>ἡ</u> ᾿<u>ξαμαρτία</u>.   558

[558] καὶ μὴν: contrastive, *And yet;* νῷν: dual dative of reference with adjective.

Ἀντιγόνη

θάρσει: <u>σὺ μὲν ζῇς</u>, ἡ δ᾽ ἐμὴ <u>ψυχὴ</u> πάλαι

<u>τέθνηκεν</u>, [**ὥστε** (τοῖς θανοῦσιν) ὠφελεῖν]. 560

Κρέων

(τὼ παῖδε) <u>φημὶ</u> (τώδε) < <u>τὴν μὲν</u> ἀρτίως

<u>ἄνουν</u> <u>πεφάνθαι</u>, <u>τὴν δ᾽</u> [ἀφ᾽ οὗ τὰ πρῶτ᾽ ἔφυ] >.

Ἰσμήνη

οὐ γάρ ποτ᾽, ὦναξ, οὐδ᾽ [ὃς ἂν <u>βλάστῃ</u>] μένει

<u>νοῦς</u> < τοῖς κακῶς <u>πράσσουσιν</u> >, *ἀλλ᾽* <u>ἐξίσταται</u>. 564

Κρέων

σοὶ γοῦν, [ὅθ᾽ <u>εἵλου</u> < (σὺν κακοῖς) <u>πράσσειν</u> <u>κακά</u> >.

Ἰσμήνη

τί γὰρ (μόνη μοι) (τῆσδ᾽ ἄτερ) βιώσιμον;

Κρέων

ἀλλ᾽ (ἥδε) μέντοι μὴ <u>λέγ᾽</u>: οὐ γὰρ <u>ἔστ᾽</u> ἔτι.

Ἰσμήνη

ἀλλὰ <u>κτενεῖς</u> νυμφεῖα (τοῦ σαυτοῦ τέκνου); 568

Κρέων

<u>ἀρώσιμοι</u> γὰρ χἀτέρων <u>εἰσὶν</u> <u>γύαι</u>.

Ἰσμήνη

οὐχ <u>ὥς</u> γ᾽ ἐκείνῳ [**τῇδέ** τ᾽ <u>ἦν</u> <u>ἡρμοσμένα</u>].

Κρέων

<u>κακὰς</u> <u>ἐγὼ</u> <u>γυναῖκας</u> (υἱέσι) <u>στυγῶ</u>.

Ἰσμήνη

ὦ φίλταθ᾽ Αἷμον, ὥς <u>σ᾽</u> <u>ἀτιμάζει</u> <u>πατήρ</u>. 572

[559] θάρσει: imperative
ὥστε ὠφελεῖν: infinitive of
natural result, *so that it serves;
so as to serve.*

[561-2] τὼ παῖδε τώδε: dual,
partitive genitive;
τὴν μὲν … τὴν δ᾽: each is a
subject accusative of infinitive
πεφάνθαι [> φαίνω] and of
predicate accusative ἄνουν;
ἀφ᾽ οὗ = relative pronoun,
genitive of time when with ἀπό;
τὰ πρῶτα, adverbial
accusative.

[563-4] ὅς: relative pronoun
refers to subject of μένει, νοῦς;
ἂν βλάστῃ: present general
subjunctive, i.e., *any that springs
[from nature, by birth];*
πράσσουσιν > πράττουσιν,
dative of disadvantage; with
κακῶς, *fare ill.*

[565] ὅθ = ὅτε, conjuction of
temporal clause; πράσσειν =
πράττειν, with κακά, *do ill.*

[566] τῆσδε: pronoun refers to
Antigone, object of preposition.

[567] ἥδε: nominative in direct
quotation, *say not "she;"*
ἔστι: not copulative but
existential (note accentuation).

[568] νυμφεῖα: neuter plural,
nuptials; by metonomy, *bride.*

[569] ἀρώσιμοι = ἀρόσιμος;
χἀτέρων = καὶ ἑτέρων.

[570] οὐχ ὥς … τῆδέ τ᾽:
adverbial dative, *not (matched)
… in the very way that* (i.e., *not so
well matched as she has been*).

[572] Exclamatory!

Κρέων

(ἄγαν γε) <u>λυπεῖς</u> καὶ <u>σὺ</u> καὶ <u>τὸ σὸν λέχος.</u>   573

Χορός

ἦ γὰρ <u>στερήσεις</u> (τῆσδε) <u>τὸν</u> σαυτοῦ <u>γόνον;</u>

Κρέων

<u>Ἅιδης ὁ παύσων τούσδε τοὺς γάμους</u> ἔφυ.

Χορός

<u>δεδογμέν᾽</u>, [ὡς ἔοικε], < <u>τήνδε κατθανεῖν</u> >.   576

Κρέων

καὶ σοί γε κἀμοί. μὴ <u>τριβὰς</u> ἔτ᾽, *ἀλλά* νιν

<u>κομίζετ</u>᾽ εἴσω, (δμῶες): (ἐκ δὲ τοῦδε) χρὴ

< <u>γυναῖκας εἶναι τάσδε</u> μηδ᾽ <u>ἀνειμένας</u> >.

<u>φεύγουσι</u> γάρ τοι <u>χοὶ θρασεῖς</u>, [*ὅταν* (πέλας   580

ἤδη) <u>τὸν Ἅιδην εἰσορῶσι</u> (τοῦ βίου).

[573] τὸ σὸν λέχος: *your marriage*, i.e., the marriage you speak of.

[574] τῆσδε: pronoun refers to Antigone, genitive of separation.

[575] ὁ παύσων: substantive participle is predicate of Ἅιδης, with ἔφυ linking.

[576] δεδογμέν᾽ = δεδογμένα ἐστι, impersonal perfect passive (neuter plural), with infinitive phrase as subject, i.e. *it has been decreed that.*

[577] καὶ σοί γε κἀμοί: datives of agent with perfect passive (or else indirect object & agent); μὴ τριβὰς ἔτ᾽ = μὴ ποιεῖσθε, *make no further delay.*

[579] τάσδε: subject accusative of γυναῖκας and ἀνειμένας.

[580] πέλας: adverb, *close on*, with genitive, τοῦ βίου, enclosing subjunctive in general temporal clause.

After Antigone and Ismene exit, the Chorus begins its song of foreboding in the play's
third ode (second *stasimon*) about the previous *episode*:

Blest those whose days taste no evils.

For those whose house is once shaken by gods,

no manner of doom is omitted, overcoming all its race …

In the *episode* that follows, Creon seals the fate of the race of Oedipus as well as his own
when with fateful anger he culminates his exchange with his son Haemon
pleading for the life of his betrothed Antigone thus:

By Olympus, you shall not revile me with these tauntings and go free.

Bring out the hateful creature; she shall die full in his sight,

close at her bridegroom's side.

Answering anger with anger, the son ominously says to his father as he exits the play:

Not at my side her death, and you will not lay eyes on my face again.

Creon then sentences Antigone to be entombed alive and exits.
The Chorus sings the play's fourth ode (third *stasimon*), about the maddening power of
Love at work in lovers for ruin. This song ushers in Antigone for a *kommos*,
a lyrical dialogue between her and the Chorus to accompany her procession
to her nuptial with death—and her final words about her fate.[7]

Χορός

Chorus

στροφή

Ἔρως ἀνίκατε μάχαν, Ἔρως, ὃς ἐν κτήμασι πίπτεις, 781

ὃς ἐν μαλακαῖς παρειαῖς νεάνιδος ἐννυχεύεις,

φοιτᾷς δ᾽ ὑπερπόντιος ἔν τ᾽ ἀγρονόμοις αὐλαῖς:

καί σ᾽ οὔτ᾽ ἀθανάτων φύξιμος οὐδεὶς

οὔθ᾽ ἁμερίων σέ γ᾽ ἀνθρώπων. ὁ δ᾽ ἔχων μέμηνεν.

Love, the unconquered in battle,
Love, you who descend upon
riches, and watch the night
through on a girl's soft cheek,
you roam over the sea and
among the homes of men in the
wilds. Neither can any immortal
escape you, nor any man whose
life lasts for a day. He who has
known you is driven to
madness.

ἀντιστροφή

σὺ καὶ δικαίων ἀδίκους φρένας παρασπᾷς ἐπὶ λώβᾳ,

σὺ καὶ τόδε νεῖκος ἀνδρῶν ξύναιμον ἔχεις ταράξας:

νικᾷ δ᾽ ἐναργὴς βλεφάρων ἵμερος εὐλέκτρου

νύμφας, τῶν μεγάλων πάρεδρος ἐν ἀρχαῖςθεσμῶν.

ἄμαχος γὰρ ἐμπαίζει θεός, Ἀφροδίτα. 799

You seize the minds of just men
and drag them to injustice, to
their ruin. You it is who have
incited this conflict of men
whose flesh and blood are one.
But victory belongs to radiant
Desire swelling from the eyes of
the sweet-bedded bride. Desire
sits enthroned in power beside
the mighty laws. For in all this
divine Aphrodite plays her
irresistible game.

νῦν δ᾽ ἤδη ᾽γὼ καὐτὸς θεσμῶν 800

ἔξω φέρομαι τάδ᾽ ὁρῶν ἴσχειν δ᾽

οὐκέτι πηγὰς δύναμαι δάκρυ

τὸν παγκοίτην ὅθ᾽ ὁρῶ θάλαμον

τήνδ᾽ Ἀντιγόνην ἀνύτουσαν. 805

[Enter Antigone under guard from the palace (initiating her *kommos* with the Chorus).]

Ἀντιγόνη, *στροφή α*

ὁρᾶτ᾽ ἔμ᾽, ὦ γᾶς πατρίας πολῖται, τὰν νεάταν ὁδὸν

στείχουσαν, νέατον δὲ φέγγος λεύσσουσαν ἀελίου,

κοὔποτ᾽ αὖθις. ἀλλά μ᾽ ὁ παγκοίτας Ἅιδας ζῶσαν ἄγει

τὰν Ἀχέροντος 812

ἀκτάν, οὔθ᾽ ὑμεναίων ἔγκληρον, οὔτ᾽ ἐπινύμφειός

πώ μέ τις ὕμνος ὕμνησεν, ἀλλ᾽ Ἀχέροντι νυμφεύσω.

Χορός, *σύστημα α*

οὐκοῦν κλεινὴ καὶ ἔπαινον ἔχουσ᾽ 817

ἐς τόδ᾽ ἀπέρχει κεῦθος νεκύων,

οὔτε φθινάσιν πληγεῖσα νόσοις

οὔτε ξιφέων ἐπίχειρα λαχοῦσ᾽,

ἀλλ᾽ αὐτόνομος ζῶσα μόνη δὴ

θνητῶν Ἅιδην καταβήσει.

Ἀντιγόνη, *ἀντιστροφή α*

ἤκουσα δὴ λυγρότατον ὀλέσθαι τὰν Φρυγίαν ξέναν

Ταντάλου Σιπύλῳ πρὸς ἄκρῳ, τὰν κισσὸς ὡς ἀτενὴς

πετραία βλάστα δάμασεν, καί νιν ὄμβροι τακομέναν,

ὡς φάτις ἀνδρῶν, 828

χιών τ᾽ οὐδαμὰ λείπει, τέγγει δ᾽ ὑπ᾽ ὀφρύσι παγκλαύτοις

δειράδας: ᾇ με δαίμων ὁμοιοτάταν κατευνάζει.

But now, witnessing this, I too am carried beyond the bounds of loyalty. The power fails me to keep back my streaming tears any longer, when I see Antigone making her way to the chamber where all are laid to rest, now her bridal chamber.

Antigone

[806] Citizens of my fatherland, see me setting out on my last journey, looking at my last sunlight, and never again. No, Hades who lays all to rest leads me living to Acheron's shore, though I have not had my due portion of the chant that brings the bride, nor has any hymn been mine for the crowning of marriage. Instead, the lord of Acheron will be my groom.

Chorus

[817] Then in glory and with praise you depart to that deep place of the dead, neither struck by wasting sickness, nor having won the wages of the sword. No, guided by your own laws and still alive, unlike any mortal before, you will descend to Hades.

Antigone

[823] I have heard with my own ears how our Phrygian guest, the daughter of Tantalus, perished in so much suffering on steep Sipylus— how, like clinging ivy, the sprouting stone subdued her. And the rains, as men tell, do not leave her melting form, nor does the snow, but beneath her weeping lids she dampens her collar. Most like hers is the god-sent fate that leads me to my rest.

Χορός, *σύστημα β*

ἀλλὰ θεός τοι καὶ θεογεννής,　　　　　834

ἡμεῖς δὲ βροτοὶ καὶ θνητογενεῖς.

καίτοι φθιμένη μέγα κἀκοῦσαι

τοῖς ἰσοθέοις σύγκληρα λαχεῖν.

ζῶσαν καὶ ἔπειτα θανοῦσαν.

Ἀντιγόνη, *στροφή β*

οἴμοι γελῶμαι. τί με, πρὸς θεῶν πατρῴων.　　839

οὐκ οἰχομέναν ὑβρίζεις, ἀλλ᾽ ἐπίφαντον;

ὦ πόλις, ὦ πόλεως πολυκτήμονες ἄνδρες·

ἰὼ Διρκαῖαι κρῆναι

Θήβας τ᾽ εὐαρμάτου ἄλσος, ἔμπας ξυμμάρτυρας

　　　　ὕμμ᾽ ἐπικτῶμαι,　　　　844

οἵα φίλων ἄκλαυτος, οἵοις νόμοις

πρὸς ἔργμα τυμβόχωστον ἔρχομαι τάφου ποταινίου·

ἰὼ δύστανος, βροτοῖς οὔτε νεκροῖς κυροῦσα

μέτοικος οὐ ζῶσιν, οὐ θανοῦσιν.

Χορός, *στροφή γ*

προβᾶσ᾽ ἐπ᾽ ἔσχατον θράσους　　　　853

ὑψηλὸν ἐς Δίκας βάθρον

προσέπεσες, ὦ τέκνον, πολύ·

πατρῷον δ᾽ ἐκτίνεις τιν᾽ ἄθλον.

Ἀντιγόνη, *ἀντιστροφή β*

ἔψαυσας ἀλγεινοτάτας ἐμοὶ μερίμνας,　　858

πατρὸς τριπόλιστον οἶκτον τοῦ τε πρόπαντος

ἁμετέρου πότμου κλεινοῖς Λαβδακίδαισιν.

ἰὼ ματρῷαι λέκτρων

ἄται κοιμήματά τ᾽ αὐτογέννητ᾽ ἐμῷ πατρὶ δυσμόρου ματρός,

Chorus

[834] Yet she was a goddess, as you know, and the offspring of gods, while we are mortals and mortal born. Still, it is a great thing for a woman who has died to have it said of her that she shared the lot of the godlike in her life, and afterwards, in death.

Antigone

[839] Ah, you mock me! In the name of our fathers' gods, why do you not wait to abuse me until after I have gone, and not to my face, O my city, and you, her wealthy citizens? Ah, spring of Dirce, and you holy ground of Thebes whose chariots are many, you, at least, will bear me witness how unwept by loved ones, and by what laws I go to the rock-closed prison of my unheard-of tomb! Ah, misery! I have no home among men or with the shades, no home with the living or with the dead.

Chorus

[853] You have rushed headlong to the far limits of daring, and against the high throne of Justice you have fallen, my daughter, fallen heavily. But in this ordeal you are paying for some paternal crime.

Antigone

[858] You have touched on my most bitter thought [860] and moved my ever-renewed pity for my father and for the entire doom ordained for us, the famed house of Labdacus. Oh, the horrors of our mother's bed! Oh, the slumbers of the wretched mother at the side of her own son, my own father! What manner of parents gave

οἵων ἐγώ ποθ᾽ ἁ ταλαίφρων ἔφυν: 868

πρὸς οὓς ἀραῖος ἄγαμος ἅδ᾽ ἐγὼ μέτοικος ἔρχομαι.

ἰὼ δυσπότμων κασίγνητε γάμων κυρήσας,

θανὼν ἔτ᾽ οὖσαν κατήναρές με.

Χορός, *ἀντιστροφή γ*

σέβειν μὲν εὐσέβειά τις,   872

κράτος δ᾽ ὅτῳ κράτος μέλει

παραβατὸν οὐδαμᾷ πέλει:

σὲ δ᾽ αὐτόγνωτος ὤλεσ᾽ ὀργά.

Ἀντιγόνη, *ἐπῳδός*

ἄκλαυτος, ἄφιλος, ἀνυμέναιος ταλαίφρων ἄγομαι

τὰν πυμάταν ὁδόν. οὐκέτι μοι τόδε   877

λαμπάδος ἱερὸν ὄμμα

θέμις ὁρᾶν ταλαίνᾳ.

τὸν δ᾽ ἐμὸν πότμον ἀδάκρυτον

οὐδεὶς φίλων στενάζει.

[Enter Creon.]

Κρέων

ἆρ᾽ ἴστ᾽, ἀοιδὰς καὶ γόους πρὸ τοῦ θανεῖν   883

ὡς οὐδ᾽ ἂν εἷς παύσαιτ᾽ ἄν, εἰ χρείη λέγειν;

οὐκ ἄξεθ᾽ ὡς τάχιστα; καὶ κατηρεφεῖ

τύμβῳ περιπτύξαντες, ὡς εἴρηκ᾽ ἐγώ,

ἄφετε μόνην ἔρημον, εἴτε χρῆ θανεῖν

εἴτ᾽ ἐν τοιαύτῃ ζῶσα τυμβεύειν στέγῃ:

ἡμεῖς γὰρ ἁγνοὶ τοὐπὶ τήνδε τὴν κόρην

μετοικίας δ᾽ οὖν τῆς ἄνω στερήσεται.   890

me my miserable being! It is to them that I go like this, accursed and unwed, to share their home. Ah, my brother, the marriage you made was doomed, and by dying you killed me still alive!

Chorus

[872] Your pious action shows a certain reverence, but an offence against power can no way be tolerated by him who has power in his keeping. [875] Your self-willed disposition is what has destroyed you.

Antigone

[876] Unwept, unfriended, without marriage-song, I am led in misery on this journey that cannot be put off. No longer is it permitted me, unhappy girl, [880] to look up at this sacred eye of the burning sun. But for my fate no tear is shed, no friend moans in sorrow.

[Enter Creon.]

Creon

[883] Do you not know that dirges and wailing before death would never be given up, if it were allowed to make them freely? [885] Take her away—now! And when you have enshrouded her, as I proclaimed, in her covered tomb, leave her alone, deserted—let her decide whether she wishes to die or to live entombed in such a home. It makes no difference, since our hands are clean so far as regards this girl. [890] But no matter what, she will be stripped of her home here above.

Ἀντιγόνη

ὦ τύμβος, ὦ νυμφεῖον, ὦ κατασκαφῆς   891
οἴκησις ἀείφρουρος, οἷ πορεύομαι
πρὸς τοὺς ἐμαυτῆς, ὧν ἀριθμὸν ἐν νεκροῖς
πλεῖστον δέδεκται Φερσέφασσ᾽ ὀλωλότων·
ὧν λοισθία 'γὼ καὶ κάκιστα δὴ μακρῷ   895
κάτειμι, πρίν μοι μοῖραν ἐξήκειν βίου.
ἐλθοῦσα μέντοι κάρτ᾽ ἐν ἐλπίσιν τρέφω
φίλη μὲν ἥξειν πατρί, προσφιλὴς δὲ σοί,
μῆτερ, φίλη δὲ σοί, κασίγνητον κάρα·
ἐπεὶ θανόντας αὐτόχειρ ὑμᾶς ἐγὼ   900
ἔλουσα κἀκόσμησα κἀπιτυμβίους
χοὰς ἔδωκα. νῦν δέ Πολύνεικες, τὸ σὸν
δέμας περιστέλλουσα τοιάδ᾽ ἄρνυμαι.
καίτοι σ᾽ ἐγὼ 'τίμησα τοῖς φρονοῦσιν εὖ.
οὐ γάρ ποτ᾽ οὔτ᾽ ἄν, εἰ τέκνων μήτηρ ἔφυν,   905
οὔτ᾽ εἰ πόσις μοι κατθανὼν ἐτήκετο,
βίᾳ πολιτῶν τόνδ᾽ ἂν ἠρόμην πόνον.
τίνος νόμου δὴ ταῦτα πρὸς χάριν λέγω;
πόσις μὲν ἄν μοι κατθανόντος ἄλλος ἦν,
καὶ παῖς ἀπ᾽ ἄλλου φωτός, εἰ τοῦδ᾽ ἤμπλακον,   910
μητρὸς δ᾽ ἐν Ἅιδου καὶ πατρὸς κεκευθότοιν
οὐκ ἔστ᾽ ἀδελφὸς ὅστις ἂν βλάστοι ποτέ.
τοιῷδε μέντοι σ᾽ ἐκπροτιμήσασ᾽ ἐγὼ
νόμῳ Κρέοντι ταῦτ᾽ ἔδοξ᾽ ἁμαρτάνειν
καὶ δεινὰ τολμᾶν, ὦ κασίγνητον κάρα.   915
καὶ νῦν ἄγει με διὰ χερῶν οὕτω λαβὼν
ἄλεκτρον, ἀνυμέναιον, οὔτε του γάμου
μέρος λαχοῦσαν οὔτε παιδείου τροφῆς,
ἀλλ᾽ ὧδ᾽ ἔρημος πρὸς φίλων ἡ δύσμορος

Antigone

[891] Tomb, bridal-chamber, deep-dug eternal prison where I go to find my own, whom in greatest numbers destruction has seized and Persephone has welcomed among the dead! [895] Last of them all and in by far the most shameful circumstances, I will descend, even before the fated term of my life is spent. But I cherish strong hopes that I will arrive welcome to my father, and pleasant to you, Mother, and welcome, dear brother, to you. [900] For, when each of you died, with my own hands I washed and dressed you and poured drink-offerings at your graves. But now, Polyneices, it is for tending your corpse that I win such reward as this. [And yet I honored you rightly, as the wise understand.

[905] Never, if I had been a mother of children, or if a husband had been rotting after death, would I have taken that burden upon myself in violation of the citizens' will. For the sake of what law, you ask, do I say that? A husband lost, another might have been found, [910] and if bereft of a child, there could be a second from some other man. But when father and mother are hidden in Hades, no brother could ever bloom for me again. Such was the law whereby I held you first in honor, but for that Creon judged me guilty of wrongdoing [915] and of dreadful outrage, dear brother! And now he leads me thus in his hands' strong grasp, when I have enjoyed no marriage bed or bridal song and have not received any portion of marriage or the nurture of children. But deserted by friends, [920] in misery I go living to the

ζῶσ᾿ εἰς θανόντων ἔρχομαι κατασκαφάς.   920

ποίαν παρεξελθοῦσα δαιμόνων δίκην;

τί χρή με τὴν δύστηνον ἐς θεοὺς ἔτι

βλέπειν; τίν᾿ αὐδᾶν ξυμμάχων; ἐπεί γε δὴ

τὴν δυσσέβειαν εὐσεβοῦσ᾿, ἐκτησάμην.

ἀλλ᾿ εἰ μὲν οὖν τάδ᾿ ἐστὶν ἐν θεοῖς καλά,   925

παθόντες ἂν ξυγγνοῖμεν ἡμαρτηκότες·

εἰ δ᾿ οἵδ᾿ ἁμαρτάνουσι, μὴ πλείω κακὰ

πάθοιεν ἢ καὶ δρῶσιν ἐκδίκως ἐμέ.

Χορός

ἔτι τῶν αὐτῶν ἀνέμων αὐταὶ

ψυχῆς ῥιπαὶ τήνδε γ᾿ ἔχουσιν.   930

Κρέων

τοιγὰρ τούτων τοῖσιν ἄγουσιν

κλαύμαθ᾿ ὑπάρξει βραδυτῆτος ὕπερ.

Ἀντιγόνη

οἴμοι, θανάτου τοῦτ᾿ ἐγγυτάτω

τοὔπος ἀφῖκται.

Χορός

θαρσεῖν οὐδὲν παραμυθοῦμαι   935

μὴ οὐ τάδε ταύτῃ κατακυροῦσθαι.

Ἀντιγόνη

ὦ γῆς Θήβης ἄστυ πατρῷον

καὶ θεοὶ προγενεῖς,

ἄγομαι δὴ κοὐκέτι μέλλω.

λεύσσετε, Θήβης οἱ κοιρανίδαι   940

τὴν βασιλειδᾶν μούνην λοιπήν,

οἷα πρὸς οἵων ἀνδρῶν πάσχω,

τὴν εὐσεβίαν σεβίσασα.

hollow graves of the dead. What law of the gods have I transgressed? Why should I look to the gods anymore? What ally should I call out to, when by my reverence I have earned a name for irreverence?

[925] Well, then, if these events please the gods, once I have suffered my doom I will come to know my guilt. But if the guilt lies with my judges, I could wish for them no greater evils than they inflict unjustly on me.

Chorus

Still the same tempest of the soul [930] grips this girl with the same fierce gusts.

Creon

Then because of this her guards will have reason to lament their slowness.

Antigone

Ah, no! That command verges close on death.

Chorus

[935] I cannot console you with any hope that your doom is not to be fulfilled in that way.

Antigone

O city of my fathers, land of Thebes, and you gods, our ancestors! I am led away now; there is no more delay! [940] Look at me, you who are Thebes' lords—look at the only remaining daughter of the house of your kings. See what I suffer, and at whose hands, because I revered reverence!

[Exit Antigone.]

After Antigone is led away by the guards to her bridal tomb,
the Chorus sings its final ode of the play, about Fate's terrible power.
Then the blind prophet Teiresias enters to confront Creon with ill omens:
birds screeching madly, sacrifices not taking flame, altars polluted
by birds and dogs who have eaten of the corpse of Polyneices.
Why has this sickness struck against the city? Through your decision!
But he offers him hope:
All men err, but error once committed, he is no fool or unfortunate who gives up
his hardness and cures the woe he has stumbled into. Stubbornness and stupidity are twins.
Yield to the dead. Why goad him where hi lies? What use to kill a second time?

Κρέων

ὦ πρέσβυ, πάντες ὥστε τοξόται σκοποῦ

τοξεύετ᾽ ἀνδρὸς τοῦδε, κοὐδὲ μαντικῆς

ἄπρακτος ὑμῖν εἰμι: τῶν δ᾽ ὑπαὶ γένους   1035

ἐξημπόλημαι κἀμπεφόρτισμαι πάλαι.

κερδαίνετ᾽, ἐμπολᾶτε τἀπὸ Σάρδεων

ἤλεκτρον, εἰ βούλεσθε, καὶ τὸν Ἰνδικὸν

χρυσόν: τάφῳ δ᾽ ἐκεῖνον οὐχὶ κρύψετε,

οὐδ᾽ εἰ θέλουσ᾽, οἱ Ζηνὸς αἰετοὶ βορὰν   1040

φέρειν νιν ἁρπάζοντες ἐς Διὸς θρόνους,

οὐδ᾽ ὡς μίασμα τοῦτο μὴ τρέσας ἐγὼ

θάπτειν παρήσω κεῖνον: εὖ γὰρ οἶδ᾽ ὅτι

θεοὺς μιαίνειν οὔτις ἀνθρώπων σθένει.

πίπτουσι δ᾽, ὦ γεραιὲ Τειρεσία, βροτῶν   1045

χοἰ πολλὰ δεινοὶ πτώματ᾽ αἴσχρ᾽, ὅταν λόγους

αἰσχροὺς καλῶς λέγωσι τοῦ κέρδους χάριν.

Τειρεσίας

φεῦ. ἆρ᾽ οἶδεν ἀνθρώπων τις, ἆρα φράζεται,

Κρέων

τί χρῆμα; ποῖον τοῦτο πάγκοινον λέγεις;

Creon

Old man, you all shoot your arrows at me, like archers at their mark, and I am not safe [1035] even from the plottings of the seer's divine art, but by their tribe I have long been bought and sold and made their merchandise. Turn your profits, make your deals for the white gold of Sardis and the gold of India, if it pleases you, but you shall not cover that man with a grave, [1040] not even if the eagles of Zeus wish to snatch and carry him to be devoured at the god's throne. No, not even then, for fear of that defilement will I permit his burial, since I know with certainty that no mortal has the power to defile the gods. [1045] But even the exceedingly clever, old Teiresias, falls with a shameful fall, when they couch shameful thoughts in fine phrasing for profit's sake.

Teiresias

Alas! Does any man know, does any consider—

Creon

What is this? What universal truth are you announcing?

Τειρεσίας

ὅσῳ κράτιστον κτημάτων εὐβουλία;   1050

Κρέων

ὅσῳπερ, οἶμαι, μὴ φρονεῖν πλείστη βλάβη.

Τειρεσίας

ταύτης σὺ μέντοι τῆς νόσου πλήρης ἔφυς.

Κρέων

οὐ βούλομαι τὸν μάντιν ἀντειπεῖν κακῶς.

Τειρεσίας

καὶ μὴν λέγεις, ψευδῆ με θεσπίζειν λέγων.

Κρέων

1055τὸ μαντικὸν γὰρ πᾶν φιλάργυρον γένος.   1055

Τειρεσίας

τὸ δ᾽ ἐκ τυράννων αἰσχροκέρδειαν φιλεῖ.

Κρέων

ἆρ᾽ οἶσθα ταγοὺς ὄντας ἂν λέγῃς λέγων;

Τειρεσίας

οἶδ᾽· ἐξ ἐμοῦ γὰρ τήνδ᾽ ἔχεις σώσας πόλιν.

Κρέων

σοφὸς σὺ μάντις, ἀλλὰ τἀδικεῖν φιλῶν.

Τειρεσίας

ὄρσεις με τἀκίνητα διὰ φρενῶν φράσαι.   1060

Κρέων

κίνει, μόνον δὲ μὴ ᾽πὶ κέρδεσιν λέγων.

Teiresias

—by how much the most precious of our possessions is the power to reason wisely?

Creon

By as much, I think, as senselessness is the greatest affliction.

Teiresias

Yet you came into being full of that disease.

Creon

I have no desire to trade insults with the seer.

Teiresias

Yet that is what you do in saying that I prophesy falsely.

Creon

Yes, for the prophet-clan was ever fond of money.

Teiresias

And the race sprung from tyrants loves shameful gain.

Creon

Do you know that you ramble so about your king?

Teiresias

I am aware, since through me you have saved this city.

Creon

You are a wise seer, but fond of doing injustice.

Teiresias

You will stir me to utter the dire secret in my soul.

Creon

Out with it! But only if it is not for gain that you speak it.

Τειρεσίας

οὕτω γὰρ ἤδη καὶ δοκῶ τὸ σὸν μέρος.

Κρέων

ὡς μὴ 'μπολήσων ἴσθι τὴν ἐμὴν φρένα.

Τειρεσίας

ἀλλ᾽ εὖ γέ τοι κάτισθι μὴ πολλοὺς ἔτι

τρόχους ἁμιλλητῆρας ἡλίου τελεῖν,   1065

ἐν οἶσι τῶν σῶν αὐτὸς ἐκ σπλάγχνων ἕνα

νέκυν νεκρῶν ἀμοιβὸν ἀντιδοὺς ἔσει,

ἀνθ᾽ ὧν ἔχεις μὲν τῶν ἄνω βαλὼν κάτω

ψυχήν τ᾽ ἀτίμως ἐν τάφῳ κατῴκισας,

ἔχεις δὲ τῶν κάτωθεν ἐνθάδ᾽ αὖ θεῶν   1070

ἄμοιρον, ἀκτέριστον, ἀνόσιον νέκυν.

ὧν οὔτε σοὶ μέτεστιν οὔτε τοῖς ἄνω

θεοῖσιν, ἀλλ᾽ ἐκ σοῦ βιάζονται τάδε.

τούτων σε λωβητῆρες ὑστεροφθόροι

λοχῶσιν Ἅιδου καὶ θεῶν Ἐρινύες,   1075

ἐν τοῖσιν αὐτοῖς τοῖσδε ληφθῆναι κακοῖς.

καὶ ταῦτ᾽ ἄθρησον εἰ κατηργυρωμένος

λέγω: φανεῖ γὰρ οὐ μακροῦ χρόνου τριβὴ

ἀνδρῶν γυναικῶν σοῖς δόμοις κωκύματα.

ἐχθραὶ δὲ πᾶσαι συνταράσσονται πόλεις,   1080

ὅσων σπαράγματ᾽ ἢ κύνες καθήγνισαν

ἢ θῆρες ἤ τις πτηνὸς οἰωνός, φέρων

ἀνόσιον ὀσμὴν ἑστιοῦχον ἐς πόλιν.

τοιαῦτά σου, λυπεῖς γάρ, ὥστε τοξότης

ἀφῆκα θυμῷ, καρδίας τοξεύματα   1085

βέβαια, τῶν σὺ θάλπος οὐχ ὑπεκδραμεῖ.

ὦ παῖ, σὺ δ᾽ ἡμᾶς ἄπαγε πρὸς δόμους, ἵνα

τὸν θυμὸν οὗτος ἐς νεωτέρους ἀφῇ,

Teiresias

Indeed, I think I speak without mention of gain—where you are concerned.

Creon

Be certain that you will not trade in my will.

Teiresias

Then, yes, know it well! You will not live through many more courses of the sun's swift chariot, before you give in return one sprung from your own loins, a corpse in requital for corpses. For you have thrust below one of the upper air and irreverently lodged a living soul in the grave, while you detain in this world what belongs to the infernal gods, a corpse unburied, unmourned, unholy. In the dead you have no part, nor do the gods above, but in this you do them violence. For these crimes avenging destroyers, Furies of Hades and of the gods, lie in ambush for you, waiting to seize you in these same sufferings. Look close if I tell you this with silvered palm. A time not long delayed will reveal in your house wailing over men and over women. All the cities are stirred up in hostility, whose mangled corpses the dogs, or the wild beasts or some winged bird buried, carrying an unholy stench to the city that held each man's hearth. There, now, are arrows for your heart, since you provoke me, launched at you, archer-like, in my anger. They fly true—you cannot run from their burning sting. Boy, lead me home, so that he may launch his rage against younger men, and learn to keep a quieter tongue and a better mind within his breast than he now bears.

καὶ γνῷ τρέφειν τὴν γλῶσσαν ἡσυχαιτέραν

τὸν νοῦν τ᾽ ἀμείνω τῶν φρενῶν ἢ νῦν φέρει.   1090

[Teiresias exits.]

Χορός

ἀνήρ, ἄναξ, βέβηκε δεινὰ θεσπίσας·

ἐπιστάμεσθα δ᾽, ἐξ ὅτου λευκὴν ἐγὼ

τήνδ᾽ ἐκ μελαίνης ἀμφιβάλλομαι τρίχα,

μή πώ ποτ᾽ αὐτὸν ψεῦδος ἐς πόλιν λακεῖν.

Κρέων

ἔγνωκα καὐτὸς καὶ ταράσσομαι φρένας.   1095

τό τ᾽ εἰκαθεῖν γὰρ δεινόν, ἀντιστάντα δὲ

ἄτῃ πατάξαι θυμὸν ἐν δεινῷ πάρα.

Χορός

εὐβουλίας δεῖ, παῖ Μενοικέως, λαβεῖν.

Κρέων

τί δῆτα χρὴ δρᾶν; φράζε. πείσομαι δ᾽ ἐγώ.

Χορός

ἐλθὼν κόρην μὲν ἐκ κατώρυχος στέγης   1100

ἄνες, κτίσον δὲ τῷ προκειμένῳ, τάφον.

Κρέων

καὶ ταῦτ᾽ ἐπαινεῖς καὶ δοκεῖς παρεικαθεῖν;

Χορός

ὅσον γ᾽, ἄναξ, τάχιστα· συντέμνουσι γὰρ

θεῶν ποδώκεις τοὺς κακόφρονας βλάβαι.

Κρέων

οἴμοι· μόλις μέν, καρδίας δ᾽ ἐξίσταμαι   1105

τὸ δρᾶν· ἀνάγκῃ δ᾽ οὐχὶ δυσμαχητέον.

[Teiresias exits.]

Chorus
The man is gone, my king, leaving dire prophecies behind. And for all the time that I have had this hair on my head, now white, once dark, I know that he has never been a false prophet to our city.

Creon
I know it well, and my mind is troubled. To yield is terrible, but, to resist, to strike my pride with ruin, this too inspires terror.

Chorus
The moment, Creon, requires you reason wisely.

Creon
What should I do, then? Speak, and I will obey.

Chorus
Go free the girl from her chamber and raise a tomb for the unburied dead.

Creon
You recommend this? You think I should yield?

Chorus
Yes, my king, with all possible speed. For harms sent from the gods swiftly cut short the follies of men.

Creon
Ah, it is a struggle, but I depart from my heart's resolve and obey. We must not wage vain wars with necessity.

Χορός

δρᾶ νυν τάδ᾽ ἐλθὼν μηδ᾽ ἐπ᾽ ἄλλοισιν τρέπε.

Κρέων

ὧδ᾽ ὡς ἔχω στείχοιμ᾽ ἄν: ἴτ᾽ ἴτ᾽ ὀπάονες,

οἵ τ᾽ ὄντες οἵ τ᾽ ἀπόντες, ἀξίνας χεροῖν

ὁρμᾶσθ᾽ ἑλόντες εἰς ἐπόψιον τόπον.   1110

ἐγὼ δ᾽, ἐπειδὴ δόξα τῇδ᾽ ἐπεστράφη,

αὐτός τ᾽ ἔδησα καὶ παρὼν ἐκλύσομαι.

δέδοικα γὰρ μὴ τοὺς καθεστῶτας νόμους

ἄριστον ᾖ σῴζοντα τὸν βίον τελεῖν.

Chorus

Go and do these things and leave not their performance to others.

Creon

Right away I will go. Go, go, my servants, each and all of you! Take axes in your hands, and hurry to that place there in view! But since my judgment has taken this turn, I will be there to set her free, as I myself confined her. I am held by the fear that it is best to keep the established laws to life's very end.

Antigone went to a death chosen by her as beautiful in her eyes.
So, is she a tragic figure?
She leaves Creon behind to face the tragic consequences of his actions.
The final word of the tragedy named for her concerns him,
the pitiable agent of a demise the opposite of his intentions and desires.

But first comes the recognition.
Having outraged the corpse of Polyneices,
now Creon must face the corpse not only of Antigone,
but of a son who dies for love of her and a wife for love of him.

[Enter Creon with followers
carrying Haemon's body on a bier.]

Χορός

καὶ μὴν ὅδ᾽ ἄναξ αὐτὸς ἐφήκει

μνῆμ᾽ ἐπίσημον διὰ χειρὸς ἔχων,

εἰ θέμις εἰπεῖν, οὐκ ἀλλοτρίαν

ἄτην, ἀλλ᾽ αὐτὸς ἁμαρτών.   1260

Κρέων

ἰὼ

φρενῶν δυσφρόνων ἁμαρτήματα

στερεὰ θανατόεντ᾽,

ὦ κτανόντας τε καὶ

θανόντας βλέποντες ἐμφυλίους.

ὤμοι ἐμῶν ἄνολβα βουλευμάτων.   1265

ἰὼ παῖ, νέος νέῳ ξὺν μόρῳ

αἰαῖ αἰαῖ,

ἔθανες, ἀπελύθης

ἐμαῖς οὐδὲ σαῖς δυσβουλίαις.

Χορός

οἴμ᾽ ὡς ἔοικας ὀψὲ τὴν δίκην ἰδεῖν.   1270

Κρέων

οἴμοι,

ἔχω μαθὼν δείλαιος: ἐν δ᾽ ἐμῷ κάρα

θεὸς τότ᾽ ἄρα τότε μέγα βάρος μ᾽ ἔχων

ἔπαισεν, ἐν δ᾽ ἔσεισεν ἀγρίαις ὁδοῖς,

οἴμοι, λακπάτητον ἀντρέπων χαράν.   1275

φεῦ φεῦ, ὦ πόνοι βροτῶν δύσπονοι.

[Enter Creon with followers carrying Haemon's body on a bier.]

Chorus
Look, here is the King himself approaching, his hands grasping a monument plainly signing that his—if we may say it—and no one else's, was the madness of this error.

Creon
Ah, the blunders of an unthinking mind, blunders of rigidity, yielding death! Oh, you witnesses of the killers and the killed, both of one family! What misery arises from my reasonings!

Haemon, you have died after a young life, youngest and last of my sons! O God! You have departed not by your foolishness, but by my own!

Chorus
Ah, how late you seem to see the right!

Creon
God, I have mastered the bitter lesson!

But then, then, I think, some god struck me on my head with a crushing weight, and drove me into savage paths, —Ah!— and overthrew my joy to be trampled on!

Ah, the labors men must toil through!

Ἐξάγγελος

ὦ δέσποθ᾽, ὡς ἔχων τε καὶ κεκτημένος,

τὰ μὲν πρὸ χειρῶν τάδε φέρων, τὰ δ᾽ ἐν δόμοις

ἔοικας ἥκειν καὶ τάχ᾽ ὄψεσθαι κακά. 1280

Κρέων

ἰώ! —ἰὼ δυσκάθαρτος Ἅιδου λιμήν,

τί μ᾽ ἄρα τί μ᾽ ὀλέκεις; 1285

ὦ κακάγγελτά μοι

προπέμψας ἄχη, τίνα θροεῖς λόγον;

αἰαῖ, ὀλωλότ᾽ ἄνδρ᾽ ἐπεξειργάσω.

τί φῄς, παῖ; τίν᾽ αὖ λέγεις μοι νέον,

αἰαῖ αἰαῖ! —σφάγιον ἐπ᾽ ὀλέθρῳ 1291

γυναικεῖον ἀμφικεῖσθαι μόρον;

Χορός

ὁρᾶν πάρεστιν· οὐ γὰρ ἐν μυχοῖς ἔτι.

Κρέων

οἴμοι! —κακὸν τόδ᾽ ἄλλο δεύτερον βλέπω τάλας. 1295

τίς ἄρα, τίς με πότμος ἔτι περιμένει;

ἔχω μὲν ἐν χείρεσσιν ἀρτίως τέκνον,

τάλας, τὸν δ᾽ ἔναντα προσβλέπω νεκρόν.

φεῦ φεῦ μᾶτερ ἀθλία, φεῦ τέκνον. 1300

Ἐξάγγελος

ἡ δ᾽ ὀξυθήκτῳ βωμία περὶ ξίφει

λύει κελαινὰ βλέφαρα, κωκύσασα μὲν

τοῦ πρὶν θανόντος Μεγαρέως κλεινὸν λάχος,

αὖθις δὲ τοῦδε, λοίσθιον δὲ σοὶ κακὰς

πράξεις ἐφυμνήσασα τῷ παιδοκτόνῳ. 1305

Κρέων

αἰαῖ αἰαῖ! —ἀνέπταν φόβῳ. τί μ᾽ οὐκ ἀνταίαν

Messenger

My master, you have come, I think, like one whose hands are not empty, but who has a ready store:
first, you carry that burden visible in your arms;
second, you will soon look upon further sufferings inside your house.

Creon

O harbor of Hades, hard to purify! Why, why do you ruin me?

Herald of evil, of grief, what word do you say?
Ah, you have done in a dead man anew!

What are you saying, boy? What is this you report to me? God no!—what new slaughter, my wife's doom, is heaped upon this ruin?

Chorus

The sight is at hand. It is no longer hidden inside.

Creon

Ah, misery! There I see a new, a second evil! What destiny, ah, what, can still await me? I have just now taken my son in my arms, and now I see another corpse before me! Oh, tormented mother! Oh, my son!

Messenger

By the altar, with a sharp-whetted sword, she struck until her eyes went slack and dark.

Before that she bewailed the noble fate of Megareus who died earlier, and then the fate of this boy, and also, with her last breath, she called down evil fortune upon you, the slayer of her sons.

ἔπαισέν τις ἀμφιθήκτῳ ξίφει;

δείλαιος ἐγώ, αἰαῖ,   1310

δειλαίᾳ δὲ συγκέκραμαι δύᾳ.

Ἐξάγγελος

ὡς αἰτίαν γε τῶνδε κἀκείνων ἔχων

πρὸς τῆς θανούσης τῆσδ᾽ ἐπεσκήπτου μόρων

Κρέων

ποίῳ δὲ κἀπελύσατ᾽ ἐν φοναῖς τρόπῳ;

Ἐξάγγελος

παίσας ὑφ᾽ ἧπαρ αὐτόχειρ αὑτήν, ὅπως   1315

παιδὸς τόδ᾽ ᾔσθετ᾽ ὀξυκώκυτον πάθος.

Κρέων

ὤμοι μοι, τάδ᾽ οὐκ ἐπ᾽ ἄλλον βροτῶν

ἐμᾶς ἁρμόσει ποτ᾽ ἐξ αἰτίας.

ἐγὼ γάρ σ᾽ ἐγὼ ἔκανον, ὦ μέλεος,

ἐγώ, φάμ᾽ ἔτυμον. ἰὼ πρόσπολοι,   1320

ἄγετέ μ᾽ ὅτι τάχιστ᾽, ἄγετέ μ᾽ ἐκποδών,

τὸν οὐκ ὄντα μᾶλλον ἢ μηδένα.   1325

Χορός

κέρδη παραινεῖς, εἴ τι κέρδος ἐν κακοῖς.

βράχιστα γὰρ κράτιστα τἀν ποσὶν κακά.

Κρέων

ἴτω ἴτω! —φανήτω μόρων ὁ κάλλιστ᾽ ἔχων

ἐμοὶ τερμίαν ἄγων ἁμέραν   1330

ὕπατος: ἴτω ἴτω,

ὅπως μηκέτ᾽ ἆμαρ ἄλλ᾽ εἰσίδω.

Creon

Ah, no! I tremble with fear. Why does no one strike me full on my chest with a two-edged sword? I am miserable—Ah—and bathed in miserable anguish!

Messenger

Yes, because you were accused of responsibility for both this son's death, and the other's, by her whose corpse you see.

Creon

What was the manner of the violent deed by which she departed?

Messenger

Her own hand struck her to the heart upon learning her son's sharply lamented fate.

Creon

Ah this guilt can never be fastened onto any other mortal so as to remove my own! It was I, yes, I, who killed you, I the wretch. I admit the truth. Lead me away, my servants, lead me from here with all haste, who am no more than a dead man!

Chorus

The course you recommend is to your gain, if there can be gain amidst evil. What is briefest is best, when trouble lies at your feet.

Creon

Let it come, let it appear, that fairest of fates for me, that brings my final day, the fate supreme! Oh, let it come, so that I may never see tomorrow's light!

Χορός

μέλλοντα ταῦτα. τῶν προκειμένων τι χρὴ μέλειν

πράσσειν. μέλει γὰρ τῶνδ᾽ ὅτοισι χρὴ μέλειν.　　1335

Κρέων

ἀλλ᾽ ὧν ἐρῶ, τοιαῦτα συγκατηυξάμην.

Χορός

μή νυν προσεύχου μηδέν: ὡς πεπρωμένης

οὐκ ἔστι θνητοῖς συμφορᾶς ἀπαλλαγή.

Κρέων

ἄγοιτ᾽ ἂν μάταιον ἄνδρ᾽ ἐκποδών,

ὅς, ὦ παῖ, σέ τ᾽ οὐχ ἑκὼν κάκτανον　　　　1340

σέ τ᾽ αὖ τάνδ᾽, ὤμοι μέλεος, οὐδ᾽ ἔχω

ὅπα πρὸς πότερα κλιθῶ: πάντα γὰρ

λέχρια τὰν χεροῖν, τὰ δ᾽ ἐπὶ κρατί μοι　　　1345

πότμος δυσκόμιστος εἰσήλατο.

[Creon and his attendants exit the stage
and enter the house.]

Χορός

πολλῷ τὸ φρονεῖν εὐδαιμονίας

πρῶτον ὑπάρχει. χρὴ δὲ τά γ᾽ εἰς θεοὺς

μηδὲν ἀσεπτεῖν. μεγάλοι δὲ λόγοι　　　　1350

μεγάλας πληγὰς τῶν ὑπεραύχων

ἀποτίσαντες

γήρᾳ τὸ φρονεῖν ἐδίδαξαν.

Chorus

These things are in the future.
We must see to present affairs.
Fulfillment of these things
rests in the hands where it
should rest.

Creon

All that I crave was summed in
that prayer.

Chorus

Then pray no more; for
mortals have no release from
destined misfortune.

Creon

Lead me away, I beg you, a
rash, useless man.
I have murdered you, son,
unwittingly, and you, too, my
wife—the misery! I do not
know which way I should
look, or where I should seek
support. All is amiss that is in
my hands, and, again, a
crushing fate has leapt upon
my head.

[Creon and his attendants exit
the stage and enter the house.]

Chorus

Wisdom is provided as the
chief part of happiness,
and our dealings with the gods
must be in no way unholy.
The great words of arrogant
men have to make repayment
with great blows,
and in old age teach wisdom.

Ἱστορίαι

τοῦ Θουκυδίδου Ἀθηναίου

Book 2, THE FUNERAL ORATION OF PERICLES
Chapter 41, Sections I-III, On the Glory of the Empire[8]

… I. [1] ᾽ξυνελών τε λέγω τήν τε πᾶσαν πόλιν τῆς Ἑλλάδος παίδευσιν εἶναι καὶ καθ᾽ ἕκαστον δοκεῖν ἄν μοι τὸν αὐτὸν ἄνδρα παρ᾽ ἡμῶν ἐπὶ πλεῖστ᾽ ἂν εἴδη καὶ μετὰ χαρίτων μάλιστ᾽ ἂν εὐτραπέλως τὸ σῶμα αὔταρκες παρέχεσθαι.

[2] καὶ ὡς οὐ λόγων ἐν τῷ παρόντι κόμπος τάδε μᾶλλον ἢ ἔργων ἐστὶν ἀλήθεια, αὐτὴ ἡ δύναμις τῆς πόλεως, ἢν ἀπὸ τῶνδε τῶν τρόπων ἐκτησάμεθα, σημαίνει.

… I. [1] 'In short, I say that as a city we are the school of Hellas; while I doubt if the world can produce a man, who where he has only himself to depend upon, is equal to so many emergencies, and graced by so happy a versatility as the Athenian.

[2] And that this is no mere boast thrown out for the occasion, but plain matter of fact, the power of the state acquired by these habits proves.

---

[8] From Thucydides, *Historiae*, 2 Vols., Ed. H. Stuart Jones and J. E. Powell (Oxford University Press, 1942), Courtesy of Perseus.Tufts.edu.

Image of Greek warriors courtesy of AncientFacts.net.

[3] μόνη γὰρ τῶν νῦν ἀκοῆς κρείσσων ἐς πεῖραν ἔρχεται, καὶ μόνη οὔτε τῷ πολεμίῳ ἐπελθόντι ἀγανάκτησιν ἔχει ὑφ᾽ οἵων κακοπαθεῖ οὔτε τῷ ὑπηκόῳ κατάμεμψιν ὡς οὐχ ὑπ᾽ ἀξίων ἄρχεται.

[4] μετὰ μεγάλων δὲ σημείων καὶ οὐ δή τοι ἀμάρτυρόν γε τὴν δύναμιν παρασχόμενοι τοῖς τε νῦν καὶ τοῖς ἔπειτα θαυμασθησόμεθα, καὶ οὐδὲν προσδεόμενοι οὔτε Ὁμήρου ἐπαινέτου οὔτε ὅστις ἔπεσι μὲν τὸ αὐτίκα τέρψει, τῶν δ᾽ ἔργων τὴν ὑπόνοιαν ἡ ἀλήθεια βλάψει, ἀλλὰ πᾶσαν μὲν θάλασσαν καὶ γῆν ἐσβατὸν τῇ ἡμετέρᾳ τόλμῃ καταναγκάσαντες γενέσθαι, πανταχοῦ δὲ μνημεῖα κακῶν τε κἀγαθῶν ἀίδια ξυγκατοικίσαντες.

[5] περὶ τοιαύτης οὖν πόλεως οἵδε τε γενναίως δικαιοῦντες μὴ ἀφαιρεθῆναι αὐτὴν μαχόμενοι ἐτελεύτησαν, καὶ τῶν λειπομένων πάντα τινὰ εἰκὸς ἐθέλειν ὑπὲρ αὐτῆς κάμνειν.

II. [6] ᾽δι᾽ ὃ δὴ καὶ ἐμήκυνα τὰ περὶ τῆς πόλεως, διδασκαλίαν τε ποιούμενος μὴ περὶ ἴσου ἡμῖν εἶναι τὸν ἀγῶνα καὶ οἷς τῶνδε μηδὲν ὑπάρχει ὁμοίως, καὶ τὴν εὐλογίαν ἅμα ἐφ᾽ οἷς νῦν λέγω φανερὰν σημείοις καθιστάς.

[7] καὶ εἴρηται αὐτῆς τὰ μέγιστα: ἃ γὰρ τὴν πόλιν ὕμνησα, αἱ τῶνδε καὶ τῶν τοιῶνδε ἀρεταὶ ἐκόσμησαν, καὶ οὐκ ἂν πολλοῖς τῶν Ἑλλήνων ἰσόρροπος ὥσπερ τῶνδε ὁ λόγος

[3] For Athens alone of her contemporaries is found when tested to be greater than her reputation, and alone gives no occasion to her assailants to blush at the antagonist by whom they have been worsted, or to her subjects to question her title by merit to rule.

[4] Rather, the admiration of the present and succeeding ages will be ours, since we have not left our power without witness, but have shown it by mighty proofs; and far from needing a Homer for our panegyrist, or other of his craft whose verses might charm for the moment only for the impression which they gave to melt at the touch of fact, we have forced every sea and land to be the highway of our daring, and everywhere, for evil or for good, we have left behind us imperishable monuments.

[5] Such is the Athens for which these men, in the assertion of their resolve not to lose her, nobly fought and died; and well may every one of their survivors be ready to suffer in her cause.

II. [6] Indeed if I have dwelt at length on the character of our country, it was to show that our stake in the struggle is not the same as those who have no such blessings to lose, and that the panegyric of the men about whom I am now speaking may be by definite proofs established.

[7] That panegyric is now in a great measure complete; for the Athens I have celebrated is only what the heroism of these and their like have made her, men whose fame, unlike most Hellenes, will be found only commensurate with their

τῶν ἔργων φανείη. δοκεῖ δέ μοι δηλοῦν ἀνδρὸς ἀρετὴν πρώτη τε μηνύουσα καὶ τελευταία βεβαιοῦσα ἡ νῦν τῶνδε καταστροφή.

[8] καὶ γὰρ τοῖς τἆλλα χείροσι δίκαιον τὴν ἐς τοὺς πολέμους ὑπὲρ τῆς πατρίδος ἀνδραγαθίαν προτίθεσθαι· ἀγαθῷ γὰρ κακὸν ἀφανίσαντες κοινῶς μᾶλλον ὠφέλησαν ἢ ἐκ τῶν ἰδίων ἔβλαψαν.

[9] τῶνδε δὲ οὔτε πλούτου τις τὴν ἔτι ἀπόλαυσιν προτιμήσας ἐμαλακίσθη οὔτε πενίας ἐλπίδι, ὡς κἂν ἔτι διαφυγὼν αὐτὴν πλουτήσειεν, ἀναβολὴν τοῦ δεινοῦ ἐποιήσατο· τὴν δὲ τῶν ἐναντίων τιμωρίαν ποθεινοτέραν αὐτῶν λαβόντες καὶ κινδύνων ἅμα τόνδε κάλλιστον νομίσαντες ἐβουλήθησαν μετ' αὐτοῦ τοὺς μὲν τιμωρεῖσθαι, τῶν δὲ ἐφίεσθαι, ἐλπίδι μὲν τὸ ἀφανὲς τοῦ κατορθώσειν ἐπιτρέψαντες, ἔργῳ δὲ περὶ τοῦ ἤδη ὁρωμένου σφίσιν αὐτοῖς ἀξιοῦντες πεποιθέναι, καὶ ἐν αὐτῷ τῷ ἀμύνεσθαι καὶ παθεῖν μᾶλλον ἡγησάμενοι ἢ [τὸ] ἐνδόντες σῴζεσθαι, τὸ μὲν αἰσχρὸν τοῦ λόγου ἔφυγον, τὸ δ' ἔργον τῷ σώματι ὑπέμειναν καὶ δι' ἐλαχίστου καιροῦ τύχης ἅμα ἀκμῇ τῆς δόξης μᾶλλον ἢ τοῦ δέους ἀπηλλάγησαν.

III. [10] 'καὶ οἵδε μὲν προσηκόντως τῇ πόλει τοιοίδε ἐγένοντο· τοὺς δὲ λοιποὺς χρὴ

deserts. And if a test of worth be wanted, it is to be found in their closing scene, and this not only in the cases in which it set the final seal upon their merit, but also in those in which it gave the first intimation of their having any.

[8] For there is justice in the claim that steadfastness in his country's battles should be as a cloak to cover a man's other imperfections; since the good action has blotted out the bad, and his merit as a citizen more than outweighed his demerits as an individual.

[9] But none of these allowed either wealth with its prospect of future enjoyment to unnerve his spirit, or poverty with its hope of a day of freedom and riches to tempt him to shrink from danger. No, holding that vengeance on their enemies was more to be desired than personal blessings, and reckoning this to be the most glorious of risks, they joyfully determined to accept the risk, to ensure their vengeance and let their wishes wait; and committing to hope the uncertainty of final success, in the work before them they thought fit to act boldly and trust in themselves. Thus choosing to die resisting, rather than live submitting, they fled only from dishonor, but met danger face to face, and after one brief moment, while at the summit of their fortune, escaped, not from their fear, but from glory.

III. [10] So died these men as became Athenians. You, their survivors, must determine to have as unaltering a resolution in the field, though you may pray that it may have a happier issue.

ἀσφαλεστέραν μὲν εὔχεσθαι, ἀτολμοτέραν δὲ μηδὲν ἀξιοῦν τὴν ἐς τοὺς πολεμίους διάνοιαν ἔχειν, σκοποῦντας μὴ λόγῳ μόνῳ τὴν ὠφελίαν, ἣν ἄν τις πρὸς οὐδὲν χεῖρον αὐτοὺς ὑμᾶς εἰδότας μηκύνοι, λέγων ὅσα ἐν τῷ τοὺς πολεμίους ἀμύνεσθαι ἀγαθὰ ἔνεστιν, ἀλλὰ μᾶλλον τὴν τῆς πόλεως δύναμιν καθ᾽ ἡμέραν ἔργῳ θεωμένους καὶ ἐραστὰς γιγνομένους αὐτῆς, καὶ ὅταν ὑμῖν μεγάλη δόξῃ εἶναι, ἐνθυμουμένους ὅτι τολμῶντες καὶ γιγνώσκοντες τὰ δέοντα καὶ ἐν τοῖς ἔργοις αἰσχυνόμενοι ἄνδρες αὐτὰ ἐκτήσαντο, καὶ ὁπότε καὶ πείρᾳ του σφαλεῖεν, οὐκ οὖν καὶ τὴν πόλιν γε τῆς σφετέρας ἀρετῆς ἀξιοῦντες στερίσκειν, κάλλιστον δὲ ἔρανον αὐτῇ προϊέμενοι.

[11] κοινῇ γὰρ τὰ σώματα διδόντες ἰδίᾳ τὸν ἀγήρων ἔπαινον ἐλάμβανον καὶ τὸν τάφον ἐπισημότατον, οὐκ ἐν ᾧ κεῖνται μᾶλλον, ἀλλ᾽ ἐν ᾧ ἡ δόξα αὐτῶν παρὰ τῷ ἐντυχόντι αἰεὶ καὶ λόγου καὶ ἔργου καιρῷ αἰείμνηστος καταλείπεται.

[12] ἀνδρῶν γὰρ ἐπιφανῶν πᾶσα γῆ τάφος, καὶ οὐ στηλῶν μόνον ἐν τῇ οἰκείᾳ σημαίνει ἐπιγραφή, ἀλλὰ καὶ ἐν τῇ μὴ προσηκούσῃ ἄγραφος μνήμη παρ᾽ ἑκάστῳ τῆς γνώμης μᾶλλον ἢ τοῦ ἔργου ἐνδιαιτᾶται.

[13] οὓς νῦν ὑμεῖς ζηλώσαντες καὶ τὸ εὔδαιμον τὸ ἐλεύθερον, τὸ δ᾽ ἐλεύθερον τὸ

And not contented with ideas derived only from words of the advantages which are bound up with the defense of your country, though these would furnish a valuable text to a speaker even before an audience so alive to them as the present, you must yourselves realize the power of Athens, and feed your eyes upon her from day to day, till love of her fills your hearts; and then when all her greatness shall break upon you, you must reflect that it was by courage, sense of duty, and a keen feeling of honor in action that men were enabled to win all this, and that no personal failure in an enterprise could make them consent to deprive their country of their valor, but they laid it at her feet as the most glorious contribution that they could offer.

[11] For this offering of their lives made in common by them all they each of them individually received that renown which never grows old, and for a sepulcher, not so much that in which their bones have been deposited, but that noblest of shrines wherein their glory is laid up to be eternally remembered upon every occasion on which deed or story shall fall for its commemoration.

[12] For heroes have the whole earth for their tomb; and in lands far from their own, where the column with its epitaph declares it, there is enshrined in every breast a record unwritten with no tablet to preserve it, except that of the heart.

[13] These take as your model and judging happiness to be the fruit of freedom and freedom of valor, never decline the dangers of war.

εὔψυχον κρίναντες μὴ περιορᾶσθε τοὺς πολεμικοὺς κινδύνους.

[14] οὐ γὰρ οἱ κακοπραγοῦντες δικαιότερον ἀφειδοῖεν ἂν τοῦ βίου, οἷς ἐλπὶς οὐκ ἔστιν ἀγαθοῦ, ἀλλ᾽ οἷς ἡ ἐναντία μεταβολὴ ἐν τῷ ζῆν ἔτι κινδυνεύεται καὶ ἐν οἷς μάλιστα μεγάλα τὰ διαφέροντα, ἤν τι πταίσωσιν.

[15] ἀλγεινοτέρα γὰρ ἀνδρί γε φρόνημα ἔχοντι ἡ μετὰ τοῦ [ἐν τῷ] μαλακισθῆναι κάκωσις ἢ ὁ μετὰ ῥώμης καὶ κοινῆς ἐλπίδος ἅμα γιγνόμενος ἀναίσθητος θάνατος.

[14] For it is not the miserable that would most justly be unsparing of their lives; these have nothing to hope for: it is rather they to whom continued life may bring reverses as yet unknown, and to whom a fall, if it came, would be most tremendous in its consequences.

[15] And surely, to a man of spirit, the degradation of cowardice must be immeasurably more grievous than the unfelt death which strikes him in the midst of his strength and patriotism!

Book 2, PERICLES CALLS AN ASSEMBLY
Chapter 63, Sections I-II, On the Risk of Empire

I. τῆς τε πόλεως ὑμᾶς εἰκὸς τῷ τιμωμένῳ ἀπὸ τοῦ ἄρχειν, ὧπερ ἅπαντες ἀγάλλεσθε, βοηθεῖν, καὶ μὴ φεύγειν τοὺς πόνους ἢ μηδὲ τὰς τιμὰς διώκειν· μηδὲ νομίσαι περὶ ἑνὸς μόνου, δουλείας ἀντ᾽ ἐλευθερίας, ἀγωνίζεσθαι, ἀλλὰ καὶ ἀρχῆς στερήσεως καὶ κινδύνου ὧν ἐν τῇ ἀρχῇ ἀπήχθεσθε.

[2] ἧς οὐδ᾽ ἐκστῆναι ἔτι ὑμῖν ἔστιν, εἴ τις καὶ τόδε ἐν τῷ παρόντι δεδιὼς ἀπραγμοσύνῃ ἀνδραγαθίζεται· ὡς τυραννίδα γὰρ ἤδη ἔχετε αὐτήν, ἣν λαβεῖν μὲν ἄδικον δοκεῖ εἶναι, ἀφεῖναι δὲ ἐπικίνδυνον.

[3] τάχιστ᾽ ἄν τε πόλιν οἱ τοιοῦτοι ἑτέρους τε πείσαντες ἀπολέσειαν καὶ εἴ που ἐπὶ σφῶν αὐτῶν αὐτόνομοι οἰκήσειαν· τὸ γὰρ

I. Your country has a right to your services in sustaining the glories of her position. These are a common source of pride to you all, and you cannot decline the burdens of empire and still expect to share its honors. Do not think that what you are fighting against is merely slavery as an exchange for independence, but also loss of empire and danger from the animosities incurred in its exercise.

[2] Besides, to recede is no longer possible, if indeed anyone in the alarm of the moment has become enamored of the honesty of such an unambitious part. For what you hold is, to speak plainly, a tyranny; to take it perhaps was wrong, but to let it go is unsafe.

[3] Men of these retiring views, making converts of others, would quickly ruin a state; indeed, the result would be the same if they could live

ἄπραγμον οὐ σῴζεται μὴ μετὰ τοῦ δραστηρίου τεταγμένον, οὐδὲ ἐν ἀρχούσῃ πόλει ξυμφέρει, ἀλλ᾽ ἐν ὑπηκόῳ, ἀσφαλῶς δουλεύειν.

II. [4] ὑμεῖς δὲ μήτε ὑπὸ τῶν τοιῶνδε πολιτῶν παράγεσθε μήτε ἐμὲ δι᾽ ὀργῆς ἔχετε, ᾧ καὶ αὐτοὶ ξυνδιέγνωτε πολεμεῖν, εἰ καὶ ἐπελθόντες οἱ ἐναντίοι ἔδρασαν ἅπερ εἰκὸς ἦν μὴ ἐθελησάντων ὑμῶν ὑπακούειν, ἐπιγεγένηταί τε πέρα ὧν προσεδεχόμεθα ἡ νόσος ἥδε, πρᾶγμα μόνον δὴ τῶν πάντων ἐλπίδος κρεῖσσον γεγενημένον. καὶ δι᾽ αὐτὴν οἶδ᾽ ὅτι μέρος τι μᾶλλον ἔτι μισοῦμαι, οὐ δικαίως, εἰ μὴ καὶ ὅταν παρὰ λόγον τι εὖ πράξητε ἐμοὶ ἀναθήσετε.

[5] φέρειν δὲ χρὴ τά τε δαιμόνια ἀναγκαίως τά τε ἀπὸ τῶν πολεμίων ἀνδρείως· ταῦτα γὰρ ἐν ἔθει τῇδε τῇ πόλει πρότερόν τε ἦν νῦν τε μὴ ἐν ὑμῖν κωλυθῇ.

[6] γνῶτε δὲ ὄνομα μέγιστον αὐτὴν ἔχουσαν ἐν ἅπασιν ἀνθρώποις διὰ τὸ ταῖς ξυμφοραῖς μὴ εἴκειν, πλεῖστα δὲ σώματα καὶ πόνους ἀνηλωκέναι πολέμῳ, καὶ δύναμιν μεγίστην δὴ μέχρι τοῦδε κεκτημένην, ἧς ἐς ἀίδιον τοῖς ἐπιγιγνομένοις, ἢν καὶ νῦν ὑπενδῶμέν ποτε (πάντα γὰρ πέφυκε καὶ ἐλασσοῦσθαι) μνήμη καταλελείψεται, Ἑλλήνων τε ὅτι Ἕλληνες πλείστων δὴ ἤρξαμεν, καὶ πολέμοις μεγίστοις ἀντέσχομεν

independent by themselves; for the retiring and unambitious are never secure without vigorous protectors at their side; in fine, such qualities are useless to an imperial city, though they may help a dependency to an unmolested servitude.

II. [4] You must not be seduced by citizens like these nor angry with me—if I voted for war, I only did as you did yourselves—in spite of the enemy's having invaded your country and done what you could be certain he would, if you refused to comply with his demands; and although besides what we reckoned, the plague has come upon us—the only point indeed at which our hope has been at fault. This, I know, is what has had a large share in making me more unpopular than I would otherwise be—quite undeservedly, unless you are also prepared to give me the credit of any success with which chance may present you.

[5] Besides, the hand of Heaven must be borne with resignation, that of the enemy with fortitude; this was the old way at Athens, and do not you prevent it being so still.

[6] Remember, too, that if your country has the greatest name in the world, it is because she never bent before disaster; because she has expended more life and effort in war than any other city, and won for herself a power greater than any hitherto known, memory of which will descend to the posterity; even if now, in obedience to the general law of decay, we should be forced to yield, still it will be remembered that we held rule over more Hellenes than any other Hellenic state, that we sustained the

πρός τε ξύμπαντας καὶ καθ᾽ ἑκάστους, πόλιν τε τοῖς πᾶσιν εὐπορωτάτην καὶ μεγίστην ᾠκήσαμεν.

[7] καίτοι ταῦτα ὁ μὲν ἀπράγμων μέμψαιτ᾽ ἄν, ὁ δὲ δρᾶν τι καὶ αὐτὸς βουλόμενος ζηλώσει· εἰ δέ τις μὴ κέκτηται, φθονήσει.

[8] τὸ δὲ μισεῖσθαι καὶ λυπηροὺς εἶναι ἐν τῷ παρόντι πᾶσι μὲν ὑπῆρξε δὴ ὅσοι ἕτεροι ἑτέρων ἠξίωσαν ἄρχειν· ὅστ ι ς δὲ ἐπὶ μεγίστοις τὸ ἐπίφθονον λαμβάνει, ὀρθῶς βουλεύεται. μῖσος μὲν γὰρ οὐκ ἐπὶ πολὺ ἀντέχει, ἡ δὲ παραυτίκα τε λαμπρότης καὶ ἐς τὸ ἔπειτα δόξα αἰείμνηστος καταλείπεται. [6] ὑμεῖς δὲ ἔς τε τὸ μέλλον καλὸν προγνόντες ἔς τε τὸ αὐτίκα μὴ αἰσχρὸν τῷ ἤδη προ θ ύ μ ῳ ἀμφότερα κτήσασθε, καὶ Λακεδαιμονίοις μήτε ἐπικηρυκεύεσθε μήτε ἔνδηλοι ἔστε τοῖς παροῦσι πόνοις βαρυνόμενοι, ὡς οἵτινες πρὸς τὰς ξυμφορὰς γνώμῃ μὲν ἥκιστα λυποῦνται, ἔργῳ δὲ μάλιστα ἀντέχουσιν, οὗτοι καὶ πόλεων καὶ ἰδιωτῶν κράτιστοί εἰσιν.'

greatest wars against their united or separate powers, and inhabited a city unrivalled by any other in resources or magnitude.

[7] These glories may incur the censure of the slow and unambitious; but in the breast of energy, they will awake emulation, and in those who must remain without them an envious regret.

[8] Hatred and unpopularity at the moment have fallen to the lot of all who have aspired to rule others; but where odium must be incurred, true wisdom incurs it for the highest objects. Hatred also is short-lived; but that which makes the splendor of the present and the glory of the future remains forever unforgotten. [6] Make your decision, therefore, for glory then and honor now, and attain both objects by instant and zealous effort: do not send heralds to Lacedaemon, and do not betray any sign of being oppressed by your present sufferings, since they whose minds are least sensitive to calamity, and whose hands are most quick to meet it, are the greatest men and the greatest communities.'

RHETORICA

From The Seven Liberal Arts, by Giulio Bonasone

Γοργίου
Ἑλένης Ἐγκώμιον

Gorgias, *Encomium of Helen* [9]

(1) Κόσμος πόλει μὲν εὐανδρία, σώματι δὲ κάλλος, ψυχῇ δὲ σοφία, πράγματι δὲ ἀρετή, λόγῳ δὲ ἀλήθεια· τὰ δὲ ἐναντία τούτων ἀκοσμία. ἄνδρα δὲ καὶ γυναῖκα καὶ λόγον καὶ ἔργον καὶ πόλιν καὶ πρᾶγμα χρὴ τὸ μὲν ἄξιον ἐπαίνου ἐπαίνῳ τιμᾶν, τῷ δὲ ἀναξίῳ μῶμον ἐπιθεῖναι· ἴση γὰρ ἁμαρτία καὶ ἀμαθία μέμφεσθαί τε τὰ ἐπαινετὰ καὶ ἐπαινεῖν τὰ μωμητά.

(2) τοῦ δ' αὐτοῦ ἀνδρὸς λέξαι τε τὸ δέον ὀρθῶς καὶ ἐλέγξαι τοὺς μεμφομένους Ἑλένην, γυναῖκα περὶ ἧς ὁμόφωνος καὶ ὁμόψυχος γέγονεν ἥ τε τῶν ποιητῶν ἀκουσάντων πίστις ἥ τε τοῦ ὀνόματος φήμη, ὃ τῶν συμφορῶν μνήμη γέγονεν. ἐγὼ δὲ βούλομαι λογισμόν τινα τῷ λόγῳ δοὺς τὴν μὲν κακῶς ἀκούουσαν παῦσαι τῆς αἰτίας, τοὺς δὲ μεμφομένους ψευδομένους ἐπιδεῖξαι καὶ δείξας τἀληθὲς [ἢ] παῦσαι τῆς ἀμαθίας.

(3) ὅτι μὲν οὖν φύσει καὶ γένει τὰ πρῶτα τῶν πρώτων ἀνδρῶν καὶ γυναικῶν ἡ γυνὴ περὶ ἧς ὅδε ὁ λόγος, οὐκ ἄδηλον, οὐδὲ ὀλίγοις. δῆλον γὰρ ὡς μητρὸς μὲν Λήδας, πατρὸς δὲ τοῦ μὲν γενομένου θεοῦ, τοῦ δὲ λεγομένου θνητοῦ, Τυνδάρεω καὶ Διός, ὧν ὁ μὲν διὰ τὸ εἶναι ἔδοξεν, ὁ δὲ διὰ τὸ φάναι ἐλέγχθη. καὶ ἦν ὁ μὲν ἀνδρῶν κράτιστος ὁ δὲ πάντων τύραννος.

(4) ἐκ τοιούτων δὲ γενομένη ἔσχε τὸ ἰσόθεον κάλλος, ὃ λαβοῦσα καὶ οὐ λαθοῦσα ἔσχε· πλείστας δὲ πλείστοις ἐπιθυμίας ἔρωτος ἐνειργάσατο, ἑνὶ δὲ σώματι πολλὰ σώματα συνήγαγεν

---

[9] From *Ancient Sophistry*, N. M. Skouteropoulos (GNOSI, 1991), Ed.-Tr. P. Kalligas. Courtesy of *Mikrosapoplous.gr*.

ἀνδρῶν ἐπὶ μεγάλοις μέγα φρονούντων, ὧν οἱ μὲν πλούτου μεγέθη, οἱ δὲ εὐγενείας παλαιᾶς εὐδοξίαν, οἱ δὲ ἀλκῆς οἰκείας εὐεξίαν, οἱ δὲ σοφίας ἐπικτήτου δύναμιν ἔσχον· καὶ ἧκον ἅπαντες ὑπ' ἔρωτός τε φιλονίκου φιλοτιμίας τε ἀνικήτου.

(5) ὅστις μὲν οὖν καὶ δι' ὅτι καὶ ὅπως ἀπέπλησε τὸν ἔρωτα τὴν Ἑλένην λαβών, οὐ λέξω· τὸ γὰρ τοῖς εἰδόσιν ἃ ἴσασι λέγειν πίστιν μὲν ἔχει, τέρψιν δὲ οὐ φέρει. τὸν χρόνον δὲ τῷ λόγῳ τὸν τότε νῦν ὑπερβὰς ἐπὶ τὴν ἀρχὴν τοῦ μέλλοντος λόγου προβήσομαι, καὶ προθήσομαι τὰς αἰτίας, δι' ἃς εἰκὸς ἦν γενέσθαι τὸν τῆς Ἑλένης εἰς τὴν Τροίαν στόλον.

(6) ἢ γὰρ Τύχης βουλήμασι καὶ θεῶν βουλεύμασι καὶ Ἀνάγκης ψηφίσμασιν ἔπραξεν ἃ ἔπραξεν, ἢ βίᾳ ἁρπασθεῖσα, ἢ λόγοις πεισθεῖσα, <ἢ ὄψει ἐρασθεῖσα>. εἰ μὲν οὖν διὰ τὸ πρῶτον, ἄξιος αἰτιᾶσθαι ὁ αἴτιος μόνος· θεοῦ γὰρ προθυμίαν ἀνθρωπίνῃ προμηθίᾳ ἀδύνατον κωλύειν. πέφυκε γὰρ οὐ τὸ κρεῖσσον ὑπὸ τοῦ ἥσσονος κωλύεσθαι, ἀλλὰ τὸ ἧσσον ὑπὸ τοῦ κρείσσονος ἄρχεσθαι καὶ ἄγεσθαι, καὶ τὸ μὲν κρεῖσσον ἡγεῖσθαι, τὸ δὲ ἧσσον ἕπεσθαι. θεὸς δ' ἀνθρώπου κρεῖσσον καὶ βίᾳ καὶ σοφίᾳ καὶ τοῖς ἄλλοις. εἰ οὖν τῇ Τύχῃ καὶ τῷ θεῷ τὴν αἰτίαν ἀναθετέον, ἢ τὴν Ἑλένην τῆς δυσκλείας ἀπολυτέον.

(7) εἰ δὲ βίᾳ ἡρπάσθη καὶ ἀνόμως ἐβιάσθη καὶ ἀδίκως ὑβρίσθη, δῆλον ὅτι ὁ <μὲν> ἁρπάσας ὡς ὑβρίσας ἠδίκησεν, ἡ δὲ ἁρπασθεῖσα ὡς ὑβρισθεῖσα ἐδυστύχησεν. ἄξιος οὖν ὁ μὲν ἐπιχειρήσας βάρβαρος βάρβαρον ἐπιχείρημα καὶ λόγῳ καὶ νόμῳ καὶ ἔργῳ λόγῳ μὲν αἰτίας, νόμῳ δὲ ἀτιμίας, ἔργῳ δὲ ζημίας τυχεῖν· ἡ δὲ βιασθεῖσα καὶ τῆς πατρίδος στερηθεῖσα καὶ τῶν φίλων ὀρφανισθεῖσα πῶς οὐκ ἂν εἰκότως ἐλεηθείη μᾶλλον ἢ κακολογηθείη; ὁ μὲν γὰρ ἔδρασε δεινά, ἡ δὲ ἔπαθε· δίκαιον οὖν τὴν μὲν οἰκτίρειν, τὸν δὲ μισῆσαι.

(8) εἰ δὲ λόγος ὁ πείσας καὶ τὴν ψυχὴν ἀπατήσας, οὐδὲ πρὸς τοῦτο χαλεπὸν ἀπολογήσασθαι καὶ τὴν αἰτίαν ἀπολύσασθαι ὧδε. λόγος δυνάστης μέγας ἐστίν, ὃς σμικροτάτῳ σώματι καὶ

ἀφανεστάτῳ θειότατα ἔργα ἀποτελεῖ· δύναται γὰρ καὶ φόβον
παῦσαι καὶ λύπην ἀφελεῖν καὶ χαρὰν ἐνεργάσασθαι καὶ ἔλεον
ἐπαυξῆσαι. ταῦτα δὲ ὡς οὕτως ἔχει δείξω·

(9) δεῖ δὲ καὶ δόξῃ δεῖξαι τοῖς ἀκούουσι· τὴν ποίησιν ἅπασαν
καὶ νομίζω καὶ ὀνομάζω λόγον ἔχοντα μέτρον· ἧς τοὺς ἀκούοντας
εἰσῆλθε καὶ φρίκη περίφοβος καὶ ἔλεος πολύδακρυς καὶ πόθος
φιλοπενθής, ἐπ' ἀλλοτρίων τε πραγμάτων καὶ σωμάτων εὐτυχίαις
καὶ δυσπραγίαις ἴδιόν τι πάθημα διὰ τῶν λόγων ἔπαθεν ἡ ψυχή.
φέρε δὴ πρὸς ἄλλον ἀπ' ἄλλου μεταστῶ λόγον.

(10) αἱ γὰρ ἔνθεοι διὰ λόγων ἐπῳδαὶ ἐπαγωγοὶ ἡδονῆς,
ἀπαγωγοὶ λύπης γίνονται· συγγινομένη γὰρ τῇ δόξῃ τῆς ψυχῆς ἡ
δύναμις τῆς ἐπῳδῆς ἔθελξε καὶ ἔπεισε καὶ μετέστησεν αὐτὴν
γοητείᾳ. γοητείας δὲ καὶ μαγείας δισσαὶ τέχναι εὕρηνται, αἵ εἰσι
ψυχῆς ἁμαρτήματα καὶ δόξης ἀπατήματα.

(11) ὅσοι δὲ ὅσους περὶ ὅσων καὶ ἔπεισαν καὶ πείθουσι δὲ
ψευδῆ λόγον πλάσαντες. εἰ μὲν γὰρ πάντες περὶ πάντων εἶχον τῶν
<τε> παροιχομένων μνήμην τῶν τε παρόντων <ἔννοιαν> τῶν τε
μελλόντων πρόνοιαν, οὐκ ἂν ὁμοίως [ὅμοιος ἦν] ὁ λόγος ἠπάτα.
νῦν δὲ οὔτε μνησθῆναι τὸ παροιχόμενον οὔτε σκέψασθαι τὸ παρὸν
οὔτε μαντεύσασθαι τὸ μέλλον εὐπόρως ἔχει· ὥστε περὶ τῶν
πλείστων οἱ πλεῖστοι τὴν δόξαν σύμβουλον τῇ ψυχῇ παρέχονται.
ἡ δὲ δόξα σφαλερὰ καὶ ἀβέβαιος οὖσα σφαλεραῖς καὶ ἀβεβαίοις
εὐτυχίαις περιβάλλει τοὺς αὐτῇ χρωμένους.

(12) τίς οὖν αἰτία κωλύει καὶ τὴν Ἑλένην νομίσαι ἐλθεῖν
ὁμοίως ἄκουσαν οὖσαν ὥσπερ εἰ βιατήρων βίᾳ ἡρπάσθη; ἡ γὰρ τῆς
πειθοῦς ἕξις, καίτοι εἰ ἀνάγκης εἶδος ἔχει μὲν οὔ, τὴν δὲ δύναμιν
τὴν αὐτὴν ἔχει. λόγος γὰρ ψυχὴν ὁ πείσας, ἣν ἔπεισεν, ἠνάγκασε
καὶ πιθέσθαι τοῖς λεγομένοις καὶ συναινέσαι τοῖς ποιουμένοις. ὁ
μὲν οὖν πείσας ὡς ἀναγκάσας ἀδικεῖ, ἡ δὲ πεισθεῖσα ὡς
ἀναγκασθεῖσα τῷ λόγῳ μάτην ἀκούει κακῶς.

(13) ὅτι δ' ἡ πειθὼ προσιοῦσα τῷ λόγῳ καὶ τὴν ψυχὴν ἐτυπώσατο ὅπως ἐβούλετο, χρὴ μαθεῖν πρῶτον μὲν τοὺς τῶν μετεωρολόγων λόγους, οἵτινες δόξαν ἀντὶ δόξης τὴν μὲν ἀφελόμενοι τὴν δ' ἐνεργασάμενοι τὰ ἄπιστα καὶ ἄδηλα φαίνεσθαι τοῖς τῆς δόξης ὄμμασιν ἐποίησαν· δεύτερον δὲ τοὺς ἀναγκαίους διὰ λόγων ἀγῶνας, ἐν οἷς εἷς λόγος πολὺν ὄχλον ἔτερψε καὶ ἔπεισε τέχνῃ γραφείς, οὐκ ἀληθείᾳ λεχθείς· τρίτον <δὲ> φιλοσόφων λόγων ἁμίλλας, ἐν αἷς δείκνυται καὶ γνώμης τάχος ὡς εὐμετάβολον ποιοῦν τὴν τῆς δόξης πίστιν.

(14) τὸν αὐτὸν δὲ λόγον ἔχει ἥ τε τοῦ λόγου δύναμις πρὸς τὴν τῆς ψυχῆς τάξιν ἥ τε τῶν φαρμάκων τάξις πρὸς τὴν τῶν σωμάτων φύσιν. ὥσπερ γὰρ τῶν φαρμάκων ἄλλους ἄλλα χυμοὺς ἐκ τοῦ σώματος ἐξάγει, καὶ τὰ μὲν νόσου τὰ δὲ βίου παύει, οὕτω καὶ τῶν λόγων οἱ μὲν ἐλύπησαν, οἱ δὲ ἔτερψαν, οἱ δὲ ἐφόβησαν, οἱ δὲ εἰς θάρσος κατέστησαν τοὺς ἀκούοντας, οἱ δὲ πειθοῖ τινι κακῇ τὴν ψυχὴν ἐφαρμάκευσαν καὶ ἐξεγοήτευσαν.

(15) καὶ ὅτι μέν, εἰ λόγῳ ἐπείσθη, οὐκ ἠδίκησεν ἀλλ' ἠτύχησεν, εἴρηται· τὴν δὲ τετάρτην αἰτίαν τῷ τετάρτῳ λόγῳ διέξειμι. εἰ γὰρ ἔρως ἦν ὁ ταῦτα πάντα πράξας, οὐ χαλεπῶς διαφεύξεται τὴν τῆς λεγομένης γεγονέναι ἁμαρτίας αἰτίαν. ἃ γὰρ ὁρῶμεν, ἔχει φύσιν οὐχ ἣν ἡμεῖς θέλομεν, ἀλλ' ἣν ἕκαστον ἔτυχε· διὰ δὲ τῆς ὄψεως ἡ ψυχὴ κἀν τοῖς τρόποις τυποῦται.

(16) αὐτίκα γὰρ ὅταν πολέμια σώματα καὶ πολέμιον ἐπὶ πολεμίᾳ ὁπλίσει κόσμον χαλκοῦ καὶ σιδήρου, τοῦ μὲν ἀλεξητήρια τοῦ δὲ προβλήματα, ἐπιθεάσεται ἡ ὄψις, ἐταράχθη καὶ ἐτάραξε τὴν ψυχήν, ὥστε πολλάκις κινδύνου τοῦ μέλλοντος <ὡς> ὄντος φεύγουσιν ἐκπλαγέντες. ἰσχυρὰ γὰρ ἡ ἀλήθεια τοῦ πόνου διὰ τὸν φόβον εἰσῳκίσθη τὸν ἀπὸ τῆς ὄψεως, ἥτις ἐλθοῦσα ἐποίησεν ἀμελῆσαι καὶ τοῦ καλοῦ τοῦ διὰ τὸν νόμον κρινομένου καὶ τοῦ ἀγαθοῦ τοῦ διὰ τὴν νίκην γινομένου. (17) ἤδη δέ τινες ἰδόντες φοβερὰ καὶ τοῦ παρόντος ἐν τῷ παρόντι χρόνῳ φρονήματος ἐξέστησαν· οὕτως ἀπέσβεσε καὶ ἐξήλασεν ὁ φόβος τὸ νόημα.

πολλοὶ δὲ ματαίοις πόνοις καὶ δειναῖς νόσοις καὶ δυσιάτοις μανίαις περιέπεσον· οὕτως εἰκόνας τῶν ὁρωμένων πραγμάτων ἡ ὄψις ἐνέγραψεν ἐν τῷ φρονήματι. καὶ τὰ μὲν δειματοῦντα πολλὰ μὲν παραλείπεται, ὅμοια δ' ἐστὶ τὰ παραλειπόμενα οἷάπερ <τὰ> λεγόμενα.

(18) ἀλλὰ μὴν οἱ γραφεῖς ὅταν ἐκ πολλῶν χρωμάτων καὶ σωμάτων ἓν σῶμα καὶ σχῆμα τελείως ἀπεργάσωνται, τέρπουσι τὴν ὄψιν· ἡ δὲ τῶν ἀνδριάντων ποίησις καὶ ἡ τῶν ἀγαλμάτων ἐργασία θέαν ἡδεῖαν παρέσχετο τοῖς ὄμμασιν. οὕτω τὰ μὲν λυπεῖν τὰ δὲ ποθεῖν πέφυκε τὴν ὄψιν. πολλὰ δὲ πολλοῖς πολλῶν ἔρωτα καὶ πόθον ἐνεργάζεται πραγμάτων καὶ σωμάτων.

(19) εἰ οὖν τῷ τοῦ Ἀλεξάνδρου σώματι τὸ τῆς Ἑλένης ὄμμα ἡσθὲν προθυμίαν καὶ ἅμιλλαν ἔρωτος τῇ ψυχῇ παρέδωκε, τί θαυμαστόν; ὃς εἰ μὲν θεὸς θεῶν θείαν δύναμιν <ἔχων>, πῶς ἂν ὁ ἥσσων εἴη τοῦτον ἀπώσασθαι καὶ ἀμύνασθαι δυνατός; εἰ δ' ἐστὶν ἀνθρώπινον νόσημα καὶ ψυχῆς ἀγνόημα, οὐχ ὡς ἁμάρτημα μεμπτέον ἀλλ' ὡς ἀτύχημα νομιστέον· ἦλθε γάρ, ὡς ἦλθε, τύχης ἀγρεύμασιν, οὐ γνώμης βουλεύμασιν, καὶ ἔρωτος ἀνάγκαις, οὐ τέχνης παρασκευαῖς.

(20) πῶς οὖν χρὴ δίκαιον ἡγήσασθαι τὸν τῆς Ἑλένης μῶμον, ἥτις εἴτ' ἐρασθεῖσα εἴτε λόγῳ πεισθεῖσα εἴτε βίᾳ ἁρπασθεῖσα εἴτε ὑπὸ θείας ἀνάγκης ἀναγκασθεῖσα ἔπραξεν ἃ ἔπραξε, πάντως διαφεύγει τὴν αἰτίαν;

(21) ἀφεῖλον τῷ λόγῳ δύσκλειαν γυναικός, ἐνέμεινα τῷ νόμῳ ὃν ἐθέμην ἐν ἀρχῇ τοῦ λόγου· ἐπειράθην καταλῦσαι μώμου ἀδικίαν καὶ δόξης ἀμαθίαν, ἐβουλήθην γράψαι τὸν λόγον Ἑλένης μὲν ἐγκώμιον, ἐμὸν δὲ παίγνιον.

DIALECTICA

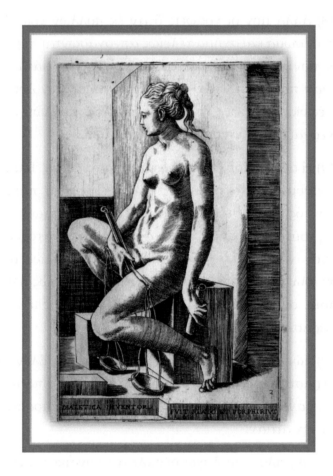

From The Seven Liberal Arts, by Giulio Bonasone

Πλάτωνος
ΣΥΜΠΟΣΙΟΝ

Plato, *Symposium* (201D – 212c) [10]

Socrates to Agathon:

[201δ] ... τὸν δὲ λόγον τὸν περὶ τοῦ Ἔρωτος, ὅν ποτ᾽ ἤκουσα γυναικὸς Μαντινικῆς Διοτίμας, ἣ ταῦτά τε σοφὴ ἦν καὶ ἄλλα πολλά—καὶ Ἀθηναίοις ποτὲ θυσαμένοις πρὸ τοῦ λοιμοῦ δέκα ἔτη

5 ἀναβολὴν ἐποίησε τῆς νόσου, ἣ δὴ καὶ ἐμὲ τὰ ἐρωτικὰ ἐδίδαξεν— ὃν οὖν ἐκείνη ἔλεγε λόγον, πειράσομαι ὑμῖν διελθεῖν ἐκ τῶν ὡμολογημένων ἐμοὶ καὶ Ἀγάθωνι, αὐτὸς ἐπ᾽ ἐμαυτοῦ, ὅπως ἂν δύνωμαι.

δεῖ δή, ὦ Ἀγάθων, ὥσπερ σὺ διηγήσω, διελθεῖν [201ε] αὐτὸν

10 πρῶτον, τίς ἐστιν ὁ Ἔρως καὶ ποῖός τις, ἔπειτα τὰ ἔργα αὐτοῦ.

δοκεῖ οὖν μοι ῥᾷστον εἶναι οὕτω διελθεῖν, ὡς ποτέ με ἡ ξένη ἀνακρίνουσα διῄει.

σχεδὸν γάρ τι καὶ ἐγὼ πρὸς αὐτὴν ἕτερα τοιαῦτα ἔλεγον οἷάπερ νῦν πρὸς ἐμὲ Ἀγάθων, ὡς εἴη ὁ Ἔρως μέγας θεός, εἴη δὲ τῶν καλῶν:

15 ἤλεγχε δή με τούτοις τοῖς λόγοις οἷσπερ ἐγὼ τοῦτον, ὡς οὔτε καλὸς εἴη κατὰ τὸν ἐμὸν λόγον οὔτε ἀγαθός. καὶ ἐγώ, πῶς λέγεις, ἔφην, ὦ Διοτίμα; αἰσχρὸς ἄρα ὁ Ἔρως ἐστὶ καὶ κακός;

---

[10] From Plato, *Symposium*, in *Platonis Opera*, Ed. John Burnet (Oxford University Press, 1903), courtesy of Perseus.Tufts.edu.

καὶ ἥ, οὐκ εὐφημήσεις; ἔφη:

ἢ οἴει, ὅτι ἂν μὴ καλὸν ᾖ, ἀναγκαῖον αὐτὸ εἶναι αἰσχρόν; —Σ:

20 μάλιστά γε.

ἢ καὶ ἂν μὴ σοφόν, ἀμαθές; ἢ οὐκ ᾔσθησαι ὅτι ἔστιν τι μεταξὺ
σοφίας καὶ ἀμαθίας; —Σ: τί τοῦτο;

25 τὸ ὀρθὰ δοξάζειν καὶ ἄνευ τοῦ ἔχειν λόγον δοῦναι οὐκ οἶσθ᾽, ἔφη,
ὅτι οὔτε ἐπίστασθαί ἐστιν—ἄλογον γὰρ πρᾶγμα πῶς ἂν εἴη
ἐπιστήμη; —οὔτε ἀμαθία—τὸ γὰρ τοῦ ὄντος τυγχάνον πῶς ἂν εἴη
ἀμαθία; —ἔστι δὲ δήπου τοιοῦτον ἡ ὀρθὴ δόξα, μεταξὺ φρονήσεως
καὶ ἀμαθίας. —Σ: ἀληθῆ, ἦν δ᾽ ἐγώ, λέγεις. [202β]

30

μὴ τοίνυν ἀνάγκαζε ὃ μὴ καλόν ἐστιν αἰσχρὸν εἶναι, μηδὲ ὃ μὴ
ἀγαθόν, κακόν. οὕτω δὲ καὶ τὸν ἔρωτα ἐπειδὴ αὐτὸς ὁμολογεῖς μὴ
εἶναι ἀγαθὸν μηδὲ καλόν, μηδέν τι μᾶλλον οἴου δεῖν αὐτὸν αἰσχρὸν
καὶ κακὸν εἶναι, ἀλλά τι μεταξύ, ἔφη, τούτοιν.

35 —Σ: καὶ μήν, ἦν δ᾽ ἐγώ, ὁμολογεῖταί γε παρὰ πάντων μέγας θεὸς
εἶναι.

τῶν μὴ εἰδότων, ἔφη, πάντων λέγεις, ἢ καὶ τῶν εἰδότων;
—Σ: συμπάντων μὲν οὖν.

40

καὶ ἥ γελάσασα καὶ πῶς ἄν, ἔφη, ὦ Σώκρατες, [202ξ] ὁμολογοῖτο
μέγας θεὸς εἶναι παρὰ τούτων, οἵ φασιν αὐτὸν οὐδὲ θεὸν εἶναι;
—Σ: τίνες οὗτοι; ἦν δ᾽ ἐγώ.

εἷς μέν, ἔφη, σύ, μία δ᾽ ἐγώ.

45 —Σ: κἀγὼ εἶπον, πῶς τοῦτο, ἔφην, λέγεις;

καὶ ἥ, ῥᾳδίως, ἔφη. λέγε γάρ μοι, οὐ πάντας θεοὺς φῂς εὐδαίμονας
εἶναι καὶ καλούς; ἢ τολμήσαις ἄν τινα μὴ φάναι καλόν τε καὶ
εὐδαίμονα θεῶν εἶναι;

50 —Σ: μὰ Δί᾽ οὐκ ἔγωγ᾽, ἔφην.

εὐδαίμονας δὲ δὴ λέγεις οὐ τοὺς τἀγαθὰ καὶ τὰ καλὰ κεκτημένους;
—Σ: πάνυ γε.

55 [202δ] ἀλλὰ μὴν Ἔρωτά γε ὡμολόγηκας δι᾽ ἔνδειαν τῶν ἀγαθῶν
καὶ καλῶν ἐπιθυμεῖν αὐτῶν τούτων ὧν ἐνδεής ἐστιν.
—Σ: ὡμολόγηκα γάρ.

πῶς ἂν οὖν θεὸς εἴη ὅ γε τῶν καλῶν καὶ ἀγαθῶν ἄμοιρος; —
60 Σ: οὐδαμῶς, ὥς γ᾽ ἔοικεν.

ὁρᾷς οὖν, ἔφη, ὅτι καὶ σὺ ἔρωτα οὐ θεὸν νομίζεις;
—Σ: τί οὖν ἄν, ἔφην, εἴη ὁ Ἔρως; θνητός;

65 ἥκιστά γε. —Σ: ἀλλὰ τί μήν;

ὥσπερ τὰ πρότερα, ἔφη, μεταξὺ θνητοῦ καὶ ἀθανάτου. —Σ: τί οὖν,
ὦ Διοτίμα;

70 δαίμων μέγας, ὦ Σώκρατες· καὶ γὰρ πᾶν τὸ δαιμόνιον [202ε]
μεταξύ ἐστι θεοῦ τε καὶ θνητοῦ. —Σ: τίνα, ἦν δ᾽ ἐγώ, δύναμιν ἔχον;

ἑρμηνεῦον καὶ διαπορθμεῦον θεοῖς τὰ παρ᾽ ἀνθρώπων καὶ
ἀνθρώποις τὰ παρὰ θεῶν, τῶν μὲν τὰς δεήσεις καὶ θυσίας, τῶν δὲ
75 τὰς ἐπιτάξεις τε καὶ ἀμοιβὰς τῶν θυσιῶν, ἐν μέσῳ δὲ ὂν
ἀμφοτέρων συμπληροῖ, ὥστε τὸ πᾶν αὐτὸ αὑτῷ συνδεδέσθαι. διὰ
τούτου καὶ ἡ μαντικὴ πᾶσα χωρεῖ καὶ ἡ τῶν ἱερέων τέχνη τῶν τε
περὶ τὰς θυσίας καὶ τελετὰς

80 [203α] καὶ τὰς ἐπῳδὰς καὶ τὴν μαντείαν πᾶσαν καὶ γοητείαν. θεὸς
δὲ ἀνθρώπῳ οὐ μείγνυται, ἀλλὰ διὰ τούτου πᾶσά ἐστιν ἡ ὁμιλία
καὶ ἡ διάλεκτος θεοῖς πρὸς ἀνθρώπους, καὶ ἐγρηγορόσι καὶ
καθεύδουσι· καὶ ὁ μὲν περὶ τὰ τοιαῦτα σοφὸς δαιμόνιος ἀνήρ, ὁ δὲ
ἄλλο τι σοφὸς ὢν ἢ περὶ τέχνας ἢ χειρουργίας τινὰς βάναυσος.
85 οὗτοι δὴ οἱ δαίμονες πολλοὶ καὶ παντοδαποί εἰσιν, εἷς δὲ τούτων
ἐστὶ καὶ ὁ Ἔρως. —Σ: πατρὸς δέ, ἦν δ᾽ ἐγώ, τίνος ἐστὶ καὶ μητρός;

[203β] μακρότερον μέν, ἔφη,
διηγήσασθαι· ὅμως δέ σοι ἐρῶ. ὅτε
90 γὰρ ἐγένετο ἡ Ἀφροδίτη, ἡστιῶντο
οἱ θεοὶ οἵ τε ἄλλοι καὶ ὁ τῆς Μήτιδος
ὑὸς Πόρος. ἐπειδὴ δὲ ἐδείπνησαν,
προσαιτήσουσα οἷον δὴ εὐωχίας
οὔσης ἀφίκετο ἡ Πενία, καὶ ἦν περὶ
95 τὰς θύρας. ὁ οὖν Πόρος μεθυσθεὶς
τοῦ νέκταρος— οἶνος γὰρ οὔπω ἦν—
εἰς τὸν τοῦ Διὸς κῆπον εἰσελθὼν
βεβαρημένος ηὗδεν.

100 ἡ οὖν Πενία ἐπιβουλεύουσα διὰ τὴν αὑτῆς ἀπορίαν παιδίον ποιήσασθαι ἐκ τοῦ Πόρου, κατακλίνεταί [203ξ] τε παρ᾿ αὐτῷ καὶ ἐκύησε τὸν ἔρωτα. διὸ δὴ καὶ τῆς Ἀφροδίτης ἀκόλουθος καὶ θεράπων γέγονεν ὁ Ἔρως, γεννηθεὶς ἐν τοῖς ἐκείνης γενεθλίοις, καὶ ἅμα φύσει ἐραστὴς ὢν περὶ τὸ καλὸν καὶ τῆς Ἀφροδίτης καλῆς οὔσης.

105 ἅτε οὖν Πόρου καὶ Πενίας ὑὸς ὢν ὁ Ἔρως ἐν τοιαύτῃ τύχῃ καθέστηκεν.

πρῶτον μὲν πένης ἀεί ἐστι, καὶ πολλοῦ δεῖ ἁπαλός τε καὶ καλός, οἷον οἱ πολλοὶ οἴονται, ἀλλὰ σκληρὸς [203δ] καὶ αὐχμηρὸς καὶ ἀνυπόδητος καὶ ἄοικος, χαμαιπετὴς ἀεὶ ὢν καὶ ἄστρωτος, ἐπὶ

110 θύραις καὶ ἐν ὁδοῖς ὑπαίθριος κοιμώμενος, τὴν τῆς μητρὸς φύσιν ἔχων, ἀεὶ ἐνδείᾳ σύνοικος.

κατὰ δὲ αὖ τὸν πατέρα ἐπίβουλός ἐστι τοῖς καλοῖς καὶ τοῖς ἀγαθοῖς, ἀνδρεῖος ὢν καὶ ἴτης καὶ σύντονος, θηρευτὴς δεινός, ἀεί τινας πλέκων μηχανάς, καὶ φρονήσεως ἐπιθυμητὴς καὶ πόριμος,

115 φιλοσοφῶν διὰ παντὸς τοῦ βίου, δεινὸς γόης καὶ φαρμακεὺς καὶ σοφιστής:

καὶ οὔτε ὡς [203ε] ἀθάνατος πέφυκεν οὔτε ὡς θνητός, ἀλλὰ τοτὲ μὲν τῆς αὐτῆς ἡμέρας θάλλει τε καὶ ζῇ, ὅταν εὐπορήσῃ, τοτὲ δὲ ἀποθνήσκει, πάλιν δὲ ἀναβιώσκεται διὰ τὴν τοῦ πατρὸς φύσιν, τὸ

120 δὲ ποριζόμενον ἀεὶ ὑπεκρεῖ, ὥστε οὔτε ἀπορεῖ Ἔρως ποτὲ οὔτε πλουτεῖ, σοφίας τε αὖ καὶ ἀμαθίας ἐν μέσῳ ἐστίν.

[204α] ἔχει γὰρ ὧδε. θεῶν οὐδεὶς φιλοσοφεῖ οὐδ᾽ ἐπιθυμεῖ σοφὸς γενέσθαι—ἔστι γάρ—οὐδ᾽ εἴ τις ἄλλος σοφός, οὐ φιλοσοφεῖ. οὐδ᾽ αὖ οἱ ἀμαθεῖς φιλοσοφοῦσιν οὐδ᾽ ἐπιθυμοῦσι σοφοὶ γενέσθαι:

125 αὐτὸ γὰρ τοῦτό ἐστι χαλεπὸν ἀμαθία, τὸ μὴ ὄντα καλὸν κἀγαθὸν μηδὲ φρόνιμον δοκεῖν αὑτῷ εἶναι ἱκανόν.

οὔκουν ἐπιθυμεῖ ὁ μὴ οἰόμενος ἐνδεὴς εἶναι οὗ ἂν μὴ οἴηται ἐπιδεῖσθαι. —Σ: τίνες οὖν, ἔφην ἐγώ, ὦ Διοτίμα, οἱ φιλοσοφοῦντες, εἰ μήτε οἱ σοφοὶ μήτε οἱ ἀμαθεῖς;

130
[204β] δῆλον δή, ἔφη, τοῦτό γε ἤδη καὶ παιδί, ὅτι οἱ μεταξὺ τούτων ἀμφοτέρων, ὧν ἂν εἴη καὶ ὁ Ἔρως.

ἔστιν γὰρ δὴ τῶν καλλίστων ἡ σοφία, Ἔρως δ᾽ ἐστὶν ἔρως περὶ τὸ καλόν, ὥστε ἀναγκαῖον ἔρωτα φιλόσοφον εἶναι, φιλόσοφον δὲ

135 ὄντα μεταξὺ εἶναι σοφοῦ καὶ ἀμαθοῦς.

αἰτία δὲ αὐτῷ καὶ τούτων ἡ γένεσις: πατρὸς μὲν γὰρ σοφοῦ ἐστι καὶ εὐπόρου, μητρὸς δὲ οὐ σοφῆς καὶ ἀπόρου.
ἡ μὲν οὖν φύσις τοῦ δαίμονος, ὦ φίλε Σώκρατες, αὕτη:
ὃν δὲ σὺ ᾠήθης ἔρωτα [204ξ] εἶναι, θαυμαστὸν οὐδὲν ἔπαθες.

140 ᾠήθης δέ, ὡς ἐμοὶ δοκεῖ τεκμαιρομένη ἐξ ὧν σὺ λέγεις, τὸ ἐρώμενον ἔρωτα εἶναι, οὐ τὸ ἐρῶν:
διὰ ταῦτά σοι οἶμαι πάγκαλος ἐφαίνετο ὁ Ἔρως. καὶ γὰρ ἔστι τὸ ἐραστὸν τὸ τῷ ὄντι καλὸν καὶ ἁβρὸν καὶ τέλεον καὶ μακαριστόν:
τὸ δέ γε ἐρῶν ἄλλην ἰδέαν τοιαύτην ἔχον, οἵαν ἐγὼ διῆλθον.

145 —Σ: καὶ ἐγὼ εἶπον, εἶεν δή, ὦ ξένη, καλῶς γὰρ λέγεις:
τοιοῦτος ὢν ὁ Ἔρως τίνα χρείαν ἔχει τοῖς ἀνθρώποις;

[204δ] τοῦτο δὴ μετὰ ταῦτ', ἔφη, ὦ Σώκρατες, πειράσομαί σε διδάξαι. ἔστι μὲν γὰρ δὴ τοιοῦτος καὶ οὕτω γεγονὼς ὁ Ἔρως, ἔστι

150 δὲ τῶν καλῶν, ὡς σὺ φῄς. εἰ δέ τις ἡμᾶς ἔροιτο: τί τῶν καλῶν ἐστιν ὁ Ἔρως, ὦ Σώκρατές τε καὶ Διοτίμα;

ὧδε δὲ σαφέστερον: ἐρᾷ ὁ ἐρῶν τῶν καλῶν: τί ἐρᾷ;

—Σ: καὶ ἐγὼ εἶπον ὅτι γενέσθαι αὐτῷ.

155 ἀλλ᾽ ἔτι ποθεῖ, ἔφη, ἡ ἀπόκρισις ἐρώτησιν τοιάνδε: τί ἔσται ἐκείνῳ ᾧ ἂν γένηται τὰ καλά; —Σ: οὐ πάνυ ἔφην ἔτι ἔχειν ἐγὼ πρὸς ταύτην τὴν ἐρώτησιν προχείρως ἀποκρίνασθαι.

[204ε] ἀλλ᾽, ἔφη, ὥσπερ ἂν εἴ τις μεταβαλὼν ἀντὶ τοῦ καλοῦ τῷ

160 ἀγαθῷ χρώμενος πυνθάνοιτο: φέρε, ὦ Σώκρατες, ἐρᾷ ὁ ἐρῶν τῶν ἀγαθῶν: τί ἐρᾷ; —Σ: γενέσθαι, ἦν δ᾽ ἐγώ, αὐτῷ.

καὶ τί ἔσται ἐκείνῳ ᾧ ἂν γένηται τἀγαθά;

—Σ: τοῦτ᾽ εὐπορώτερον, ἦν δ᾽ ἐγώ, ἔχω ἀποκρίνασθαι, ὅτι

165 εὐδαίμων ἔσται.

[205α] κτήσει γάρ, ἔφη, ἀγαθῶν οἱ εὐδαίμονες εὐδαίμονες, καὶ οὐκέτι προσδεῖ ἐρέσθαι ἵνα τί δὲ βούλεται εὐδαίμων εἶναι ὁ βουλόμενος; ἀλλὰ τέλος δοκεῖ ἔχειν ἡ ἀπόκρισις. —Σ: ἀληθῆ

170 λέγεις, εἶπον ἐγώ.

ταύτην δὴ τὴν βούλησιν καὶ τὸν ἔρωτα τοῦτον πότερα κοινὸν οἴει εἶναι πάντων ἀνθρώπων, καὶ πάντας τἀγαθὰ βούλεσθαι αὑτοῖς εἶναι ἀεί, ἢ πῶς λέγεις; —Σ: οὕτως, ἦν δ᾽ ἐγώ: κοινὸν εἶναι πάντων.

175   τί δὴ οὖν, ἔφη, ὦ Σώκρατες, οὐ πάντας ἐρᾶν φαμεν, [205β] εἴπερ γε

πάντες τῶν αὐτῶν ἐρῶσι καὶ ἀεί, ἀλλά τινάς φαμεν ἐρᾶν, τοὺς δ᾽

οὔ; —Σ: θαυμάζω, ἦν δ᾽ ἐγώ, καὶ αὐτός.

ἀλλὰ μὴ θαύμαζ᾽, ἔφη: ἀφελόντες γὰρ ἄρα τοῦ ἔρωτός τι εἶδος

180   ὀνομάζομεν, τὸ τοῦ ὅλου ἐπιτιθέντες ὄνομα, ἔρωτα, τὰ δὲ ἄλλα

ἄλλοις καταχρώμεθα ὀνόμασιν. —Σ: ὥσπερ τί; ἦν δ᾽ ἐγώ.

ὥσπερ τόδε. οἶσθ᾽ ὅτι ποίησίς ἐστί τι πολύ: ἡ γάρ τοι ἐκ τοῦ μὴ ὄντος

εἰς τὸ ὂν ἰόντι ὁτῳοῦν αἰτία πᾶσά ἐστι [205ξ] ποίησις, ὥστε καὶ αἱ

185   ὑπὸ πάσαις ταῖς τέχναις ἐργασίαι ποιήσεις εἰσὶ καὶ οἱ τούτων

δημιουργοὶ πάντες ποιηταί. —Σ: ἀληθῆ λέγεις.

ἀλλ᾽ ὅμως, ἦ δ᾽ ἥ, οἶσθ᾽ ὅτι οὐ καλοῦνται ποιηταὶ ἀλλὰ ἄλλα

ἔχουσιν ὀνόματα, ἀπὸ δὲ πάσης τῆς ποιήσεως ἓν μόριον ἀφορισθὲν

190   τὸ περὶ τὴν μουσικὴν καὶ τὰ μέτρα τῷ τοῦ ὅλου ὀνόματι

προσαγορεύεται. ποίησις γὰρ τοῦτο μόνον καλεῖται, καὶ οἱ ἔχοντες

τοῦτο τὸ μόριον τῆς ποιήσεως ποιηταί. —Σ: ἀληθῆ λέγεις, ἔφην.

[205δ] οὕτω τοίνυν καὶ περὶ τὸν ἔρωτα. τὸ μὲν κεφάλαιόν ἐστι πᾶσα

195   ἡ τῶν ἀγαθῶν ἐπιθυμία καὶ τοῦ εὐδαιμονεῖν ὁ "μέγιστός τε καὶ

δολερὸς ἔρως" παντί: ἀλλ᾽ οἱ μὲν ἄλλῃ τρεπόμενοι πολλαχῇ ἐπ᾽

αὐτόν, ἢ κατὰ χρηματισμὸν ἢ κατὰ φιλογυμναστίαν ἢ κατὰ

φιλοσοφίαν, οὔτε ἐρᾶν καλοῦνται οὔτε ἐρασταί, οἱ δὲ κατὰ ἕν τι

εἶδος ἰόντες τε καὶ ἐσπουδακότες τὸ τοῦ ὅλου ὄνομα ἴσχουσιν,

200   ἔρωτά τε καὶ ἐρᾶν καὶ ἐρασταί.

—Σ: κινδυνεύεις ἀληθῆ, ἔφην ἐγώ, λέγειν.

καὶ λέγεται μέν γέ τις, ἔφη, λόγος, ὡς οἳ ἂν τὸ ἥμισυ [205e] ἑαυτῶν

205 ζητῶσιν, οὗτοι ἐρῶσιν· ὁ δ᾽ ἐμὸς λόγος οὔτε ἡμίσεός φησιν εἶναι τὸν ἔρωτα οὔτε ὅλου, ἐὰν μὴ τυγχάνῃ γέ που, ὦ ἑταῖρε, ἀγαθὸν ὄν, ἐπεὶ αὐτῶν γε καὶ πόδας καὶ χεῖρας ἐθέλουσιν ἀποτέμνεσθαι οἱ ἄνθρωποι, ἐὰν αὐτοῖς δοκῇ τὰ ἑαυτῶν πονηρὰ εἶναι. οὐ γὰρ τὸ ἑαυτῶν οἶμαι ἕκαστοι ἀσπάζονται, εἰ μὴ εἴ τις τὸ μὲν ἀγαθὸν οἰκεῖον καλεῖ καὶ ἑαυτοῦ, τὸ δὲ κακὸν ἀλλότριον·

Eros

ὡς οὐδέν γε ἄλλο ἐστὶν οὗ [206α] ἐρῶσιν ἄνθρωποι ἢ τοῦ ἀγαθοῦ. ἢ σοὶ δοκοῦσιν;

—Σ: μὰ Δί᾽ οὐκ ἔμοιγε, ἦν δ᾽ ἐγώ.

ἆρ᾽ οὖν, ἦ δ᾽ ἥ, οὕτως ἁπλοῦν ἐστι λέγειν ὅτι οἱ ἄνθρωποι τἀγαθοῦ ἐρῶσιν;

—Σ: ναί, ἔφην.

τί δέ; οὐ προσθετέον, ἔφη, ὅτι καὶ εἶναι τὸ ἀγαθὸν αὑτοῖς ἐρῶσιν;

—Σ: προσθετέον.

210 ἆρ᾽ οὖν, ἔφη, καὶ οὐ μόνον εἶναι, ἀλλὰ καὶ ἀεὶ εἶναι; —Σ: καὶ τοῦτο προσθετέον. ἔστιν ἄρα συλλήβδην, ἔφη, ὁ ἔρως τοῦ τὸ ἀγαθὸν αὑτῷ εἶναι ἀεί.

—Σ: ἀληθέστατα, ἔφην ἐγώ, λέγεις [206β] ὅτε δὴ τοῦτο ὁ ἔρως ἐστὶν ἀεί, ἦ δ᾽ ἥ, τῶν τίνα τρόπον διωκόντων αὐτὸ καὶ ἐν τίνι πράξει

215 ἡ σπουδὴ καὶ ἡ σύντασις ἔρως ἂν καλοῖτο; τί τοῦτο τυγχάνει ὂν τὸ ἔργον; ἔχεις εἰπεῖν; —Σ: οὐ μεντἂν σέ, ἔφην ἐγώ, ὦ Διοτίμα, ἐθαύμαζον ἐπὶ σοφίᾳ καὶ ἐφοίτων παρὰ σὲ αὐτὰ ταῦτα μαθησόμενος.

ἀλλὰ ἐγώ σοι, ἔφη, ἐρῶ. ἔστι γὰρ τοῦτο τόκος ἐν καλῷ καὶ κατὰ τὸ

220 σῶμα καὶ κατὰ τὴν ψυχήν. —Σ: μαντείας, ἦν δ᾽ ἐγώ, δεῖται ὅτι ποτε λέγεις, καὶ οὐ μανθάνω.

[206ξ] ἀλλ᾽ ἐγώ, ἦ δ᾽ ἥ, σαφέστερον ἐρῶ. κυοῦσιν γάρ, ἔφη, ὦ Σώκρατες, πάντες ἄνθρωποι καὶ κατὰ τὸ σῶμα καὶ κατὰ τὴν ψυχήν, καὶ ἐπειδὰν ἔν τινι ἡλικίᾳ γένωνται, τίκτειν ἐπιθυμεῖ ἡμῶν

225 ἡ φύσις.

τίκτειν δὲ ἐν μὲν αἰσχρῷ οὐ δύναται, ἐν δὲ τῷ καλῷ.

ἡ γὰρ ἀνδρὸς καὶ γυναικὸς συνουσία τόκος ἐστίν.

ἔστι δὲ τοῦτο θεῖον τὸ πρᾶγμα, καὶ τοῦτο ἐν θνητῷ ὄντι τῷ ζῴῳ ἀθάνατον ἔνεστιν, ἡ κύησις καὶ ἡ γέννησις.

230 τὰ δὲ ἐν τῷ ἀναρμόστῳ ἀδύνατον γενέσθαι.

[206δ] ἀνάρμοστον δ᾽ ἐστὶ τὸ αἰσχρὸν παντὶ τῷ θείῳ, τὸ δὲ καλὸν ἁρμόττον. Μοῖρα οὖν καὶ Εἰλείθυια ἡ Καλλονή ἐστι τῇ γενέσει.

διὰ ταῦτα ὅταν μὲν καλῷ προσπελάζῃ τὸ κυοῦν, ἵλεών τε γίγνεται καὶ εὐφραινόμενον διαχεῖται καὶ τίκτει τε καὶ γεννᾷ:

235 ὅταν δὲ αἰσχρῷ, σκυθρωπόν τε καὶ λυπούμενον συσπειρᾶται καὶ ἀποτρέπεται καὶ ἀνείλλεται καὶ οὐ γεννᾷ, ἀλλὰ ἴσχον τὸ κύημα χαλεπῶς φέρει.

ὅθεν δὴ τῷ κυοῦντί τε καὶ ἤδη σπαργῶντι πολλὴ ἡ πτοίησις γέγονε

[206ε] περὶ τὸ καλὸν διὰ τὸ μεγάλης ὠδῖνος ἀπολύειν τὸν ἔχοντα.

240 ἔστιν γάρ, ὦ Σώκρατες, ἔφη, οὐ τοῦ καλοῦ ὁ ἔρως, ὡς σὺ οἴει. —Σ: ἀλλὰ τί μήν;

τῆς γεννήσεως καὶ τοῦ τόκου ἐν τῷ καλῷ. —Σ: εἶεν, ἦν δ᾽ ἐγώ.

245 πάνυ μὲν οὖν, ἔφη. τί δὴ οὖν τῆς γεννήσεως;

ὅτι ἀειγενές ἐστι καὶ ἀθάνατον ὡς θνητῷ ἡ γέννησις.

ἀθανασίας [207α] δὲ ἀναγκαῖον ἐπιθυμεῖν μετὰ ἀγαθοῦ ἐκ τῶν ὡμολογημένων, εἴπερ τοῦ ἀγαθοῦ ἑαυτῷ εἶναι ἀεὶ ἔρως ἐστίν.

ἀναγκαῖον δὴ ἐκ τούτου τοῦ λόγου καὶ τῆς ἀθανασίας τὸν ἔρωτα
250 εἶναι.

(Σ: ταῦτά τε οὖν πάντα ἐδίδασκέ με, ὁπότε περὶ τῶν ἐρωτικῶν λόγους ποιοῖτο, καί ποτε ἤρετο τί οἴει,) —ὦ Σώκρατες, αἴτιον εἶναι τούτου τοῦ ἔρωτος καὶ τῆς ἐπιθυμίας;

255 ἢ οὐκ αἰσθάνῃ ὡς δεινῶς διατίθεται πάντα τὰ θηρία ἐπειδὰν γεννᾶν ἐπιθυμήσῃ, καὶ τὰ πεζὰ καὶ τὰ πτηνά, νοσοῦντά τε [207β] πάντα καὶ ἐρωτικῶς διατιθέμενα, πρῶτον μὲν περὶ τὸ συμμιγῆναι ἀλλήλοις, ἔπειτα περὶ τὴν τροφὴν τοῦ γενομένου, καὶ ἕτοιμά ἐστιν ὑπὲρ τούτων καὶ διαμάχεσθαι τὰ ἀσθενέστατα τοῖς ἰσχυροτάτοις
260 καὶ ὑπεραποθνήσκειν, καὶ αὐτὰ τῷ λιμῷ παρατεινόμενα ὥστ᾽ ἐκεῖνα ἐκτρέφειν, καὶ ἄλλο πᾶν ποιοῦντα.

τοὺς μὲν γὰρ ἀνθρώπους, ἔφη, οἴοιτ᾽ ἄν τις ἐκ λογισμοῦ ταῦτα ποιεῖν·

τὰ δὲ θηρία τίς αἰτία οὕτως ἐρωτικῶς [207ξ] διατίθεσθαι; ἔχεις
265 λέγειν;

(Σ: καὶ ἐγώ αὖ ἔλεγον ὅτι οὐκ εἰδείην: ἦ δ᾽ εἶπεν,) —Διανοῇ οὖν δεινός ποτε γενήσεσθαι τὰ ἐρωτικά, ἐὰν ταῦτα μὴ ἐννοῇς;

—Σ: ἀλλὰ διὰ ταῦτά τοι, ὦ Διοτίμα, ὅπερ νυνδὴ εἶπον, παρὰ σὲ 270 ἥκω, γνοὺς ὅτι διδασκάλων δέομαι. ἀλλά μοι λέγε καὶ τούτων τὴν αἰτίαν καὶ τῶν ἄλλων τῶν περὶ τὰ ἐρωτικά.

εἰ τοίνυν, ἔφη, πιστεύεις ἐκείνου εἶναι φύσει τὸν ἔρωτα, οὗ πολλάκις ὡμολογήκαμεν, μὴ θαύμαζε.

275 ἐνταῦθα γὰρ [207δ] τὸν αὐτὸν ἐκείνῳ λόγον ἡ θνητὴ φύσις ζητεῖ κατὰ τὸ δυνατὸν ἀεί τε εἶναι καὶ ἀθάνατος.

δύναται δὲ ταύτῃ μόνον, τῇ γενέσει, ὅτι ἀεὶ καταλείπει ἕτερον νέον ἀντὶ τοῦ παλαιοῦ, ἐπεὶ καὶ ἐν ᾧ ἓν ἕκαστον τῶν ζῴων ζῆν καλεῖται καὶ εἶναι τὸ αὐτό—οἷον ἐκ παιδαρίου ὁ αὐτὸς λέγεται ἕως ἂν 280 πρεσβύτης γένηται:

οὗτος μέντοι οὐδέποτε τὰ αὐτὰ ἔχων ἐν αὑτῷ ὅμως ὁ αὐτὸς καλεῖται, ἀλλὰ νέος ἀεὶ γιγνόμενος, τὰ δὲ ἀπολλύς, καὶ κατὰ τὰς τρίχας καὶ σάρκα καὶ ὀστᾶ καὶ [207ε] αἷμα καὶ σύμπαν τὸ σῶμα.

καὶ μὴ ὅτι κατὰ τὸ σῶμα, ἀλλὰ καὶ κατὰ τὴν ψυχὴν οἱ τρόποι, τὰ 285 ἤθη, δόξαι, ἐπιθυμίαι, ἡδοναί, λῦπαι, φόβοι, τούτων ἕκαστα οὐδέποτε τὰ αὐτὰ πάρεστιν ἑκάστῳ, ἀλλὰ τὰ μὲν γίγνεται, τὰ δὲ ἀπόλλυται. πολὺ δὲ τούτων ἀτοπώτερον ἔτι, ὅτι καὶ αἱ ἐπιστῆμαι [208α] μὴ ὅτι αἱ μὲν γίγνονται, αἱ δὲ ἀπόλλυνται ἡμῖν, καὶ οὐδέποτε οἱ αὐτοί ἐσμεν οὐδὲ κατὰ τὰς ἐπιστήμας, ἀλλὰ καὶ μία ἑκάστη τῶν 290 ἐπιστημῶν ταὐτὸν πάσχει. ὃ γὰρ καλεῖται μελετᾶν, ὡς ἐξιούσης ἐστὶ τῆς ἐπιστήμης:

λήθη γὰρ ἐπιστήμης ἔξοδος, μελέτη δὲ πάλιν καινὴν ἐμποιοῦσα ἀντὶ τῆς ἀπιούσης μνήμην σῴζει τὴν ἐπιστήμην, ὥστε τὴν αὐτὴν δοκεῖν εἶναι. τούτῳ γὰρ τῷ τρόπῳ πᾶν τὸ θνητὸν σῴζεται, οὐ τῷ

295 παντάπασιν τὸ αὐτὸ ἀεὶ εἶναι ὥσπερ τὸ [208β] θεῖον, ἀλλὰ τῷ τὸ ἀπιὸν καὶ παλαιούμενον ἕτερον νέον ἐγκαταλείπειν οἷον αὐτὸ ἦν. ταύτῃ τῇ μηχανῇ, ὦ Σώκρατες, ἔφη, θνητὸν ἀθανασίας μετέχει, καὶ σῶμα καὶ τἆλλα πάντα:

ἀθάνατον δὲ ἄλλῃ. μὴ οὖν θαύμαζε εἰ τὸ αὑτοῦ ἀποβλάστημα

300 φύσει πᾶν τιμᾷ: ἀθανασίας γὰρ χάριν παντὶ αὕτη ἡ σπουδὴ καὶ ὁ ἔρως ἕπεται.

(Σ: καὶ ἐγὼ ἀκούσας τὸν λόγον ἐθαύμασά τε καὶ εἶπον εἶεν, ἦν δ᾽ ἐγώ,) —ὦ σοφωτάτη Διοτίμα, ταῦτα ὡς ἀληθῶς οὕτως ἔχει;

305

(Σ: καὶ ἥ, ὥσπερ οἱ τέλεοι σοφισταί, εὖ ἴσθι, ἔφη,) — ὦ Σώκρατες: ἐπεί γε καὶ τῶν ἀνθρώπων εἰ ἐθέλεις εἰς τὴν φιλοτιμίαν βλέψαι, θαυμάζοις ἂν τῆς ἀλογίας περὶ ἃ ἐγὼ εἴρηκα εἰ μὴ ἐννοεῖς, ἐνθυμηθεὶς ὡς δεινῶς διάκεινται ἔρωτι τοῦ ὀνομαστοὶ γενέσθαι

310 "καὶ κλέος ἐς τὸν ἀεὶ χρόνον ἀθάνατον καταθέσθαι", καὶ ὑπὲρ τούτου κινδύνους τε κινδυνεύειν ἕτοιμοί εἰσι πάντας ἔτι μᾶλλον ἢ ὑπὲρ τῶν [208δ] παίδων, καὶ χρήματα ἀναλίσκειν καὶ πόνους πονεῖν οὑστινασοῦν καὶ ὑπεραποθνήσκειν.

ἐπεὶ οἴει σύ, ἔφη, Ἄλκηστιν ὑπὲρ Ἀδμήτου ἀποθανεῖν ἄν, ἢ

315 Ἀχιλλέα Πατρόκλῳ ἐπαποθανεῖν, ἢ προαποθανεῖν τὸν ὑμέτερον Κόδρον ὑπὲρ τῆς βασιλείας τῶν παίδων, μὴ οἰομένους ἀθάνατον μνήμην ἀρετῆς πέρι ἑαυτῶν ἔσεσθαι, ἣν νῦν ἡμεῖς ἔχομεν;

πολλοῦ γε δεῖ, ἔφη, ἀλλ᾽ οἶμαι ὑπὲρ ἀρετῆς ἀθανάτου καὶ τοιαύτης

δόξης εὐκλεοῦς πάντες πάντα ποιοῦσιν, ὅσῳ ἂν ἀμείνους [208ε]

320 ὦσι, τοσούτῳ μᾶλλον· τοῦ γὰρ ἀθανάτου ἐρῶσιν.

οἱ μὲν οὖν ἐγκύμονες, ἔφη, κατὰ τὰ σώματα ὄντες πρὸς τὰς

γυναῖκας μᾶλλον τρέπονται καὶ ταύτη ἐρωτικοί εἰσιν, διὰ

παιδογονίας ἀθανασίαν καὶ μνήμην καὶ εὐδαιμονίαν, ὡς οἴονται,

αὑτοῖς εἰς τὸν ἔπειτα χρόνον πάντα ποριζόμενοι·

325 οἱ δὲ κατὰ τὴν [209α] ψυχήν—εἰσὶ γὰρ οὖν, ἔφη, οἳ ἐν ταῖς ψυχαῖς

κυοῦσιν ἔτι μᾶλλον ἢ ἐν τοῖς σώμασιν, ἃ ψυχῇ προσήκει καὶ κυῆσαι

καὶ τεκεῖν· τί οὖν προσήκει;

φρόνησίν τε καὶ τὴν ἄλλην ἀρετήν—ὧν δή εἰσι καὶ οἱ ποιηταὶ

πάντες γεννήτορες καὶ τῶν δημιουργῶν ὅσοι λέγονται εὑρετικοὶ

330 εἶναι·

πολὺ δὲ μεγίστη, ἔφη, καὶ καλλίστη τῆς φρονήσεως ἡ περὶ τὰ τῶν

πόλεών τε καὶ οἰκήσεων διακόσμησις, ᾗ δὴ ὄνομά ἐστι σωφροσύνη

τε καὶ δικαιοσύνη—τούτων δ᾽ αὖ ὅταν τις ἐκ [209β] νέου ἐγκύμων

ᾖ τὴν ψυχήν, ἤθεος ὢν καὶ ἡκούσης τῆς ἡλικίας, τίκτειν τε καὶ

335 γεννᾶν ἤδη ἐπιθυμῇ, ζητεῖ δὴ οἶμαι καὶ οὗτος περιιὼν τὸ καλὸν ἐν

ᾧ ἂν γεννήσειεν·

ἐν τῷ γὰρ αἰσχρῷ οὐδέποτε γεννήσει. τά τε οὖν σώματα τὰ καλὰ

μᾶλλον ἢ τὰ αἰσχρὰ ἀσπάζεται ἅτε κυῶν, καὶ ἂν ἐντύχῃ ψυχῇ καλῇ

καὶ γενναίᾳ καὶ εὐφυεῖ, πάνυ δὴ ἀσπάζεται τὸ συναμφότερον, καὶ

340 πρὸς τοῦτον τὸν ἄνθρωπον εὐθὺς εὐπορεῖ λόγων περὶ ἀρετῆς καὶ

περὶ οἶον χρὴ εἶναι [209ξ] τὸν ἄνδρα τὸν ἀγαθὸν καὶ ἃ ἐπιτηδεύειν,

καὶ ἐπιχειρεῖ παιδεύειν.

ἁπτόμενος γὰρ οἶμαι τοῦ καλοῦ καὶ ὁμιλῶν αὐτῷ, ἃ πάλαι ἐκύει

τίκτει καὶ γεννᾷ, καὶ παρὼν καὶ ἀπὼν μεμνημένος, καὶ τὸ

345   γεννηθὲν συνεκτρέφει κοινῇ μετ᾽ ἐκείνου, ὥστε πολὺ μείζω

κοινωνίαν τῆς τῶν παίδων πρὸς ἀλλήλους οἱ τοιοῦτοι ἴσχουσι καὶ

φιλίαν βεβαιοτέραν, ἅτε καλλιόνων καὶ ἀθανατωτέρων παίδων

κεκοινωνηκότες.

καὶ πᾶς ἂν δέξαιτο ἑαυτῷ τοιούτους παῖδας μᾶλλον γεγονέναι ἢ

350   τοὺς [209δ] ἀνθρωπίνους, καὶ εἰς Ὅμηρον ἀποβλέψας καὶ Ἡσίοδον

καὶ τοὺς ἄλλους ποιητὰς τοὺς ἀγαθοὺς ζηλῶν, οἷα ἔκγονα ἑαυτῶν

καταλείπουσιν, ἃ ἐκείνοις ἀθάνατον κλέος καὶ μνήμην παρέχεται

αὐτὰ τοιαῦτα ὄντα:

εἰ δὲ βούλει, ἔφη, οἵους Λυκοῦργος παῖδας κατελίπετο ἐν

355   Λακεδαίμονι σωτῆρας τῆς Λακεδαίμονος καὶ ὡς ἔπος εἰπεῖν τῆς

Ἑλλάδος.

τίμιος δὲ παρ᾽ ὑμῖν καὶ Σόλων διὰ τὴν τῶν νόμων γέννησιν, καὶ

ἄλλοι [209ε] ἄλλοθι πολλαχοῦ ἄνδρες, καὶ ἐν Ἕλλησι καὶ ἐν

βαρβάροις, πολλὰ καὶ καλὰ ἀποφηνάμενοι ἔργα, γεννήσαντες

360   παντοίαν ἀρετήν:

ὧν καὶ ἱερὰ πολλὰ ἤδη γέγονε διὰ τοὺς τοιούτους παῖδας, διὰ δὲ

τοὺς ἀνθρωπίνους οὐδενός πω.

ταῦτα μὲν οὖν τὰ ἐρωτικὰ ἴσως, ὦ Σώκρατες, κἂν σὺ [210α]

μυηθείης:

365   τὰ δὲ τέλεα καὶ ἐποπτικά, ὧν ἕνεκα καὶ ταῦτά ἐστιν, ἐάν τις ὀρθῶς

μετίῃ, οὐκ οἶδ᾽ εἰ οἷός τ᾽ ἂν εἴης. ἐρῶ μὲν οὖν, ἔφη, ἐγὼ καὶ

προθυμίας οὐδὲν ἀπολείψω:

πειρῶ δὲ ἕπεσθαι, ἂν οἷός τε ᾖς. δεῖ γάρ, ἔφη, τὸν ὀρθῶς ἰόντα ἐπὶ

τοῦτο τὸ πρᾶγμα ἄρχεσθαι μὲν νέον ὄντα ἰέναι ἐπὶ τὰ καλὰ

370 σώματα, καὶ πρῶτον μέν, ἐὰν ὀρθῶς ἡγῆται ὁ ἡγούμενος, ἑνὸς

αὐτὸν σώματος ἐρᾶν καὶ ἐνταῦθα γεννᾶν λόγους καλούς, ἔπειτα

δὲ αὐτὸν κατανοῆσαι ὅτι τὸ κάλλος [210β] τὸ ἐπὶ ὁτῳοῦν σώματι τῷ

ἐπὶ ἑτέρῳ σώματι ἀδελφόν ἐστι, καὶ εἰ δεῖ διώκειν τὸ ἐπ᾽ εἴδει

καλόν, πολλὴ ἄνοια μὴ οὐχ ἕν τε καὶ ταὐτὸν ἡγεῖσθαι τὸ ἐπὶ πᾶσιν

375 τοῖς σώμασι κάλλος·

τοῦτο δ᾽ ἐννοήσαντα καταστῆναι πάντων τῶν καλῶν σωμάτων

ἐραστήν, ἑνὸς δὲ τὸ σφόδρα τοῦτο χαλάσαι καταφρονήσαντα καὶ

σμικρὸν ἡγησάμενον·

μετὰ δὲ ταῦτα τὸ ἐν ταῖς ψυχαῖς κάλλος τιμιώτερον ἡγήσασθαι τοῦ

380 ἐν τῷ σώματι, ὥστε καὶ ἐὰν ἐπιεικὴς ὢν τὴν ψυχήν τις κἂν σμικρὸν

ἄνθος [210ξ] ἔχῃ, ἐξαρκεῖν αὐτῷ καὶ ἐρᾶν καὶ κήδεσθαι καὶ τίκτειν

λόγους τοιούτους καὶ ζητεῖν, οἵτινες ποιήσουσι βελτίους τοὺς

νέους, ἵνα ἀναγκασθῇ αὖ θεάσασθαι τὸ ἐν τοῖς ἐπιτηδεύμασι καὶ

τοῖς νόμοις καλὸν καὶ τοῦτ᾽ ἰδεῖν ὅτι πᾶν αὐτὸ αὑτῷ συγγενές

385 ἐστιν, ἵνα τὸ περὶ τὸ σῶμα καλὸν σμικρόν τι ἡγήσηται εἶναι·

μετὰ δὲ τὰ ἐπιτηδεύματα ἐπὶ τὰς ἐπιστήμας ἀγαγεῖν, ἵνα ἴδῃ αὖ

ἐπιστημῶν κάλλος, καὶ βλέπων πρὸς [210δ] πολὺ ἤδη τὸ καλὸν

μηκέτι τὸ παρ᾽ ἑνί, ὥσπερ οἰκέτης, ἀγαπῶν παιδαρίου κάλλος ἢ

ἀνθρώπου τινὸς ἢ ἐπιτηδεύματος ἑνός, δουλεύων φαῦλος ἦ καὶ

390 σμικρολόγος, ἀλλ᾽ ἐπὶ τὸ πολὺ πέλαγος τετραμμένος τοῦ καλοῦ

καὶ θεωρῶν πολλοὺς καὶ καλοὺς λόγους καὶ μεγαλοπρεπεῖς τίκτῃ

καὶ διανοήματα ἐν φιλοσοφίᾳ ἀφθόνῳ, ἕως ἂν ἐνταῦθα ῥωσθεὶς

καὶ αὐξηθεὶς κατίδῃ τινὰ ἐπιστήμην μίαν τοιαύτην, ἥ ἐστι καλοῦ
[210ε] τοιοῦδε.

395 πειρῶ δέ μοι, ἔφη, τὸν νοῦν προσέχειν ὡς οἷόν τε μάλιστα.

ὃς γὰρ ἂν μέχρι ἐνταῦθα πρὸς τὰ ἐρωτικὰ παιδαγωγηθῇ, θεώμενος
ἐφεξῆς τε καὶ ὀρθῶς τὰ καλά, πρὸς τέλος ἤδη ἰὼν τῶν ἐρωτικῶν
ἐξαίφνης κατόψεταί τι θαυμαστὸν τὴν φύσιν καλόν, τοῦτο ἐκεῖνο,
ὦ Σώκρατες, οὗ δὴ ἕνεκεν καὶ οἱ ἔμπροσθεν πάντες πόνοι ἦσαν,

400 πρῶτον μὲν [211α] ἀεὶ ὂν καὶ οὔτε γιγνόμενον οὔτε ἀπολλύμενον,
οὔτε αὐξανόμενον οὔτε φθίνον, ἔπειτα οὐ τῇ μὲν καλόν, τῇ δ᾽
αἰσχρόν, οὐδὲ τοτὲ μέν, τοτὲ δὲ οὔ, οὐδὲ πρὸς μὲν τὸ καλόν, πρὸς
δὲ τὸ αἰσχρόν, οὐδ᾽ ἔνθα μὲν καλόν, ἔνθα δὲ αἰσχρόν, ὡς τισὶ μὲν
ὂν καλόν, τισὶ δὲ αἰσχρόν·

405 οὐδ᾽ αὖ φαντασθήσεται αὐτῷ τὸ καλὸν οἷον πρόσωπόν τι οὐδὲ
χεῖρες οὐδὲ ἄλλο οὐδὲν ὧν σῶμα μετέχει, οὐδέ τις λόγος οὐδέ τις
ἐπιστήμη, οὐδέ που ὂν ἐν ἑτέρῳ τινι, οἷον ἐν ζώῳ ἢ ἐν γῇ ἢ ἐν
οὐρανῷ [211β] ἢ ἔν τῳ ἄλλῳ, ἀλλ᾽ αὐτὸ καθ᾽ αὑτὸ μεθ᾽ αὑτοῦ
μονοειδὲς ἀεὶ ὄν, τὰ δὲ ἄλλα πάντα καλὰ ἐκείνου μετέχοντα

410 τρόπον τινὰ τοιοῦτον, οἷον γιγνομένων τε τῶν ἄλλων καὶ
ἀπολλυμένων μηδὲν ἐκεῖνο μήτε τι πλέον μήτε ἔλαττον γίγνεσθαι
μηδὲ πάσχειν μηδέν.

ὅταν δή τις ἀπὸ τῶνδε διὰ τὸ ὀρθῶς παιδεραστεῖν ἐπανιὼν ἐκεῖνο
τὸ καλὸν ἄρχηται καθορᾶν, σχεδὸν ἄν τι ἅπτοιτο τοῦ τέλους.

415 τοῦτο γὰρ δή ἐστι τὸ ὀρθῶς ἐπὶ [211ξ] τὰ ἐρωτικὰ ἰέναι ἢ ὑπ᾽ ἄλλου
ἄγεσθαι, ἀρχόμενον ἀπὸ τῶνδε τῶν καλῶν ἐκείνου ἕνεκα τοῦ
καλοῦ ἀεὶ ἐπανιέναι, ὥσπερ ἐπαναβασμοῖς χρώμενον, ἀπὸ ἑνὸς
ἐπὶ δύο καὶ ἀπὸ δυοῖν ἐπὶ πάντα τὰ καλὰ σώματα, καὶ ἀπὸ τῶν

καλῶν σωμάτων ἐπὶ τὰ καλὰ ἐπιτηδεύματα, καὶ ἀπὸ τῶν
420 ἐπιτηδευμάτων ἐπὶ τὰ καλὰ μαθήματα, καὶ ἀπὸ τῶν μαθημάτων
ἐπ᾽ ἐκεῖνο τὸ μάθημα τελευτῆσαι, ὅ ἐστιν οὐκ ἄλλου ἢ αὐτοῦ
ἐκείνου τοῦ καλοῦ μάθημα, καὶ γνῷ αὐτὸ τελευτῶν ὃ ἔστι [211δ]
καλόν.

ἐνταῦθα τοῦ βίου, ὦ φίλε Σώκρατες, ἔφη ἡ Μαντινικὴ ξένη, εἴπερ
425 που ἄλλοθι, βιωτὸν ἀνθρώπῳ, θεωμένῳ αὐτὸ τὸ καλόν.

ὃ ἐάν ποτε ἴδης, οὐ κατὰ χρυσίον τε καὶ ἐσθῆτα καὶ τοὺς καλοὺς
παῖδάς τε καὶ νεανίσκους δόξει σοι εἶναι, οὓς νῦν ὁρῶν ἐκπέπληξαι
καὶ ἕτοιμος εἶ καὶ σὺ καὶ ἄλλοι πολλοί, ὁρῶντες τὰ παιδικὰ καὶ
συνόντες ἀεὶ αὐτοῖς, εἴ πως οἷόν τ᾽ ἦν, μήτ᾽ ἐσθίειν μήτε πίνειν,
430 ἀλλὰ θεᾶσθαι μόνον καὶ συνεῖναι.

τί δῆτα, ἔφη, οἰόμεθα, εἴ τῳ γένοιτο [211ε] αὐτὸ τὸ καλὸν ἰδεῖν
εἰλικρινές, καθαρόν, ἄμεικτον, ἀλλὰ μὴ ἀνάπλεων σαρκῶν τε
ἀνθρωπίνων καὶ χρωμάτων καὶ ἄλλης πολλῆς φλυαρίας θνητῆς,
ἀλλ᾽ αὐτὸ τὸ θεῖον καλὸν δύναιτο μονοειδὲς κατιδεῖν;
435 ἆρ᾽ οἴει, ἔφη, φαῦλον βίον [212α] γίγνεσθαι ἐκεῖσε βλέποντος
ἀνθρώπου καὶ ἐκεῖνο ᾧ δεῖ θεωμένου καὶ συνόντος αὐτῷ;
ἢ οὐκ ἐνθυμῇ, ἔφη, ὅτι ἐνταῦθα αὐτῷ μοναχοῦ γενήσεται, ὁρῶντι
ᾧ ὁρατὸν τὸ καλόν, τίκτειν οὐκ εἴδωλα ἀρετῆς, ἅτε οὐκ εἰδώλου
ἐφαπτομένῳ, ἀλλὰ ἀληθῆ, ἅτε τοῦ ἀληθοῦς ἐφαπτομένῳ·
440 τεκόντι δὲ ἀρετὴν ἀληθῆ καὶ θρεψαμένῳ ὑπάρχει θεοφιλεῖ
γενέσθαι, καὶ εἴπέρ τῳ ἄλλῳ ἀνθρώπανάτῳ καὶ ἐκείνῳ;

DaVinci as Plato,
in *The School of Athens* by Raphael

Ἀριστοτέλους
Περὶ ποιητικῆς

Aristotle, *Poetics*, On the essence of tragedy. [11]

[**1449b**] περὶ δὲ τραγῳδίας λέγωμεν ἀναλαβόντες αὐτῆς ἐκ τῶν εἰρημένων τὸν γινόμενον ὅρον τῆς οὐσίας.

ἔστιν οὖν τραγῳδία μίμησις πράξεως σπουδαίας [25] καὶ τελείας μέγεθος ἐχούσης,

ἡδυσμένῳ λόγῳ χωρὶς ἑκάστῳ τῶν εἰδῶν ἐν τοῖς μορίοις,

δρώντων καὶ οὐ δι᾽ ἀπαγγελίας,

δι᾽ ἐλέου καὶ φόβου περαίνουσα τὴν τῶν τοιούτων παθημάτων κάθαρσιν.

Greek Vase Depiction of a Theatrical Scene

---

[11] Greek text from *Aristotle's Ars Poetica*, Ed. R. Kassel (Clarendon Press, 1966), courtesy of Perseus. Tufts.edu.

Tragic masks opposite courtesy of Brewminate.com. The Greek for mask is *prosopon* [pros (towards) + ops (the eye)], and the Latin is *persona* [per (through) + *sonare* (to sound)], whence *personae dramatis*.

λέγω δὲ ἡδυσμένον μὲν λόγον τὸν ἔχοντα ῥυθμὸν καὶ ἁρμονίαν, τὸ δὲ χωρὶς τοῖς [30] εἴδεσι τὸ διὰ μέτρων ἔνια μόνον περαίνεσθαι καὶ πάλιν ἕτερα διὰ μέλους. ...

... [1450α] [πέφυκεν αἴτια δύο τῶν πράξεων εἶναι, διάνοια καὶ ἦθος] καὶ κατὰ ταύτας καὶ τυγχάνουσι καὶ ἀποτυγχάνουσι πάντες, ἔστιν δὲ τῆς μὲν πράξεως ὁ μῦθος ἡ μίμησις, λέγω γὰρ μῦθον τοῦτον τὴν [5] σύνθεσιν τῶν πραγμάτων, τὰ δὲ ἤθη, καθ᾿ ὃ ποιούς τινας εἶναί φαμεν τοὺς πράττοντας, διάνοιαν δέ, ἐν ὅσοις λέγοντες ἀποδεικνύασίν τι ἢ καὶ ἀποφαίνονται γνώμην:

ἀνάγκη οὖν πάσης τῆς τραγῳδίας μέρη εἶναι ἕξ, καθ᾿ ὃ ποιά τις ἐστὶν ἡ τραγῳδία: ταῦτα δ᾿ ἐστὶ **μῦθος** καὶ **ἤθη** καὶ **λέξις** καὶ [10] **διάνοια** καὶ **ὄψις** καὶ **μελοποιία.** οἷς μὲν γὰρ μιμοῦνται, δύο μέρη ἐστίν, ὡς δὲ μιμοῦνται, ἕν, ἃ δὲ μιμοῦνται, τρία, καὶ παρὰ ταῦτα οὐδέν. τούτοις μὲν οὖν †οὐκ ὀλίγοι αὐτῶν† ὡς εἰπεῖν κέχρηνται τοῖς εἴδεσιν: καὶ γὰρ †ὄψις ἔχει πᾶν† καὶ ἦθος καὶ μῦθον καὶ λέξιν καὶ μέλος καὶ διάνοιαν ὡσαύτως. [1450a15]

μέγιστον δὲ τούτων ἐστὶν ἡ τῶν πραγμάτων σύστασις. ἡ γὰρ τραγῳδία μίμησίς ἐστιν οὐκ ἀνθρώπων ἀλλὰ πράξεων καὶ βίου [καὶ εὐδαιμονία καὶ κακοδαιμονία ἐν πράξει ἐστίν, καὶ τὸ τέλος πρᾶξίς τις ἐστίν, οὐ ποιότης: εἰσὶν δὲ κατὰ μὲν τὰ ἤθη ποιοί τινες, κατὰ δὲ τὰς [20] πράξεις εὐδαίμονες ἢ τοὐναντίον]: οὔκουν ὅπως τὰ ἤθη μιμήσωνται πράττουσιν, ἀλλὰ τὰ ἤθη

συμπεριλαμβάνουσιν διὰ τὰς πράξεις: ὥστε τὰ πράγματα καὶ ὁ **μῦθος** τέλος τῆς τραγῳδίας, τὸ δὲ τέλος μέγιστον ἁπάντων. …

… [1450b] ἀρχὴ μὲν οὖν καὶ οἷον ψυχὴ **ὁ μῦθος** τῆς τραγῳδίας, δεύτερον δὲ **τὰ ἤθη** (παραπλήσιον γάρ ἐστιν καὶ ἐπὶ τῆς γραφικῆς: εἰ γάρ τις ἐναλείψειε τοῖς καλλίστοις φαρμάκοις χύδην, οὐκ ἂν ὁμοίως εὐφράνειεν καὶ λευκογραφήσας εἰκόνα) : ἔστιν τε μίμησις πράξεως καὶ διὰ ταύτην μάλιστα τῶν πραττόντων.

—τρίτον δὲ **ἡ διάνοια**: τοῦτο δέ [5] ἐστιν τὸ λέγειν δύνασθαι τὰ ἐνόντα καὶ τὰ ἁρμόττοντα, ὅπερ ἐπὶ τῶν λόγων τῆς πολιτικῆς καὶ ῥητορικῆς ἔργον ἐστίν: οἱ μὲν γὰρ ἀρχαῖοι πολιτικῶς ἐποίουν λέγοντας, οἱ δὲ νῦν ῥητορικῶς. —ἔστιν δὲ **ἦθος** μὲν τὸ τοιοῦτον ὃ δηλοῖ τὴν προαίρεσιν,[12] ὁποία τις [ἐν οἷς οὐκ ἔστι δῆλον ἢ [10] προαιρεῖται ἢ φεύγει] διόπερ οὐκ ἔχουσιν ἦθος τῶν λόγων ἐν [10α] οἷς μηδ᾽ ὅλως ἔστιν ὅ τι προαιρεῖται ἢ φεύγει ὁ λέγων. —**διάνοια** δὲ ἐν οἷς ἀποδεικνύουσί τι ὡς ἔστιν ἢ ὡς οὐκ ἔστιν ἢ καθόλου τι ἀποφαίνονται

—τέταρτον δὲ †τῶν μὲν λόγων† **ἡ λέξις**: λέγω δέ, ὥσπερ πρότερον εἴρηται, λέξιν εἶναι τὴν διὰ τῆς ὀνομασίας ἑρμηνείαν, ὃ καὶ ἐπὶ τῶν ἐμμέτρων καὶ [15] ἐπὶ τῶν λόγων ἔχει τὴν αὐτὴν δύναμιν.

---

[12] προαίρεσις is a technical term in Aristotle's *Ethics* for the deliberated selection of an action. It is a character's *choice* in this deliberative sense that shows the goodness or badness of their character. For their character to be revealed in a drama, argues Aristotle, the character must be shown exercising his "will", i.e., choosing one action over another, and under circumstances in which the choice is not obvious, i.e., in which everybody's choice would not be the same.

τῶν δὲ λοιπῶν **ἡ μελοποιία** μέγιστον τῶν ἡδυσμάτων, **ἡ δὲ ὄψις** ψυχαγωγικὸν μέν, ἀτεχνότατον δὲ καὶ ἥκιστα οἰκεῖον τῆς ποιητικῆς· ἡ γὰρ τῆς τραγῳδίας δύναμις καὶ ἄνευ ἀγῶνος καὶ ὑποκριτῶν ἔστιν, ἔτι δὲ κυριωτέρα περὶ τὴν ἀπεργασίαν [20] τῶν ὄψεων ἡ τοῦ σκευοποιοῦ τέχνη τῆς τῶν ποιητῶν ἐστιν.

Comparison of Poetry, History, and Philosophy

… [1451a30] χρὴ οὖν, καθάπερ καὶ ἐν ταῖς ἄλλαις μιμητικαῖς ἡ μία μίμησις ἑνός ἐστιν, οὕτω καὶ τὸν μῦθον, ἐπεὶ πράξεως μίμησίς ἐστι, μιᾶς τε εἶναι καὶ ταύτης ὅλης, καὶ τὰ μέρη συνεστάναι τῶν πραγμάτων οὕτως ὥστε μετατιθεμένου τινὸς μέρους ἢ ἀφαιρουμένου διαφέρεσθαι καὶ κινεῖσθαι τὸ ὅλον· ὃ γὰρ προσὸν [35] ἢ μὴ προσὸν μηδὲν ποιεῖ ἐπίδηλον, οὐδὲν μόριον τοῦ ὅλου ἐστίν.

[1451a] φανερὸν δὲ ἐκ τῶν εἰρημένων καὶ ὅτι οὐ τὸ τὰ γενόμενα λέγειν, τοῦτο ποιητοῦ ἔργον ἐστίν, ἀλλ᾽ οἷα ἂν γένοιτο καὶ τὰ δυνατὰ κατὰ τὸ εἰκὸς ἢ τὸ ἀναγκαῖον. ὁ γὰρ ἱστορικὸς καὶ ὁ ποιητὴς οὐ τῷ ἢ ἔμμετρα λέγειν ἢ ἄμετρα διαφέρουσιν [1451b] εἴη γὰρ ἂν τὰ Ἡροδότου εἰς μέτρα τεθῆναι καὶ οὐδὲν ἧττον ἂν εἴη ἱστορία τις μετὰ μέτρου ἢ ἄνευ μέτρων·
ἀλλὰ τούτῳ διαφέρει, τῷ τὸν μὲν τὰ γενόμενα [5] λέγειν, τὸν δὲ οἷα ἂν γένοιτο. διὸ καὶ φιλοσοφώτερον καὶ σπουδαιότερον ποίησις ἱστορίας ἐστίν· ἡ μὲν γὰρ ποίησις μᾶλλον τὰ καθόλου, ἡ δ᾽ ἱστορία τὰ καθ᾽ ἕκαστον λέγει.

ἔστιν δὲ καθόλου μέν, τῷ ποίῳ τὰ ποῖα ἄττα συμβαίνει λέγειν ἢ πράττειν κατὰ τὸ εἰκὸς ἢ τὸ ἀναγκαῖον, οὗ [10] ...

δῆλον οὖν ἐκ τούτων ὅτι τὸν ποιητὴν μᾶλλον τῶν μύθων εἶναι δεῖ ποιητὴν ἢ τῶν μέτρων, ὅσῳ ποιητὴς κατὰ τὴν μίμησίν ἐστιν, μιμεῖται δὲ τὰς πράξεις. κἂν ἄρα συμβῇ [30] γενόμενα ποιεῖν, οὐθὲν ἧττον ποιητής ἐστι: τῶν γὰρ γενομένων ἔνια οὐδὲν κωλύει τοιαῦτα εἶναι οἷα ἂν εἰκὸς γενέσθαι [καὶ δυνατὰ γενέσθαι], καθ᾽ ὃ ἐκεῖνος αὐτῶν ποιητής ἐστιν. ...

Through A Great Error

[1452b] ὧν δὲ δεῖ στοχάζεσθαι καὶ ἃ δεῖ εὐλαβεῖσθαι συνιστάντας τοὺς μύθους καὶ πόθεν ἔσται τὸ τῆς τραγῳδίας [30] ἔργον, ἐφεξῆς ἂν εἴη λεκτέον τοῖς νῦν εἰρημένοις. ἐπειδὴ οὖν δεῖ τὴν σύνθεσιν εἶναι τῆς καλλίστης τραγῳδίας μὴ ἁπλῆν ἀλλὰ πεπλεγμένην καὶ **ταύτην φοβερῶν καὶ ἐλεεινῶν εἶναι μιμητικήν** (τοῦτο γὰρ ἴδιον τῆς τοιαύτης μιμήσεώς ἐστιν, πρῶτον μὲν δῆλον ὅτι οὔτε τοὺς ἐπιεικεῖς ἄνδρας δεῖ [35] μεταβάλλοντας φαίνεσθαι ἐξ εὐτυχίας εἰς δυστυχίαν, οὐ γὰρ φοβερὸν οὐδὲ ἐλεεινὸν τοῦτο ἀλλὰ μιαρόν ἐστιν: οὔτε τοὺς μοχθηροὺς ἐξ ἀτυχίας εἰς εὐτυχίαν, ἀτραγῳδότατον γὰρ τοῦτ᾽ ἐστὶ πάντων, οὐδὲν γὰρ ἔχει ὧν δεῖ, οὔτε γὰρ φιλάνθρωπον οὔτε ἐλεεινὸν οὔτε φοβερόν ἐστιν:

[1453a] οὐδ᾽ αὖ τὸν σφόδρα πονηρὸν ἐξ εὐτυχίας εἰς δυστυχίαν μεταπίπτειν· τὸ μὲν γὰρ φιλάνθρωπον ἔχοι ἂν ἡ τοιαύτη σύστασις ἀλλ᾽ οὔτε ἔλεον οὔτε φόβον, ὁ μὲν γὰρ περὶ τὸν ἀνάξιόν ἐστιν δυστυχοῦντα, ὁ δὲ [5] περὶ τὸν ὅμοιον, ἔλεος μὲν περὶ τὸν ἀνάξιον, φόβος δὲ περὶ τὸν ὅμοιον, ὥστε οὔτε ἐλεεινὸν οὔτε φοβερὸν ἔσται τὸ συμβαῖνον.

[1453a] ὁ μεταξὺ ἄρα τούτων λοιπός. ἔστι δὲ τοιοῦτος ὁ μήτε ἀρετῇ διαφέρων καὶ δικαιοσύνῃ μήτε διὰ κακίαν καὶ μοχθηρίαν μεταβάλλων εἰς τὴν δυστυχίαν ἀλλὰ δι᾽ [10] ἁμαρτίαν τινά, τῶν ἐν μεγάλῃ δόξῃ ὄντων καὶ εὐτυχίᾳ, οἷον Οἰδίπους καὶ Θυέστης καὶ οἱ ἐκ τῶν τοιούτων γενῶν ἐπιφανεῖς ἄνδρες. ἀνάγκη ἄρα τὸν καλῶς ἔχοντα μῦθον ἁπλοῦν εἶναι μᾶλλον ἢ διπλοῦν, ὥσπερ τινές φασι, καὶ μεταβάλλειν οὐκ εἰς εὐτυχίαν ἐκ δυστυχίας ἀλλὰ τοὐναντίον [15] ἐξ εὐτυχίας εἰς δυστυχίαν μὴ διὰ μοχθηρίαν ἀλλὰ δι᾽ ἁμαρτίαν μεγάλην ἢ οἵου εἴρηται ἢ βελτίονος μᾶλλον ἢ χείρονος. σημεῖον δὲ καὶ τὸ γιγνόμενον· πρῶτον μὲν γὰρ οἱ ποιηταὶ τοὺς τυχόντας μύθους ἀπηρίθμουν, νῦν δὲ περὶ ὀλίγας οἰκίας αἱ κάλλισται τραγῳδίαι συντίθενται, οἷον [20] περὶ Ἀλκμέωνα καὶ Οἰδίπουν καὶ Ὀρέστην καὶ Μελέαγρον καὶ Θυέστην καὶ Τήλεφον καὶ ὅσοις ἄλλοις συμβέβηκεν ἢ παθεῖν δεινὰ ἢ ποιῆσαι.

Oedipus and the Sphinx, Kylix 470 BC

SCIENTIAE

Allegorical Figures of the Sciences, by Stefano Della Bella

Ἀριστοτέλους

Περὶ Ψυχῆς

Aristotle, *On Soul*, Book II [13]

[412a1] Τὰ μὲν δὴ ὑπὸ τῶν πρότερον παραδεδομένα περὶ ψυχῆς εἰρήσθω· πάλιν δ' ὥσπερ ἐξ ὑπαρχῆς ἐπανίωμεν, πειρώμενοι διορίσαι **τί ἐστι** ψυχὴ καὶ τίς ἂν εἴη κοινότατος λόγος αὐτῆς.

λέγομεν δὴ γένος ἕν τι **τῶν ὄντων** τὴν **οὐσίαν**, ταύτης δὲ τὸ μέν, ὡς **ὕλην**, ὃ καθ' αὑτὸ οὐκ ἔστι τόδε τι, ἕτερον δὲ **μορφὴν** καὶ **εἶδος**, καθ' ἣν ἤδη λέγεται **τόδε τι**, καὶ τρίτον **τὸ ἐκ τούτων**. ἔστι δ' ἡ μὲν ὕλη **δύναμις**, τὸ δ' εἶδος **ἐντελέχεια**, καὶ τοῦτο διχῶς, τὸ μὲν ὡς ἐπιστήμη, τὸ δ' ὡς τὸ θεωρεῖν.

οὐσίαι δὲ μάλιστ' εἶναι δοκοῦσι τὰ σώματα, καὶ τούτων τὰ φυσικά· ταῦτα γὰρ τῶν ἄλλων ἀρχαί. τῶν δὲ φυσικῶν τὰ μὲν ἔχει ζωήν, τὰ δ' οὐκ ἔχει· ζωὴν δὲ λέγομεν τὴν δι' αὑτοῦ τροφήν τε καὶ αὔξησιν καὶ φθίσιν. ὥστε πᾶν σῶμα φυσικὸν μετέχον ζωῆς οὐσία ἂν εἴη, οὐσία δ' οὕτως ὡς συνθέτη.

τί ἐστι: as direct question, *what is it?*, but here as an indirect question, *what it is*. Aristotle often nominalizes the phrase with the neuter article: τὸ τί ἐστι.

τῶν ὄντων: from τὸ ὄν, substantive use of the neuter participle of εἶναι. A participle is always concrete, connoting a subject—*a being*, or *the being*, or *all being*, but not simply *being* in the abstract. Very common in Greek, its English analogue in use is often *thing*.

οὐσίαν: an abstract noun formed from οὖσα, feminine participle of εἶναι, and suffix -*ία*. It can thus signify in abstraction a being's *being*, in the sense of its kind of being—the kind of thing it is—in reply to the question, *what is it?* In common use *ousia* referred concretely to a person's wealth; the Latin word for this was ***substantia***—same suffix, but from the verb ***substare***, *stand firm*: one's property was one's "standing". As its analogue in use, ***substantia*** was the first translation of *ousia*; but then Cicero coined the term ***essentia*** to mimic οὐσία, forming ***essentia*** from ***essens***, a defunct participle of the infinitive *esse*—whence the two translations ***essence*** and ***substance*** in English.

μορφὴν καὶ **εἶδος**: both Greek terms are translated *form* in the sense of identifying characteristic. In common usage, **μορφή** means shape, whereas **εἶδος** derives from the verb εἴδω (> οἶδα), *to see*, idiomatically used in Greek in the perfect to mean *to know*—the difference between seeing with the eye and seeing with the mind's eye. The former connotes perception of physical traits and the latter conception of intelligible ones: **μορφὴ** to identify a species descriptively and **εἶδος** to define it conceptually (e.g., *upright biped* and *rational animal* both name *the form* of a human being).

τὸ ἐκ τούτων: Aristotle often prefers periphrastic articular phrases to abstract nouns (e.g., **τὸ τί ἐστι** in lieu of ἡ **οὐσία**). Here,

---

[13] Greek text taken from *Ancient Philosophy*, Ed. N.M. Skouteropoulos (GNOSI, 1991), courtesy of Pavlou Gratsiatou at *Mikrosapoplous.gr/aristotle/psyxhs*.

ἐπεὶ δ' ἐστὶ καὶ σῶμα καὶ τοιόνδε, ζωὴν γὰρ ἔχον, οὐκ ἂν εἴη σῶμα ἡ ψυχή· οὐ γάρ ἐστι τῶν **καθ' ὑποκειμένου** τὸ σῶμα, μᾶλλον δ' **ὡς ὑποκείμενον** καὶ ὕλη. ἀναγκαῖον ἄρα τὴν ψυχὴν οὐσίαν εἶναι ὡς εἶδος σώματος φυσικοῦ **δυνάμει** ζωὴν ἔχοντος. ἡ δ' οὐσία ἐντελέχεια· τοιούτου ἄρα σώματος ἐντελέχεια.

αὕτη δὲ λέγεται διχῶς, ἡ μὲν ὡς ἐπιστήμη, ἡ δ' ὡς τὸ θεωρεῖν. φανερὸν οὖν ὅτι ὡς ἐπιστήμη· ἐν γὰρ τῷ ὑπάρχειν τὴν ψυχὴν καὶ ὕπνος καὶ ἐγρήγορσίς ἐστιν, ἀνάλογον δ' ἡ μὲν ἐγρήγορσις τῷ θεωρεῖν, ὁ δ' ὕπνος τῷ ἔχειν καὶ μὴ ἐνεργεῖν· προτέρα δὲ τῇ γενέσει ἐπὶ τοῦ αὐτοῦ ἡ ἐπιστήμη. διὸ ἡ ψυχή ἐστιν **ἐντελέχεια** ἡ πρώτη σώματος φυσικοῦ δυνάμει ζωὴν ἔχοντος.

[412b] τοιοῦτον δὲ ὃ ἂν ᾖ ὀργανικόν. (ὄργανα δὲ καὶ τὰ τῶν φυτῶν μέρη, ἀλλὰ παντελῶς ἁπλᾶ, οἷον τὸ φύλλον περικαρπίου σκέπασμα, τὸ δὲ περικάρπιον καρποῦ· αἱ δὲ ῥίζαι τῷ στόματι ἀνάλογον· ἄμφω γὰρ ἕλκει τὴν τροφήν.) εἰ δή τι κοινὸν ἐπὶ πάσης ψυχῆς δεῖ λέγειν, εἴη ἂν ἐντελέχεια ἡ πρώτη σώματος φυσικοῦ ὀργανικοῦ.

instead of **τὸ σύνθετον** or *composite*, **τὸ ἐκ τούτων** nominalizes a prepositional phrase with the neuter article; in English, an analogously periphrastic phrase might be *what is made out of them* or *what comes from them*.

τόδε τι: Aristotle's use here of the demonstrative **τόδε** as predicate is distinctive, as well as its qualification by the indefinite **τι**: **τόδε** here means *this*, not in the deictic sense of *this thing*, but rather in the predicative sense of *this kind of thing*, with indefinite particle **τι** generalizing: *some kind of thing* or *something*. **τὸ ἐκ τούτων**, in contrast, is a **τόδε** in the deictic sense of *this thing here* or *some thing*—any such individual *thing* in this sense likewise being *something* in the former sense

δύναμις: an abstract noun derived from the verb **δύναμαι**, *can, be able*. It embraces both the active sense of ability to act or *power*, and the passive sense of ability to become or *potential*. Thus, both an agent's ability to affect or effect something, and the ability of a thing to be affected or become something, is called the **δύναμις** of each. Whereas English will distinguish *power* from *potential*, neither Greek **δύναμις** nor Latin **potentia** does so: a potential to be changed is a power to become, and a power to act is a potential to be enacted.

ἐντελέχεια: an abstract noun coined by Aristotle, formed from adjective **ἐντελής**, and the verb **ἔχειν**, and the abstract suffix -ιᾰ.
The adjective **ἐντελής**, meaning *completed*, in the sense of *achieved* or *realized*, is itself compound, formed from preposition **ἐν** and noun **τέλος**, meaning *end* in the sense of *goal, aim, function*, or else *fulfilment, completion, achievement*. —The verb **ἔχειν** here has not the transitive meaning of *have, hold*, but rather the intransitive meaning of *be, fare*, in the sense of *be in the condition or state of* (cf. English idiom, *holding up well*).
Thus, when a thing succeeds in using its power, or realizing its aim, or becoming what it can be, that activity, or actuality, or actualization of its potential is its **ἐντελέχεια**—its *en-act-ment*, as it were.

διὸ καὶ οὐ δεῖ ζητεῖν εἰ ἓν ἡ ψυχὴ καὶ τὸ σῶμα, ὥσπερ οὐδὲ τὸν κηρὸν καὶ τὸ σχῆμα, οὐδ' ὅλως τὴν ἑκάστου ὕλην καὶ τὸ οὗ ἡ ὕλη· **τὸ γὰρ ἓν καὶ τὸ εἶναι ἐπεὶ πλεοναχῶς** λέγεται, τὸ κυρίως ἡ ἐντελέχειά ἐστιν.

καθόλου μὲν οὖν εἴρηται **τί ἐστιν** ἡ ψυχή· οὐσία γὰρ ἡ **κατὰ τὸν λόγον.** τοῦτο δὲ **τὸ τί ἦν εἶναι** τῷ τοιῳδὶ σώματι, καθάπερ εἴ τι τῶν ὀργάνων φυσικὸν ἦν σῶμα, οἷον πέλεκυς· ἦν μὲν γὰρ ἂν τὸ πελέκει εἶναι ἡ οὐσία αὐτοῦ, καὶ ἡ ψυχὴ τοῦτο· χωρισθείσης δὲ ταύτης οὐκ ἂν ἔτι πέλεκυς ἦν, ἀλλ' ἢ ὁμωνύμως, νῦν δ' ἔστι πέλεκυς. οὐ γὰρ τοιούτου σώματος **τὸ τί ἦν εἶναι καὶ ὁ λόγος** ἡ ψυχή, ἀλλὰ φυσικοῦ τοιουδί, ἔχοντος ἀρχὴν κινήσεως καὶ στάσεως ἐν ἑαυτῷ.

θεωρεῖν δὲ καὶ ἐπὶ τῶν μερῶν δεῖ τὸ λεχθέν. εἰ γὰρ ἦν ὁ ὀφθαλμὸς ζῷον, ψυχὴ ἂν ἦν αὐτοῦ ἡ ὄψις· αὕτη γὰρ οὐσία ὀφθαλμοῦ ἡ **κατὰ τὸν λόγον** (ὁ δ' ὀφθαλμὸς ὕλη ὄψεως), ἧς ἀπολειπούσης οὐκέτ' ὀφθαλμός, πλὴν ὁμωνύμως, καθάπερ ὁ λίθινος καὶ ὁ γεγραμμένος. δεῖ δὴ λαβεῖν τὸ ἐπὶ μέρους ἐφ' ὅλου τοῦ ζῶντος σώματος· ἀνάλογον γὰρ ἔχει ὡς τὸ μέρος πρὸς τὸ μέρος, οὕτως ἡ ὅλη

τὸ εἶναι: an articular infinitive, to compare with articular phrases **τὸ ἐστι** and **τὸ ὄν**, *i.e.,* nominalizations respectively of the *infinitive*; the 3rd singular *finite* inflection; and the neuter *participle*. Also compare with **ἡ οὐσία**, abstract noun formed from the feminine participle.

The infinitve and finite verb forms **τὸ εἶναι** and **τὸ ἐστι** have in common that they abstract from any subject—as the infinitive *to be* and gerunds *existing* and *being* do in English.

In contrast, the participial forms **τὸ ὄν** and **ἡ οὐσία** share a connotation of concreteness (and so can be plural: **τὰ ὄντα** and **αἱ οὐσίαι**)— as the verbal forms *a being* and *a being's being* are concrete in English.

If I speak in English of a being's *existing*, or of a being's *being* a being, the gerundive forms are abstract and the nominal forms concrete; likewise, if I say *"being is said in many ways"* versus *"a being is spoken of in many ways"*, the former is abstract and the latter concrete.

τὸ εἶναι is more like *being* or *existing,* and **τὸ ὄν** more like *a being* or *all being,* and **ἡ οὐσία** like *kind of being* or *a being's being.*

τὸ τί ἦν εἶναι: Aristotelian idiolect of notoriously obscure syntax. Is the noun phrase an articular infinitive, **τὸ εἶναι**, enclosing an indirect question, **τί ἦν?** Or is it rather the nominalized indirect question, **τὸ τί ἦν**, modified by an epexegetical infinitive, **εἶναι?** In other words, is the subject the abstract verb— something's *being* what it is—or the concrete noun—*what* something is being in order to be— or in between—*what it is* for something to be?

Either way, why is the finite verb in the imperfect rather than in the present tense? Instead of asking or telling what it *is*, are we asking what it *was*? Rather, the progressive aspect is more likely proleptic—*was going to be*— or perfect—*has been going to be, has been being*— probably also persistent—*kept being, kept going to be, has kept being*. What is clear about the phrase is that it signifies being that abides, perdures, identifies, as substantive and essential.

ὁ λόγος originally meant a *reckoning* or *account*. It took on the logical senses of an *explanation*; then the activity of giving an explanation, or *reasoning*; finally, the power to do so, namely *reason*: reason in reasoning gives the *reasons* for things. **ὁ λόγος** names all three: power, act, and object of reasoning. It does not mean definition in the sense of verbal

αἴσθησις πρὸς τὸ ὅλον σῶμα τὸ αἰσθητικόν, ἢ τοιοῦτον.

[413a] ἔστι δὲ οὐ τὸ ἀποβεβληκὸς τὴν ψυχὴν τὸ δυνάμει ὂν ὥστε ζῆν, ἀλλὰ τὸ ἔχον· τὸ δὲ σπέρμα καὶ ὁ καρπὸς τὸ δυνάμει τοιονδὶ σῶμα. ὡς μὲν οὖν ἡ τμῆσις καὶ ἡ ὅρασις, οὕτω καὶ ἡ ἐγρήγορσις ἐντελέχεια, ὡς δ' ἡ ὄψις καὶ ἡ δύναμις τοῦ ὀργάνου, ἡ ψυχή· τὸ δὲ σῶμα τὸ δυνάμει ὄν· ἀλλ' ὥσπερ ὀφθαλμὸς ἡ κόρη καὶ ἡ ὄψις, κἀκεῖ ἡ ψυχὴ καὶ τὸ σῶμα ζῷον.

ὅτι μὲν οὖν οὐκ ἔστιν ἡ ψυχὴ χωριστὴ τοῦ σώματος, ἢ μέρη τινὰ αὐτῆς, εἰ μεριστὴ πέφυκεν, οὐκ ἄδηλον· ἐνίων γὰρ **ἡ ἐντελέχεια** τῶν μερῶν ἐστιν αὐτῶν. οὐ μὴν ἀλλ' ἐνιά γε οὐθὲν κωλύει, διὰ τὸ μηθενὸς εἶναι σώματος **ἐντελεχείας.**

ἔτι δὲ ἄδηλον εἰ οὕτως ἐντελέχεια τοῦ σώματος ἡ ψυχὴ <ἢ> ὥσπερ πλωτὴρ πλοίου. τύπῳ μὲν οὖν ταύτῃ διωρίσθω καὶ ὑπογεγράφθω περὶ ψυχῆς.

formulation; rather, it names that *in* things which an intellectual conception of reason apprehends, and a verbal definition of reason expresses.

RATIO ET SAPIENTIA

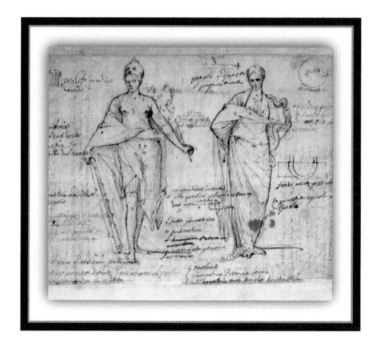

Allegorical Figures of Reason and Wisdom, by Pietro Testa

Aristotle on Physics, Mathematics, & Theology in *Physics* II.2, *Metaphysics* VI.1, *De anima* I.
(Cf. Ptolemy, *ALMAGEST*, Proemium)

PHYSICS II.2 (193b20 ff)[14]

1 . Ἐπεὶ δὲ διώρισται ποσαχῶς ἡ φύσις, μετὰ τοῦτο θεωρητέον τίνι διαφέρει ὁ μαθηματικὸς τοῦ φυσικοῦ (καὶ γὰρ ἐπίπεδα καὶ στερεὰ ἔχει τὰ φυσικὰ σώματα καὶ μήκη καὶ στιγμάς, περὶ ὧν σκοπεῖ ὁ μαθηματικός).

2. Ἔτι εἰ ἡ ἀστρολογία ἑτέρα ἢ μέρος τῆς φυσικῆς.

3. Εἰ γὰρ τοῦ φυσικοῦ τὸ τί ἐστιν ἥλιος ἢ σελήνη εἰδέναι, τῶν δὲ συμβεβηκότων καθ' αὐτὰ μηδέν, ἄτοπον, ἄλλως τε καὶ ὅτι φαίνονται λέγοντες οἱ περὶ φύσεως καὶ περὶ σχήματος σελήνης καὶ ἡλίου, καὶ δὴ καὶ πότερον σφαιροειδὴς ἡ γῆ καὶ ὁ κόσμος ἢ οὔ.

4. Περὶ τούτων μὲν οὖν πραγματεύεται καὶ ὁ μαθηματικός, ἀλλ' οὐχ ᾗ φυσικοῦ σώματος πέρας ἕκαστον· οὐδὲ τὰ συμβεβηκότα θεωρεῖ ᾗ τοιούτοις οὖσι συμβέβηκεν· διὸ καὶ χωρίζει· χωριστὰ γὰρ τῇ νοήσει κινήσεώς ἐστι, καὶ οὐδὲν διαφέρει, οὐδὲ γίγνεται ψεῦδος χωριζόντων.

1. We have distinguished, then, the different ways in which the term 'nature' is used. The next point to consider is how the mathematician differs from the physicist. Obviously physical bodies contain surfaces and volumes, lines and points, and these are the subject-matter of mathematics.

2. Further, is astronomy different from physics or a department of it?

3. It seems absurd that the physicist should be supposed to know the nature of sun or moon, but not to know any of their essential attributes, particularly as the writers on physics obviously do discuss their shape also and whether the earth and the world are spherical or not.

4. Now the mathematician, though he too treats of these things, nevertheless does not treat of them as the limits of a physical body; nor does he consider the attributes indicated as the attributes of such bodies. That is why he separates them; for in thought they are separable from motion, and it makes no difference, nor does any falsity result, if they are separated.

[14] Greek text from *Physique D'Aristote* (Durand, 1862), Ed. Saint-Hilaire courtesy of Remacle.org. Tr. R.P. Hardie and R.K. Gaye, in *The Works of Aristotle*, Ed. R.M. Hutchins (William Benton, 1952), courtesy of Classics.MIT.edu.

5. Λανθάνουσι δὲ τοῦτο ποιοῦντες καὶ οἱ τὰς ἰδέας λέγοντες· τὰ γὰρ φυσικὰ. χωρίζουσιν ἧττον ὄντα χωριστὰ τῶν μαθηματικῶν

6. Γίγνοιτο δ' ἂν τοῦτο δῆλον, εἴ τις ἑκατέρων πειρῷτο λέγειν τοὺς ὅρους, καὶ αὐτῶν καὶ τῶν συμβεβηκότων. Τὸ μὲν γὰρ περιττὸν ἔσται καὶ τὸ ἄρτιον καὶ τὸ εὐθὺ καὶ τὸ καμπύλον, ἔτι δὲ ἀριθμὸς καὶ γραμμὴ καὶ σχῆμα, ἄνευ κινήσεως, σὰρξ δὲ καὶ ὀστοῦν καὶ ἄνθρωπος οὐκέτι, ἀλλὰ ταῦτα ὥσπερ ῥὶς σιμὴ ἀλλ' οὐχ ὡς τὸ καμπύλον λέγεται.

7. Δηλοῖ δὲ καὶ τὰ φυσικώτερα τῶν μαθημάτων, οἷον ὀπτικὴ καὶ ἁρμονικὴ καὶ ἀστρολογία· ἀνάπαλιν γὰρ τρόπον τιν' ἔχουσιν τῇ γεωμετρίᾳ. Ἡ μὲν γὰρ γεωμετρία περὶ γραμμῆς φυσικῆς σκοπεῖ, ἀλλ' οὐχ ᾗ φυσική, ἡ δ' ὀπτικὴ μαθηματικὴν μὲν γραμμήν, ἀλλ' οὐχ ᾗ μαθηματικὴ ἀλλ' ᾗ φυσική.

8. Ἐπεὶ δ' ἡ φύσις διχῶς, τό τε εἶδος καὶ ἡ ὕλη, ὡς ἂν εἰ περὶ σιμότητος σκοποῖμεν τί ἐστιν, οὕτω θεωρητέον· ὥστ' οὔτ' ἄνευ ὕλης τὰ τοιαῦτα οὔτε κατὰ τὴν ὕλην. 9 Καὶ γὰρ δὴ καὶ περὶ τούτου ἀπορήσειεν ἄν τις, ἐπεὶ δύο αἱ φύσεις, περὶ ποτέρας τοῦ φυσικοῦ. Ἢ περὶ τοῦ ἐξ ἀμφοῖν; ἀλλ' εἰ περὶ τοῦ ἐξ ἀμφοῖν, καὶ περὶ ἑκατέρας. Πότερον οὖν τῆς αὐτῆς ἢ ἄλλης ἑκατέραν γνωρίζειν;

5. The holders of the theory of Forms do the same, though they are not aware of it; for they separate the objects of physics, which are less separable than those of mathematics.

6. This becomes plain if one tries to state in each of the two cases the definitions of the things and of their attributes. 'Odd' and 'even', 'straight' and 'curved', and likewise 'number', 'line', and 'figure', do not involve motion; not so 'flesh' and 'bone' and 'man'- these are defined like 'snub nose', not like 'curved'.

7. Similar evidence is supplied by the more physical of the branches of mathematics, such as optics, harmonics, and astronomy. These are in a way the converse of geometry. While geometry investigates physical lines but not qua physical, optics investigates mathematical lines, but qua physical, not qua mathematical.

8. Since 'nature' has two senses, the form and the matter, we must investigate its objects as we would the essence of snubness. That is, such things are neither independent of matter nor can be defined in terms of matter only. Here too indeed one might raise a difficulty. Since there are two natures, with which is the physicist concerned? Or should he investigate the combination of the two? But if the combination of the two, then also each severally. Does it belong then to the same or to different sciences to know each severally?

METAPHYSICS VI.1 (1025b ff.)[15]

1. Αἱ ἀρχαὶ καὶ τὰ αἴτια ζητεῖται τῶν ὄντων, δῆλον δὲ ὅτι ᾗ ὄντα. Ἔστι γάρ τι αἴτιον ὑγιείας καὶ εὐεξίας, καὶ τῶν [5] μαθηματικῶν εἰσὶν ἀρχαὶ καὶ στοιχεῖα καὶ αἴτια, καὶ ὅλως δὲ πᾶσα ἐπιστήμη διανοητικὴ ἢ μετέχουσά τι διανοίας περὶ αἰτίας καὶ ἀρχάς ἐστιν ἢ ἀκριβεστέρας ἢ ἁπλουστέρας. Ἀλλὰ πᾶσαι αὗται περὶ ὄν τι καὶ γένος τι περιγραψάμεναι περὶ τούτου πραγματεύονται, ἀλλ' οὐχὶ περὶ ὄντος ἁπλῶς οὐδὲ ᾗ [10] ὄν, οὐδὲ τοῦ τί ἐστιν οὐθένα λόγον ποιοῦνται, ἀλλ' ἐκ τούτου, αἱ μὲν αἰσθήσει ποιήσασαι αὐτὸ δῆλον αἱ δ' ὑπόθεσιν λαβοῦσαι τὸ τί ἐστιν, οὕτω τὰ καθ' αὑτὰ ὑπάρχοντα τῷ γένει περὶ ὅ εἰσιν ἀποδεικνύουσιν ἢ ἀναγκαιότερον ἢ μαλακώτερον·

2. διόπερ φανερὸν ὅτι οὐκ ἔστιν ἀπόδειξις οὐσίας οὐδὲ τοῦ τί ἐστιν [15] ἐκ τῆς τοιαύτης ἐπαγωγῆς, ἀλλά τις ἄλλος τρόπος τῆς δηλώσεως. Ὁμοίως δὲ οὐδ' εἰ ἔστιν ἢ μὴ ἔστι τὸ γένος περὶ ὃ πραγματεύονται οὐδὲν λέγουσι, διὰ τὸ τῆς αὐτῆς εἶναι διανοίας τό τε τί ἐστι δῆλον ποιεῖν καὶ εἰ ἔστιν.

3. Ἐπεὶ δὲ καὶ ἡ φυσικὴ ἐπιστήμη τυγχάνει οὖσα περὶ γένος τι τοῦ ὄντος (περὶ [20] γὰρ τὴν τοιαύτην ἐστὶν οὐσίαν ἐν ᾗ ἡ ἀρχὴ τῆς κινήσεως καὶ στάσεως ἐν αὐτῇ), δῆλον ὅτι οὔτε πρακτική ἐστιν οὔτε ποιητική (τῶν μὲν γὰρ ποιητῶν ἐν τῷ ποιοῦντι ἡ ἀρχή, ἢ νοῦς ἢ τέχνη ἢ δύναμίς τις, τῶν δὲ πρακτῶν ἐν τῷ πράττοντι, ἡ προαίρεσις· τὸ

1. We are seeking the principles and the causes of the things that are, and obviously of them qua being. For, while there is a cause of health and of good condition, and the objects of mathematics have first principles and elements and causes, and in general every science which is ratiocinative or at all involves reasoning deals with causes and principles, more or less precise, all these sciences mark off some particular being-some genus, and inquire into this, but not into being simply nor qua being, nor do they offer any discussion of the essence of the things of which they treat; but starting from the essence—some making it plain to the senses, others assuming it as a hypothesis— they then demonstrate, more or less cogently, the essential attributes of the genus with which they deal.

2. It is obvious, therefore, that such an induction yields no demonstration of substance or of the essence, but some other way of exhibiting it. And similarly, the sciences omit the question whether the genus with which they deal exists or does not exist, because it belongs to the same kind of thinking to show what it is and that it is.

3. And since natural science, like other sciences, is in fact about one class of being, i.e., to that sort of substance which has the principle of its movement and rest present in itself, evidently it is neither practical nor productive. For in the case of things made the principle is in the maker—it is either reason or art or some faculty, while in the case of things done it is in the doer—viz. will, for that which is done and that which is willed are the same. Therefore, if all thought

---

[15] Greek text from *Metaphysique D'Aristote*, Tr. Saint-Hilaire (Lagrange, 1838), courtesy of Remacle.org. Tr. W.D. Ross in *Aristotle's Metaphysics* (Clarendon Press, 1924), courtesy of Classics.MIT.edu.

αὐτὸ γὰρ τὸ πρακτὸν καὶ προαιρετόν), [25] ὥστε εἰ πᾶσα διάνοια ἢ πρακτικὴ ἢ ποιητικὴ ἢ θεωρητική, ἡ φυσικὴ θεωρητική τις ἂν εἴη, ἀλλὰ θεωρητικὴ περὶ τοιοῦτον ὂν ὅ ἐστι δυνατὸν κινεῖσθαι, καὶ περὶ οὐσίαν τὴν κατὰ τὸν λόγον ὡς ἐπὶ τὸ πολὺ ὡς οὐ χωριστὴν μόνον.

4. Δεῖ δὲ τὸ τί ἦν εἶναι καὶ τὸν λόγον πῶς ἐστι μὴ λανθάνειν, ὡς ἄνευ γε [30] τούτου τὸ ζητεῖν μηδέν ἐστι ποιεῖν. Ἔστι δὲ τῶν ὁριζομένων καὶ τῶν τί ἐστι τὰ μὲν ὡς τὸ σιμὸν τὰ δ' ὡς τὸ κοῖλον. Διαφέρει δὲ ταῦτα ὅτι τὸ μὲν σιμὸν συνειλημμένον ἐστὶ μετὰ τῆς ὕλης (ἔστι γὰρ τὸ σιμὸν κοίλη ῥίς), ἡ δὲ κοιλότης ἄνευ ὕλης αἰσθητῆς.

5. [1026a] Εἰ δὴ πάντα τὰ φυσικὰ ὁμοίως τῷ σιμῷ λέγονται, οἷον ῥὶς ὀφθαλμὸς πρόσωπον σὰρξ ὀστοῦν, ὅλως ζῷον, φύλλον ῥίζα φλοιός, ὅλως φυτόν νοῦθενός γὰρ ἄνευ κινήσεως ὁ λόγος αὐτῶν, ἀλλ' ἀεὶ ἔχει ὕλην, δῆλον πῶς δεῖ ἐν τοῖς φυσικοῖς τὸ τί ἐστι ζητεῖν καὶ ὁρίζεσθαι, [5] καὶ διότι καὶ περὶ ψυχῆς ἐνίας θεωρῆσαι τοῦ φυσικοῦ, ὅση μὴ ἄνευ τῆς ὕλης ἐστίν. Ὅτι μὲν οὖν ἡ φυσικὴ θεωρητική ἐστι, φανερὸν ἐκ τούτων·

6. ἀλλ' ἔστι καὶ ἡ μαθηματικὴ θεωρητική· ἀλλ' εἰ ἀκινήτων καὶ χωριστῶν ἐστί, νῦν ἄδηλον, ὅτι μέντοι ἔνια μαθήματα ᾗ ἀκίνητα καὶ ᾗ χωριστὰ [10] θεωρεῖ, δῆλον.

7. Εἰ δέ τί ἐστιν ἀΐδιον καὶ ἀκίνητον καὶ χωριστόν, φανερὸν ὅτι θεωρητικῆς τὸ γνῶναι, οὐ μέντοι φυσικῆς γε (περὶ κινητῶν γάρ τινων ἡ φυσική) οὐδὲ μαθηματικῆς, ἀλλὰ προτέρας ἀμφοῖν.

8. Ἡ μὲν γὰρ φυσικὴ περὶ χωριστὰ μὲν

is either practical or productive or theoretical, physics must be a theoretical science, but it will theorize about such being as admits of being moved, and about substance-as-defined for the most part only as not separable from matter.

4. Now, we must not fail to notice the mode of being of the essence and of its definition, for, without this, inquiry is but idle. Of things defined, i.e., of 'whats', some are like 'snub', and some like 'concave'. And these differ because 'snub' is bound up with matter (for what is snub is a concave nose), while concavity is independent of perceptible matter.

5. If then all natural things are a analogous to the snub in their nature; e.g., nose, eye, face, flesh, bone, and, in general, animal; leaf, root, bark, and, in general, plant (for none of these can be defined without reference to movement-they always have matter), it is clear how we must seek and define the 'what' in the case of natural objects, and also that it belongs to the student of nature to study even soul in a certain sense, i.e., so much of it as is not independent of matter. That physics, then, is a theoretical science, is plain from these considerations.

6. Mathematics also, however, is theoretical; but whether its objects are immovable and separable from matter, is not at present clear; still, it is clear that some mathematical theorems consider them qua immovable and qua separable from matter.

7. But if there is something which is eternal and immovable and separable, clearly the knowledge of it belongs to a theoretical science, but not to physics (for physics deals with certain movable things) nor to mathematics, but to a science prior to both.

ἀλλ' οὐκ ἀκίνητα,

τῆς δὲ μαθηματικῆς ἔνια [15] περὶ ἀκίνητα μὲν οὐ χωριστὰ δὲ ἴσως ἀλλ' ὡς ἐν ὕλῃ·

ἡ δὲ πρώτη καὶ περὶ χωριστὰ καὶ ἀκίνητα. Ἀνάγκη δὲ πάντα μὲν τὰ αἴτια ἀίδια εἶναι, μάλιστα δὲ ταῦτα· ταῦτα γὰρ αἴτια τοῖς φανεροῖς τῶν θείων.

9. Ὥστε τρεῖς ἂν εἶεν φιλοσοφίαι θεωρητικαί, μαθηματική, φυσική, θεολογική (οὐ γὰρ [20] ἄδηλον ὅτι εἴ που τὸ θεῖον ὑπάρχει,

ἐν τῇ τοιαύτῃ φύσει ὑπάρχει), καὶ τὴν τιμιωτάτην δεῖ περὶ τὸ τιμιώτατον γένος εἶναι. Αἱ μὲν οὖν θεωρητικαὶ τῶν ἄλλων ἐπιστημῶν αἱρετώταται, αὕτη δὲ τῶν θεωρητικῶν.

10. Ἀπορήσειε γὰρ ἄν τις πότερόν ποθ' ἡ πρώτη φιλοσοφία καθόλου ἐστὶν ἢ περὶ τι γένος [25] καὶ φύσιν τινὰ μίαν (οὐ γὰρ ὁ αὐτὸς τρόπος οὐδ' ἐν ταῖς μαθηματικαῖς, ἀλλ' ἡ μὲν γεωμετρία καὶ ἀστρολογία περί τινα φύσιν εἰσίν, ἡ δὲ καθόλου πασῶν κοινή)·

11. εἰ μὲν οὖν μὴ ἔστι τις ἑτέρα οὐσία παρὰ τὰς φύσει συνεστηκυίας, ἡ φυσικὴ ἂν εἴη πρώτη ἐπιστήμη· εἰ δ' ἔστι τις οὐσία ἀκίνητος, [30] αὕτη προτέρα καὶ φιλοσοφία πρώτη, καὶ καθόλου οὕτως ὅτι πρώτη· καὶ περὶ τοῦ ὄντος ᾗ ὂν ταύτης ἂν εἴη θεωρῆσαι, καὶ τί ἐστι καὶ τὰ ὑπάρχοντα ᾗ ὄν.

8. For physics deals with things that exist separately but are not immovable, and some parts of mathematics deal with things that are immovable but presumably do not exist separately, but as embodied in matter; while the metaphysics deals with things that both exist separately and are immovable. Now all causes must be eternal, but especially these; for they are the causes that operate on so much of the divine as appears to us.

9 There must, then, be three theoretical kinds of philosophy: mathematics, physics, and what we may call theology—since it is obvious that if the divine is present anywhere, it is present in things of this sort. And the highest science must deal with the highest genus. Thus, while the theoretical sciences are more to be desired than the other sciences, this is more to be desired than the other theoretical sciences.

10. For one might raise the question whether first philosophy is universal, or deals with one genus, i.e., some one kind of being; for not even the mathematical sciences are all alike in this respect—geometry and astronomy deal with a certain particular kind of thing, while universal mathematics applies alike to all.

11. We answer that if there is no substance other than those which are formed by nature, natural science will be the first science; but if there is an immovable substance, the science of this must be prior and must be first philosophy, and universal in this way, because it is first. And it will belong to this to consider being qua being—both what it is and the attributes which belong to it qua being.

DE ANIMA I.1 [403a25 ff.)¹⁶

1. Εἰ δ' οὕτως ἔχει, δῆλον ὅτι τὰ πάθη λόγοι ἔνυλοί εἰσιν· ὥστε οἱ ὅροι τοιοῦτοι οἷον "τὸ ὀργίζεσθαι κίνησίς τις τοῦ τοιουδὶ σώματος ἢ μέρους ἢ δυνάμεως ὑπὸ τοῦδε ἕνεκα τοῦδε". Καὶ διὰ ταῦτα ἤδη φυσικοῦ τὸ θεωρῆσαι περὶ ψυχῆς, ἢ πάσης ἢ τῆς τοιαύτης.

2. Διαφερόντως δ' ἂν ὁρίσαιντο ὁ φυσικὸς [τε] καὶ ὁ διαλεκτικὸς ἕκαστον αὐτῶν, οἷον ὀργὴ τί ἐστιν· ὁ μὲν γὰρ ὄρεξιν ἀντιλυπήσεως ἤ τι τοιοῦτον, ὁ δὲ ζέσιν τοῦ περὶ καρδίαν αἵματος 403b καὶ θερμοῦ. Τούτων δὲ ὁ μὲν τὴν ὕλην ἀποδίδωσιν, ὁ δὲ τὸ εἶδος καὶ τὸν λόγον. Ὁ μὲν γὰρ λόγος ὅδε τοῦ πράγματος, ἀνάγκη δ' εἶναι τοῦτον ἐν ὕλῃ τοιᾳδί, εἰ ἔσται·

3. ὥσπερ οἰκίας ὁ μὲν λόγος τοιοῦτος, ὅτι σκέπασμα κωλυτικὸν φθορᾶς ὑπ' ἀνέμων καὶ ὄμβρων καὶ καυμάτων, ὁ δὲ φήσει λίθους καὶ πλίνθους καὶ ξύλα, ἕτερος δ' ἐν τούτοις τὸ εἶδος <οὗ> ἕνεκα τωνδί. Τίς οὖν ὁ φυσικὸς τούτων; Πότερον ὁ περὶ τὴν ὕλην, τὸν δὲ λόγον ἀγνοῶν, ἢ ὁ περὶ τὸν λόγον μόνον; Ἢ μᾶλλον ὁ ἐξ ἀμφοῖν; Ἐκείνων δὲ δὴ τίς ἑκάτερος;

1. From all this it is obvious that the affections of soul are enmattered essences. Consequently, their definitions ought to correspond, e.g., anger should be defined as a certain mode of movement of such and such a body (or part or faculty of a body) by this or that cause and for this or that end. That is precisely why the study of the soul must fall within physics, at least so far as in its affections it manifests this double character.

2. Hence a physicist would define an affection of soul differently from a dialectician; the latter would define anger, e.g., as the appetite for returning pain for pain, or something like that, while the former would define it as a boiling of the blood or warm substance surrounding the heart. The latter assigns the material conditions, the former the form or reason; for what he states is the reason for the fact, though for its actual existence there must be embodiment of it in a material such as is described by the other.

3. Thus the reason for a house is assigned in such a formula as 'a shelter against destruction by wind, rain, and heat'; the physicist would describe it as 'stones, bricks, and timbers'; but there is a third possible description which would say that it was that form in that material with that purpose or end. Which, then, among these is entitled to be regarded as the genuine physicist? The one who confines himself to the material, or the one who restricts himself to only the reason? Is it not rather the one who combines both in a single formula? If this is so, how are we to characterize the other two?

---

¹⁶ Greek text from *Psychologie D'Aristote*, Tr. B. Saint-Hilaire (Lagrange, 1846), courtesy of Remacle.org. Tr. J.A. Smith in *The Works of Aristotle* (Clarendon Press, 1931), courtesy of Classics.MIT.edu.

4. Ἢ οὐκ ἔστιν εἷς ὁ περὶ τὰ πάθη τῆς ὕλης τὰ μὴ χωριστὰ μηδ' ᾗ χωριστά, ἀλλ' ὁ φυσικὸς περὶ ἅπανθ' ὅσα τοῦ τοιουδὶ σώματος καὶ τῆς τοι-αύτης ὕλης ἔργα καὶ πάθη, ὅσα δὲ μὴ τοιαῦτα, ἄλλος, καὶ περὶ τινῶν μὲν τεχνίτης, ἐὰν τύχῃ, οἷον τέκτων ἢ ἰατρός, τῶν δὲ μὴ χωριστῶν μέν, ᾗ δὲ μὴ τοιούτου σώματος πάθη καὶ ἐξ ἀφαιρέσεως, ὁ μαθηματικός, ᾗ δὲ κεχωρισμένα, ὁ πρῶτος φιλόσοφος;

4. [Or must we not say that there is no type of thinker who treats attributes of the material as if separable that are in fact not separable; rather, the physicist concerns himself with all properties, both active and passive, of bodies or materials defined separately *as such*; and attributes not of this character he leaves to others—in certain cases, it may be to some practitioner, e.g., a carpenter or a physician; in the other cases: (a) where they are not separable in fact, but are separable by an abstraction from any particular kind of body, to the mathematician; (b) or where they are separate both in fact and in thought from body altogether, to the metaphysician.]

N.B.: *Translation in brackets emended.*

ALEXANDRIAN
KOINE GREEK

Alexander the Great at the Battle of Issus

Γενεσις [17]

EN ἀρχῇ ἐποίησεν ὁ Θεὸς τὸν οὐρανὸν καὶ τὴν γῆν.

2 ἡ δὲ γῆ ἦν ἀόρατος καὶ ἀκατασκεύαστος, καὶ σκότος ἐπάνω τῆς ἀβύσσου, καὶ πνεῦμα Θεοῦ ἐπεφέρετο ἐπάνω τοῦ ὕδατος. 3

καὶ εἶπεν ὁ Θεός· γενηθήτω φῶς· καὶ ἐγένετο φῶς.

4 καὶ εἶδεν ὁ Θεὸς τὸ φῶς, ὅτι καλόν· καὶ διεχώρισεν ὁ Θεὸς ἀνὰ μέσον τοῦ φωτὸς καὶ ἀνὰ μέσον τοῦ σκότους.

5 καὶ ἐκάλεσεν ὁ Θεὸς τὸ φῶς ἡμέραν καὶ τὸ σκότος ἐκάλεσε νύκτα. καὶ ἐγένετο ἑσπέρα καὶ ἐγένετο πρωΐ, ἡμέρα μία.

6 Καὶ εἶπεν ὁ Θεός· γενηθήτω στερέωμα ἐν μέσῳ τοῦ ὕδατος καὶ ἔστω διαχωρίζον ἀνὰ μέσον ὕδατος καὶ ὕδατος. καὶ ἐγένετο οὕτως.

7 καὶ ἐποίησεν ὁ Θεὸς τὸ στερέωμα, καὶ διεχώρισεν ὁ Θεὸς ἀνὰ μέσον τοῦ ὕδατος, ὃ ἦν ὑποκάτω τοῦ στερεώματος, καὶ ἀναμέσον τοῦ ὕδατος τοῦ ἐπάνω τοῦ στερεώματος.

8 καὶ ἐκάλεσεν ὁ Θεὸς τὸ στερέωμα οὐρανόν. καὶ εἶδεν ὁ Θεός, ὅτι καλόν, καὶ ἐγένετο ἑσπέρα καὶ ἐγένετο πρωΐ, ἡμέρα δευτέρα.

9 Καὶ εἶπεν ὁ Θεός· συναχθήτω τὸ ὕδωρ τὸ ὑποκάτω τοῦ οὐρανοῦ εἰς συναγωγὴν μίαν, καὶ ὀφθήτω ἡ ξηρά. καὶ ἐγένετο οὕτως. καὶ συνήχθη τὸ ὕδωρ τὸ ὑποκάτω τοῦ οὐρανοῦ εἰς τὰς συναγωγὰς αὐτῶν, καὶ ὤφθη ἡ ξηρά.

10 καὶ ἐκάλεσεν ὁ Θεὸς τὴν ξηρὰν γῆν καὶ τὰ συστήματα τῶν ὑδάτων ἐκάλεσε θαλάσσας. καὶ εἶδεν ὁ Θεός, ὅτι καλόν.

---

[17] Greek text courtesy of Greek Orthodox Archdiocese of America,Septuagint.bible.
Details from Michelangelo's frescoes in the Sistine Chapel, Apostolic Palace, Vatican City.

11   καὶ εἶπεν ὁ Θεός· βλαστησάτω ἡ γῆ βοτάνην χόρτου σπεῖρον σπέρμα κατὰ γένος καὶ καθ᾽ ὁμοιότητα, καὶ ξύλον κάρπιμον ποιοῦν καρπόν, οὗ τὸ σπέρμα αὐτοῦ ἐν αὐτῷ κατὰ γένος ἐπὶ τῆς γῆς. καὶ ἐγένετο οὕτως.

12 καὶ ἐξήνεγκεν ἡ γῆ βοτάνην χόρτου σπεῖρον σπέρμα κατὰ γένος καὶ καθ᾽ ὁμοιότητα, καὶ ξύλον κάρπιμον ποιοῦν καρπόν, οὗ τὸ σπέρμα αὐτοῦ ἐν αὐτῷ κατὰ γένος ἐπὶ τῆς γῆς.

13   καὶ εἶδεν ὁ Θεός, ὅτι καλόν. καὶ ἐγένετο ἑσπέρα καὶ ἐγένετο πρωΐ, ἡμέρα τρίτη.

14 Καὶ εἶπεν ὁ Θεός· γενηθήτωσαν φωστῆρες ἐν τῷ στερεώματι τοῦ οὐρανοῦ εἰς φαῦσιν ἐπὶ τῆς γῆς, τοῦ διαχωρίζειν ἀνὰ μέσον τῆς ἡμέρας καὶ ἀνὰ μέσον τῆς νυκτός· καὶ ἔστωσαν εἰς σημεῖα καὶ εἰς καιροὺς καὶ εἰς ἡμέρας καὶ εἰς ἐνιαυτούς·

15   καὶ ἔστωσαν εἰς φαῦσιν ἐν τῷ στερεώματι τοῦ οὐρανοῦ, ὥστε φαίνειν ἐπὶ τῆς γῆς. καὶ ἐγένετο οὕτως.

16   καὶ ἐποίησεν ὁ Θεὸς τοὺς δύο φωστῆρας τοὺς μεγάλους, τὸν φωστῆρα τὸν μέγαν εἰς ἀρχὰς τῆς ἡμέρας καὶ τὸν φωστῆρα τὸν ἐλάσσω εἰς ἀρχὰς τῆς νυκτός, καὶ τοὺς ἀστέρας.

17   καὶ ἔθετο αὐτοὺς ὁ Θεὸς ἐν τῷ στερεώματι τοῦ οὐρανοῦ, ὥστε φαίνειν ἐπὶ τῆς γῆς

18 καὶ ἄρχειν τῆς ἡμέρας καὶ τῆς νυκτὸς καὶ διαχωρίζειν ἀνὰ μέσον τοῦ φωτὸς καὶ ἀνὰ μέσον τοῦ σκότους. καὶ εἶδεν ὁ Θεός, ὅτι καλόν.

19 καὶ ἐγένετο ἑσπέρα καὶ ἐγένετο πρωΐ, ἡμέρα τετάρτη.

20 Καὶ εἶπεν ὁ Θεός· ἐξαγαγέτω τὰ ὕδατα ἑρπετὰ ψυχῶν ζωσῶν καὶ πετεινὰ πετόμενα ἐπὶ τῆς γῆς κατὰ τὸ στερέωμα τοῦ οὐρανοῦ. καὶ ἐγένετο οὕτως.

21 καὶ ἐποίησεν ὁ Θεὸς τὰ κήτη τὰ μεγάλα καὶ πᾶσαν ψυχὴν ζώων ἑρπετῶν, ἃ ἐξήγαγε τὰ ὕδατα κατὰ γένη αὐτῶν, καὶ πᾶν πετεινὸν πτερωτὸν κατὰ γένος. καὶ εἶδεν ὁ Θεός, ὅτι καλά.

22 καὶ εὐλόγησεν αὐτὰ ὁ Θεός, λέγων· αὐξάνεσθε καὶ πληθύνεσθε καὶ πληρώσατε τὰ ὕδατα ἐν ταῖς θαλάσσαις, καὶ τὰ πετεινὰ πληθυνέσθωσαν
ἐπὶ τῆς γῆς.

23 καὶ ἐγένετο ἑσπέρα καὶ ἐγένετο πρωΐ, ἡμέρα πέμπτη.

24 Καὶ εἶπεν ὁ Θεός· ἐξαγαγέτω ἡ γῆ ψυχὴν ζῶσαν κατὰ γένος, τετράποδα καὶ ἑρπετὰ καὶ θηρία τῆς γῆς κατὰ γένος. καὶ ἐγένετο οὕτως.

25 καὶ ἐποίησεν ὁ Θεὸς τὰ θηρία τῆς γῆς κατὰ γένος, καὶ τὰ κτήνη κατὰ γένος αὐτῶν καὶ πάντα τὰ ἑρπετὰ τῆς γῆς κατὰ γένος αὐτῶν. καὶ εἶδεν ὁ Θεός, ὅτι καλά.

26 καὶ εἶπεν ὁ Θεός· ποιήσωμεν ἄνθρωπον κατ᾽ εἰκόνα ἡμετέραν καὶ καθ᾽ ὁμοίωσιν, καὶ ἀρχέτωσαν τῶν ἰχθύων τῆς θαλάσσης καὶ τῶν πετεινῶν τοῦ οὐρανοῦ καὶ τῶν κτηνῶν καὶ πάσης τῆς γῆς καὶ πάντων τῶν ἑρπετῶν τῶν ἑρπόντων ἐπὶ τῆς γῆς.

27 καὶ ἐποίησεν ὁ Θεὸς τὸν ἄνθρωπον, κατ᾽ εἰκόνα Θεοῦ ἐποίησεν αὐτόν, ἄρσεν καὶ θῆλυ ἐποίησεν αὐτούς.

28 καὶ εὐλόγησεν αὐτοὺς ὁ Θεός, λέγων· αὐξάνεσθε καὶ πληθύνεσθε καὶ πληρώσατε τὴν γῆν καὶ κατακυριεύσατε αὐτῆς καὶ ἄρχετε τῶν ἰχθύων τῆς θαλάσσης καὶ τῶν πετεινῶν τοῦ οὐρανοῦ καὶ πάντων τῶν κτηνῶν καὶ πάσης τῆς γῆς καὶ πάντων τῶν ἑρπετῶν τῶν ἑρπόντων ἐπὶ τῆς γῆς.

29 καὶ εἶπεν ὁ Θεός· ἰδοὺ δέδωκα ὑμῖν πάντα χόρτον σπόριμον σπεῖρον σπέρμα, ὅ ἐστιν ἐπάνω πάσης τῆς γῆς, καὶ πᾶν ξύλον, ὃ ἔχει ἐν ἑαυτῷ καρπὸν σπέρματος σπορίμου, ὑμῖν ἔσται εἰς βρῶσιν·

30 καὶ πᾶσι τοῖς θηρίοις τῆς γῆς καὶ πᾶσι τοῖς πετεινοῖς τοῦ οὐρανοῦ καὶ παντὶ ἑρπετῷ ἕρποντι ἐπὶ τῆς γῆς, ὃ ἔχει ἐν ἑαυτῷ ψυχὴν ζωῆς, καὶ πάντα χόρτον χλωρὸν εἰς βρῶσιν. καὶ ἐγένετο οὕτως.

31 καὶ εἶδεν ὁ Θεὸς τὰ πάντα, ὅσα ἐποίησε, καὶ ἰδοὺ καλὰ λίαν. καὶ ἐγένετο ἑσπέρα καὶ ἐγένετο πρωΐ, ἡμέρα ἕκτη.

Chapter 2

ΚΑΙ συνετελέσθησαν ὁ οὐρανὸς καὶ ἡ γῆ καὶ πᾶς ὁ κόσμος αὐτῶν.

2 καὶ συνετέλεσεν ὁ Θεὸς ἐν τῇ ἡμέρᾳ τῇ ἕκτῃ τὰ ἔργα αὐτοῦ, ἃ ἐποίησε, καὶ κατέπαυσε τῇ ἡμέρᾳ τῇ ἑβδόμῃ ἀπὸ πάντων τῶν ἔργων αὐτοῦ, ὧν ἐποίησε.

3 καὶ εὐλόγησεν ὁ Θεὸς τὴν ἡμέραν τὴν ἑβδόμην καὶ ἡγίασεν αὐτήν· ὅτι ἐν αὐτῇ κατέπαυσεν ἀπὸ πάντων τῶν ἔργων αὐτοῦ, ὧν ἤρξατο ὁ Θεὸς ποιῆσαι.

4 Αὕτη ἡ βίβλος γενέσεως οὐρανοῦ καὶ γῆς, ὅτε ἐγένετο· ᾗ ἡμέρᾳ ἐποίησε Κύριος ὁ Θεὸς τὸν οὐρανὸν καὶ τὴν γῆν

5 καὶ πᾶν χλωρὸν ἀγροῦ πρὸ τοῦ γενέσθαι ἐπὶ τῆς γῆς καὶ πάντα χόρτον ἀγροῦ πρὸ τοῦ ἀνατεῖλαι· οὐ γὰρ ἔβρεξεν ὁ Θεὸς ἐπὶ τὴν γῆν, καὶ ἄνθρωπος οὐκ ἦν ἐργάζεσθαι αὐτήν·

6 πηγὴ δὲ ἀνέβαινεν ἐκ τῆς γῆς καὶ ἐπότιζε πᾶν τὸ πρόσωπον τῆς γῆς.

7 καὶ ἔπλασεν ὁ Θεὸς τὸν ἄνθρωπον, χοῦν ἀπὸ τῆς γῆς, καὶ ἐνεφύσησεν εἰς τὸ πρόσωπον αὐτοῦ πνοὴν ζωῆς, καὶ ἐγένετο ὁ ἄνθρωπος εἰς ψυχὴν ζῶσαν.

8 Καὶ ἐφύτευσεν ὁ Θεὸς παράδεισον ἐν Ἐδὲμ κατὰ ἀνατολὰς καὶ ἔθετο ἐκεῖ τὸν ἄνθρωπον, ὃν ἔπλασε.

9   καὶ ἐξανέτειλεν ὁ Θεὸς ἔτι ἐκ τῆς γῆς πᾶν ξύλον ὡραῖον εἰς ὅρασιν καὶ καλὸν εἰς βρῶσιν καὶ τὸ ξύλον τῆς ζωῆς ἐν μέσῳ τοῦ παραδείσου καὶ τὸ ξύλον τοῦ εἰδέναι γνωστὸν καλοῦ καὶ πονηροῦ.

10   ποταμὸς δὲ ἐκπορεύεται ἐξ Ἐδὲμ ποτίζειν τὸν παράδεισον· ἐκεῖθεν ἀφορίζεται εἰς τέσσαρας ἀρχάς.

11   ὄνομα τῷ ἑνὶ Φισῶν· οὗτος ὁ κυκλῶν πᾶσαν τὴν γῆν Εὐιλάτ, ἐκεῖ οὗ ἐστι τὸ χρυσίον·

12   τὸ δὲ χρυσίον τῆς γῆς ἐκείνης καλόν· καὶ ἐκεῖ ἐστιν ὁ ἄνθραξ καὶ ὁ λίθος ὁ πράσινος.

13   καὶ ὄνομα τῷ ποταμῷ τῷ δευτέρῳ Γεῶν· οὗτος ὁ κυκλῶν πᾶσαν τὴν γῆν Αἰθιοπίας.

14   καὶ ὁ ποταμὸς ὁ τρίτος Τίγρις· οὗτος ὁ προπορευόμενος κατέναντι Ἀσσυρίων. ὁ δὲ ποταμὸς ὁ τέταρτος Εὐφράτης.

15   Καὶ ἔλαβε Κύριος ὁ Θεὸς τὸν ἄνθρωπον, ὃν ἔπλασε, καὶ ἔθετο αὐτὸν ἐν τῷ παραδείσῳ τῆς τρυφῆς, ἐργάζεσθαι αὐτὸν καὶ φυλάσσειν.

16   καὶ ἐνετείλατο Κύριος ὁ Θεὸς τῷ Ἀδὰμ λέγων· ἀπὸ παντὸς ξύλου τοῦ ἐν τῷ παραδείσῳ βρώσει φαγῇ,

17   ἀπὸ δὲ τοῦ ξύλου τοῦ γινώσκειν καλὸν καὶ πονηρόν, οὐ φάγεσθε ἀπ᾽ αὐτοῦ· ᾗ δ᾽ ἂν ἡμέρᾳ φάγητε ἀπ᾽ αὐτοῦ, θανάτῳ ἀποθανεῖσθε.

18   Καὶ εἶπε Κύριος ὁ Θεός· οὐ καλὸν εἶναι τὸν ἄνθρωπον μόνον· ποιήσωμεν αὐτῷ βοηθὸν κατ᾽ αὐτόν.

19   καὶ ἔπλασεν ὁ Θεὸς ἔτι ἐκ τῆς γῆς πάντα τὰ θηρία τοῦ ἀγροῦ καὶ πάντα τὰ πετεινὰ τοῦ οὐρανοῦ καὶ ἤγαγεν αὐτὰ πρὸς τὸν Ἀδάμ, ἰδεῖν τί καλέσει αὐτά. καὶ πᾶν ὃ ἐὰν ἐκάλεσεν αὐτὸ Ἀδὰμ ψυχὴν ζῶσαν, τοῦτο ὄνομα αὐτῷ.

20   καὶ ἐκάλεσεν Ἀδὰμ ὀνόματα πᾶσι τοῖς κτήνεσι καὶ πᾶσι τοῖς πετεινοῖς τοῦ οὐρανοῦ καὶ πᾶσι τοῖς θηρίοις τοῦ ἀγροῦ· τῷ δὲ Ἀδὰμ οὐχ εὑρέθη βοηθὸς ὅμοιος αὐτῷ.

21 καὶ ἐπέβαλεν ὁ Θεὸς ἔκστασιν ἐπὶ τὸν Ἀδάμ, καὶ ὕπνωσε· καὶ ἔλαβε μίαν τῶν πλευρῶν αὐτοῦ καὶ ἀνεπλήρωσε σάρκα ἀντ᾽ αὐτῆς.

22 καὶ ᾠκοδόμησεν ὁ Θεὸς τὴν πλευράν, ἣν ἔλαβεν ἀπὸ τοῦ Ἀδάμ, εἰς γυναῖκα καὶ ἤγαγεν αὐτὴν πρὸς τὸν Ἀδάμ.

23 καὶ εἶπεν Ἀδάμ· τοῦτο νῦν ὀστοῦν ἐκ τῶν ὀστέων μου καὶ σὰρξ ἐκ τῆς σαρκός μου· αὕτη κληθήσεται γυνή, ὅτι ἐκ τοῦ ἀνδρὸς αὐτῆς ἐλήφθη αὕτη·

24 ἕνεκεν τούτου καταλείψει ἄνθρωπος τὸν πατέρα αὐτοῦ καὶ τὴν μητέρα καὶ προσκολληθήσεται πρὸς τὴν γυναῖκα αὐτοῦ, καὶ ἔσονται οἱ δύο εἰς σάρκα μίαν.

25 καὶ ἦσαν οἱ δύο γυμνοί, ὅ τε Ἀδὰμ καὶ ἡ γυνὴ αὐτοῦ, καὶ οὐκ ᾐσχύνοντο.

Book of Wisdom 7:1–14[18]

I myself also am a mortal man, like to all,
and the offspring of him that was first made of the earth,
and in my mother's womb was fashioned to be flesh in the time of ten months,
being compacted in blood, of the seed of man, and the pleasure that came with sleep.

And when I was born, I drew in the common air,
and fell upon the earth, which is of like nature,
and the first voice which I uttered was crying, as all others do.
I was nursed in swaddling clothes, and that with cares.

For there is no king that had any other beginning of birth.
For all men have one entrance into life, and the like going out.

Wherefore I prayed, and understanding was given me:
I called upon God, and the spirit of wisdom came to me.

I preferred her before sceptres and thrones,
and esteemed riches nothing in comparison of her.
Neither compared I unto her any precious stone,
because all gold in respect of her is as a little sand,
and silver shall be counted as clay before her.

I loved her above health and beauty,
and chose to have her instead of light:
for the light that cometh from her never goeth out.

All good things together came to me with her,
and innumerable riches in her hands.
And I rejoiced in them all, because wisdom goeth before them:
and I knew not that she was the mother of them.

I learned diligently and do communicate her liberally: I do not hide her riches.

For she is a treasure unto men that never faileth:
which they that use become the friends of God,
being commended for the gifts that come from learning.

---

[18] Greek text and English translation courtesy of Ellopos.net.

ΣΟΦΙΑ ΣΟΛΟΜΩΝΤΟΣ 7:1–14

ΕΙΜΙ μὲν κἀγὼ θνητὸς ἄνθρωπος ἴσος ἅπασι

καὶ γηγενοῦς ἀπόγονος πρωτοπλάστου· καὶ ἐν κοιλίᾳ μητρὸς ἐγλύφην σὰρξ

2 δεκαμηνιαίῳ χρόνῳ παγεὶς ἐν αἵματι ἐκ σπέρματος ἀνδρὸς

καὶ ἡδονῆς ὕπνῳ συνελθούσης.

3 καὶ ἐγώ δὲ γενόμενος ἔσπασα τὸν κοινὸν ἀέρα

καὶ ἐπὶ τὴν ὁμοιοπαθῆ κατέπεσον γῆν,

πρώτην φωνὴν τὴν ὁμοίαν πᾶσιν ἴσα κλαίων·

4 ἐν σπαργάνοις ἀνετράφην καὶ ἐν φροντίσιν·

5 οὐδεὶς γὰρ βασιλεὺς ἑτέραν ἔσχε γενέσεως ἀρχήν,

6 μία δὲ πάντων εἴσοδος εἰς τὸν βίον, ἔξοδός τε ἴση.

7 διὰ τοῦτο ηὐξάμην, καὶ φρόνησις ἐδόθη μοι·

ἐπεκαλεσάμην, καὶ ἦλθέ μοι πνεῦμα σοφίας.

8 προέκρινα αὐτὴν σκήπτρων

καὶ θρόνων καὶ πλοῦτον οὐδὲν ἡγησάμην ἐν συγκρίσει αὐτῆς·

9 οὐδὲ ὡμοίωσα αὐτῇ λίθον ἀτίμητον, ὅτι ὁ πᾶς χρυσὸς ἐν ὄψει αὐτῆς ψάμμος ὀλίγη,

καὶ ὡς πηλὸς λογισθήσεται ἄργυρος ἐναντίον αὐτῆς.

10 ὑπὲρ ὑγίειαν καὶ εὐμορφίαν ἠγάπησα αὐτὴν καὶ προειλόμην αὐτὴν ἀντὶ

φωτὸς ἔχειν, ὅτι ἀκοίμητον τὸ ἐκ ταύτης φέγγος.

11 ἦλθε δέ μοι τὰ ἀγαθὰ ὁμοῦ πάντα μετ᾽ αὐτῆς

καὶ ἀναρίθμητος πλοῦτος ἐν χερσὶν αὐτῆς.

12 εὐφράνθην δὲ ἐπὶ πᾶσιν, ὅτι αὐτῶν ἡγεῖται σοφία,

ἠγνόουν δὲ αὐτὴν γενέτιν εἶναι τούτων.

13 ἀδόλως τε ἔμαθον ἀφθόνως τε μεταδίδωμι,

τὸν πλοῦτον αὐτῆς οὐκ ἀποκρύπτομαι·

14 ἀνεκλιπὴς γὰρ θησαυρός ἐστιν ἀνθρώποις,

ὃν οἱ χρησάμενοι πρὸς Θεὸν ἐστείλαντο φιλίαν

διὰ τὰς ἐκ παιδείας δωρεὰς συσταθέντες.

Ἡ Καινὴ Διαθήκη

Τοῦτο τὸ ποτήριον ἡ καινὴ διαθήκη
ἐν τῷ αἵματί μου, τὸ ὑπὲρ ὑμῶν ἐκχυννόμενον.

Luke 22:20

Τό κατά Λουκᾶν Εὐαγγέλιον [19]

Chapter I

Ἐπειδήπερ πολλοὶ ἐπεχείρησαν ἀνατάξασθαι διήγησιν περὶ τῶν πεπληροφορημένων ἐν ἡμῖν πραγμάτων, [2] καθὼς παρέδοσαν ἡμῖν οἱ ἀπ᾽ ἀρχῆς αὐτόπται καὶ ὑπηρέται γενόμενοι τοῦ λόγου, [3] ἔδοξε κἀμοὶ παρηκολουθηκότι ἄνωθεν πᾶσιν ἀκριβῶς καθεξῆς σοι γράψαι, κράτιστε Θεόφιλε, [4] ἵνα ἐπιγνῷς περὶ ὧν κατηχήθης λόγων τὴν ἀσφάλειαν.

Annunciation to Zechariah

[5] Ἐγένετο ἐν ταῖς ἡμέραις Ἡρῴδου βασιλέως τῆς Ἰουδαίας ἱερεύς τις ὀνόματι Ζαχαρίας ἐξ ἐφημερίας Ἀβιά, καὶ γυνὴ αὐτῷ ἐκ τῶν θυγατέρων Ἀαρών, καὶ τὸ ὄνομα αὐτῆς Ἐλεισάβετ. [6] ἦσαν δὲ δίκαιοι ἀμφότεροι ἐναντίον τοῦ θεοῦ, πορευόμενοι ἐν πάσαις ταῖς ἐντολαῖς καὶ δικαιώμασιν τοῦ κυρίου ἄμεμπτοι. [7] καὶ οὐκ ἦν αὐτοῖς τέκνον, καθότι ἦν [ἡ] Ἐλεισάβετ στεῖρα, καὶ ἀμφότεροι προβεβηκότες ἐν ταῖς ἡμέραις αὐτῶν ἦσαν.

[8] Ἐγένετο δὲ ἐν τῷ ἱερατεύειν αὐτὸν ἐν τῇ τάξει τῆς ἐφημερίας αὐτοῦ ἔναντι τοῦ θεοῦ [9] κατὰ τὸ ἔθος τῆς ἱερατίας ἔλαχε τοῦ θυμιᾶσαι εἰσελθὼν εἰς τὸν ναὸν τοῦ κυρίου, [10] καὶ πᾶν τὸ πλῆθος ἦν τοῦ λαοῦ προσευχόμενον ἔξω τῇ ὥρᾳ τοῦ θυμιάματος· [11] ὤφθη δὲ αὐτῷ ἄγγελος Κυρίου ἑστὼς ἐκ δεξιῶν τοῦ θυσιαστηρίου

---

[19] From *The New Testament in the Original Greek*, Ed. B.F. Westcott and F.J.A. Hort (Harper & Brothers, 1885), courtesy of Perseus.Tufts.edu.

τοῦ θυμιάματος. [12] καὶ ἐταράχθη Ζαχαρίας ἰδών, καὶ φόβος ἐπέπεσεν ἐπ᾽ αὐτόν.

[13] εἶπεν δὲ πρὸς αὐτὸν ὁ ἄγγελος, Μὴ φοβοῦ, Ζαχαρία, διότι εἰσηκούσθη ἡ δέησίς σου, καὶ ἡ γυνή σου Ἐλεισάβετ γεννήσει υἱόν σοι, καὶ καλέσεις τὸ ὄνομα αὐτοῦ Ἰωάνην: [14] καὶ ἔσται χαρά σοι καὶ ἀγαλλίασις, καὶ πολλοὶ ἐπὶ τῇ γενέσει αὐτοῦ χαρήσονται: [15] ἔσται γὰρ μέγας ἐνώπιον Κυρίου, καὶ οἶνον καὶ σίκερα οὐ μὴ πίῃ, καὶ πνεύματος ἁγίου πλησθήσεται ἔτι ἐκ κοιλίας μητρὸς αὐτοῦ, [16] καὶ πολλοὺς τῶν υἱῶν Ἰσραὴλ ἐπιστρέψει ἐπὶ Κύριον τὸν θεὸν αὐτῶν: [17] καὶ αὐτὸς προελεύσεται ἐνώπιον αὐτοῦ ἐν πνεύματι καὶ δυνάμει Ἡλεία, ἐπιστρέψαι καρδίας πατέρων ἐπὶ τέκνα καὶ ἀπειθεῖς ἐν φρονήσει δικαίων, ἑτοιμάσαι Κυρίῳ λαὸν κατεσκευασμένον.

[18] καὶ εἶπεν Ζαχαρίας πρὸς τὸν ἄγγελον Κατὰ τί γνώσομαι τοῦτο; ἐγὼ γάρ εἰμι πρεσβύτης καὶ ἡ γυνή μου προβεβηκυῖα ἐν ταῖς ἡμέραις αὐτῆς.

[19] καὶ ἀποκριθεὶς ὁ ἄγγελος εἶπεν αὐτῷ Ἐγώ εἰμι Γαβριὴλ ὁ παρεστηκὼς ἐνώπιον τοῦ θεοῦ, καὶ ἀπεστάλην λαλῆσαι πρὸς σὲ καὶ εὐαγγελίσασθαί σοι ταῦτα: [20] καὶ ἰδοὺ ἔσῃ σιωπῶν καὶ μὴ δυνάμενος λαλῆσαι ἄχρι ἧς ἡμέρας γένηται ταῦτα, ἀνθ᾽ ὧν οὐκ ἐπίστευσας τοῖς λόγοις μου, οἵτινες πληρωθήσονται εἰς τὸν καιρὸν αὐτῶν.

[21] καὶ ἦν ὁ λαὸς προσδοκῶν τὸν Ζαχαρίαν, καὶ ἐθαύμαζον ἐν τῷ χρονίζειν ἐν τῷ ναῷ αὐτόν. [22] ἐξελθὼν δὲ οὐκ ἐδύνατο λαλῆσαι

αὐτοῖς, καὶ ἐπέγνωσαν ὅτι ὀπτασίαν ἑώρακεν ἐν τῷ ναῷ· καὶ αὐτὸς ἦν διανεύων αὐτοῖς, καὶ διέμενεν κωφός.   [23] Καὶ ἐγένετο ὡς ἐπλήσθησαν αἱ ἡμέραι τῆς λειτουργίας αὐτοῦ, ἀπῆλθεν εἰς τὸν οἶκον αὐτοῦ.

[24] Μετὰ δὲ ταύτας τὰς ἡμέρας συνέλαβεν Ἐλεισάβετ ἡ γυνὴ αὐτοῦ· καὶ περιέκρυβεν ἑαυτὴν μῆνας πέντε, [25] λέγουσα ὅτι Οὕτως μοι πεποίηκεν Κύριος ἐν ἡμέραις αἷς ἐπεῖδεν ἀφελεῖν ὄνειδός μου ἐν ἀνθρώποις.

Annunciation to Mary

[26] Ἐν δὲ τῷ μηνὶ τῷ ἕκτῳ ἀπεστάλη ὁ ἄγγελος Γαβριὴλ ἀπὸ τοῦ θεοῦ εἰς πόλιν τῆς Γαλιλαίας ᾗ ὄνομα Ναζαρὲτ [27] πρὸς παρθένον ἐμνηστευμένην ἀνδρὶ ᾧ ὄνομα Ἰωσὴφ ἐξ οἴκου Δαυείδ, καὶ τὸ ὄνομα τῆς παρθένου Μαριάμ. [28] καὶ εἰσελθὼν πρὸς αὐτὴν εἶπεν, Χαῖρε, κεχαριτωμένη, ὁ κύριος μετὰ σοῦ. [29] ἡ δὲ ἐπὶ τῷ λόγῳ διεταράχθη καὶ διελογίζετο ποταπὸς εἴη ὁ ἀσπασμὸς οὗτος.

Detail of Annunciation, by Simone Martini

[30] καὶ εἶπεν ὁ ἄγγελος αὐτῇ Μὴ φοβοῦ, Μαριάμ, εὗρες γὰρ χάριν παρὰ τῷ θεῷ· [31] καὶ ἰδοὺ συλλήμψῃ ἐν γαστρὶ καὶ τέξῃ υἱόν, καὶ καλέσεις τὸ ὄνομα αὐτοῦ Ἰησοῦν. [32] οὗτος ἔσται μέγας καὶ υἱὸς Ὑψίστου κληθήσεται, καὶ δώσει αὐτῷ Κύριος ὁ θεὸς τὸν θρόνον Δαυεὶδ τοῦ πατρὸς αὐτοῦ, [33] καὶ βασιλεύσει ἐπὶ τὸν οἶκον Ἰακὼβ εἰς τοὺς αἰῶνας, καὶ τῆς βασιλείας αὐτοῦ οὐκ ἔσται τέλος.

[34] εἶπεν δὲ Μαριὰμ πρὸς τὸν ἄγγελον Πῶς ἔσται τοῦτο, ἐπεὶ ἄνδρα οὐ γινώσκω; [35] καὶ ἀποκριθεὶς ὁ ἄγγελος εἶπεν αὐτῇ Πνεῦμα ἅγιον ἐπελεύσεται ἐπὶ σέ, καὶ δύναμις Ὑψίστου ἐπισκιάσει σοι· διὸ καὶ τὸ γεννώμενον ἅγιον κληθήσεται, υἱὸς θεοῦ· [36] καὶ ἰδοὺ Ἐλεισάβετ ἡ συγγενίς σου καὶ αὐτὴ συνείληφεν υἱὸν ἐν γήρει αὐτῆς, καὶ οὗτος μὴν ἕκτος ἐστὶν αὐτῇ τῇ καλουμένῃ στείρᾳ· [37] ὅτι οὐκ ἀδυνατήσει παρὰ τοῦ θεοῦ πᾶν ῥῆμα.

[38] εἶπεν δὲ Μαριάμ Ἰδοὺ ἡ δούλη Κυρίου· γένοιτό μοι κατὰ τὸ ῥῆμά σου. καὶ ἀπῆλθεν ἀπ᾽ αὐτῆς ὁ ἄγγελος.

Mary and Elizabeth

[39] Ἀναστᾶσα δὲ Μαριὰμ ἐν ταῖς ἡμέραις ταύταις ἐπορεύθη εἰς τὴν ὀρινὴν μετὰ σπουδῆς εἰς πόλιν Ἰούδα, [40] καὶ εἰσῆλθεν εἰς τὸν οἶκον Ζαχαρίου καὶ ἠσπάσατο τὴν Ἐλεισάβετ.

[41] καὶ ἐγένετο ὡς ἤκουσεν τὸν ἀσπασμὸν τῆς Μαρίας ἡ Ἐλεισάβετ, ἐσκίρτησεν τὸ βρέφος ἐν τῇ κοιλίᾳ αὐτῆς, καὶ ἐπλήσθη πνεύματος ἁγίου ἡ Ἐλεισάβετ, [42] καὶ ἀνεφώνησεν κραυγῇ μεγάλῃ καὶ εἶπεν Εὐλογημένη σὺ ἐν γυναιξίν, καὶ εὐλογημένος ὁ καρπὸς τῆς κοιλίας σου.

[43] καὶ πόθεν μοι τοῦτο ἵνα ἔλθη ἡ μήτηρ τοῦ κυρίου μου πρὸς ἐμέ;
[44] ἰδοὺ γὰρ ὡς ἐγένετο ἡ φωνὴ τοῦ ἀσπασμοῦ σου εἰς τὰ ὦτά μου, ἐσκίρτησεν ἐν ἀγαλλιάσει τὸ βρέφος ἐν τῇ κοιλίᾳ μου. [45] καὶ μακαρία ἡ πιστεύσασα ὅτι ἔσται τελείωσις τοῖς λελαλημένοις αὐτῇ παρὰ Κυρίου. [46] Καὶ εἶπεν Μαριάμ:

Μεγαλύνει ἡ ψυχή μου τὸν κύριον,
καὶ ἠγαλλίασεν τὸ πνεῦμά μου ἐπὶ τῷ θεῷ τῷ σωτῆρί μου·
ὅτι ἐπέβλεψεν ἐπὶ τὴν ταπείνωσιν τῆς δούλης αὐτοῦ,
ἰδοὺ γὰρ ἀπὸ τοῦ νῦν μακαριοῦσίν με πᾶσαι αἱ γενεαί·
ὅτι ἐποίησέν μοι μεγάλα ὁ δυνατός, καὶ ἅγιον τὸ ὄνομα αὐτοῦ,
καὶ τὸ ἔλεος αὐτοῦ εἰς γενεὰς καὶ γενεὰς τοῖς φοβουμένοις αὐτόν.
Ἐποίησεν κράτος ἐν βραχίονι αὐτοῦ,
διεσκόρπισεν ὑπερηφάνους διανοίᾳ καρδίας αὐτῶν·
καθεῖλεν δυνάστας ἀπὸ θρόνων καὶ ὕψωσεν ταπεινούς,
πεινῶντας ἐνέπλησεν ἀγαθῶν
καὶ πλουτοῦντας ἐξαπέστειλεν κενούς.
ἀντελάβετο Ἰσραὴλ παιδὸς αὐτοῦ, μνησθῆναι ἐλέους,
καθὼς ἐλάλησεν πρὸς τοὺς πατέρας ἡμῶν,
τῷ Ἀβραὰμ καὶ τῷ σπέρματι αὐτοῦ εἰς τὸν αἰῶνα.

Ἔμεινεν δὲ Μαριὰμ σὺν αὐτῇ ὡς μῆνας τρεῖς, καὶ ὑπέστρεψεν εἰς τὸν οἶκον αὐτῆς.

The Visitation, by Piero di Cosimo

Birth of John the Baptist

[57] Τῇ δὲ Ἐλεισάβετ ἐπλήσθη ὁ χρόνος τοῦ τεκεῖν αὐτήν, καὶ ἐγέννησεν υἱόν. [58] καὶ ἤκουσαν οἱ περίοικοι καὶ οἱ συγγενεῖς αὐτῆς ὅτι ἐμεγάλυνεν Κύριος τὸ ἔλεος αὐτοῦ μετ᾽ αὐτῆς, καὶ συνέχαιρον αὐτῇ. [59] Καὶ ἐγένετο ἐν τῇ ἡμέρᾳ τῇ ὀγδόῃ ἦλθαν περιτεμεῖν τὸ παιδίον, καὶ ἐκάλουν αὐτὸ ἐπὶ τῷ ὀνόματι τοῦ πατρὸς αὐτοῦ Ζαχαρίαν. [60] καὶ ἀποκριθεῖσα ἡ μήτηρ αὐτοῦ εἶπεν Οὐχί, ἀλλὰ κληθήσεται Ἰωάνης.

[61] καὶ εἶπαν πρὸς αὐτὴν ὅτι Οὐδεὶς ἔστιν ἐκ τῆς συγγενείας σου ὃς καλεῖται τῷ ὀνόματι τούτῳ. [62] ἐνένευον δὲ τῷ πατρὶ αὐτοῦ τὸ τί ἂν θέλοι καλεῖσθαι αὐτό.

[63] καὶ αἰτήσας πινακίδιον ἔγραψεν λέγων Ἰωάνης ἐστὶν ὄνομα αὐτοῦ. [64] καὶ ἐθαύμασαν πάντες. ἀνεῴχθη δὲ τὸ στόμα αὐτοῦ παραχρῆμα καὶ ἡ γλῶσσα αὐτοῦ, καὶ: ἐλάλει εὐλογῶν τὸν θεόν.

[65] Καὶ ἐγένετο ἐπὶ πάντας φόβος τοὺς περιοικοῦντας αὐτούς, καὶ ἐν ὅλῃ τῇ ὀρινῇ τῆς Ἰουδαίας διελαλεῖτο πάντα τὰ ῥήματα ταῦτα, [66] καὶ ἔθεντο πάντες οἱ ἀκούσαντες ἐν τῇ καρδίᾳ αὐτῶν, λέγοντες Τί ἄρα τὸ παιδίον τοῦτο ἔσται; [67] καὶ γὰρ χεὶρ Κυρίου ἦν μετ᾽ αὐτοῦ.

Καὶ Ζαχαρίας ὁ πατὴρ αὐτοῦ ἐπλήσθη πνεύματος ἁγίου καὶ ἐπροφήτευσεν λέγων:

Εὐλογητὸς Κύριος ὁ θεὸς τοῦ Ἰσραήλ,
ὅτι ἐπεσκέψατο καὶ ἐποίησεν λύτρωσιν τῷ λαῷ αὐτοῦ,
καὶ ἤγειρεν κέρας σωτηρίας ἡμῖν
ἐν οἴκῳ Δαυεὶδ παιδὸς αὐτοῦ,
καθὼς ἐλάλησεν διὰ στόματος τῶν ἁγίων ἀπ᾽ αἰῶνος
προφητῶν αὐτοῦ,
 σωτηρίαν ἐξ ἐχθρῶν ἡμῶν καὶ ἐκ χειρὸς πάντων
 τῶν μισούντων ἡμᾶς,
ποιῆσαι ἔλεος μετὰ τῶν πατέρων ἡμῶν
καὶ μνησθῆναι διαθήκης ἁγίας αὐτοῦ,
ὅρκον ὃν ὤμοσεν πρὸς Ἀβραὰμ τὸν πατέρα ἡμῶν,
τοῦ δοῦναι ἡμῖν ἀφόβως ἐκ χειρὸς ἐχθρῶν ῥυσθέντας
λατρεύειν αὐτῷ ἐν ὁσιότητι καὶ δικαιοσύνῃ
ἐνώπιον αὐτοῦ πάσαις ταῖς ἡμέραις ἡμῶν.
Καὶ σὺ δέ, παιδίον, προφήτης Ὑψίστου κληθήσῃ,

προπορεύσῃ γὰρ ἐνώπιον Κυρίου ἑτοιμάσαι ὁδοὺς αὐτοῦ,

τοῦ δοῦναι γνῶσιν σωτηρίας τῷ λαῷ αὐτοῦ

ἐν ἀφέσει ἁμαρτιῶν αὐτῶν,

διὰ σπλάγχνα ἐλέους θεοῦ ἡμῶν,

ἐν οἷς ἐπισκέψεται ἡμᾶς ἀνατολὴ ἐξ ὕψους,

ἐπιφᾶναι τοῖς ἐν σκότει καὶ σκιᾷ θανάτου καθημένοις,

τοῦ κατευθῦναι τοὺς πόδας ἡμῶν εἰς ὁδὸν εἰρήνης.

[80] Τὸ δὲ παιδίον ηὔξανε καὶ ἐκραταιοῦτο πνεύματι, καὶ ἦν ἐν ταῖς ἐρήμοις ἕως ἡμέρας ἀναδείξεως αὐτοῦ πρὸς τὸν Ἰσραήλ.

CHAPTER II

Birth of Jesus

Ἐγένετο δὲ ἐν ταῖς ἡμέραις ἐκείναις ἐξῆλθεν δόγμα παρὰ Καίσαρος Αὐγούστου ἀπογράφεσθαι πᾶσαν τὴν οἰκουμένην: [2] (αὕτη ἀπογραφὴ πρώτη ἐγένετο ἡγεμονεύοντος τῆς Συρίας Κυρηνίου: [3] καὶ ἐπορεύοντο πάντες ἀπογράφεσθαι, ἕκαστος εἰς τὴν ἑαυτοῦ πόλιν.

[4] Ἀνέβη δὲ καὶ Ἰωσὴφ ἀπὸ τῆς Γαλιλαίας ἐκ πόλεως Ναζαρὲτ εἰς τὴν Ἰουδαίαν εἰς πόλιν Δαυεὶδ ἥτις καλεῖται Βηθλεέμ, διὰ τὸ εἶναι αὐτὸν ἐξ οἴκου καὶ πατριᾶς Δαυείδ, [5] ἀπογράψασθαι σὺν Μαριὰμ τῇ ἐμνηστευμένῃ αὐτῷ, οὔσῃ ἐνκύῳ.

[6] Ἐγένετο δὲ ἐν τῷ εἶναι αὐτοὺς ἐκεῖ ἐπλήσθησαν αἱ ἡμέραι τοῦ τεκεῖν αὐτήν, [7] καὶ ἔτεκεν τὸν υἱὸν αὐτῆς τὸν πρωτότοκον, καὶ

ἐσπαργάνωσεν αὐτὸν καὶ ἀνέκλινεν αὐτὸν ἐν φάτνῃ, διότι οὐκ ἦν αὐτοῖς τόπος ἐν τῷ καταλύματι.

[8] Καὶ ποιμένες ἦσαν ἐν τῇ χώρᾳ τῇ αὐτῇ ἀγραυλοῦντες καὶ φυλάσσοντες φυλακὰς τῆς νυκτὸς ἐπὶ τὴν ποίμνην αὐτῶν. [9] καὶ ἄγγελος Κυρίου ἐπέστη αὐτοῖς καὶ δόξα Κυρίου περιέλαμψεν αὐτούς, καὶ ἐφοβήθησαν φόβον μέγαν: [10] καὶ εἶπεν αὐτοῖς ὁ ἄγγελος Μὴ φοβεῖσθε, ἰδοὺ γὰρ εὐαγγελίζομαι ὑμῖν χαρὰν μεγάλην ἥτις ἔσται παντὶ τῷ λαῷ, [11] ὅτι ἐτέχθη ὑμῖν σήμερον σωτὴρ ὅς ἐστιν χριστὸς κύριος ἐν πόλει Δαυείδ: [12] καὶ τοῦτο ὑμῖν σημεῖον, εὑρήσετε βρέφος ἐσπαργανωμένον καὶ κείμενον ἐν φάτνῃ.

[13] καὶ ἐξέφνης ἐγένετο σὺν τῷ ἀγγέλῳ πλῆθος στρατιᾶς οὐρανίου αἰνούντων τὸν θεὸν καὶ λεγόντων [14] , ' Δόξα ἐν ὑψίστοις θεῷ καὶ ἐπὶ γῆς εἰρήνη ἐν ἀνθρώποις εὐδοκίας.' [15] Καὶ ἐγένετο ὡς ἀπῆλθον ἀπ᾽ αὐτῶν εἰς τὸν οὐρανὸν οἱ ἄγγελοι, οἱ ποιμένες ἐλάλουν πρὸς ἀλλήλους Διέλθωμεν δὴ ἕως Βηθλεὲμ καὶ ἴδωμεν τὸ ῥῆμα τοῦτο τὸ γεγονὸς ὃ ὁ κύριος ἐγνώρισεν ἡμῖν.

[16] καὶ ἦλθαν σπεύσαντες καὶ ἀνεῦραν τήν τε Μαριὰμ καὶ τὸν Ἰωσὴφ καὶ τὸ βρέφος κείμενον ἐν τῇ φάτνῃ: [17] ἰδόντες δὲ ἐγνώρισαν περὶ τοῦ ῥήματος τοῦ λαληθέντος αὐτοῖς περὶ τοῦ παιδίου τούτου.

[18] καὶ πάντες οἱ ἀκούσαντες ἐθαύμασαν περὶ τῶν λαληθέντων ὑπὸ τῶν ποιμένων πρὸς αὐτούς, [19] ἡ δὲ Μαρία πάντα συνετήρει τὰ ῥήματα ταῦτα συνβάλλουσα ἐν τῇ καρδίᾳ αὐτῆς.

[20] καὶ ὑπέστρεψαν οἱ ποιμένες δοξάζοντες καὶ αἰνοῦντες τὸν θεὸν ἐπὶ πᾶσιν οἷς ἤκουσαν καὶ εἶδον καθὼς ἐλαλήθη πρὸς αὐτούς.

[21] Καὶ ὅτε ἐπλήσθησαν ἡμέραι ὀκτὼ τοῦ περιτεμεῖν αὐτόν, καὶ ἐκλήθη τὸ ὄνομα αὐτοῦ Ἰησοῦς, τὸ κληθὲν ὑπὸ τοῦ ἀγγέλου πρὸ τοῦ συλλημφθῆναι αὐτὸν ἐν τῇ κοιλίᾳ.

Presentation in the Temple

[22] Καὶ ὅτε ἐπλήσθησαν αἱ ἡμέραι τοῦ καθαρισμοῦ αὐτῶν κατὰ τὸν νόμον Μωυσέως, ἀνήγαγον αὐτὸν εἰς Ἱεροσόλυμα παραστῆσαι τῷ κυρίῳ, [23] καθὼς γέγραπται ἐν νόμῳ Κυρίου ὅτι "Πᾶν ἄρσεν διανοῖγον μήτραν ἅγιον τῷ κυρίῳ κληθήσεται," [24] καὶ τοῦ δοῦναι θυσίαν κατὰ τὸ εἰρημένον ἐν τῷ νόμῳ Κυρίου, "ζεῦγος τρυγόνων ἢ δύο νοσσοὺς περιστερῶν."

[25] Καὶ ἰδοὺ ἄνθρωπος ἦν ἐν Ἱερουσαλὴμ ᾧ ὄνομα Συμεών, καὶ ὁ ἄνθρωπος οὗτος δίκαιος καὶ εὐλαβής, προσδεχόμενος παράκλησιν τοῦ Ἰσραήλ, καὶ πνεῦμα ἦν ἅγιον ἐπ᾽ αὐτόν: [26] καὶ ἦν αὐτῷ κεχρηματισμένον ὑπὸ τοῦ πνεύματος τοῦ ἁγίου μὴ ἰδεῖν θάνατον πρὶν [ἢ] ἂν ἴδῃ τὸν χριστὸν Κυρίου.

[27] καὶ ἦλθεν ἐν τῷ πνεύματι εἰς τὸ ἱερόν: καὶ ἐν τῷ εἰσαγαγεῖν τοὺς γονεῖς τὸ παιδίον Ἰησοῦν τοῦ ποιῆσαι αὐτοὺς κατὰ τὸ εἰθισμένον τοῦ νόμου περὶ αὐτοῦ [28] καὶ αὐτὸς ἐδέξατο αὐτὸ εἰς τὰς ἀγκάλας καὶ εὐλόγησεν τὸν θεὸν καὶ εἶπεν:

Νῦν ἀπολύεις τὸν δοῦλόν σου, δέσποτα,

  κατὰ τὸ ῥῆμά σου ἐν εἰρήνῃ·

ὅτι εἶδον οἱ ὀφθαλμοί μου τὸ σωτήριόν σου

  ὃ ἡτοίμασας κατὰ πρόσωπον πάντων τῶν λαῶν,

Φῶς εἰς ἀποκάλυψιν ἐθνῶν

  καὶ δόξαν λαοῦ σου Ἰσραήλ.

[33] καὶ ἦν ὁ πατὴρ αὐτοῦ καὶ ἡ μήτηρ θαυμάζοντες ἐπὶ τοῖς λαλουμένοις περὶ αὐτοῦ.

[34] καὶ εὐλόγησεν αὐτοὺς Συμεὼν καὶ εἶπεν πρὸς Μαριὰμ τὴν μητέρα αὐτοῦ Ἰδοὺ οὗτος κεῖται εἰς πτῶσιν καὶ ἀνάστασιν πολλῶν ἐν τῷ Ἰσραὴλ καὶ εἰς σημεῖον ἀντιλεγόμενον, [35] καὶ σοῦ αὐτῆς τὴν ψυχὴν διελεύσεται ῥομφαία, ὅπως ἂν ἀποκαλυφθῶσιν ἐκ πολλῶν καρδιῶν διαλογισμοί.

[36] Καὶ ἦν Ἄννα προφῆτις, θυγάτηρ Φανουήλ, ἐκ φυλῆς Ἀσήρ, (αὕτη προβεβηκυῖα ἐν ἡμέραις πολλαῖς, ζήσασα μετὰ ἀνδρὸς ἔτη ἑπτὰ ἀπὸ τῆς παρθενίας αὐτῆς, [37] καὶ αὐτὴ χήρα ἕως ἐτῶν ὀγδοήκοντα τεσσάρων,) ἣ οὐκ ἀφίστατο τοῦ ἱεροῦ νηστείαις καὶ δεήσεσιν λατρεύουσα νύκτα καὶ ἡμέραν. [38] καὶ αὐτῇ τῇ ὥρᾳ ἐπιστᾶσα ἀνθωμολογεῖτο τῷ θεῷ καὶ ἐλάλει περὶ αὐτοῦ πᾶσιν τοῖς προσδεχομένοις λύτρωσιν Ἰερουσαλήμ.

[39] Καὶ ὡς ἐτέλεσαν πάντα τὰ κατὰ τὸν νόμον Κυρίου, ἐπέστρεψαν εἰς τὴν Γαλιλαίαν εἰς πόλιν ἑαυτῶν Ναζαρέτ. [40] Τὸ

δὲ παιδίον ηὔξανεν καὶ ἐκραταιοῦτο πληρούμενον σοφίᾳ, καὶ χάρις θεοῦ ἦν ἐπ᾽ αὐτό.

Prophets Anna & Simeon Recognize the Lord, by Rembrandt

Finding in the Temple

[41] Κ α ὶ ἐπορεύοντο οἱ γονεῖς αὐτοῦ κατ᾽ ἔτος εἰς Ἰερουσαλὴμ τῇ ἑορτῇ τοῦ πάσχα. [42] Καὶ ὅτε ἐγένετο ἐτῶν δώδεκα, [43] ἀναβαινόντων αὐτῶν κατὰ τὸ ἔθος τῆς ἑορτῆς καὶ τελειωσάντων τὰς ἡμέρας, ἐν τῷ ὑποστρέφειν αὐτοὺς ὑπέμεινεν Ἰησοῦς ὁ παῖς ἐν Ἰερουσαλήμ, καὶ οὐκ ἔγνωσαν οἱ γονεῖς αὐτοῦ.

[44] νομίσαντες δὲ αὐτὸν εἶναι ἐν τῇ συνοδίᾳ ἦλθον ἡμέρας ὁδὸν καὶ ἀνεζήτουν αὐτὸν ἐν τοῖς συγγενεῦσιν καὶ τοῖς γνωστοῖς, [45] καὶ μὴ εὑρόντες ὑπέστρεψαν εἰς Ἰερουσαλὴμ ἀναζητοῦντες αὐτόν.

[46] καὶ ἐγένετο μετὰ ἡμέρας τρεῖς εὗρον αὐτὸν ἐν τῷ ἱερῷ καθεζόμενον ἐν μέσῳ τῶν διδασκάλων καὶ ἀκούοντα αὐτῶν καὶ

ἐπερωτῶντα αὐτούς: [47] ἐξίσταντο δὲ πάντες οἱ ἀκούοντες αὐτοῦ ἐπὶ τῇ συνέσει καὶ ταῖς ἀποκρίσεσιν αὐτοῦ.

[48] καὶ ἰδόντες αὐτὸν ἐξεπλάγησαν, καὶ εἶπεν πρὸς αὐτὸν ἡ μήτηρ αὐτοῦ

> Τέκνον, τί ἐποίησας ἡμῖν οὕτως;
>
> ἰδοὺ ὁ πατήρ σου καὶ ἐγὼ ὀδυνώμενοι ζητοῦμέν σε.

[49] καὶ εἶπεν πρὸς αὐτούς

> Τί ὅτι ἐζητεῖτέ με; οὐκ ᾔδειτε ὅτι ἐν τοῖς τοῦ πατρός μου δεῖ
>
> εἶναί με;

[50] καὶ αὐτοὶ οὐ συνῆκαν τὸ ῥῆμα ὃ ἐλάλησεν αὐτοῖς.

[51] καὶ κατέβη μετ᾽ αὐτῶν καὶ ἦλθεν εἰς Ναζαρέτ, καὶ ἦν ὑποτασσόμενος αὐτοῖς. καὶ ἡ μήτηρ αὐτοῦ διετήρει πάντα τὰ ῥήματα ἐν τῇ καρδίᾳ αὐτῆς. [52] Καὶ Ἰησοῦς προέκοπτεν τῇ σοφίᾳ καὶ ἡλικίᾳ καὶ χάριτι παρὰ θεῷ καὶ ἀνθρώποις.

Τό κατά Ἰωάννην Εὐαγγέλιον

CHAPTER 1 [20]
Prologue

ΕΝ ΑΡΧΗ ἦν ὁ λόγος,

καὶ ὁ λόγος ἦν πρὸς τὸν θεόν,

καὶ θεὸς ἦν ὁ λόγος.

Οὗτος ἦν ἐν ἀρχῇ πρὸς τὸν θεόν.

πάντα δι᾽ αὐτοῦ ἐγένετο,

καὶ χωρὶς αὐτοῦ ἐγένετο οὐδὲ ἕν.

ὃ γέγονεν ἐν αὐτῷ ζωὴ ἦν,

καὶ ἡ ζωὴ ἦν τὸ φῶς τῶν ἀνθρώπων·

καὶ τὸ φῶς ἐν τῇ σκοτίᾳ φαίνει,

καὶ ἡ σκοτία αὐτὸ οὐ κατέλαβεν.

[6] Ἐγένετο ἄνθρωπος ἀπεσταλμένος παρὰ θεοῦ, ὄνομα αὐτῷ Ἰωάνης· [7] οὗτος ἦλθεν εἰς μαρτυρίαν, ἵνα μαρτυρήσῃ περὶ τοῦ φωτός, ἵνα πάντες πιστεύσωσιν δι᾽ αὐτοῦ. [8] οὐκ ἦν ἐκεῖνος τὸ φῶς, ἀλλ᾽ ἵνα μαρτυρήσῃ περὶ τοῦ φωτός. [9] Ἦν τὸ φῶς τὸ ἀληθινὸν ὃ φωτίζει πάντα ἄνθρωπον ἐρχόμενον εἰς τὸν κόσμον.

ἐν τῷ κόσμῳ ἦν,

καὶ ὁ κόσμος δι᾽ αὐτοῦ ἐγένετο,

καὶ ὁ κόσμος αὐτὸν οὐκ ἔγνω.

---

[20] From *The New Testament in the Original Greek,* Ed. B.F. Westcott and F.J.A. Hort (Harper & Brothers, 1885), courtesy of Perseus.Tufts.edu.

Εἰς τὰ ἴδια ἦλθεν,

καὶ οἱ ἴδιοι αὐτὸν οὐ παρέλαβον.

ὅσοι δὲ ἔλαβον αὐτόν,

ἔδωκεν αὐτοῖς ἐξουσίαν τέκνα θεοῦ γενέσθαι,

τοῖς πιστεύουσιν εἰς τὸ ὄνομα αὐτοῦ, [13] οἳ οὐκ ἐξ αἱμάτων οὐδὲ ἐκ θελήματος σαρκὸς οὐδὲ ἐκ θελήματος ἀνδρὸς ἀλλ᾽ ἐκ θεοῦ ἐγεννήθησαν.

Καὶ ὁ λόγος σὰρξ ἐγένετο

καὶ ἐσκήνωσεν ἐν ἡμῖν,

καὶ ἐθεασάμεθα τὴν δόξαν αὐτοῦ,

δόξαν ὡς μονογενοῦς παρὰ πατρός,

πλήρης χάριτος καὶ ἀληθείας·

[15] Ἰωάνης μαρτυρεῖ περὶ αὐτοῦ καὶ κέκραγεν λέγων — οὗτος ἦν ὃν εἶπων — Ὁ ὀπίσω μου ἐρχόμενος ἔμπροσθέν μου γέγονεν, ὅτι πρῶτός μου ἦν·

ὅτι ἐκ τοῦ πληρώματος αὐτοῦ ἡμεῖς πάντες ἐλάβομεν,

καὶ χάριν ἀντὶ χάριτος·

ὅτι ὁ νόμος διὰ Μωυσέως ἐδόθη,

ἡ χάρις καὶ ἡ ἀλήθεια διὰ Ἰησοῦ Χριστοῦ ἐγένετο.

[18] θεὸν οὐδεὶς ἑώρακεν πώποτε· μονογενὴς θεὸς ὁ ὢν εἰς τὸν κόλπον τοῦ πατρὸς ἐκεῖνος ἐξηγήσατο.

[19] Καὶ αὕτη ἐστὶν ἡ μαρτυρία τοῦ Ἰωάνου ὅτε ἀπέστειλαν πρὸς αὐτὸν οἱ Ἰουδαῖοι ἐξ Ἱεροσολύμων ἱερεῖς καὶ Λευείτας ἵνα ἐρωτήσωσιν αὐτόν Σὺ τίς εἶ; [20] καὶ ὡμολόγησεν καὶ οὐκ ἠρνήσατο, καὶ ὡμολόγησεν ὅτι Ἐγὼ οὐκ εἰμὶ ὁ χριστός. [21] καὶ

ἠρώτησαν αὐτόν Τί οὖν; [σὺ] Ἡλείας εἶ; καὶ λέγει Οὐκ εἰμί. Ὁ προφήτης εἶ σύ; καὶ ἀπεκρίθη Οὔ. [22] εἶπαν οὖν αὐτῷ Τίς εἶ; ἵνα ἀπόκρισιν δῶμεν τοῖς πέμψασιν ἡμᾶς: τί λέγεις περὶ σεαυτοῦ; [23] ἔφη, Ἐγὼ φωνὴ βοῶντος ἐν τῇ ἐρήμῳ Εὐθύνατε τὴν ὁδὸν Κυρίου, καθὼς εἶπεν Ἡσαίας ὁ προφήτης.

[24] Καὶ ἀπεσταλμένοι ἦσαν ἐκ τῶν Φαρισαίων. [25] καὶ ἠρώτησαν αὐτὸν καὶ εἶπαν αὐτῷ Τί οὖν βαπτίζεις εἰ σὺ οὐκ εἶ ὁ χριστὸς οὐδὲ Ἡλείας οὐδὲ ὁ προφήτης; [26] ἀπεκρίθη αὐτοῖς ὁ Ἰωάνης λέγων, Ἐγὼ βαπτίζω ἐν ὕδατι: μέσος ὑμῶν στήκει ὃν ὑμεῖς οὐκ οἴδατε, [27] ὀπίσω μου ἐρχόμενος, οὗ οὐκ εἰμὶ [ἐγὼ] ἄξιος ἵνα λύσω αὐτοῦ τὸν ἱμάντα τοῦ ὑποδήματος.

[28] Ταῦτα ἐν Βηθανίᾳ ἐγένετο πέραν τοῦ Ἰορδάνου, ὅπου ἦν ὁ Ἰωάνης βαπτίζων. [29] Τῇ ἐπαύριον βλέπει τὸν Ἰησοῦν ἐρχόμενον πρὸς αὐτόν, καὶ λέγει, Ἴδε ὁ ἀμνὸς τοῦ θεοῦ ὁ αἴρων τὴν ἁμαρτίαν τοῦ κόσμου. [30] οὗτός ἐστιν ὑπὲρ οὗ ἐγὼ εἶπον Ὀπίσω μου ἔρχεται ἀνὴρ ὃς ἔμπροσθέν μου γέγονεν, ὅτι πρῶτός μου ἦν: [31] κἀγὼ οὐκ ᾔδειν αὐτόν, ἀλλ᾽ ἵνα φανερωθῇ τῷ Ἰσραὴλ διὰ τοῦτο ἦλθον ἐγὼ ἐν ὕδατι βαπτίζων.

[32] Καὶ ἐμαρτύρησεν Ἰωάνης λέγων ὅτι: Τεθέαμαι τὸ πνεῦμα καταβαῖνον ὡς περιστερὰν ἐξ οὐρανοῦ, καὶ ἔμεινεν ἐπ᾽ αὐτόν: κἀγὼ οὐκ ᾔδειν αὐτόν, ἀλλ᾽ ὁ πέμψας με βαπτίζειν ἐν ὕδατι ἐκεῖνός μοι εἶπεν Ἐφ᾽ ὃν ἂν ἴδῃς τὸ πνεῦμα καταβαῖνον καὶ μένον ἐπ᾽ αὐτόν, οὗτός ἐστιν ὁ βαπτίζων ἐν πνεύματι ἁγίῳ: κἀγὼ ἑώρακα, καὶ μεμαρτύρηκα ὅτι οὗτός ἐστιν ὁ υἱὸς τοῦ θεοῦ. …

Agnus Dei, by Francisco de Zurbarán

CHAPTER 21:
EPILOGUE

ΜΕΤΑ ΤΑΥΤΑ ἐφανέρωσεν ἑαυτὸν πάλιν Ἰησοῦς τοῖς μαθηταῖς ἐπὶ τῆς θαλάσσης τῆς Τιβεριάδος: ἐφανέρωσεν δὲ οὕτως.

[2] Ἦσαν ὁμοῦ Σίμων Πέτρος καὶ Θωμᾶς ὁ λεγόμενος Δίδυμος καὶ Ναθαναὴλ ὁ ἀπὸ Κανὰ τῆς Γαλιλαίας καὶ οἱ τοῦ Ζεβεδαίου καὶ ἄλλοι ἐκ τῶν μαθητῶν αὐτοῦ δύο. [3] λέγει αὐτοῖς Σίμων Πέτρος, Ὑπάγω ἁλιεύειν· λέγουσιν αὐτῷ, Ἐρχόμεθα καὶ ἡμεῖς σὺν σοί. ἐξῆλθαν καὶ ἐνέβησαν εἰς τὸ πλοῖον, καὶ ἐν ἐκείνῃ τῇ νυκτὶ ἐπίασαν οὐδέν.

[4] πρωΐας δὲ ἤδη γινομένης ἔστη Ἰησοῦς εἰς τὸν αἰγιαλόν· οὐ μέντοι ᾔδεισαν οἱ μαθηταὶ ὅτι Ἰησοῦς ἐστίν. [5] λέγει οὖν αὐτοῖς Ἰησοῦς, Παιδία, μή τι προσφάγιον ἔχετε; [6] ἀπεκρίθησαν αὐτῷ, Οὔ. ὁ δὲ εἶπεν αὐτοῖς,

Βάλετε εἰς τὰ δεξιὰ μέρη τοῦ πλοίου τὸ δίκτυον, καὶ εὑρήσετε.

ἔβαλον οὖν, καὶ οὐκέτι αὐτὸ ἑλκύσαι ἴσχυον ἀπὸ τοῦ πλήθους τῶν ἰχθύων. [7] λέγει οὖν ὁ μαθητὴς ἐκεῖνος ὃν ἠγάπα ὁ Ἰησοῦς τῷ Πέτρῳ, Ὁ κύριός ἐστιν.

Σίμων οὖν Πέτρος, ἀκούσας ὅτι ὁ κύριός ἐστιν, τὸν ἐπενδύτην διεζώσατο, ἦν γὰρ γυμνός, καὶ ἔβαλεν ἑαυτὸν εἰς τὴν θάλασσαν: [8] οἱ δὲ ἄλλοι μαθηταὶ τῷ πλοιαρίῳ ἦλθον, οὐ γὰρ ἦσαν μακρὰν ἀπὸ τῆς γῆς ἀλλὰ ὡς ἀπὸ πηχῶν διακοσίων, σύροντες τὸ δίκτυον τῶν ἰχθύων. [9] Ὡς οὖν ἀπέβησαν εἰς τὴν γῆν βλέπουσιν ἀνθρακιὰν κειμένην καὶ ὀψάριον ἐπικείμενον καὶ ἄρτον. [10] λέγει αὐτοῖς [ὁ] Ἰησοῦς, Ἐνέγκατε ἀπὸ τῶν ὀψαρίων ὧν ἐπιάσατε νῦν. [11] ἀνέβη οὖν Σίμων Πέτρος καὶ εἵλκυσεν τὸ δίκτυον εἰς τὴν γῆν μεστὸν ἰχθύων μεγάλων ἑκατὸν πεντήκοντα τριῶν: καὶ τοσούτων ὄντων οὐκ ἐσχίσθη τὸ δίκτυον.

[12] λέγει αὐτοῖς [ὁ] Ἰησοῦς, Δεῦτε ἀριστήσατε. οὐδεὶς ἐτόλμα τῶν μαθητῶν ἐξετάσαι αὐτόν, Σὺ τίς εἶ; εἰδότες ὅτι ὁ κύριός ἐστιν. [13] ἔρχεται Ἰησοῦς καὶ λαμβάνει τὸν ἄρτον καὶ δίδωσιν αὐτοῖς, καὶ τὸ ὀψάριον ὁμοίως. [14] Τοῦτο ἤδη τρίτον ἐφανερώθη Ἰησοῦς τοῖς μαθηταῖς ἐγερθεὶς ἐκ νεκρῶν.

Jesus Questions Peter

[15] Ὅτε οὖν ἠρίστησαν λέγει τῷ Σίμωνι Πέτρῳ ὁ Ἰησοῦς, Σίμων Ἰωάνου, ἀγαπᾷς με πλέον τούτων;

λέγει αὐτῷ, Ναί, κύριε, σὺ οἶδας ὅτι φιλῶ σε.

λέγει αὐτῷ, Βόσκε τὰ ἀρνία μου.

[16] λέγει αὐτῷ πάλιν δεύτερον, Σίμων Ἰωάνου, ἀγαπᾷς με;

λέγει αὐτῷ, Ναί, κύριε, σὺ οἶδας ὅτι φιλῶ σε.

λέγει αὐτῷ, Ποίμαινε τὰ προβάτιά μου.

[17] λέγει αὐτῷ τὸ τρίτον, Σίμων Ἰωάνου, Φιλεῖς με;

ἐλυπήθη ὁ Πέτρος ὅτι εἶπεν αὐτῷ τὸ τρίτον, Φιλεῖς με; καὶ εἶπεν αὐτῷ, Ἰκύριε, πάντα σὺ οἶδας, σὺ γινώσκεις ὅτι φιλῶ σε.

λέγει αὐτῷ Ἰησοῦς, Βόσκε τὰ προβάτιά μου.

Ἀμὴν, ἀμὴν, λέγω σοι, ὅτε ἦς νεώτερος, ἐζώννυες σεαυτὸν καὶ περιεπάτεις ὅπου ἤθελες· ὅταν δὲ γηράσῃς, ἐκτενεῖς τὰς χεῖράς σου, καὶ ἄλλος ζώσει σε καὶ οἴσει ὅπου οὐ θέλεις. [19] τοῦτο δὲ εἶπεν σημαίνων ποίῳ θανάτῳ δοξάσει τὸν θεόν. καὶ τοῦτο εἰπὼν λέγει αὐτῷ, Ἀκολούθει μοι.

[20] Ἐπιστραφεὶς ὁ Πέτρος βλέπει τὸν μαθητὴν ὃν ἠγάπα ὁ Ἰησοῦς ἀκολουθοῦντα, ὃς καὶ ἀνέπεσεν ἐν τῷ δείπνῳ ἐπὶ τὸ στῆθος αὐτοῦ καὶ εἶπεν, Ἰκύριε, τίς ἐστιν ὁ παραδιδούς σε; [21] τοῦτον οὖν ἰδὼν ὁ Πέτρος λέγει τῷ Ἰησοῦ Ἰκύριε, οὗτος δὲ τί;

[22] λέγει αὐτῷ ὁ Ἰησοῦς Ἐὰν αὐτὸν θέλω μένειν ἕως ἔρχομαι, τί πρὸς σέ; σύ μοι ἀκολούθει.

[23] Ἐξῆλθεν οὖν οὗτος ὁ λόγος εἰς τοὺς ἀδελφοὺς ὅτι ὁ μαθητὴς ἐκεῖνος οὐκ ἀποθνήσκει. οὐκ εἶπεν δὲ αὐτῷ ὁ Ἰησοῦς ὅτι οὐκ ἀποθνήσκει, ἀλλ᾽ Ἐὰν αὐτὸν θέλω μένειν ἕως ἔρχομαι, τί πρὸς σέ; [24] Οὗτός ἐστιν ὁ μαθητὴς ὁ μαρτυρῶν περὶ τούτων καὶ ὁ γράψας ταῦτα, καὶ οἴδαμεν ὅτι ἀληθὴς αὐτοῦ ἡ μαρτυρία ἐστίν.

[25] Ἔστιν δὲ καὶ ἄλλα πολλὰ ἃ ἐποίησεν ὁ Ἰησοῦς, ἅτινα ἐὰν γράφηται καθ᾽ ἕν, οὐδ᾽ αὐτὸν οἶμαι τὸν κόσμον χωρήσειν τὰ γραφόμενα βιβλία.

The Crucifixion of St. Peter, by Michelangelo

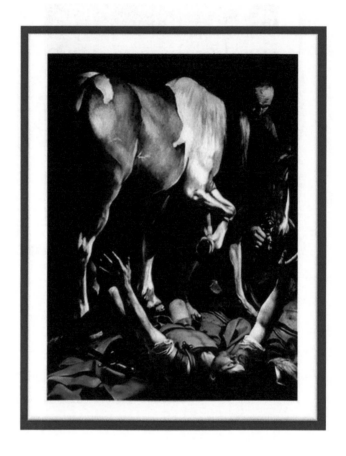

Conversion of Paul on the Way to Damascus, by Caravaggio

Ἡ Πρὸς Ῥωμαίους Ἐπιστολή [21]

Chapter 7

Law

... [5] ὅτε γὰρ ἦμεν ἐν τῇ σαρκί, τὰ παθήματα τῶν ἁμαρτιῶν τὰ διὰ τοῦ νόμου ἐνηργεῖτο ἐν τοῖς μέλεσιν ἡμῶν εἰς τὸ καρποφορῆσαι τῷ θανάτῳ: [6] νυνὶ δὲ κατηργήθημεν ἀπὸ τοῦ νόμου, ἀποθανόντες ἐν ᾧ κατειχόμεθα, ὥστε δουλεύειν [ἡμᾶς] ἐν καινότητι πνεύματος καὶ οὐ παλαιότητι γράμματος.

[7] Τί οὖν ἐροῦμεν; ὁ νόμος ἁμαρτία; μὴ γένοιτο· ἀλλὰ τὴν ἁμαρτίαν οὐκ ἔγνων εἰ μὴ διὰ νόμου, τήν τε γὰρ ἐπιθυμίαν οὐκ ᾔδειν εἰ μὴ ὁ νόμος ἔλεγεν "Οὐκ ἐπιθυμήσεις:" [8] ἀφορμὴν δὲ λαβοῦσα ἡ ἁμαρτία διὰ τῆς ἐντολῆς κατειργάσατο ἐν ἐμοὶ πᾶσαν ἐπιθυμίαν, χωρὶς γὰρ νόμου ἁμαρτία νεκρά.

[9] ἐγὼ δὲ ἔζων χωρὶς νόμου ποτέ· ἐλθούσης δὲ τῆς ἐντολῆς ἡ ἁμαρτία ἀνέζησεν, [10] ἐγὼ δὲ ἀπέθανον, καὶ εὑρέθη μοι ἡ ἐντολὴ ἡ εἰς ζωὴν αὕτη εἰς θάνατον: [11] ἡ γὰρ ἁμαρτία ἀφορμὴν λαβοῦσα διὰ τῆς ἐντολῆς ἐξηπάτησέν με καὶ δι᾽ αὐτῆς ἀπέκτεινεν.

[12] ὥστε ὁ μὲν νόμος ἅγιος, καὶ ἡ ἐντολὴ ἁγία καὶ δικαία καὶ ἀγαθή.

---

[21] From *The New Testament in the Original Greek,* Ed. B.F. Westcott and F.J.A. Hort (Harper & Brothers, 1885), courtesy of Perseus.Tufts.edu.

[13] Τὸ οὖν ἀγαθὸν ἐμοὶ ἐγένετο θάνατος; μὴ γένοιτο: ἀλλὰ ἡ ἁμαρτία, ἵνα φανῇ ἁμαρτία διὰ τοῦ ἀγαθοῦ μοι κατεργαζομένη θάνατον: ἵνα γένηται καθ᾽ ὑπερβολὴν ἁμαρτωλὸς ἡ ἁμαρτία διὰ τῆς ἐντολῆς.

[14] οἴδαμεν γὰρ ὅτι ὁ νόμος πνευματικός ἐστιν: ἐγὼ δὲ σάρκινός εἰμι, πεπραμένος ὑπὸ τὴν ἁμαρτίαν.

[15] ὃ γὰρ κατεργάζομαι οὐ γινώσκω: οὐ γὰρ ὃ θέλω τοῦτο πράσσω, ἀλλ᾽ ὃ μισῶ τοῦτο ποιῶ.

[16] εἰ δὲ ὃ οὐ θέλω τοῦτο ποιῶ, σύνφημι τῷ νόμῳ ὅτι καλός.

[17] Νυνὶ δὲ οὐκέτι ἐγὼ κατεργάζομαι αὐτὸ ἀλλὰ ἡ ἐνοικοῦσα ἐν ἐμοὶ ἁμαρτία.

[18] οἶδα γὰρ ὅτι οὐκ οἰκεῖ ἐν ἐμοί, τοῦτ᾽ ἔστιν ἐν τῇ σαρκί μου, ἀγαθόν: τὸ γὰρ θέλειν παράκειταί μοι, τὸ δὲ κατεργάζεσθαι τὸ καλὸν οὔ: [19] οὐ γὰρ ὃ θέλω ποιῶ ἀγαθόν, ἀλλὰ ὃ οὐ θέλω κακὸν τοῦτο πράσσω.

[20] εἰ δὲ ὃ οὐ θέλω τοῦτο ποιῶ, οὐκέτι ἐγὼ κατεργάζομαι αὐτὸ ἀλλὰ ἡ οἰκοῦσα ἐν ἐμοὶ ἁμαρτία.

[21] Εὑρίσκω ἄρα τὸν νόμον τῷ θέλοντι ἐμοὶ ποιεῖν τὸ καλὸν ὅτι ἐμοὶ τὸ κακὸν παράκειται: [22] συνήδομαι γὰρ τῷ νόμῳ τοῦ θεοῦ κατὰ τὸν ἔσω ἄνθρωπον, [23] βλέπω δὲ ἕτερον νόμον ἐν τοῖς μέλεσίν μου ἀντιστρατευόμενον τῷ νόμῳ τοῦ νοός μου καὶ αἰχμαλωτίζοντά με [ἐν] τῷ νόμῳ τῆς ἁμαρτίας τῷ ὄντι ἐν τοῖς

μέλεσίν μου. [24] ταλαίπωρος ἐγὼ ἄνθρωπος· τίς με ῥύσεται ἐκ τοῦ σώματος τοῦ θανάτου τούτου;

[25] χάρις [δὲ] τῷ θεῷ διὰ Ἰησοῦ Χριστοῦ τοῦ κυρίου ἡμῶν. ἄρα οὖν αὐτὸς ἐγὼ τῷ μὲν νοῒ δουλεύω νόμῳ θεοῦ, τῇ δὲ σαρκὶ νόμῳ ἁμαρτίας.

Chapter 8

The Flesh and the Spirit

[1] Οὐδὲν ἄρα νῦν κατάκριμα τοῖς ἐν Χριστῷ Ἰησοῦ· [2] ὁ γὰρ νόμος τοῦ πνεύματος τῆς ζωῆς ἐν Χριστῷ Ἰησοῦ ἠλευθέρωσέν σε ἀπὸ τοῦ νόμου τῆς ἁμαρτίας καὶ τοῦ θανάτου.

[3] τὸ γὰρ ἀδύνατον τοῦ νόμου, ἐν ᾧ ἠσθένει διὰ τῆς σαρκός, ὁ θεὸς τὸν ἑαυτοῦ υἱὸν πέμψας ἐν ὁμοιώματι σαρκὸς ἁμαρτίας καὶ περὶ ἁμαρτίας κατέκρινε τὴν ἁμαρτίαν ἐν τῇ σαρκί, [4] ἵνα τὸ δικαίωμα τοῦ νόμου πληρωθῇ ἐν ἡμῖν τοῖς μὴ κατὰ σάρκα περιπατοῦσιν ἀλλὰ κατὰ πνεῦμα· [5] οἱ γὰρ κατὰ σάρκα ὄντες τὰ τῆς σαρκὸς φρονοῦσιν, οἱ δὲ κατὰ πνεῦμα τὰ τοῦ πνεύματος.

[6] τὸ γὰρ φρόνημα τῆς σαρκὸς θάνατος, τὸ δὲ φρόνημα τοῦ πνεύματος ζωὴ καὶ εἰρήνη· [7] διότι τὸ φρόνημα τῆς σαρκὸς ἔχθρα εἰς θεόν, τῷ γὰρ νόμῳ τοῦ θεοῦ οὐχ ὑποτάσσεται, οὐδὲ γὰρ δύναται· [8] οἱ δὲ ἐν σαρκὶ ὄντες θεῷ ἀρέσαι οὐ δύνανται.

 [9] Ὑμεῖς δὲ οὐκ ἐστὲ ἐν σαρκὶ ἀλλὰ ἐν πνεύματι. εἴπερ πνεῦμα θεοῦ οἰκεῖ ἐν ὑμῖν. εἰ δέ τις πνεῦμα Χριστοῦ οὐκ ἔχει, οὗτος οὐκ ἔστιν αὐτοῦ.

[10] εἰ δὲ Χριστὸς ἐν ὑμῖν, τὸ μὲν σῶμα νεκρὸν διὰ ἁμαρτίαν, τὸ δὲ πνεῦμα ζωὴ διὰ δικαιοσύνην.

[11] εἰ δὲ τὸ πνεῦμα τοῦ ἐγείραντος τὸν Ἰησοῦν ἐκ νεκρῶν οἰκεῖ ἐν ὑμῖν, ὁ ἐγείρας ἐκ νεκρῶν Χριστὸν Ἰησοῦν ζωοποιήσει [καὶ] τὰ θνητὰ σώματα ὑμῶν διὰ τοῦ ἐνοικοῦντος αὐτοῦ πνεύματος ἐν ὑμῖν.

[12] Ἄρα οὖν, ἀδελφοί, ὀφειλέται ἐσμέν, οὐ τῇ σαρκὶ τοῦ κατὰ σάρκα ζῆν, [13] εἰ γὰρ κατὰ σάρκα ζῆτε μέλλετε ἀποθνήσκειν, εἰ δὲ πνεύματι τὰς πράξεις τοῦ σώματος θανατοῦτε ζήσεσθε.

[14] ὅσοι γὰρ πνεύματι θεοῦ ἄγονται, οὗτοι υἱοὶ θεοῦ εἰσίν.

[15] οὐ γὰρ ἐλάβετε πνεῦμα δουλείας πάλιν εἰς φόβον, ἀλλὰ ἐλάβετε πνεῦμα υἱοθεσίας, ἐν ᾧ κράζομεν [16] Ἀββά ὁ πατήρ· αὐτὸ τὸ πνεῦμα συμμαρτυρεῖ τῷ πνεύματι ἡμῶν ὅτι ἐσμὲν τέκνα θεοῦ.

[17] εἰ δὲ τέκνα, καὶ κληρονόμοι· κληρονόμοι μὲν θεοῦ, συνκληρονόμοι δὲ Χριστοῦ, εἴπερ συνπάσχομεν ἵνα καὶ συνδοξασθῶμεν.

[18] Λογίζομαι γὰρ ὅτι οὐκ ἄξια τὰ παθήματα τοῦ νῦν καιροῦ πρὸς τὴν μέλλουσαν δόξαν ἀποκαλυφθῆναι εἰς ἡμᾶς.

[19] ἡ γὰρ ἀποκαραδοκία τῆς κτίσεως τὴν ἀποκάλυψιν τῶν υἱῶν τοῦ θεοῦ ἀπεκδέχεται· [20] τῇ γὰρ ματαιότητι ἡ κτίσις ὑπετάγη, οὐχ ἑκοῦσα ἀλλὰ διὰ τὸν ὑποτάξαντα, ἐφ᾽ ἐλπίδι [21] ὅτι καὶ αὐτὴ ἡ κτίσις ἐλευθερωθήσεται ἀπὸ τῆς δουλείας τῆς φθορᾶς εἰς τὴν ἐλευθερίαν τῆς δόξης τῶν τέκνων τοῦ θεοῦ.

[22] οἴδαμεν γὰρ ὅτι πᾶσα ἡ κτίσις συνστενάζει καὶ συνωδίνει ἄχρι τοῦ νῦν: [23] οὐ μόνον δέ, ἀλλὰ καὶ αὐτοὶ τὴν ἀπαρχὴν τοῦ πνεύματος ἔχοντες [ἡμεῖς] καὶ αὐτοὶ ἐν ἑαυτοῖς στενάζομεν, υἱοθεσίαν ἀπεκδεχόμενοι τὴν ἀπολύτρωσιν τοῦ σώματος ἡμῶν.

[24] τῇ γὰρ ἐλπίδι ἐσώθημεν: ἐλπὶς δὲ βλεπομένη οὐκ ἔστιν ἐλπίς, ὃ γὰρ βλέπει τίς ἐλπίζει;

[25] εἰ δὲ ὃ οὐ βλέπομεν ἐλπίζομεν, δι᾽ ὑπομονῆς ἀπεκδεχόμεθα.

[26] Ὡσαύτως δὲ καὶ τὸ πνεῦμα συναντιλαμβάνεται τῇ ἀσθενείᾳ ἡμῶν: τὸ γὰρ τί προσευξώμεθα καθὸ δεῖ οὐκ οἴδαμεν, ἀλλὰ αὐτὸ τὸ πνεῦμα ὑπερεντυγχάνει στεναγμοῖς ἀλαλήτοις, [27] ὁ δὲ ἐραυνῶν τὰς καρδίας οἶδεν τί τὸ φρόνημα τοῦ πνεύματος, ὅτι κατὰ θεὸν ἐντυγχάνει ὑπὲρ ἁγίων.

[28] οἴδαμεν δὲ ὅτι τοῖς ἀγαπῶσι τὸν θεὸν πάντα συνεργεῖ [ὁ θεὸς] εἰς ἀγαθόν, τοῖς κατὰ πρόθεσιν κλητοῖς οὖσιν.

[29] ὅτι οὓς προέγνω, καὶ προώρισεν συμμόρφους τῆς εἰκόνος τοῦ υἱοῦ αὐτοῦ, εἰς τὸ εἶναι αὐτὸν πρωτότοκον ἐν πολλοῖς ἀδελφοῖς: [30] οὓς δὲ προώρισεν, τούτους καὶ ἐκάλεσεν: καὶ οὓς ἐκάλεσεν, τούτους καὶ ἐδικαίωσεν: οὓς δὲ ἐδικαίωσεν, τούτους καὶ ἐδόξασεν.

[31] Τί οὖν ἐροῦμεν πρὸς ταῦτα; εἰ ὁ θεὸς ὑπὲρ ἡμῶν, τίς καθ᾽ ἡμῶν;

[32] ὅς γε τοῦ ἰδίου υἱοῦ οὐκ ἐφείσατο, ἀλλὰ ὑπὲρ ἡμῶν πάντων παρέδωκεν αὐτόν, πῶς οὐχὶ καὶ σὺν αὐτῷ τὰ πάντα ἡμῖν χαρίσεται;

[33] τίς ἐγκαλέσει κατὰ ἐκλεκτῶν θεοῦ; "δικαιῶν: θεὸς ὁ [34] τίς ὁ κατακρινῶν;" Χριστὸς [Ἰησοῦς] ὁ ἀποθανών, μᾶλλον δὲ ἐγερθεὶς [ἐκ νεκρῶν], ὅς ἐστιν ἐν δεξιᾷ ὃς καὶ ἐντυγχάνει ὑπὲρ ἡμῶν: τοῦ θεοῦ, [35] τίς ἡμᾶς χωρίσει ἀπὸ τῆς ἀγάπης τοῦ χριστοῦ; θλῖψις ἢ στενοχωρία ἢ διωγμὸς ἢ λιμὸς ἢ γυμνότης ἢ κίνδυνος ἢ μάχαιρα; [36] καθὼς γέγραπται ὅτι "Ἕνεκεν σοῦ θανατούμεθα ὅλην τὴν ἡμέραν, ἐλογίσθημεν ὡς πρόβατα σφαγῆς." [37] ἀλλ᾽ ἐν τούτοις πᾶσιν ὑπερνικῶμεν διὰ τοῦ ἀγαπήσαντος ἡμᾶς.

[38] πέπεισμαι γὰρ ὅτι οὔτε θάνατος οὔτε ζωὴ οὔτε ἄγγελοι οὔτε ἀρχαὶ οὔτε ἐνεστῶτα οὔτε μέλλοντα οὔτε δυνάμεις [39] οὔτε ὕψωμα οὔτε βάθος οὔτε τις κτίσις ἑτέρα δυνήσεται ἡμᾶς χωρίσαι ἀπὸ τῆς ἀγάπης τοῦ θεοῦ τῆς ἐν Χριστῷ Ἰησοῦ τῷ κυρίῳ ἡμῶν.

Paul Writing His Epistles, by Valentin de Boulogne

EXCERPTS

Ἡ Πρὸς Ἑβραίους Ἐπιστολή [22]

The Son Led into the World

Chapter 1

[1] < Πολυμερῶς καὶ πολυτρόπως πάλαι > ὁ θεὸς < <u>λαλήσας</u> τοῖς πατράσιν (ἐν τοῖς προφήταις) > [2] (ἐπ᾽ ἐσχάτου τῶν ἡμερῶν τούτων) <u>ἐλάλησεν</u> ἡμῖν (ἐν υἱῷ), [***ὃν*** ἔθηκεν (<u>κληρονόμον</u> πάντων),] [(δι᾽ ***οὗ***) καὶ <u>ἐποίησεν</u> τοὺς <u>αἰῶνας</u>:] [3] [<u>ὃς</u> < <u>ὢν</u> (<u>ἀπαύγασμα</u> τῆς δόξης) καὶ (<u>χαρακτὴρ</u> τῆς ὑποστάσεως) αὐτοῦ, <u>φέρων</u> τε τὰ <u>πάντα</u> (τῷ ῥήματι τῆς δυνάμεως αὐτοῦ) >, < (<u>καθαρισμὸν</u> τῶν ἁμαρτιῶν) <u>ποιησάμενος</u> > <u>ἐκάθισεν</u> (ἐν δεξιᾷ τῆς μεγαλωσύνης) (ἐν ὑψηλοῖς), [4] < ***τοσούτῳ*** <u>κρείττων</u> <u>γενόμενος</u> τῶν ἀγγέλων [***ὅσῳ*** (<u>διαφορώτερον</u> παρ᾽ αὐτοὺς) <u>κεκληρονόμηκεν</u> <u>ὄνομα</u>] >.

[5] Τίνι ***γὰρ*** <u>εἶπέν</u> ποτε (τῶν ἀγγέλων), " (<u>Υἱός</u> μου) <u>εἶ</u> <u>σύ</u>, <u>ἐγὼ</u> σήμερον <u>γεγέννηκά</u> <u>σε</u>, " ***καὶ*** πάλιν[23] " Ἐγὼ <u>ἔσομαι</u> αὐτῷ (εἰς πατέρα)[24], ***καὶ*** <u>αὐτὸς</u> <u>ἔσται</u> μοι (εἰς υἱόν); "

[6] [***ὅταν*** δὲ πάλιν <u>εἰσαγάγῃ</u> τὸν <u>πρωτότοκον</u> (εἰς τὴν οἰκουμένην),] <u>λέγει</u>, " ***Καὶ*** <u>προσκυνησάτωσαν</u> αὐτῷ (πάντες <u>ἄγγελοι</u> θεοῦ). "

---

[22] From *The New Testament in the Original Greek*, Ed. B.F. Westcott and F.J.A. Hort (Harper & Brothers, 1885), courtesy of Perseus.Tufts.edu. The first five chapters are mapped for syntax as per the mapping guide on pp. 32-33.

[23] A formulaic phrase introducing a quotation, i.e, *and in another place it is written.*

[24] An Hebraicism in Hellenistic Greek with adverbial force: *as a father ... as a son.*

Image opposite: Mosaic of *Christ in Judgement* from the Baptistery of St. John in Florence.

[7] *καὶ* (πρὸς *μὲν* τοὺς ἀγγέλους) <u>λέγει</u>, " Ὁ <u>ποιῶν</u> (τοὺς <u>ἀγγέλους</u> αὐτοῦ) <u>πνεύματα</u>, *καὶ* (τοὺς <u>λειτουργοὺς</u> αὐτοῦ) πυρὸς <u>φλόγα</u>: "
[8] (πρὸς *δὲ* τὸν υἱόν), " Ὁ <u>θρόνος</u> σου, (ὁ θεὸς)[25], (εἰς τὸν αἰῶνα τοῦ αἰῶνος), *καὶ* ἡ <u>ῥάβδος</u> τῆς εὐθύτητος (<u>ῥάβδος</u> τῆς βασιλείας αὐτοῦ).

[9] <u>ἠγάπησας</u> <u>δικαιοσύνην</u> *καὶ* <u>ἐμίσησας</u> <u>ἀνομίαν</u>: (διὰ τοῦτο)[26] <u>ἔχρισέν</u> <u>σε</u> ὁ θεός, (ὁ θεός σου), (<u>ἔλαιον</u>[27] ἀγαλλιάσεως) (παρα τοὺς μετόχους σου). "…

Chapter 2

… [5] Οὐ γὰρ ἀγγέλοις <u>ὑπέταξεν</u> (τὴν <u>οἰκουμένην</u> τὴν μέλλουσαν), [περὶ *ἧς* <u>λαλοῦμεν</u>]: [6] <u>διεμαρτύρατο</u> *δέ* πού <u>τις</u> <u>λέγων</u>, "Τί ἐστιν <u>ἄνθρωπος</u> [*ὅτι* <u>μιμνήσκῃ</u> <u>αὐτοῦ</u>,] *ἢ* <u>υἱὸς</u> ἀνθρώπου [*ὅτι* <u>ἐπισκέπτῃ</u> <u>αὐτόν</u>]; [7] <u>ἠλάττωσας</u> <u>αὐτὸν</u> (<u>βραχύ</u> τι) (παρ᾽ ἀγγέλους), (δόξῃ καὶ τιμῇ) <u>ἐστεφάνωσας</u> <u>αὐτόν</u>, *καὶ* <u>κατέστησας</u> <u>αὐτὸν</u> (ἐπὶ τὰ ἔργα τῶν χειρῶν σου), [8] < <u>πάντα</u> <u>ὑπέταξας</u> (ὑποκάτω τῶν ποδῶν αὐτοῦ): < ἐν τῷ *γὰρ* <u>ὑποτάξαι</u> [αὐτῷ] τὰ "<u>πάντα</u>" > <u>οὐδὲν</u> <u>ἀφῆκεν</u> (αὐτῷ <u>ἀνυπότακτον</u>),[28] νῦν *δὲ* οὔπω <u>ὁρῶμεν</u> < αὐτῷ τὰ <u>πάντα</u> <u>ὑποτεταγμένα</u> >: [9] < τὸν *δὲ* (βραχύ τι) (παρ᾽ ἀγγέλους) <u>ἠλαττωμένον</u> > <u>βλέπομεν</u> (<u>Ἰησοῦν</u>)[29] < (διὰ τὸ πάθημα τοῦ θανάτου) (δόξῃ καὶ τιμῇ) <u>ἐστεφανωμένον</u>, > [*ὅπως* (χάριτι θεοῦ) (ὑπὲρ παντὸς) <u>γεύσηται</u> <u>θανάτου</u>].

---

[25] Treated by the author as a vocative apostrophe: *O God.*
[26] διὰ τοῦτο: *for this reason, therefore* (or, rather, for this purpose?)
[27] A double accusative with ἔχρισέν: *to anoint one with oil.*
[28] ἀνυπότακτον: adjective, predicate accusative of οὐδέν.
[29] Exegetical appositive to τὸν ἠλαττωμένον—*the one made lower*—object of βλέπομεν, with ἐστεφανωμένον as predicate.

[10] Ἔπρεπεν γὰρ αὐτῷ, [δι᾽ **ὃν** τὰ πάντα καὶ **δι᾽ οὗ** τὰ πάντα,]
< πολλοὺς υἱοὺς (εἰς δόξαν) ἀγαγόντα > τὸν ἀρχηγὸν (τῆς
σωτηρίας αὐτῶν) (διὰ παθημάτων) τελειῶσαι.

[11] ὅ τε **γὰρ** ἁγιάζων καὶ οἱ ἁγιαζόμενοι (ἐξ ἑνὸς πάντες): [(δι᾽ ἣν
αἰτίαν) οὐκ ἐπαισχύνεται (ἀδελφοὺς) αὐτοὺς καλεῖν, [12] < λέγων,
"Ἀπαγγελῶ τὸ ὄνομά σου (τοῖς ἀδελφοῖς μου), (ἐν μέσῳ ἐκκλησίας)
ὑμνήσω σε:"

[13] **καὶ** πάλιν "Ἐγὼ ἔσομαι πεποιθὼς (ἐπ᾽ αὐτῷ):" **καὶ** πάλιν "
Ἰδοὺ, ἐγὼ καὶ τὰ παιδία [ἅ μοι ἔδωκεν ὁ θεός]. "

[14] [**ἐπεὶ** οὖν τὰ παιδία κεκοινώνηκεν αἵματος καὶ σαρκός,] **καὶ**
αὐτὸς παραπλησίως μετέσχεν τῶν αὐτῶν, [**ἵνα** (διὰ τοῦ θανάτου)
καταργήσῃ < τὸν τὸ κράτος ἔχοντα τοῦ θανάτου >, (τοῦτ᾽ ἔστι τὸν
διάβολον), [15] **καὶ** ἀπαλλάξῃ τούτους, [ὅσοι (φόβῳ θανάτου) (διὰ
παντὸς τοῦ ζῆν) ἔνοχοι ἦσαν δουλείας].]

[16] οὐ **γὰρ** δή που ἀγγέλων ἐπιλαμβάνεται, **ἀλλὰ** σπέρματος
Ἀβραὰμ ἐπιλαμβάνεται.

[17] **ὅθεν** ὤφειλεν (κατὰ πάντα) τοῖς ἀδελφοῖς ὁμοιωθῆναι, [**ἵνα**
(ἐλεήμων) γένηται καὶ (πιστὸς ἀρχιερεὺς) (τὰ πρὸς τὸν θεόν), < εἰς
τὸ ἱλάσκεσθαι τὰς ἁμαρτίας τοῦ λαοῦ >: [18] [ἐν ᾧ **γὰρ** πέπονθεν
αὐτὸς πειρασθείς,] δύναται (τοῖς πειραζομένοις) βοηθῆσαι. …

Chapter 4

… [14] < Ἔχοντες *οὖν* ἀρχιερέα μέγαν <διεληλυθότα τοὺς οὐρανούς>, (Ἰησοῦν τὸν υἱὸν τοῦ θεοῦ), > κρατῶμεν τῆς ὁμολογίας: [15] οὐ *γὰρ* ἔχομεν ἀρχιερέα < μὴ δυνάμενον συνπαθῆσαι ταῖς ἀσθενείαις ἡμῶν, > < *πεπειρασμένον* *δὲ* (κατὰ πάντα) (καθ᾽ ὁμοιότητα) (χωρὶς ἁμαρτίας). >

[16] προσερχώμεθα *οὖν* (μετὰ παρρησίας) τῷ θρόνῳ τῆς χάριτος, [*ἵνα* λάβωμεν ἔλεος *καὶ* χάριν εὕρωμεν (εἰς εὔκαιρον βοήθειαν).]

Chapter 5

[1] Πᾶς *γὰρ* ἀρχιερεὺς < (ἐξ ἀνθρώπων) λαμβανόμενος > (ὑπὲρ ἀνθρώπων) καθίσταται (τὰ πρὸς τὸν θεόν), [*ἵνα* προσφέρῃ δῶρά [τε] καὶ θυσίας (ὑπὲρ ἁμαρτιῶν), [2] μετριοπαθεῖν δυνάμενος (τοῖς ἀγνοοῦσι καὶ πλανωμένοις), [*ἐπεὶ* καὶ αὐτὸς περίκειται (ἀσθένειαν)[30],] [3] *καὶ* (δι᾽ αὐτὴν)[31] ὀφείλει, (*καθὼς* περὶ τοῦ λαοῦ), (*οὕτως* καὶ περὶ ἑαυτοῦ) προσφέρειν (περὶ ἁμαρτιῶν).

[4] καὶ οὐχ (ἑαυτῷ) τις λαμβάνει τὴν τιμήν, < *ἀλλὰ* καλούμενος (ὑπὸ τοῦ θεοῦ), [καθώσπερ καὶ Ἀαρών].

[5] *Οὕτως* καὶ ὁ χριστὸς οὐχ ἑαυτὸν ἐδόξασεν < γενηθῆναι[32] ἀρχιερέα, > *ἀλλ᾽* ὁ λαλήσας (πρὸς αὐτόν) " (Υἱός μου) εἶ σύ, ἐγὼ σήμερον γεγέννηκά σε: "

---

[30] Verbs which in the active govern a dative of the person with an accusative of the thing retain the accusative in the passive: *compassed with infirmity.*

[31] δι᾽ αὐτήν: i.e., ἀσθένειαν.

[32] Infinitive of purpose: *he did not glorify himself in order to be made high priest.*

[6] **καθὼς** καὶ (ἐν ἑτέρῳ) <u>λέγει</u> " <u>Σὺ</u> <u>ἱερεὺς</u> (εἰς τὸν αἰῶνα) (κατὰ τὴν τάξιν Μελχισεδέκ)."

[7] **ὅς** < (ἐν ταῖς ἡμέραις τῆς σαρκὸς αὐτοῦ), <u>δεήσεις</u> τε καὶ <u>ἱκετηρίας</u> (πρὸς τὸν <u>δυνάμενον</u> <<u>σῴζειν</u> <u>αὐτὸν</u> (ἐκ θανάτου)>) (μετὰ κραυγῆς ἰσχυρᾶς καὶ δακρύων) <u>προσενέγκας</u> > καὶ < <u>εἰσακουσθεὶς</u> (ἀπὸ τῆς εὐλαβείας), > [8] < *καίπερ* <u>ὢν</u> (<u>υἱός</u>), > <u>ἔμαθεν</u> [ἀφ᾽ ὧν <u>ἔπαθεν</u>] <u>τὴν</u> <u>ὑπακοήν</u>, [9] καὶ <u>τελειωθεὶς</u> <u>ἐγένετο</u> (πᾶσιν τοῖς <u>ὑπακούουσιν</u> αὐτῷ) (<u>αἴτιος</u> σωτηρίας αἰωνίου), [10] < <u>προσαγορευθεὶς</u> (ὑπὸ τοῦ θεοῦ) (<u>ἀρχιερεὺς</u> "κατὰ τὴν τάξιν Μελχισεδέκ.") >...

High Priest of a New Covenant
Chapter 7

... [11] Εἰ μὲν οὖν τελείωσις διὰ τῆς Λευειτικῆς ἱερωσύνης ἦν, ὁ λαὸς γὰρ ἐπ᾽ αὐτῆς νενομοθέτηται, τίς ἔτι χρεία "κατὰ τὴν τάξιν Μελχισεδὲκ" ἕτερον ἀνίστασθαι "ἱερέα" καὶ οὐ "κατὰ τὴν τάξιν" Ἀαρὼν λέγεσθαι;

[12] μετατιθεμένης γὰρ τῆς ἱερωσύνης ἐξ ἀνάγκης καὶ νόμου μετάθεσις γίνεται. [13] ἐφ᾽ ὃν γὰρ λέγεται ταῦτα φυλῆς ἑτέρας μετέσχηκεν, ἀφ᾽ ἧς οὐδεὶς προσέσχηκεν τῷ θυσιαστηρίῳ· [14] πρόδηλον γὰρ ὅτι ἐξ Ἰούδα ἀνατέταλκεν ὁ κύριος ἡμῶν, εἰς ἣν φυλὴν περὶ ἱερέων οὐδὲν Μωυσῆς ἐλάλησεν. [15] Καὶ περισσότερον ἔτι κατάδηλόν ἐστιν, εἰ "κατὰ τὴν" ὁμοιότητα "Μελχισεδὲκ" ἀνίσταται "ἱερεὺς" ἕτερος, [16] ὃς οὐ κατὰ νόμον ἐντολῆς σαρκίνης γέγονεν ἀλλὰ κατὰ δύναμιν ζωῆς ἀκαταλύτου, [17] μαρτυρεῖται γὰρ ὅτι "Σὺ ἱερεὺς εἰς τὸν αἰῶνα κατὰ τὴν τάξιν Μελχισεδέκ."

[18] ἀθέτησις μὲν γὰρ γίνεται προαγούσης ἐντολῆς διὰ τὸ αὐτῆς ἀσθενὲς καὶ ἀνωφελές, [19] οὐδὲν γὰρ ἐτελείωσεν ὁ νόμος, ἐπεισαγωγὴ δὲ κρείττονος ἐλπίδος, δι᾽ ἧς ἐγγίζομεν τῷ θεῷ.

[20] Καὶ καθ᾽ ὅσον οὐ χωρὶς ὁρκωμοσίας, (οἱ μὲν γὰρ χωρὶς ὁρκωμοσίας εἰσὶν ἱερεῖς γεγονότες, [21] ὁ δὲ μετὰ ὁρκωμοσίας διὰ τοῦ λέγοντος πρὸς αυτόν "Ὤμοσεν Κύριος, καὶ οὐ μεταμεληθήσεται, Σὺ ἱερεὺς εἰς τὸν αἰῶνα,") [22] κατὰ τοσοῦτο καὶ κρείττονος διαθήκης γέγονεν ἔγγυος Ἰησοῦς.

[23] Καὶ οἱ μὲν πλείονές εἰσιν γεγονότες ἱερεῖς διὰ τὸ θανάτῳ κωλύεσθαι παραμένειν: [24] ὁ δὲ διὰ τὸ μένειν αὐτὸν "εἰς τὸν αἰῶνα" ἀπαράβατον: ἔχει τὴν ἱερωσύνην: [25] ὅθεν καὶ σώζειν εἰς τὸ παντελὲς δύναται τοὺς προσερχομένους δι᾽ αὐτοῦ τῷ θεῷ, πάντοτε ζῶν εἰς τὸ ἐντυγχάνειν ὑπὲρ αὐτῶν.

[26] Τοιοῦτος γὰρ ἡμῖν [καὶ] ἔπρεπεν ἀρχιερεύς, ὅσιος, ἄκακος, ἀμίαντος, κεχωρισμένος ἀπὸ τῶν ἁμαρτωλῶν, καὶ ὑψηλότερος τῶν οὐρανῶν γενόμενος: [27] ὃς οὐκ ἔχει καθ᾽ ἡμέραν ἀνάγκην, ὥσπερ οἱ ἀρχιερεῖς, πρότερον ὑπὲρ τῶν ἰδίων ἁμαρτιῶν θυσίας ἀναφέρειν, ἔπειτα τῶν τοῦ λαοῦ: (τοῦτο γὰρ ἐποίησεν ἐφάπαξ ἑαυτὸν ἀνενέγκας: [28] ὁ νόμος γὰρ ἀνθρώπους καθίστησιν ἀρχιερεῖς ἔχοντας ἀσθένειαν, ὁ λόγος δὲ τῆς ὁρκωμοσίας τῆς μετὰ τὸν νόμον "υἱόν, εἰς τὸν αἰῶνα" τετελειωμένον.

Chapter 8

[1] Κεφάλαιον δὲ ἐπὶ τοῖς λεγομένοις, τοιοῦτον ἔχομεν ἀρχιερέα, ὃς "ἐκάθισεν ἐν δεξιᾷ" τοῦ θρόνου τῆς μεγαλωσύνης ἐν τοῖς

οὐρανοῖς, [2] τῶν ἁγίων λειτουργὸς καὶ "τῆς σκηνῆς" τῆς ἀληθινῆς, "ἣν ἔπηξεν ὁ κύριος," οὐκ ἄνθρωπος.

[3] πᾶς γὰρ ἀρχιερεὺς εἰς τὸ προσφέρειν δῶρά τε καὶ θυσίας καθίσταται· ὅθεν ἀναγκαῖον ἔχειν τι καὶ τοῦτον ὃ προσενέγκῃ.

[4] εἰ μὲν οὖν ἦν ἐπὶ γῆς, οὐδ᾽ ἂν ἦν ἱερεύς, ὄντων τῶν προσφερόντων κατὰ νόμον τὰ δῶρα· [5] οἵτινες ὑποδείγματι καὶ σκιᾷ λατρεύουσιν τῶν ἐπουρανίων, καθὼς κεχρημάτισται Μωυσῆς μέλλων ἐπιτελεῖν τὴν σκηνήν, "Ὅρα" γάρ, φησίν, "ποιήσεις πάντα > κατὰ τὸν τύπον τὸν δειχθέντα σοι ἐν τῷ ὄρει·"

[6]) νῦν δὲ διαφορωτέρας τέτυχεν λειτουργίας, ὅσῳ καὶ κρείττονός ἐστιν διαθήκης μεσίτης, ἥτις ἐπὶ κρείττοσιν ἐπαγγελίαις νενομοθέτηται. [7] εἰ γὰρ ἡ πρώτη ἐκείνη ἦν ἄμεμπτος, οὐκ ἂν δευτέρας ἐζητεῖτο τόπος·

[8] μεμφόμενος γὰρ αὐτοὺς λέγει " Ἰδοὺ ἡμέραι ἔρχονται, λέγει Κύριος, καὶ συντελέσω ἐπὶ τὸν οἶκον Ἰσραὴλ καὶ ἐπι τὸν οἶκον Ἰούδα **διαθήκην καινήν**, [9] οὐ κατὰ τὴν διαθήκην ἣν ἐποίησα τοῖς πατράσιν αὐτῶν ἐν ἡμέρᾳ ἐπιλαβομένου μου τῆς χειρὸς αὐτῶν ἐξαγαγεῖν αὐτοὺς ἐκ γῆξ Αἰγύπτου, ὁ<*>τι αὐτοὶ οὐκ ἐνέμειναν ἐν τῇ διαθήκῃ μου, κἀγὼ ἠμέλησα αὐτῶν, λέγει Κύριος.

[10] ὅτι αὕτη ἡ διαθήκη ἣν διαθήσομαι τῷ οἴκῳ Ἰσραὴλ μετὰ τὰς ἡμέρας ἐκείνας, λέγει Κύριος, διδοὺς νόμους μου εἰς τὴν διάνοιαν αὐτῶν, καὶ ἐπὶ καρδίας αὐτῶν ἐπιγράψω αὐτούς, καὶ ἔσομαι αὐτοῖς εἰς θεόν καὶ αὐτοὶ ἔσονται μοι εἰς λαόν.

[11] καὶ οὐ μὴ διδάξωσιν ἕκαστος τὸν πολίτην αὐτοῦ καὶ ἕκαστος τὸν ἀδελφὸν αὐτοῦ, λέγων Γνῶθι τὸν κύριον, ὅτι παντες εἰδήσουσίν με ἀπὸ μικροῦ ἕως μεγάλου αὐτῶν.

[12] ὅτι ἵλεως ἔσομαι ταῖς ἀδικίαις αὐτῶν, καὶ τῶν ἁμαρτιῶν αὐτῶν οὐ μὴ μνησθῶ ἔτι." [13] ἐν τῷ λέγειν "Καινήν" πεπαλαίωκεν τὴν πρώτην, τὸ δὲ παλαιούμενον καὶ γηράσκον ἐγγὺς ἀφανισμοῦ.

Chapter 9

[1] Εἶχε μὲν οὖν [καὶ] ἡ πρώτη δικαιώματα λατρείας τό τε ἅγιον κοσμικόν.

[2] σκηνὴ γὰρ κατεσκευάσθη: ἡ πρώτη ἐν ᾗ ἥ τε λυχνία καὶ ἡ τράπεζα καὶ ἡ πρόθεσις τῶν ἄρτων, ἥτις λέγεται Ἅγια:

[3] μετὰ δὲ τὸ δεύτερον καταπέτασμα σκηνὴ ἡ λεγομένη Ἅγια Ἁγίων, [4] χρυσοῦν ἔχουσα θυμιατήριον καὶ τὴν κιβωτὸν τῆς διαθήκης περικεκαλυμμένην πάντοθεν χρυσίῳ, ἐν ᾗ στάμνος χρυσῆ ἔχουσα τὸ μάννα καὶ ἡ ῥάβδος Ἀαρὼν ἡ βλαστήσασα καὶ αἱ πλάκες **τῆς διαθήκης**, [5] ὑπεράνω δὲ αὐτῆς Χερουβεὶν δόξης κατασκιάζοντα τὸ ἱλαστήριον: περὶ ὧν οὐκ ἔστιν νῦν λέγειν κατὰ μέρος.

[6] Τούτων δὲ οὕτως κατεσκευασμένων, εἰς μὲν τὴν πρώτην σκηνὴν διὰ παντὸς εἰσίασιν οἱ ἱερεῖς τὰς λατρείας ἐπιτελοῦντες, [7] εἰς δὲ τὴν δευτέραν ἅπαξ τοῦ ἐνιαυτοῦ μόνος ὁ ἀρχιερεύς, οὐ χωρὶς αἵματος, ὃ προσφέρει ὑπὲρ ἑαυτοῦ καὶ τῶν τοῦ λαοῦ ἀγνοημάτων, [8] τοῦτο δηλοῦντος τοῦ πνεύματος τοῦ ἁγίου, μήπω πεφανερῶσθαι τὴν τῶν ἁγίων ὁδὸν ἔτι τῆς πρώτης σκηνῆς ἐχούσης στάσιν,

[9] ἥτις παραβολὴ εἰς τὸν καιρὸν τὸν ἐνεστηκότα, καθ᾽ ἣν δῶρά τε καὶ θυσίαι προσφέρονται μὴ δυνάμεναι κατὰ συνείδησιν τελειῶσαι τὸν λατρεύοντα, [10] μόνον ἐπὶ βρώμασιν καὶ πόμασιν καὶ διαφόροις βαπτισμοῖς, δικαιώματα σαρκὸς μέχρι καιροῦ διορθώσεως ἐπικείμενα.

[11] Χριστὸς δὲ παραγενόμενος ἀρχιερεὺς τῶν γενομένων ἀγαθῶν διὰ τῆς μείζονος καὶ τελειοτέρας σκηνῆς οὐ χειροποιήτου, τοῦτ᾽ ἔστιν οὐ ταύτης τῆς κτίσεως, [12] οὐδὲ δι᾽ αἵματος τράγων καὶ μόσχων διὰ δὲ τοῦ ἰδίου αἵματος, εἰσῆλθεν ἐφάπαξ εἰς τὰ ἅγια, αἰωνίαν λύτρωσιν εὑράμενος.

[13] εἰ γὰρ τὸ αἷμα τράγων καὶ ταύρων καὶ σποδὸς δαμάλεως ῥαντίζουσα τοὺς κεκοινωμένους ἁγιάζει πρὸς τὴν τῆς σαρκὸς καθαρότητα, [14] πόσῳ μᾶλλον τὸ αἷμα τοῦ χριστοῦ, ὃς διὰ πνεύματος αἰωνίου ἑαυτὸν προσήνεγκεν ἄμωμον τῷ θεῷ, καθαριεῖ τὴν συνείδησιν ἡμῶν ἀπὸ νεκρῶν ἔργων εἰς τὸ λατρεύειν θεῷ ζῶντι.

[15] Καὶ διὰ τοῦτο διαθήκης καινῆς μεσίτης ἐστίν, ὅπως θανάτου γενομένου εἰς ἀπολύτρωσιν τῶν ἐπὶ τῇ πρώτῃ διαθήκῃ παραβάσεων τὴν ἐπαγγελίαν λάβωσιν οἱ κεκλημένοι τῆς αἰωνίου κληρονομίας.

[16] ὅπου γὰρ διαθήκη, θάνατον ἀνάγκη φέρεσθαι τοῦ διαθεμένου·

[17] διαθήκη γὰρ ἐπὶ νεκροῖς βεβαία, ἐπεὶ μὴ τότε ἰσχύει ὅτε ζῇ ὁ [18] διαθέμενος. Ὅθεν οὐδὲ ἡ πρώτη χωρὶς αἵματος ἐνκεκαίνισται·

[19] λαληθείσης γὰρ πάσης ἐντολῆς κατὰ τὸν νόμον ὑπὸ Μωυσέως παντὶ τῷ λαῷ, λαβὼν τὸ αἷμα τῶν μόσχων καὶ τῶν τράγων μετὰ ὕδατος καὶ ἐρίου κοκκίνου καὶ ὑσσώπου αὐτό τε τὸ βιβλίον.

καὶ πάντα τὸν λαὸν ἐράντισεν, [20] λέγων "Τοῦτο τὸ αἷμα τῆς διαθήκης ἧς ἐνετείλατο [21] πρὸς ὑμᾶς ὁ θεός:" καὶ τὴν σκηνὴν δὲ καὶ πάντα τὰ σκεύη τῆς λειτουργίας τῷ αἵματι ὁμοίως ἐράντισεν.

[22] καὶ σχεδὸν ἐν αἵματι πάντα καθαρίζεται κατὰ τὸν νόμον, καὶ χωρὶς αἱματεκχυσίας οὐ γίνεται ἄφεσις.

[23] Ἀνάγκη οὖν τὰ μὲν ὑποδείγματα τῶν ἐν τοῖς οὐρανοῖς τούτοις καθαρίζεσθαι, αὐτὰ δὲ τὰ ἐπουράνια κρείττοσι θυσίαις παρὰ ταύτας. [24] οὐ γὰρ εἰς χειροποίητα εἰσῆλθεν ἅγια Χριστός, ἀντίτυπα τῶν ἀληθινῶν, ἀλλ᾽ εἰς αὐτὸν τὸν οὐρανόν, νῦν ἐμφανισθῆναι τῷ προσώπῳ τοῦ θεοῦ ὑπὲρ ἡμῶν:

[25] οὐδ᾽ ἵνα πολλάκις προσφέρῃ ἑαυτόν, ὥσπερ ὁ ἀρχιερεὺς εἰσέρχεται εἰς τὰ ἅγια κατ᾽ ἐνιαυτὸν ἐν αἵματι ἀλλοτρίῳ, [26] ἐπεὶ ἔδει αὐτὸν πολλάκις παθεῖν ἀπὸ καταβολῆς κόσμου: νυνὶ δὲ ἅπαξ ἐπὶ συντελείᾳ τῶν αἰώνων εἰς ἀθέτησιν τῆς ἁμαρτίας διὰ τῆς θυσίας αὐτοῦ πεφανέρωται.

[27] καὶ καθ᾽ ὅσον ἀπόκειται τοῖς ἀνθρώποις ἅπαξ ἀποθανεῖν, μετὰ δὲ τοῦτο κρίσις, [28] οὕτως καὶ ὁ χριστός, ἅπαξ προσενεχθεὶς εἰς τὸ "πολλῶν ἀνενεγκεῖν ἁμαρτίας," ἐκ δευτέρου χωρὶς ἁμαρτίας ὀφθήσεται τοῖς αὐτὸν ἀπεκδεχομένοις εἰς σωτηρίαν.

Chapter 10

[1] Σκιὰν γὰρ ἔχων ὁ νόμος τῶν μελλόντων ἀγαθῶν, οὐκ αὐτὴν τὴν εἰκόνα τῶν πραγμάτων, κατ᾽ ἐνιαυτὸν ταῖς αὐταῖς θυσίαις ἃς προσφέρουσιν εἰς τὸ διηνεκὲς οὐδέποτε δύνανται τοὺς προσερχομένους τελειῶσαι: [2] ἐπεὶ οὐκ ἂν ἐπαύσαντο προσφερόμεναι, διὰ τὸ μηδεμίαν ἔχειν ἔτι συνείδησιν ἁμαρτιῶν τοὺς λατρεύοντας ἅπαξ κεκαθαρισμένους;

[3] ἀλλ᾽ ἐν αὐταῖς ἀνάμνησις ἁμαρτιῶν κατ᾽ ἐνι αυτόν, [4] ἀδύνατον γὰρ αἷμα ταύρων καὶ τράγων ἀφαιρεῖν ἁμαρτίας.

[5] Διὸ εἰσερχόμενος εἰς τὸν κόσμον λέγει " Θυσίαν καὶ προσφορὰν οὐκ ἠθέλησας, σῶμα δὲ κατηρτίσω μοι: [6] ὁλοκαυτώματα καὶ περὶ ἁμαρτίας οὐκ εὐδόκησας.

[7] τότε εἶπον Ἰδοὺ ἥκω, ἐν κεφαλίδι βιβλίου γέγραπται περὶ ἐμοῦ, τοῦ ποιῆσαι, ὁ θεός, τὸ θέλημά σου."

[8] ἀνώτερον λέγων ὅτι "Θυσίας καὶ προσφορὰς" καὶ "ὁλοκαυτώματα καὶ περὶ ἁμαρτίας οὐκ ἠθέλησας οὐδὲ εὐδόκησας," αἵτινες κατὰ νόμον προσφέρονται, [9] "τότε" εἴρηκεν "Ἰδοὺ ἥκω τοῦ ποιῆσαι τὸ θέλημά σου:" ἀναιρεῖ τὸ πρῶτον ἵνα τὸ δεύτερον στήσῃ.

[10] ἐν ᾧ "θελήματι" ἡγιασμένοι ἐσμὲν διὰ τῆς "προσφορᾶς" τοῦ "σώματος" Ἰησοῦ Χριστοῦ ἐφάπαξ.

[11] Καὶ πᾶς μὲν ἱερεὺς ἕστηκεν καθ᾽ ἡμέραν λειτουργῶν καὶ τὰς αὐτὰς πολλάκις προσφέρων θυσίας, αἵτινες οὐδέποτε δύνανται περιελεῖν ἁμαρτίας.

[12] οὗτος δὲ μίαν ὑπὲρ ἁμαρτιῶν προσενέγκας θυσίαν εἰς τὸ διηνεκὲς "ἐκάθισεν ἐν δεξιᾷ" τοῦ θεοῦ, [13] τὸ λοιπὸν ἐκδεχόμενος "ἕως τεθῶσιν οἱ ἐχθροὶ αὐτοῦ ὑποπόδιον τῶν ποδῶν αὐτοῦ," [14] μιᾷ γὰρ προσφορᾷ τετελείωκεν εἰς τὸ διηνεκὲς τοὺς ἁγιαζομένους.

[15] Μαρτυρεῖ δὲ ἡμῖν καὶ τὸ πνεῦμα τὸ ἅγιον, μετὰ γὰρ τὸ εἰρηκέναι   [16] " Αὕτη ἡ διαθήκη ἣν διαθήσομαι " πρὸς αὐτούς " μετὰ τὰς ἡμέρας ἐκείνας, λέγει Κύριος, διδοὺς νόμους μου ἐπὶ καρδίας αὐτῶν, καὶ ἐπὶ τὴν διάνοιαν αὐτῶν ἐπιγράψω αὐτούς,—" [17] "Καὶ τῶν ἁμαρτιῶν αὐτῶν" καὶ "τῶν ἀνομιῶν αὐτῶν οὐ μὴ μνησθησομαι ἔτ<*>:" [18] ὅπου δὲ ἄφεσις τούτων, οὐκέτι προσφορὰ περὶ ἁμαρτίας.

[19] Ἔχοντες οὖν, αδελφοί, παρρησίαν εἰς τὴν εἴσοδον τῶν ἁγίων ἐν τῷ αἵματ<*> Ἰησοῦ, [20] ἣν ἐνεκαίνισεν ἡμῖν ὁδὸν πρόσφατον καὶ ζῶσαν διὰ τοῦ καταπετάσματος, τοῦτ᾽ ἔστιν τῆς σαρκὸς αὐτοῦ, [21] καὶ ἱερέα μέγα<*> ἐπὶ τὸν οἶκον τοῦ θεοῦ, [22] προσερχώμεθα μετὰ ἀληθινῆς καρδίας ἐν πληροφορίᾳ πίστεως, ῥεραντισμενοι τὰς καρδίας ἀπὸ συνειδήσεως πονηρᾶς καὶ λελουσμένοι τὸ σῶμα ὕδατι καθαρῷ: [23] κατέχωμεν τὴν ὁμολογίαν τῆς ἐλπίδος ἀκλινῆ, πιστὸς γὰρ ὁ ἐπαγγειλάμενος: [24] καὶ κατανοῶμεν ἀλλήλους εἰς παροξυσμὸν ἀγάπης καὶ καλῶν ἔργων [25] μὴ ἐγκαταλείποντες τὴν ἐπισυναγωγὴν ἑαυτῶν, καθὼς ἔθος τισίν, ἀλλὰ παρακαλοῦντες, καὶ τοσούτῳ μᾶλλον ὅσῳ βλέπετε ἐγγίζουσαν τὴν ἡμέραν....

Faith

Chapter 11

[1] Ἔστιν δὲ πίστις ἐλπιζομένων ὑπόστασις, πραγμάτων ἔλεγχος οὐ βλεπομένων· [2] ἐν ταύτῃ γὰρ ἐμαρτυρήθησαν οἱ πρεσβύτεροι.

[3] Πίστει νοοῦμεν κατηρτίσθαι τοὺς αἰῶνας ῥήματι θεοῦ, εἰς τὸ μὴ ἐκ φαινομένων τὸ βλεπόμενον γεγονέναι.

[4] Πίστει πλείονα θυσίαν Ἄβελ παρὰ Κάϊν προσήνεγκεν τῷ θεῷ, δι᾽ ἧς ἐμαρτυρήθη εἶναι δίκαιος, μαρτυροῦντος "ἐπὶ τοῖς δώροις αὐτοῦ τοῦ θεοῦ," καὶ δι᾽ αὐτῆς ἀποθανὼν ἔτι λαλεῖ.

[5] Πίστει Ἑνὼχ μετετέθη τοῦ μὴ ἰδεῖν θάνατον, καὶ "οὐχ ηὑρίσκετο διότι μετέθηκεν αὐτὸν ὁ θεός·" πρὸ γὰρ τῆς μεταθέσεως μεμαρτύρηται "εὐαρεστηκέναι τῷ θεῷ," [6] χωρὶς δὲ πίστεως ἀδύνατον "εὐαρεστῆσαι," πιστεῦσαι γὰρ δεῖ τὸν προσερχόμενον [τῷ] θεῷ ὅτι ἔστιν καὶ τοῖς ἐκζητοῦσιν αὐτὸν μισθαποδότης γίνεται.

[7] Πίστει χρηματισθεὶς Νῶε περὶ τῶν μηδέπω βλεπομένων εὐλαβηθεὶς κατεσκεύασεν κιβωτὸν εἰς σωτηρίαν τοῦ οἴκου αὐτοῦ, δι᾽ ἧς κατέκρινεν τὸν κόσμον, καὶ τῆς κατὰ πίστιν δικαιοσύνης ἐγένετο κληρονόμος.

[8] Πίστει καλούμενος Ἀβραὰμ ὑπήκουσεν ἐξελθεῖν" εἰς τόπον ὃν ἤμελλεν λαμβάνειν εἰς κληρονομίαν, καὶ "ἐξῆλθεν" μὴ ἐπιστάμενος ποῦ ἔρχεται.

[9] Πίστει παρῴκησεν εἰς γῆν τῆς ἐπαγγελίας ὡς ἀλλοτρίαν, ἐν σκηναῖς κατοικήσας μετὰ Ἰσαὰκ καὶ Ἰακὼβ τῶν συνκληρονόμων τῆς ἐπαγγελίας τῆς αὐτῆς: [10] ἐξεδέχετο γὰρ τὴν τοὺς θεμελίους ἔχουσαν πόλιν, ἧς τεχνίτης καὶ δημιουργὸς ὁ θεός.

[11] Πίστει καὶ αὐτὴ Σάρρα δύναμιν εἰς καταβολὴν σπέρματος ἔλαβεν καὶ παρὰ καιρὸν ἡλικίας, ἐπεὶ πιστὸν ἡγήσατο τὸν ἐπαγγειλάμενον: [12] διὸ καὶ ἀφ᾽ ἑνὸς ἐγεννήθησαν, καὶ ταῦτα νενεκρωμένου, "καθὼς τὰ ἄστρα τοῦ οὐρανοῦ" τῷ πλήθει "καὶ ὡς ἡ ἄμμος ἡ παρὰ τὸ" "χεῖλος τῆς θαλάσσης" ἡ ἀναρίθμητος.

[13] Κατὰ πίστιν ἀπέθανον οὗτοι πάντες, μὴ κομισάμενοι τὰς ἐπαγγελίας, ἀλλὰ πόρρωθεν αὐτὰς ἰδόντες καὶ ἀσπασάμενοι, καὶ ὁμολογήσαντες ὅτι ξένοι καὶ παρεπίδημοί εἰσιν ἐπὶ τῆς γῆς: [14] οἱ γὰρ τοιαῦτα λέγοντες ἐμφανίζουσιν ὅτι πατρίδα ἐπιζητοῦσιν. [15] καὶ εἰ μὲν ἐκείνης ἐμνημόνευον ἀφ᾽ ἧς ἐξέβησαν, εἶχον ἂν καιρὸν ἀνακάμψαι: [16] νῦν δὲ κρείττονος ὀρέγονται, τοῦτ᾽ ἔστιν ἐπουρανίου. διὸ οὐκ ἐπαισχύνεται αὐτοὺς ὁ θεὸς θεὸς ἐπικαλεῖσθαι αὐτῶν, ἡτοίμασεν γὰρ αὐτοῖς πόλιν.

[17] Πίστει "προσενήνοχεν Ἀβραὰμ τὸν Ἰσαὰκ πειραζόμενος," καὶ τὸν μονογενῆ προσέφερεν ὁ τὰς ἐπαγγελίας ἀναδεξάμενος, πρὸς ὃν ἐλαλήθη ὅτι " [18] Ἐν Ἰσαὰκ κληθήσεταί σοι σπέρμα," [19] λογισάμενος ὅτι καὶ ἐκ νεκρῶν ἐγείρειν δυνατὸς ὁ θεός: ὅθεν αὐτὸν καὶ ἐν παραβολῇ ἐκομίσατο.

[20] Πίστει καὶ περὶ μελλόντων εὐλόγησεν Ἰσαὰκ τὸν Ἰακὼβ καὶ τὸν Ἠσαῦ.

[21] Πίστει Ἰακὼβ ἀποθνήσκων ἕκαστον τῶν υἱῶν Ἰωσὴφ εὐλόγησεν, καὶ "προσεκύνησεν ἐπὶ τὸ ἄκρον τῆς ῥάβδου αὐτοῦ."

[22] Πίστει Ἰωσὴφ τελευτῶν περὶ τῆς ἐξόδου τῶν υἱῶν Ἰσραὴλ ἐμνημόνευσεν, καὶ περὶ τῶν ὀστέων αὐτοῦ ἐνετείλατο.

[23] Πίστει Μωυσῆς γεννηθεὶς ἐκρύβη τρίμηνον ὑπὸ τῶν πατέρων αὐτοῦ, διότι εἶδον ἀστεῖον τὸ παιδίον καὶ οὐκ ἐφοβή θησαν τὸ διάταγμα τοῦ βασιλέως.

[24] Πίστει Μωυσῆς μέγας γενόμενος ἠρνήσατο λέγεσθαι υἱὸς θυγατρὸς Φαραώ, [25] μᾶλλον ἑλόμενος συνκακουχεῖσθαι τῷ λαῷ τοῦ θεοῦ ἢ πρόσκαιρον ἔχειν ἁμαρτίας ἀπόλαυσιν, [26] μείζονα πλοῦτον ἡγησάμενος τῶν Αἰγύπτου θησαυρῶν "τὸν ὀνειδισμὸν τοῦ χριστοῦ," ἀπέβλεπεν γὰρ εἰς τὴν μισθαποδοσίαν.

[27] Πίστει κατέλιπεν Αἴγυπτον, μὴ φοβηθεὶς τὸν θυμὸν τοῦ βασιλέως, τὸν γὰρ ἀόρατον ὡς ὁρῶν ἐκαρτέρησεν.

[28] Πίστει πεποίηκεν "τὸ πάσχα" καὶ τὴν πρόσχυσιν "τοῦ αἵματος," ἵνα μὴ "ὁ ὀλοθρεύων" τὰ πρωτότοκα θίγῃ αὐτῶν.

[29] Πίστει διέβησαν τὴν Ἐρυθρὰν Θάλασσαν ὡς διὰ ξηρᾶς γῆς, ἧς πεῖραν λαβόντες οἱ Αἰγύπτιοι κατεπόθησαν.

[30] Πίστει τὰ τείχη Ἰερειχὼ ἔπεσαν κυκλωθέντα ἐπὶ ἑπτὰ ἡμέρας.

[31] Πίστει Ῥαὰβ ἡ πόρνη οὐ συναπώλετο τοῖς ἀπειθήσασιν, δεξαμένη τοὺς κατασκόπους μετ᾽ εἰρήνης.

[32] Καὶ τί ἔτι λέγω; ἐπιλείψει με γὰρ διηγούμενον ὁ χρόνος περὶ Γεδεών, Βαράκ, Σαμψών, Ἰεφθάε, Δαυείδ τε καὶ Σαμουὴλ καὶ τῶν προφητῶν, [33] οἳ διὰ πίστεως κατηγωνίσαντο βασιλείας, ἠργάσαντο δικαιοσύνην, ἐπέτυχον ἐπαγγελιῶν, ἔφραξαν στόματα λεόντων, [34] ἔσβεσαν δύναμιν πυρός, ἔφυγον στόματα μαχαίρης, ἐδυναμώθησαν ἀπὸ ἀσθενείας, ἐγενήθησαν ἰσχυροὶ ἐν πολέμῳ, παρεμβολὰς ἔκλιναν ἀλλοτρίων·

[35] ἔλαβον †γυναῖκες† ἐξ ἀναστάσεως τοὺς νεκροὺς αὐτῶν· ἄλλοι δὲ ἐτυμπανίσθησαν, οὐ προσδεξάμενοι τὴν ἀπολύτρωσιν, ἵνα κρείττονος ἀναστάσεως τύχωσιν·

[36] ἕτεροι δὲ ἐμπαιγμῶν καὶ μαστίγων πεῖραν ἔλαβον, ἔτι δὲ δεσμῶν καὶ φυλακῆς·

[37] ἐλιθάσθησαν, ἐπειράσθησαν, ἐπρίσθησαν, ἐν φόνῳ μαχαίρης ἀπέθανον, περιῆλθον ἐν μηλωταῖς, ἐν αἰγίοις δέρμασιν, ὑστερούμενοι, θλιβόμενοι, κακουχούμενοι, [38] ὧν οὐκ ἦν ἄξιος ὁ κόσμος ἐπὶ ἐρημίαις πλανώμενοι καὶ ὄρεσι καὶ σπηλαίοις καὶ ταῖς ὀπαῖς τῆς γῆς.

[39] Καὶ οὗτοι πάντες μαρτυρηθέντες διὰ τῆς πίστεως οὐκ ἐκομίσαντο τὴν ἐπαγγελίαν, [40] τοῦ θεοῦ περὶ ἡμῶν κρεῖττόν τι προβλεψαμένου, ἵνα μὴ χωρὶς ἡμῶν τελειωθῶσιν.

The Transfiguration, by Pietro Perugino

Πλούταρχος
Βίοι Παράλληλοι [33]

Opening paragraph of Life of Timoleon

ἐμοὶ τῆς τῶν βίων ἅψασθαι μὲν γραφῆς συνέβη δι᾽ ἑτέρους, ἐπιμένειν δὲ καὶ φιλοχωρεῖν ἤδη καὶ δι᾽ ἐμαυτόν, ὥσπερ ἐν ἐσόπτρῳ τῇ ἱστορίᾳ πειρώμενον ἁμῶς γέ πως κοσμεῖν καὶ ἀφομοιοῦν πρὸς τὰς ἐκείνων ἀρετὰς τὸν βίον.

I began the writing of my 'Lives' for the sake of others, but I find that I am continuing the work and delighting in it now for my own sake also, using history as a mirror and endeavoring in a manner to fashion and adorn my life in conformity with the virtues therein depicted.

οὐδὲν γὰρ ἀλλ᾽ ἢ συνδιαιτήσει καὶ συμβιώσει τὸ γινόμενον ἔοικεν, ὅταν ὥσπερ ἐπιξενούμενον ἕκαστον αὐτῶν ἐν μέρει διὰ τῆς ἱστορίας ὑποδεχόμενοι καὶ παραλαμβάνοντες

For the result is like nothing else than daily living and associating together, when I receive and welcome each subject of my history in turn as my guest, so to speak, and observe carefully 'how large he was and of

---

[33] From *Plutarch's Lives*, Tr. B. Perrin (William Heinemann, 1919), courtesy of Perseus.Tufts.edu.

Title-page engraving above by Francis Barlow.

ἀναθεωρῶμεν ʽὅσσος ἔην οἷός τε,' τὰ κυριώτατα καὶ κάλλιστα πρὸς γνῶσιν ἀπὸ τῶν πράξεων λαμβάνοντες. ʽφεῦ, φεῦ· τί τούτου χάρμα μεῖζον ἂν λάβοις,' καὶ πρὸς ἐπανόρθωσιν ἠθῶν ἐνεργότερον;

Δημόκριτος μὲν γὰρ εὔχεσθαί φησι δεῖν ὅπως εὐλόγχων εἰδώλων τυγχάνωμεν καὶ τὰ σύμφυλα καὶ τὰ χρηστὰ μᾶλλον ἡμῖν ἐκ τοῦ περιέχοντος ἢ τὰ φαῦλα καὶ τὰ σκαιὰ συμφέρηται, λόγον οὔτ᾽ ἀληθῆ καὶ πρὸς ἀπεράντους ἐκφέροντα δεισιδαιμονίας εἰς φιλοσοφίαν καταβάλλων· ἡμεῖς δὲ τῇ περὶ τὴν ἱστορίαν διατριβῇ καὶ τῆς γραφῆς τῇ συνηθείᾳ παρασκευάζομεν ἑαυτούς, τὰς τῶν ἀρίστων καὶ δοκιμωτάτων μνήμας ὑποδεχομένους ἀεὶ ταῖς ψυχαῖς, εἴ τι φαῦλον ἢ κακόηθες ἢ ἀγεννὲς αἱ τῶν συνόντων ἐξ ἀνάγκης ὁμιλίαι προσβάλλουσιν, ἐκκρούειν καὶ διωθεῖσθαι, πρὸς τὰ κάλλιστα τῶν παραδειγμάτων ἵλεω καὶ πραεῖαν ἀποστρέφοντες τὴν διάνοιαν.

what mien,' 1 and select from his career what is most important and most beautiful to know. "And oh! what greater joy than this canst thou obtain," and more efficacious for moral improvement?

Democritus says we should pray to be visited by phantoms that are propitious, and that from the surrounding air such only meet us as are agreeable to our natures and good, rather than those that are perverse and bad, thus intruding into philosophy a doctrine that is not true, and that leads astray into boundless superstitions. But in my own case, the study of history and the familiarity with it that my writing produces, enables me, since I always cherish in my soul the records of the noblest and most estimable characters, to repel and put far from me whatever base, malicious, or ignoble suggestion my enforced associations may intrude upon me, calmly and dispassionately turning my thoughts away from them to the fairest of my examples.

Βίοι Παράλληλοι

Opening paragraph of Life of Alexander [34]

τὸν Ἀλεξάνδρου τοῦ βασιλέως βίον καὶ τοῦ Καίσαρος, ὑφ᾽ οὗ κατελύθη Πομπήϊος, ἐν τούτῳ τῷ βιβλίῳ γράφοντες, διὰ τὸ πλῆθος τῶν ὑποκειμένων πράξεων οὐδὲν ἄλλο προεροῦμεν ἢ παραιτησόμεθα τοὺς ἀναγινώσκοντας, ἐὰν μὴ πάντα μηδὲ καθ᾽ ἕκαστον ἐξειργασμένως τι τῶν περιβοήτων ἀπαγγέλλωμεν, ἀλλὰ ἐπιτέμνοντες τὰ πλεῖστα, μὴ συκοφαντεῖν.

οὔτε γὰρ ἱστορίας γράφομεν, ἀλλὰ βίους, οὔτε ταῖς ἐπιφανεστάταις πράξεσι πάντως ἔνεστι δήλωσις ἀρετῆς ἢ κακίας, ἀλλὰ πρᾶγμα βραχὺ πολλάκις καὶ ῥῆμα καὶ παιδιά τις ἔμφασιν ἤθους ἐποίησε μᾶλλον ἢ μάχαι μυριόνεκροι καὶ παρατάξεις αἱ μέγισται καὶ πολιορκίαι πόλεων, ὥσπερ οὖν οἱ ζωγράφοι τὰς ὁμοιότητας ἀπὸ τοῦ προσώπου καὶ τῶν περὶ τὴν ὄψιν εἰδῶν, οἷς ἐμφαίνεται τὸ ἦθος, ἀναλαμβάνουσιν, ἐλάχιστα τῶν λοιπῶν μερῶν φροντίζοντες, οὕτως ἡμῖν δοτέον εἰς τὰ τῆς ψυχῆς σημεῖα μᾶλλον ἐνδύεσθαι καὶ διὰ τούτων εἰδοποιεῖν τὸν ἑκάστου βίον, ἐάσαντας ἑτέροις τὰ μεγέθη καὶ τοὺς ἀγῶνας.

---

[34] From *Plutarch's Lives*, Tr. Bernadotte Perrin (William Heinemann, 1919), courtesy of Perseus.Tufts.edu.

MORALIA

De auditione Philosophorum, 48C [35]

οὐ γὰρ ὡς ἀγγεῖον ὁ νοῦς ἀποπληρώσεως ἀλλ' ὑπεκκαύματος μόνον ὥσπερ ὕλη δεῖται ὁρμὴν ἐμποιοῦντος εὑρετικὴν καὶ ὄρεξιν ἐπὶ τὴν ἀλήθειαν.

ὥσπερ οὖν εἴ τις ἐκ γειτόνων πυρὸς δεόμενος, εἶτα πολὺ καὶ λαμπρὸν εὑρὼν αὐτοῦ καταμένοι διὰ τέλους θαλπόμενος, οὕτως εἴ τις ἥκων λόγου μεταλαβεῖν πρὸς ἄλλον οὐχ οἴεται δεῖν φῶς οἰκεῖον ἐξάπτειν καὶ νοῦν ἴδιον, ἀλλὰ χαίρων τῇ ἀκροάσει κάθηται θελγόμενος, οἷον ἔρευθος ἕλκει καὶ γάνωμα τὴν δόξαν ἀπὸ τῶν λόγων, τὸν δ᾽ ἐντὸς·

εὑρῶτα τῆς ψυχῆς καὶ ζόφον οὐκ ἐκτεθέρμαγκεν οὐδ' ἐξέῳκε διὰ φιλοσοφίας.

---

[35] From Plutarch, *De Recta Audiendi Ratione*, Ed. Gregorius N. Bernardakis (Teubner, 1888), courtesy of Perseus.Tufts.edu.

ARISTOTLE AND HIS PUPIL, ALEXANDER.

Κλαύδιος Πτολεμαῖος,

Μαθηματικὴ Σύνταξις

Ptolemy regarded astronomy as part of Mathematics, not Physics.
However, he did take his stand on the Physics of his day,
holding that the cosmos was centered on Earth as an immobile center,
surrounded by multiple transparent spherical shells, contiguous but rotating on different axes.

The star constellations were fixed on the outermost sphere,
whose westerly clockwise rotation moved the inner spheres in turn with cyclic regularity,
with a same primary motion of all in the cosmos from east to west daily —
a motion caused ultimately by the thinking of purely immaterial intelligences.

In addition to this primary movement of all heavenly bodies from east to west daily,
the planets each exhibit a slow movement of their own in the opposite direction,
easterly and irregular, although in annual cycles of irregularity that are themselves regular.
The aim of mathematical astronomy was to show how the irregularity of these planetary movements
are merely apparent and can be explained by ratios represented by uniform circular movements in juxtaposition.

Both planetary and fixed stars were theorized to be bodies that are animate and incorruptible,
the forms of which are eternally inseparable from their matter,
and the motions of which are eternally regular in imitation of the eternal thinking
of the immaterial intelligences that move them to move themselves:
material planetary gods eternally contemplate immaterial thinking gods
in a divine changelessness of uniform circular motion.

As it turns out, for Ptolemy's mathematical purposes, it suffices
that earth is the observational center from which measures are taken, even if not the physical center of the universe,
so that his mathematical accounts hold true to this day, even should his physical and theological premises not.
Likewise, whether the stars or planets be moved or moving does not affect ratios of measures of their movements.
Thus Ptolemy's astronomical mathematics remains accurate independently of both his physics and his theology,
in accord with his preference for the former form of science over the latter ones,
which he explains in this introduction.

Image above of replica of Roman astrolabe is from the National Museum of Athens.

α'. Προοίμιον [36]

Πάνυ καλῶς οἱ γνησίως φιλοσοφήσαντες, ὦ Σύρε, δοκοῦσί μοι κεχωρικέναι τὸ θεωρητικὸν τῆς φιλοσοφίας ἀπὸ τοῦ πρακτικοῦ. καὶ γὰρ εἰ συμβέβηκε καὶ τῷ πρακτικῷ πρότερον αὐτοῦ τούτου θεωρητικῷ τυγχάνειν, οὐδὲν ἧττον ἄν τις εὕροι μεγάλην οὖσαν ἐν αὐτοῖς διαφοράν,

οὐ μόνον διὰ τὸ τῶν μὲν ἠθικῶν ἀρετῶν ἐνίας ὑπάρξαι δύνασθαι πολλοῖς καὶ χωρὶς μαθήσεως, τῆς δὲ τῶν ὅλων θεωρίας ἀδύνατον εἶναι τυχεῖν ἄνευ διδασκαλίας,

ἀλλὰ καὶ τῷ τὴν πλείστην ὠφέλειαν ἐκεῖ μὲν ἐκ τῆς ἐν αὐτοῖς τοῖς πράγμασι συνεχοῦς ἐνεργείας, ἐνθάδε δ' ἐκ τῆς ἐν τοῖς θεωρήμασι προκοπῆς παραγίγνεσθαι.

ἔνθεν ἡγησάμεθα προσήκειν ἑαυτοῖς τὰς μὲν πράξεις ἐν ταῖς αὐτῶν τῶν φαντασιῶν ἐπιβολαῖς ῥυθμίζειν, ὅπως μηδ' ἐν τοῖς τυχοῦσιν ἐπιλανθανώμεθα τῆς πρὸς τὴν καλὴν καὶ εὔτακτον κατάστασιν ἐπισκέψεως, τῇ δὲ σχολῇ χαρίζεσθαι τὸ πλεῖστον εἰς τὴν τῶν θεωρημάτων πολλῶν καὶ καλῶν ὄντων διδασκαλίαν, ἐξαιρέτως δὲ εἰς τὴν τῶν ἰδίως καλουμένων μαθηματικῶν.

Syrus, it seems to me that true philosophers have done well to distinguish theoretical philosophy from practical. For even though it happens that practical philosophy is theoretical prior to being pratical, nonetheless one finds there is a great difference between the two. For not only is it possible for virtues to be possessed by many without study, while theoretical understanding of the universe is not possible without instruction; but also in the former one benefits most from repeated actions, but in the latter by making progress in theories.

Therefore we thought it fit so to order our actions under the impulses of our perceptions, so that we never forget even in contingent things to strive for a beautiful and well ordered state, but to devote most of our time to theoretical pursuits and to teaching many beautiful theories, especially those called "mathematical".

---

[36] From *Claudii Ptolemaei Syntaxis Mathematica*, Ed. J.L. Heiberg (B.G. Teubneri, 1888); digitization courtesy of Alexis Alevras, USNA; Tr. John Tomarchio .

καὶ γὰρ αὖ καὶ τὸ θεωρητικὸν ὁ Ἀριστοτέλης πάνυ ἐμμελῶς εἰς τρία τὰ πρῶτα γένη διαιρεῖ τό τε φυσικὸν καὶ τὸ μαθηματικὸν καὶ τὸ θεολογικὸν.

πάντων γὰρ τῶν ὄντων τὴν ὕπαρξιν ἐχόντων ἔκ τε ὕλης καὶ εἴδους καί κινήσεως χωρὶς μὲν ἑκάστου τούτων κατά τὸ ὑποκείμενον θεωρεῖσθαι μὴ δυναμένου, νοεῖσθαι δὲ μόνον, καὶ ἄνευ τῶν λοιπῶν,

τὸ μὲν τῆς τῶν ὅλων πρώτης κινήσεως πρῶτον αἴτιον, εἴ τις κατὰ τὸ ἁπλοῦν ἐκλαμβάνοι, θεὸν ἀόρατον καὶ ἀκίνητον ἂν ἡγήσαιτο

καὶ τὸ τούτου ζητητικὸν εἶδος θεολογικὸν ἄνω που περὶ τὰ μετεωρότατα τοῦ κόσμου τῆς τοιαύτης ἐνεργείας νοηθείσης ἂν μόνον καὶ καθάπαξ κεχωρισμένης τῶν αἰσθητῶν οὐσιῶν·

τὸ δὲ τῆς ὑλικῆς καὶ αἰεὶ κινουμένης ποιότητος διερευνητικὸν εἶδος περί τε τὸ λευκὸν καὶ τὸ θερμὸν καὶ τὸ γλυκὺ καὶ τὸ ἁπαλὸν καὶ τὰ τοιαῦτα καταγιγνόμενον φυσικὸν ἂν καλέσειε τῆς τοιαύτης οὐσίας ἐν τοῖς φθαρτοῖς ὡς ἐπὶ τὸ πολὺ καὶ ὑποκάτω τῆς σεληνιακῆς σφαίρας ἀναστρεφομένης·

τὸ δὲ τῆς κατὰ τὰ εἴδη καὶ τὰς μεταβατικὰς κινήσεις ποιότητος ἐμφανιστικὸν εἶδος σχήματός τε καὶ ποσότητος καὶ πηλικότητος ἔτι τε τόπου καὶ χρόνου καὶ τῶν ὁμοίων ζητητικὸν ὑπάρχον ὡς μαθηματικὸν ἂν ἀφορίσειε τῆς τοιαύτης

For Aristotle very aptly divides theoretical science into three primary kinds: physical, mathematical and theological.

As for things that have their subsistence from matter, form and motion, none of the latter can be viewed as a subject by itself but only conceived of without the others.

However, were one to consider simply the primary cause of the primary motion of the universe, it could be thought of as an invisible and unchangeable god, and the form of inquiry into this thought of as "theological," since such an actuality somewhere beyond the limits of the universe can only be conceived of as altogether distinct from perceptible substances.

Inquiry that investigates what is material and changing and is concerned with 'white', 'hot', 'sweet*, 'soft' and such qualities, one could call "physical" inquiry into the kind of essence that is in corruptible things and holds for the most part in the things below the lunar sphere.

As for the inquiry that brings to light difference in forms and movements with respect to shape, and with respect to both magnitude and multitude, as well as place, time and similar such things, it may be described as "mathematical" inquiry

ούσίας μεταξύ ὥσπερ ἐκείνων τῶν δύο πιπτούσης
οὐ μόνον τῷ καὶ δι᾽ αἰσθήσεως καὶ χωρὶς
αἰσθήσεως δύνασθαι νοεῖσθαι,

ἀλλὰ καὶ τῷ πᾶσιν ἁπλῶς τοῖς οὖσι
συμβεβηκέναι καὶ θνητοῖς καὶ ἀθανάτοις τοῖς
μὲν αἰεί μεταβάλλουσι κατὰ τὸ εἶδος τὸ
ἀχώριστον συμμεταβαλλομένην,

τοῖς δὲ ἀιδίοις καὶ τῆς αἰθερώδους φύσεως
συντηροῦσαν ἀκίνητον τὸ τοῦ εἴδους
ἀμετάβλητον.

ἐξ ὧν διανοηθέντες, ὅτι τὰ μὲν ἄλλα δύο
γένη τοῦ θεωρητικοῦ μᾶλλον ἄν τις εἰκασίαν ἢ
κατάληψιν ἐπιστημονικὴν εἴποι,

τὸ μὲν θεολογικὸν διὰ τὸ παντελῶς ἀφανὲς
αὐτοῦ καὶ ἀνεπίληπτον, τὸ δὲ φυσικὸν διὰ τὸ τῆς
ὕλης ἄστατον καὶ ἄδηλον, ὡς διὰ τοῦτο μεδέποτε
ἂν ἐλπίσαι περὶ αὐτῶν ὁμονοῆσαι τοὺς
φιλοσοφοῦντας,

μόνον δὲ τὸ μαθηματικόν, εἴ τις ἐξεταστικῶς
αὐτῷ προσέρχειτο, βεβαίαν καὶ ἀμετάπιστον τοῖς
μεταχειριζομένοις τὴν εἴδησιν παράσχοι ὡς ἂν
τῆς ἀποδείξεως δι᾽ ἀναμφισβητήτων ὁδῶν
γιγνομένης, ἀριθμητικῆς τε καὶ γεωμετρίας,
προήχθημεν ἐπιμεληθῆναι μάλιστα πάσης μὲν
κατὰ δύναμιν τῆς τοιαύτης θεωρίας, ἐξεραίτως δὲ
τῆς περὶ τὰ θεῖα καὶ οὐράνια κατανοουμένης,
ὡς μόνης ταύτης περὶ τὴν τῶν αἰεὶ καὶ ὡσαύτως
ἐχόντων ἐπίσκεψιν ἀναστρεφομένης διὰ τοῦτό τε

into a kind of essence that falls in between, so to speak, the other two, —not only because it can be conceived of both with and without the senses, but also because it belongs to all subsisting things, both mortal and immortal—changing along with the ones that are ever changing according to form that is inseparable [from matter], while for eternal things of incorruptible nature, preserving as unchanging what is immutable in form.

Therefore, we considered that one could call the first two kinds of theoretical science more conjecture than scientifc comprehension—the theological, because of what [in its object] is altogether imperceptible and elusive of grasp; and the physical, because of what [in its object] is unstable and unclear in matter, such that philosophers could never hope to agree among themselves. Considering therefore that only mathematics can provide to its followers knowledge that is certain and unshakeable—provided one approaches it rigorously through the indisputable methods of demonstration of arithmetic and geometry—we were very much drawn to pursue all theory as far as was in our power, but in particular the kind concerning the divine things

δυνατῆς οὔσης καὶ αὐτῆς περὶ μὲν τὴν οἰκείαν κατάληψιν οὔτε ἄδηλον οὔτε ἄτακτον οὖσαν αἰεί καὶ ὡσαύτως ἔχειν, ὅπερ ἐστὶν ἴδιον ἐπιστήμης, πρὸς δὲ τὰς ἄλλας οὐχ ἧττον αὐτῶν ἐκείνων συνεργεῖν.

τό τε γὰρ θεολογικὸν εἶδος αὕτη μάλιστ' ἂν προοδοποιήσειε μόνη γε δυναμένη καλῶς καταστοχάζεσθαι τῆς ἀκινήτου καὶ χωριστῆς ἐνεργείας
ἀπό τῆς ἐγγύτητος τῶν περὶ τὰς αἰσθητάς μὲν καὶ κινούσας τε καὶ κινουμένας ἀιδίους δὲ καὶ ἀπαθεῖς οὐσίας συμβεβηκότων περὶ τε τὰς φορὰς καὶ τὰς τάξεις τῶν κινήσεων·

πρός τε τὸ φυσικόν οὐ τὸ τυχὸν ἂν συμβάλλοιτο· σχεδόν γὰρ τὸ καθόλου τῆς ὑλικῆς οὐσίας ἴδιον ἀπὸ τῆς κατὰ τὴν μεταβατικὴν κίνησιν ἰδιοτροπίας καταφαίνεται, ὡς τὸ μὲν φθαρτὸν αὐτὸ καὶ τὸ ἄφθαρτον ἀπὸ τῆς εὐθείας καὶ τῆς ἐγκυκλίου, τὸ δὲ βαρὺ καὶ τὸ κοῦφον ἢ τὸ παθητικὸν καὶ τὸ ποιητικὸν ἀπὸ τῆς ἐπὶ τὸ μέσον καὶ τῆς ἀπὸ τοῦ μέσου.

πρός γε μὴν τὴν κατὰ τὰς πράξεις καὶ τὸ ἦθος καλοκαγαθίαν πάντων ἂν αὕτη μάλιστα διορατικοὺς κατασκευάσειεν ἀπὸ τῆς περὶ τὰ θεῖα θεωρουμένης ὁμοιότητος καὶ εὐταξίας καὶ

in the heavens. For only such study of what remains ever self-same can remain thereby in its own domain likewise ever self-same, in a comprehension that is not unclear nor disorderly, as is proper to science, yet also work together with those other kinds of theory no less than they themselves do.

For this kind would best prepare the way to the theological kind, being the only one that can make a good inference about actuality that is unchanging and separated, because of its close likeness in attributes relating to movements and orders of movement of the beings that are perceptible and moving and being moved but yet eternal and unchanging.

And it won't be incidental to what comes to be by nature, for in general the difference of a material essence is manifested by properties of movement, as corruptible from incorruptible by linear and circular movement, and heavy from light, passive from active, by movement toward or away from a center.

Moreover, this science above all could make men discerning for nobleness in their actions and their character, making its followers lovers of the beauty of god, by

συμμετρίας καὶ ἀτυφίας ἐραστὰς μὲν ποιοῦσα τοὺς παρακολουθοῦντας τοῦ θείου τούτου κάλλους, ἐνεθίζουσα δὲ καὶ ὥσπερ φυσιοῦσα πρὸς τὴν ὁμοίαν τῆς ψυχῆς κατάστασιν.

τοῦτον δὴ καὶ αὐτοὶ τὸν ἔρωτα τῆς τῶν αἰεὶ καὶ ὡσαύτως ἐχόντων θεωρίας κατὰ τὸ συνεχὲς αὔξειν πειρώμεθα

μανθάνοντες μὲν τὰ ἤδη κατειλημμένα τῶν τοιούτων μαθημάτων ὑπὸ τῶν γνησίως καὶ ζητητικῶς αὐτοῖς προσελθόντων,

προαιρούμενοι δὲ καὶ αὐτοί τοσαύτην προσθήκην συνεισενεγκεῖν, ὅσην σχεδὸν ὁ προσγεγονὼς ἀπ' ἐκείνων χρόνος μέχρι τοῦ καθ' ἡμᾶς δύναιτ' ἂν περιποιῆσαι.

καὶ ὅσα γε δὴ νομίζομεν ἐπὶ τοῦ παρόντος εἰς φῶς ἡμῖν ἐληλυθέναι, πειρασόμεθα διὰ βραχέων ὡς ἔνι μάλιστα,

καὶ ὡς ἂν οἱ ἤδη καὶ ἐπὶ ποσὸν προκεκοφότες δύναιντο παρακολουθεῖν,

ὑπομνηματίσασθαι τοῦ μὲν τελείου τῆς πραγματείας ἔνεκεν ἅπαντα τὰ χρήσιμα πρὸς τὴν τῶν οὐρανίων θεωρίαν κατὰ τὴν οἰκείαν τάξιν ἐκτιθέμενοι,

διὰ δὲ τὸ μὴ μακρὸν ποιεῖν τὸν λόγον τὰ μὲν ὑπὸ τῶν παλαιῶν ἠκριβωμένα διερχόμενοι μόνον, τὰ δὲ ἢ μηδ' ὅλως καταληφθέντα ἢ μὴ ὡς ἐνῆν εὐχρήστως, ταῦτα δὲ κατὰ δύναμιν ἐπεξεργαζόμενοι.

contemplation of divine constancy, orderliness, symmetry and simplicity, thus forming and even engendering, as it were, a like conditoin of soul.

It is this love of theory of the eternal and unchanging that we ourselves strive continuously to increase, by studying what has already been mastered by those who have dedicated themselves to true inquiry, as well as attempting to contribute such progress as the time between them and ourselves has made possible.

And so we shall try to set out as concisely as possible as much as we think has come to light to the present time, in a way that can be followed by those who have already progressed in this study, setting forth in due order everything usefult to the theory of the heavens, for the sake of completeness in our treatise, but, so as to avoid undue length, recounting only what has been adequately demonstrated by the ancients, and completing as far as we are able what has not been demonstrated as fully or as well as possible.

The Nine Muses with Athena and Apollo, Roman Sarcophagus

CALLIOPE
Muse of Epic Poetry (with writing tablet)

CLIO
Muse of History (with scroll)

ERATO
Muse of Lyric Poetry (with lyre)

EUTERPE
Muse of Music (with flute)

MELPOMENE
Muse of Tragedy (with tragic mask)

POLYHYMNIA
Muse of Sacred Poetry (pensive)

TERPSICHORE
Muse of Dance and Chorus (with lyre, dancing)

THALIA
Muse of Comedy & Idyllic Poetry (with comic mask)

URANIA
Muse of Astronomy (with compass or globe)

They, the Muses,
once taught Hesiod beautiful song,
while he was shepherding his flocks on holy Mount Helicon;
these goddesses of Olympus, daughters of aegis-bearing Zeus,
first of all spoke this word to me,
"Oh, you shepherds of the fields, base and lowly things, little more than bellies,
we know how to tell many falsehoods that seem like truths,
but we also know, when we so desire, how to utter the absolute truth."
Thus they spoke, the fluent daughters of great Zeus.
Plucking a branch, to me they gave a staff of laurel, a wondrous thing,
and into me they breathed a divine voice,
so that I might celebrate both the things that are to be and the things that were before;
and they ordered me to honor, in my song,
the race of the blessed gods who exist forever,
but always to sing of them themselves, the Muses,
both first and last.

Hesiod, *Theogony*[37]

APOLLON MOUSAGETĒS
Robert Sanderson

Shall we begin with the acknowledgement that
education is first given through Apollo and the Muses?

Plato, *Laws* (654A)

---

[37] *Classical Mythology*, Mark Morford and Robert J. Lenardon (Oxford University Press, 2011).